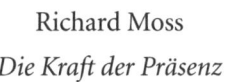

Richard Moss
Die Kraft der Präsenz

Richard Moss

Die Kraft der Präsenz

*Im Jetzt sein – zu sich selbst finden –
Heilung erleben*

Mit einem Vorwort von
Robert Dilts

VAK Verlags GmbH
Kirchzarten bei Freiburg

Titel der amerikanischen Originalausgabe:
Inside-Out Healing. Transforming Your Life Through the Power of Presence
ISBN 978-1-4019-2758-5
© Richard Moss, 2011
Das englische Original erschien 2011 bei Hay House Inc., USA.

Eine Radiosendung mit Richard Moss zum Thema dieses Buches finden Sie im Internet-Radioprogramm des Verlags Hay House unter: www.hayhouseradio.com

The Mandala of Being ist eine geschützte Wortmarke von *Richard Moss Seminars*.

Bibliografische Information der Deutschen Nationalbibliothek
Die Deutsche Nationalbibliothek verzeichnet diese Publikation in der Deutschen National-bibliografie; detaillierte bibliografische Daten sind im Internet über http://dnb.d-nb.de abrufbar.

VAK Verlags GmbH
Eschbachstr. 5
79199 Kirchzarten
Deutschland
www.vakverlag.de

© VAK Verlags GmbH, Kirchzarten bei Freiburg 2013
Abbildungen: © Richard Moss Seminars
Porträtfoto des Autors: Ruth Miller
Übersetzung: Beate Brandt
Lektorat: Norbert Gehlen
Coverdesign: Kathrin Steigerwald
Coverabbildung: Andrea Sachs / Fotolia.com
Layout: Karl-Heinz Mundinger (VAK)
Gesamtherstellung: Himmer AG, Augsburg
Printed in Germany
ISBN 978-3-86731-122-9 (Paperback)
ISBN 978-3-95484-016-8 (ePub)
ISBN 978-3-95484-017-5 (Kindle)
ISBN 978-3-95484-018-2 (PDF)

Inhalt

Gewidmet
William Brugh Joy
(1939–2009)

Vorwort

Das Vorwort zu diesem Buch von Richard Moss schreiben zu dürfen, das ist mir eine Ehre und ein Vergnügen. *Die Kraft der Präsenz* bietet überzeugende Maximen und nützliche Übungen, die uns helfen, im gegenwärtigen Moment zu bleiben, die Selbstwahrnehmung zu schärfen, uns stärker mit uns selbst zu verbinden und begrenzende Denk- und Verhaltensmuster zu transformieren.

Seit rund 35 Jahren bin ich als Entwickler, Autor, Anwender und Trainer im Bereich des Neurolinguistischen Programmierens (NLP) tätig. In all diesen Jahren habe ich viel Zeit in die Erforschung und praktische Anwendung von Methoden gesteckt, mit deren Hilfe Menschen nicht nur besser kommunizieren und Probleme lösen, sondern auch flexibler handeln und bessere Leistungen erzielen können. Beim NLP geht es darum, sich die Struktur unserer Gedanken, Überzeugungen und mentalen Modelle der Welt (unsere „neurolinguistischen Programme") bewusst zu machen und eine größere Auswahl an kreativen und effektiven Möglichkeiten zu entwickeln, mit denen wir auf die Chancen und Herausforderungen des Lebens reagieren können. Ich selbst habe mich vor allem darauf verlegt, mit NLP Menschen darin zu unterstützen, dass sie mit ihrer innersten Identität und Essenz stärker in Übereinstimmung gelangen.

In diesem Zusammenhang stieß ich eines Tages auf die Arbeit von Richard Moss, die ich als innovativ, gut umsetzbar und zutiefst transformierend erlebte. Richard ist ein meisterhafter Lehrer, Heiler und Coach, dessen höchstes Ziel darin besteht, Menschen auf ihrem Weg zu sich selbst zu unterstützen.

Im vorliegenden Buch beleuchtet Richard Moss die Wirkung der Präsenz in unserem Leben. Wie präsent wir sind, das ist oft entscheidend dafür, wie es uns gelingt, das Leben zu genießen, emotionale Wunden zu heilen, Nähe zu erleben und das Wachstum anderer zu unterstützen. Präsenz ist verbunden mit Gefühlen von Lebendigkeit, Verbundenheit, Kreativität, Zufriedenheit und mit dem, was man als *Flow* bezeichnet. Wenn wir *nicht* präsent sind und somit von uns selbst und anderen abgeschnitten, kann dies zu Gefühlen von Leere, Kontrollverlust, Distanz und Abschottung führen.

Richard Moss bringt es gerne auf den Punkt, indem er sagt: „Der Abstand zwischen uns selbst und anderen ist genauso groß wie der Abstand zwischen uns selbst und uns selbst." Soll heißen: Die Beziehung zwischen uns und der Welt dient als Spiegel für unser Verhältnis zu uns selbst. Je stärker wir mit uns selbst verbunden sind, umso stärker sind wir es auch mit anderen Menschen und der äußeren Welt insgesamt. Unsere Beziehung zu uns selbst wird allerdings häufig durch Gefühle eingeschränkt, die wir nicht sehen, akzeptieren, aushalten und gutheißen wollen oder können. Dies ist ein zentraler Punkt, der in diesem Buch gezielt angesprochen wird.

Im Mittelpunkt von Richards Ansatz steht unsere Fähigkeit zum Gewahrsein. [Der Begriff des Gewahrseins, wie Richard Moss ihn versteht, wird in diesem Buch noch ausführlich erläutert. Anmerkung d. Verlags] Erweitern wir diese, werden echte Entscheidungen und dauerhafte Veränderungen möglich. Schon allein das Gewahrsein hat eine transformierende Wirkung, wie Richard sagt: „Was auch immer wir wahrnehmen (können) – da gibt es, jenseits des Wahrgenommenen, etwas in uns, was gewahr ist." Oder, anders gesagt: „Wir sind mehr als alles, was wir über uns selbst sagen, fühlen oder denken können." Gewahrsein hilft somit, uns von der Tyrannei unserer eigenen Gedanken und „Programmierungen" zu befreien.

Den Kern dieser Praxis zur Erweiterung des Gewahrseins bildet Richards ebenso schlichtes wie geniales *Mandala des Lebens* [engl.: *The Mandala of Being*]– ein Modell und Instrument, mit dessen Hilfe man begrenzende Gedanken, Einstellungen und Glaubenssätze bestimmen und loslassen sowie sich stärker mit der tieferen Essenz seiner selbst verbinden kann. Das Mandala macht uns bewusst, dass wir ständig die Gegenwart verlassen und uns in begrenzende Gedanken oder „Geschichten" über Vergangenheit und Zukunft sowie über uns selbst und andere begeben. Diese Geschichten halten uns nicht nur davon ab, unser volles Potenzial zu erfahren und zu leben, sondern zeichnen auch eine verzerrte und kümmerliche Landkarte der Welt. Wie Richard sagt, verdecken sie in der Regel schwierige Gefühle, mit denen wir nicht umzugehen wissen.

Die Arbeit mit dem *Mandala des Lebens* versetzt uns in die Lage zu bestimmen, wohin wir uns begeben haben. Wir haben die Möglichkeit, die Gefühle, die unseren „Geschichten" zugrunde liegen, zu erkennen, anzunehmen und zuzulassen. Zurückgekehrt in die Gegenwart können wir dann einfach mit dem gerade bestehenden Gefühl *sein*, und zwar von einem Ort aus, der tief in unserem Körper zentriert und verankert ist. Das Mandala ist womöglich das beste und reinste Beispiel eines Coachings auf der Ebene von Glaubenssätzen und Identität, das ich kenne. Meiner Ansicht nach ist es eine Methode, die jeder Coach und Therapeut in seiner Praxis einsetzen sollte.

Dieses Buch ist gut strukturiert, flüssig geschrieben und anwendungsorientiert. Richards Schreibstil ist klar, direkt und persönlich. Das gesamte Buch hindurch zeigt er anhand praktischer Beispiele und Übungen, wie Gewahrsein und Präsenz angewendet werden können, um Veränderungen bei uns selbst und anderen zu unterstützen, und schafft so eine nachhaltige Verbindung zwischen Theorie und Praxis. Er illustriert seine Techniken anhand der Protokolle von Coaching-Sitzungen und mit konkreten, berührenden Beispielen.

Die Kraft der Präsenz wird Ihnen helfen, ...

- präsenter zu sein und eine stärkere Verbindung zu sich selbst und anderen zu spüren,

- ihre privaten und beruflichen Beziehungen zu verbessern,

- eleganter und müheloser mit schwierigen Situationen umzugehen,

- Energie, Kreativität, Produktivität und Flow zu steigern,

- eine solide Grundlage für Heilung in allen Bereichen Ihres Lebens zu schaffen,

- in höherem Maße Einfühlungsvermögen und wahres Mitgefühl zu zeigen,

- mehr Reichtum, Dankbarkeit und Fülle in Ihrem Leben und Ihren Beziehungen zu erleben.

Die Kraft der Präsenz ist ein fabelhaftes Buch – es ist ein Meisterwerk an Schlichtheit, Authentizität und Weisheit und außerdem die Krönung eines Lebens, das Richard der Aufgabe gewidmet hat, anderen zu dienen und sie beim Finden ihres wahren Selbst zu unterstützen. Ich kenne Richard bereits seit Langem persönlich und weiß, *dass er lebt, was er lehrt*. Seine Arbeit basiert sowohl auf einem reichen und erfüllten Leben als auch auf der tief empfundenen Fürsorge für andere.

Robert B. Dilts

Santa Cruz, Kalifornien

Einführung

W enn Sie (oder ein Ihnen nahe stehender Mensch) mit einem gesundheitlichen Problem, einer Beziehungskrise oder einer anderen Situation konfrontiert sind und Sie emotional darunter leiden, hilft
dieses Buch Ihnen zu verstehen, was Sie unbewusst tun, um die Situation zu er-
schweren. Es wird Ihnen zeigen, wie Sie dies ändern können, indem Sie einer
zeitlosen inneren Kraft gewahr werden und ein tieferes Vertrauen zu sich selbst
fassen. Sie werden vor allem erfahren, dass Sie auf eine universelle Energie zugreifen können, die mehr Lebendigkeit in Ihr Leben bringt, wann immer Sie
völlig präsent sind.

So sehr die moderne Medizin auch häufig lebensrettend sein mag – einen
Faktor berücksichtigt sie nicht: die wahre Wurzel des Leidens. Dies trifft in vielerlei Hinsicht auch auf die moderne Psychologie zu, denn sie geht von der Annahme aus, dass das „getrennte Selbst", das *Ego* mit all seinen Ängsten und
Hoffnungen, das sei, was Sie wirklich sind. In diesem Buch hingegen geht es
um die außergewöhnliche Kraft des Gewahrseins, dank derer Sie das Ego hinter sich lassen und Präsenz leben können.

Stärker als durch Ihren körperlichen Zustand oder äußere Umstände wird
Ihr Wohlbefinden davon bestimmt, wie präsent und bewusst Sie sind oder wie
sehr Sie – im Gegensatz dazu – von dem beeinflusst sind, was Ihr Ego Ihnen
ständig über Sie selbst und Ihr Leben erzählt. Ihr Leiden im tieferen Sinne leitet sich weniger aus dem Zustand Ihres Körpers ab als vielmehr aus dem, was
Ihr Ego Ihnen über diesen Zustand *erzählt*. Gleiches gilt für Beziehungspro-
bleme. Auch hier geht es in der Regel weniger um das, was die andere Person
tatsächlich tut. Entscheidend ist vielmehr, was Sie sich selbst über das Verhalten des anderen *erzählen*, denn dies erzeugt das stärkere Leid.

Wenn Sie den gegenwärtigen Moment zum Maßstab Ihres Lebens machen,
haben Sie das Geheimnis der Kraft der Präsenz entdeckt. Im Hier und Jetzt gewinnen Sie Abstand von Ihrem Ego. Ihnen wird bewusst, dass die meisten un-
glücklichen Emotionen dann entstehen, wenn Ihr Ego Ihre Gedanken steuert
und kontrolliert – ein Zustand, den ich als „egoisches" Bewusstsein bezeichne.
Im Jetzt hingegen werden Sie eines intuitiven Ganzheitsgefühls gewahr, das von
den Umständen unabhängig ist.

Diese Wahrheit wurde mir kürzlich wieder einmal durch einen alten Freund bestätigt. Obwohl er weiß, dass seine Chance, sich von seiner seltenen und aggressiven Form von Krebs zu erholen, lediglich bei ein oder zwei Prozent liegt, hat er sich so sehr dem Leben im Moment geöffnet, dass er selbst inmitten einer intensiven Chemotherapie von innerem Licht erfüllt ist und sich nach eigenen Angaben „fabelhaft" fühlt. Er hat in seinem tiefsten Inneren die Entscheidung getroffen, in jede Empfindung und jeden Aspekt der Chemotherapie einzutauchen und jeden Moment so zu leben, wie er ist. Er sieht sich in keiner Weise als Opfer und ist vollkommen aufrichtig, wenn er sagt, dass er sich trotz Chemotherapie und Krebs keinen Moment lang wirklich krank gefühlt habe. Für ihn stellt es in gewisser Hinsicht den krönenden Abschluss seines Lebens dar, seine vermutlich letzten Tage in dieser Tiefe zu erleben. Es ist so, als halte er das Leben in seiner linken und den Tod in seiner rechten Hand, ohne dass dies einen Widerspruch darstellt. Es gibt da kein „Entweder-oder", lediglich einen Zustand des kindlichen Staunens.

Das Potenzial, unser Leben auch unter extremen Bedingungen so vollständig anzunehmen, besitzen wir alle. Gesundheit ist mehr als die Abwesenheit von Krankheit – sie bedeutet auch das Vorhandensein von etwas anderem, etwas Unbeschreibbarem, das in uns selbst liegt. Hat man einmal von diesem inneren „Nektar" gekostet, lernt man sich selbst neu kennen und empfindet tiefe Dankbarkeit für das Leben, wie es ist.

Wenn Sie ein gesundheitliches Problem haben oder in einer Situation stecken, in der Ihre eigenen Gedanken Ihr emotionales Leid zusätzlich verstärken, dann sind Sie reif für eine Reise der Selbsterkenntnis und des Erwachens. Denn erst wenn Sie Ihre üblichen Überzeugungen und Verhaltensweisen ablegen, können Sie aus dem gewohnten und immer wiederkehrenden Kreislauf aus Unglücklichsein und Stress ausbrechen. Indem Sie sich für neue Möglichkeiten in Ihrem Inneren öffnen, haben Sie nur wenig zu verlieren und viel zu gewinnen. Es könnte der Weg zu den reichsten und beglückendsten Erfahrungen Ihres Lebens sein.

Mein Verständnis von echter Heilung

Wenn uns das Wort „Heilung" begegnet, denken wir meist zuerst an körperliche Krankheiten. Bei der Entstehung dieses Buches hatte ich häufig einen Leser vor Augen, der die Fähigkeit seines Körpers zur Selbstheilung steigern möchte, indem er lernt, auf die tiefere Lebenskraft zuzugreifen, die durch vollständige

Präsenz nutzbar wird. Aber Heilung bezieht sich nicht nur auf den Körper, auch der Geist bedarf ihrer und vielleicht am meisten unsere Gefühle.

Im Rahmen meiner Lehrtätigkeit reise ich um die ganze Welt. Dabei stelle ich immer wieder fest, dass auf jeden Menschen, der unter *körperlichen* Problemen leidet, eine Vielzahl an anderen kommt, die *emotional* leiden – zumeist wegen ihres Ehepartners, ihrer Kinder oder ihrer Arbeit. Aus diesem Grund verwende ich in diesem Buch Beispiele körperlichen *und* seelischen Leidens.

Alles Leiden – und dies schließt körperliche Leiden mit ein – hat eine mentale Komponente. Die Befreiung von dieser mentalen Komponente – dem Gefühl des Unglücklichseins, das durch Ihr eigenes Denken entsteht – ist das Ziel. Allerdings ist das Buch weit mehr als nur ein weiterer Ratgeber über positives Denken oder den Einsatz von Affirmationen, die Wunschträume in Erfüllung gehen lassen. Genau genommen hat es nicht das Geringste mit positivem Denken und Affirmationen zu tun. Es geht vielmehr um Präsenz und darum, wie man lernt, im Jetzt zu leben, denn im Jetzt wird das „egoische" Denken erkannt und weicht dem Gewahrsein. Im Grunde genommen geht es um Weisheit. Dieses Buch geht *jeden* an, weil es sich letzten Endes mit Ihrem Verhältnis zu sich selbst beschäftigt.

Welche Krankheit Sie haben, warum Sie krank sind oder was Sie tun müssen, um eine schwierige Beziehung zu verbessern, all das ist weniger wichtig als das Verhältnis, das Sie in jedem einzelnen Moment zu sich selbst haben. Ändern Sie die Beziehung zu sich selbst – und alles andere wird sich ebenfalls ändern. Wie Albert Einstein schon so treffend bemerkte, kann man ein Problem nicht auf der gleichen Bewusstseinsebene lösen, auf der es entstanden ist.

Wenn Leiden das Problem ist und dieses Leiden vor allem aus Ihrem Denken resultiert, dann werden Sie Ihren Schmerz nicht lindern beziehungsweise Ihr Problem (beispielsweise Angst oder Unglücklichsein) nicht lösen, wenn Sie auf Ihrer derzeitigen Verstandesebene bleiben. Selbst wenn Sie beschließen, positiv zu denken, werden Ihre Gedanken früher oder später wie ein Pendel wieder zur negativen Seite hin ausschlagen.

Es geht nicht um das, was Ihrer Ansicht nach mit Ihnen oder einer anderen Person nicht in Ordnung ist. Sie müssen vielmehr die Ebene wechseln und vom Denken in einen Zustand gehen, in dem Sie *Ihres Denkens gewahr* sind. Denn dies ist die Beziehung, um die es geht: die Beziehung Ihres Selbst, das gewahr ist, zu ihren Gedanken, Emotionen und Gefühlen.

Ich habe am eigenen Leib erlebt, wie leidvoll es sein kann, schwierige Zeiten zu durchleben. Ich kenne aber auch die Erfahrung, dass sich der Großteil meines Leidens auflöst, wenn ich zu meinem Selbst zurückkehre, das im gegenwärtigen Moment gewahr ist. Ruhen wir dergestalt in der eigenen Mitte, dann verlieren die Geschichten, die der Verstand uns erzählt und die uns ängstigen und zum Opfer werden lassen, ihre Macht. Die selbst erzeugten Muster des Leidens werden sichtbar und Sie können heilsame Veränderungen vornehmen. Allein durch diese Verlagerung des Bewusstseins entsteht spontan ein Gefühl des Wohlbefindens und der Dankbarkeit für das eigene Leben.

Mir ist bewusst, dass bereits vieles über das Leben im Hier und Jetzt geschrieben wurde. Allerdings gibt es nur wenig Literatur dazu, wie man tatsächlich dorthin gelangt – wie man vollständig präsent wird und in dieser Präsenz bleibt. In diesem Buch finden Sie effektive Übungen und einen klar vorgezeichneten Weg zum Erreichen von Präsenz. Sie werden die Fülle des Moments erleben und lernen, wie Sie diesen Ort immer leichter und immer öfter erreichen können. Sie werden verstehen, wohin Sie gehen, wenn Sie *nicht* im Jetzt sind, und auf welche Weise Sie immer wieder aus dem Jetzt abdriften. Wenn Sie lernen, die Einsichten und Hilfsmittel einzusetzen, die Sie auf den nachfolgenden Seiten finden, werden Sie (wie viele andere vor Ihnen) sich nahezu wie ein neuer Mensch fühlen.

Mein Weg vom Arzt zum Lehrer

Ich habe Medizin studiert, ich bin fest in den Grundlagen der empirischen Wissenschaft verankert und habe meinen Respekt für den wissenschaftlichen Ansatz nie verloren. Aus diesem Grund würde ich niemals *leichtfertig* Behauptungen über mögliche Heilerfolge bei emotionalen und körperlichen Leiden aufstellen, die sich aus dem Erlernen des vollständigen Präsentseins in Ihrem Leben ergeben können. Alles, was ich hier schreibe, basiert auf nahezu 35 Jahren Arbeit und Erfahrung mit Zehntausenden von Menschen. Allerdings begegne ich diesen Menschen nicht mehr in einer Arztpraxis, sondern im Rahmen von Seminaren, die in Form von *Retreats* stattfinden und sozusagen experimentelle Abenteuer sind, bei denen man lernt, voll und ganz im Jetzt zu leben und alle notwendigen Fertigkeiten zu entwickeln, um weiterhin in der Präsenz zu bleiben. [*Retreat* = Rückzug, Zeit des Rückzugs, Auszeit. Im Deutschen bezeichnet das Wort in der Regel eine Zeit der Einkehr und Besinnung in einer anderen Umgebung; im Kontext dieses Buches: mehrtägige Seminare, in denen neue Konzepte erlernt und selbst erfahren werden. Anm. d. Übers.]

Mein Weg vom Arzt im traditionellen Sinne, der in Notfallambulanzen und Krankenhäusern tätig war, zum Erforscher von Bewusstsein und Herz begann an meinem dreißigsten Geburtstag mit einer Erfahrung, die ich in Ermangelung eines besseren Wortes als „Erwachen" bezeichnen möchte. Ohne erkennbaren Grund gelangte ich da in einen Zustand reinen Seins, einen Zustand der Liebe und des Einsseins. In den darauf folgenden Wochen und Monaten folgten auf Phasen reiner Glückseligkeit Zustände abgrundtiefer Angst. Schritt für Schritt lernte ich, in mir Raum für diese Extreme zu schaffen und in jedem Fall *präsent* zu bleiben. Natürlich ahnte ich damals noch nicht, dass dies den Kern der Arbeit darstellte, die ich für den Rest meines Lebens tun würde.

Diese Phase meines Lebens veränderte mich grundlegend. Sie öffnete innere Türen zu neuen Ebenen meiner selbst und zu neuen Fähigkeiten. Plötzlich konnte ich die Emotionen der Menschen um mich herum mit vollkommener Klarheit spüren und manchmal konnte ich sogar erahnen, was sie gerade dachten. Ich konnte so tiefes Mitgefühl für das Leid einer Person empfinden, dass sie sich gesehen und verstanden fühlte. Auch war ich nun in der Lage, in meinen Händen Energie zu spüren und diese Energie aus den Händen sanft zu anderen Menschen strömen zu lassen; damit konnte ich häufig körperliche Schmerzen lindern.

Ich spürte einen Strom der Präsenz, der mich durchdrang, und konnte wahrnehmen, wie er sich in Abhängigkeit von meinen Gedanken veränderte: Je präsenter ich war, desto stärker war er. Diese Präsenz hatte auch Einfluss auf andere. Sie beruhigte sie und ließ sie offener und empfänglicher werden. Während sie in diese Präsenz einbezogen wurden, wurde sie auch in mir selbst stärker. Aufgrund dieses Phänomens gab ich meinem ersten Buch, das ich 1979 schrieb, den Titel: *The I That Is We* [zu Deutsch etwa: Das Ich, das ein Wir ist; Anm. d. Übers.].

Kurz vor diesem „Erwachen" hatte ich – als ob ich intuitiv gespürt hätte, dass sich eine größere Veränderung anbahnte – unbegrenzten Urlaub genommen. Wie sich herausstellte, sollte ich nie wieder in die Berufstätigkeit als Arzt zurückkehren. In den nachfolgenden Monaten blieb ich einfach zu Hause, las spirituelle Klassiker (von denen ich auf einmal gar nicht genug bekommen konnte) und unternahm lange Spaziergänge. Bereits nach kurzer Zeit jedoch suchten mich einige meiner ehemaligen Patienten auf und ich begann, mich mit ihnen bei mir zu Hause zu treffen. Wir saßen erst schweigend beisammen und hielten uns einfach nur an der Hand, manchmal bis zu einer halben Stunde lang; und dann redeten wir. Eines Tages rief mich eine Psychologin an, bei der eine meiner „Patientinnen" in Therapie war. Sie erzählte mir, dass ihre Klientin enorme Fortschritte gemacht habe, und schrieb diese der mit mir gemeinsam verbrachten Zeit zu. Auf die Frage, was ich denn da eigentlich tue, antwortete ich: „Einfach nur präsent sein." Daraufhin trug sie die Idee an mich heran, für sie und einige ihrer Kollegen einen Workshop abzuhalten und ihnen meine „Methode" zu vermitteln. Auf diese Weise begann meine neue berufliche Laufbahn, ohne dass ich auch nur im Geringsten darüber nachdenken musste.

Heute verstehe ich mich als Lehrer der Seele, der über einen medizinischen Hintergrund verfügt, aber gleichzeitig weiß, dass das Bewusstsein – genauer gesagt: der Zustand des Gewahrseins, in dem man sich im Jetzt befindet – die größte aller menschlichen Kräfte ist. Wenn Sie wirklich verstehen, wie Sie Ihre Verbindung zum Jetzt immer wieder verlieren und wie Sie sich selbst wieder ins Jetzt bringen können, werden Sie genauso zuverlässig zum Wohlbefinden zurückfinden, wie Sie mit einer guten Ausbildung so schwierige Disziplinen wie Mathematik, Chemie oder Physik beherrschen können. Ich bin sicher, dass Sie mit dem, was Sie in diesem Buch lernen, zuverlässiger zu innerem Frieden gelangen als mit dem Schlucken einer Pille. Das bedeutet nicht, dass ich dem medizinischen Fortschritt und dem Einsatz von Medikamenten grundsätzlich ablehnend gegenüberstünde – im Gegenteil; aber ich weiß einfach, dass die Kraft Ihres Gewahrseins stärker ist.

Die von mir geleiteten Retreats waren und sind wie eine Art Labor und erkunden weiterhin, mit welchen Techniken und Übungen man Menschen am besten in die Lage versetzt, vollkommen präsent, voller Leben und zu wahrer Nähe und Liebe fähig zu sein. Ich habe diesen Weg im Übrigen nicht eingeschlagen, weil ich ihn zu beherrschen glaubte und wusste, dass er für andere gut war. Ich habe es vielmehr ebenso sehr für mich wie für meine „Schüler" und Klienten getan. Ich selbst musste das alles erst lernen und Erkenntnisse sammeln, während ich Schritt für Schritt voranging. Wie jeder Forscher lerne ich nie aus.

Dieser Lernprozess hat nichts mit dem Aneignen von mehr Informationen zu tun oder mit dem Sammeln weiterer Erfahrungen. Es geht vielmehr darum, das Leben und die Welt zu entdecken, die sich uns in jedem Moment eröffnen, wenn wir wahrhaftig im Hier und Jetzt sind. Es geht darum, tiefer in das eigene Selbst vorzudringen – in den Körper, die Gefühle, das Leid, die Freude und das Verhalten. Und es geht darum, in jedem Moment mit sich selbst, mit dem Leben und mit anderen vertrauter zu werden. Und es geht darum, andere beim Leben dieses Wegs zu unterstützen.

Ich lehre und schreibe schon lange über diese Thematik. Das vorliegende Buch ist das Ergebnis der vergangenen drei Jahre, in denen ich vor allem meine „Lektionen" über das Befreien des Herzens von negativen Emotionen und über den Umgang mit schwierigen Gefühlen weiterentwickeln konnte. Heilung und

Veränderung, wie ich sie bei Tausenden von Menschen beobachtet habe, treten ein, wenn die Menschen lernen, angesichts der Gefühle, die ihr Ego am meisten bedrohen, wirklich präsent zu bleiben.

Mein Plädoyer für die Kraft der Präsenz

Präsenz ist die größte Kraft, die wir haben. Wenn wir lernen, uns entspannt auf den jeweiligen Moment einzulassen, reagieren Körper und Seele darauf. Wir können dann spontan auf unsere eigene intuitive Weisheit zugreifen und mit den so gewonnenen Erkenntnissen sogar alte und vermeintlich „therapieresistente" emotionale Wunden heilen.

Durch die Einsichten und Übungen in diesem Buch werden Sie für sich den Unterschied erleben zwischen dem natürlichen Zustand der Präsenz und der belastenden Realität, die Ihr Denken erzeugt. Es ist von entscheidender Bedeutung, diesen Unterschied zu verstehen – den Unterschied zwischen dem *Denken*, das seinen Ursprung in Ihrem Ego hat, und der Person, die Sie sind, wenn Sie vollkommen präsent sind im Leben, *wie es ist*.

Die Medizin kümmert sich um den Körper, während es in diesem Buch um Ihr Bewusstsein geht. Ihr Bewusstsein ist Ihr stärkstes Mittel zur Heilung von Körper *und* Seele. Wenn Ihr Körper und Ihr Bewusstsein im gegenwärtigen Moment sind, erkennen Sie sich selbst als heil und ganz und fühlen sich häufig trotz allem, was womöglich gerade im Körper abläuft, gut. Wenn Sie lernen, präsent zu sein, öffnen Sie auch die Tür zu einer niemals versiegenden Quelle der Liebe, die Sie glücklich machen wird und sogar dazu beiträgt, das Beste in den Menschen in Ihrem Umfeld zu wecken.

Letztendlich sind Sie Schöpfer(in) Ihrer Realität. Das bedeutet übrigens weder, dass Sie beispielsweise Ihre Krankheit selbst erzeugt haben, noch bedeutet es, dass Sie die alleinige Verantwortung für eine belastende Beziehung tragen. Es bedeutet vielmehr, dass Sie sich in jedem Moment durch die Entscheidung, voll präsent zu sein, von dem durch den Verstand erzeugten Leiden befreien können.

Ich habe dieses Buch geschrieben, weil ich mich jedem Menschen verbunden fühle, der leidet, und weil ich weiß, dass ein großer Teil menschlichen Leidens unnötig ist und aufgelöst werden kann – wenn man mit dem angemessenen Verständnis und entsprechenden Hilfsmitteln herangeht. Ich schrieb dieses Buch auch, weil ich mir Sorgen mache um die Zukunft der Menschheit. Mittlerweile leben so viele von uns auf der Erde, dass die Fehler, die jeder

Einzelne aufgrund der Ignoranz seines egoischen Bewusstseins macht, in einer Weise verstärkt werden, die wesentlich zerstörerischer ist, als dies zu den Zeiten der Fall war, als die Bevölkerungsdichte geringer und unsere Technologien weniger weit entwickelt waren.

Zwei grundlegende Fehler

Welche Hauptfehler begehen wir? Nun, zunächst einmal neigen wir dazu, uns mit unseren *Gedanken* zu identifizieren, und erzeugen so häufig eine destruktive emotionale Realität. Wenn wir blind unserem eigenen Denken Glauben schenken oder dem, was Familie und Gesellschaft uns eingetrichtert haben, dann geraten wir in Konflikt mit uns selbst, mit den anderen und dem Leben selbst. Der zweite grundlegende Fehler ist, dass wir vor vielen unserer Gefühle Angst haben und dass unser Ego auf der Flucht vor diesen Gefühlen einen großen Teil unseres Innenlebens und die Quelle für wahre Gesundheit abschottet.

> Eine der wichtigsten Einsichten in diesem Buch betrifft die Fähigkeit, *Emotionen* und *Gefühle* voneinander zu unterscheiden. *Emotionen* entstehen durch Gedanken, insbesondere durch nicht hinterfragte Bewertungen in Bezug auf uns selbst und andere. Im Gegensatz dazu sind *Gefühle* eine grundlegende und intelligente Methode des Erkennens, die Sie auf einfache und zuweilen tiefgehende Weise mit sich selbst, mit anderen und Ihrer Umgebung verbindet.

Ihrem Ego erscheinen die Emotionen, die durch Ihre Gedanken erzeugt werden, stets als berechtigt und als Teil Ihrer persönlichen Identität. Für Ihren Körper jedoch stellen diese Emotionen – also beispielsweise der Ärger, die Ablehnung, die Furcht, die Selbstgefälligkeit oder das Minderwertigkeitsgefühl, die Ihre Gedanken erzeugen – geradezu einen chemischen Giftcocktail dar: Das Gehirn schüttet Neuropeptide aus, Ihre Muskeln spannen sich an, Ihr Blutdruck steigt, die Nebennieren schütten Kortisol aus und schon ist es nicht mehr weit bis zur Insulinresistenz. Das einfache Wort hierfür lautet *Stress* – die Art von Belastung, die zu Herzerkrankungen, Diabetes, Schlaganfällen und wahrscheinlich auch zu einigen Arten von Krebs führt – vom Unglücklichsein einmal ganz abgesehen.

Die Ironie dabei ist, dass das Ego zwar einerseits Emotionen wie Missgunst und Hass zulässt, die sehr destruktiv sein können, Sie aber andererseits nicht in aufbauenden Gefühlen wie Freude oder Liebe verweilen lässt. Vor bedrohlichen Gefühlen wie Machtlosigkeit flieht es sofort. Wenn Sie lernen, wie man sich für die gesamte Gefühlsskala öffnet, wird Ihnen dies wesentlich weniger Schaden zufügen, als dies bei destruktiven Emotionen der Fall ist. Im Gegenteil: Wenn Sie Ihren Gefühlen Platz einräumen, kann Ihnen dies zu einer gesunden Beziehung zu dem verhelfen, was man als unlösbare Situation ansehen könnte (wie beispielsweise einen lebenslangen Familienkonflikt). Selbst nagende Zweifel bezüglich Ihres Selbstwerts können Sie auf diese Weise ausräumen. Es ist weise, seinen Emotionen gegenüber misstrauisch zu sein und zu lernen, wie man sich von den schädlichsten unter ihnen befreit. Andererseits sollte man lernen, auf seine Gefühle zu vertrauen und selbst den dunkelsten von ihnen Raum zu geben.

Dieses Buch möchte Sie dazu anleiten, zum jeweiligen Moment zurückzukehren und sich aus einer universellen Quelle zu nähren. Es zeigt Ihnen, wie Sie von einem Ort der inneren Harmonie und des Vertrauens aus bessere Entscheidungen treffen. Es animiert Sie dazu, auf Ihre innere Wahrheit zu hören, sodass Sie sich selbst in schwierigen Zeiten wohlfühlen oder zumindest in Ihrer Mitte bleiben und Frieden empfinden. Es unterstützt Sie dabei, Ihre echten Bedürfnisse wahrzunehmen und zu erfüllen.

Früher oder später gehen wir alle dem Tod entgegen. Daher ist es wichtig, uns bewusst zu machen, wie Gewahrsein uns auch im Sterbeprozess unterstützen kann. Beispielsweise, indem wir uns fragen, was wir über den Tod wirklich wissen. Wir alle haben die Möglichkeit, eine Bitte dahingehend zu äußern, wie sehr wir in unserem Sterbeprozess präsent sein möchten und welche Art von Tod wir uns wünschen. Vielleicht wird uns diese Bitte nicht gewährt, doch lohnt es sich immer, eine Präferenz anzugeben und uns vor allem von Glaubenssätzen über den Tod zu befreien, die unsere Fähigkeit beeinträchtigen, am Ende unseres Lebens voll präsent zu sein.

Offenheit für Veränderung

In diesem Buch geht es um Heilung durch das Öffnen des Herzens für die Liebe, die im Jetzt immer präsent ist. Es geht um einen universellen Weg, den jeder einschlagen kann, der in allen Bereichen seines Lebens bewusster werden will. Wir alle, die gesamte menschliche Familie, stehen an der Schwelle zu einem kolossalen Wandel. Wir nähern uns allmählich einem Punkt, an dem die Ökosysteme unseres Planeten das (Über-) Leben – auch das Überleben der

Menschheit – nicht mehr voll und ganz gewährleisten können. Was von uns gefordert wird, ist eine tiefgreifende Änderung der menschlichen Identität. Ein solcher Prozess geschieht individuell, jeder muss ihn für sich selbst durchführen, beginnend in seinem Inneren und endend im Außen. Erst durch zunehmende Bewusstheit können Sie zu einer Kraft werden, die den kollektiven Wandel unterstützt, bei dem es letztlich darum geht, wie wir uns als dörfliche Gemeinschaften, als Nationen und am Ende als planetare Gesellschaft formieren.

Vermutlich lesen Sie dieses Buch nicht, weil Sie sich als Teil eines globalen Erwachens sehen. Wahrscheinlich geht es Ihnen (berechtigterweise) zunächst darum, Ihre eigene Gesundheit wiederherzustellen oder Bereiche Ihres Lebens zu heilen, die mit Leiden behaftet sind. Doch wenn Sie die in diesem Buch angebotenen Möglichkeiten nutzen, sind Sie auf dem Weg des Erwachens und Ihre Präsenz wird einen Beitrag zum Erreichen eines höheren Potenzials für uns alle leisten – ob Sie dies nun beabsichtigen oder nicht.

Ich bin alt genug, um zu wissen, dass das größte und erfüllendste Abenteuer des Lebens zweifellos darin besteht, bewusster zu werden und liebevolle Beziehungen aufzubauen. Das Einzige, was man dazu wirklich benötigt, ist Bereitschaft. Sind Sie bereit, sich zu ändern? Ob Ihre Motivation nun Krankheit, Freudlosigkeit oder der Wunsch danach ist, das Leben so vollständig wie möglich auszukosten – den Schlüssel dazu halten Sie in Ihren Händen.

Sie werden in diesem Buch weder zum Aufgeben Ihres gesunden Menschenverstandes gedrängt, noch werden Sie aufgefordert, an etwas anderes zu glauben als an Ihre eigene Fähigkeit, mehr über sich selbst zu lernen. Das Vertrauen in Ihre Fähigkeit zur Wandlung erfordert nicht, dass Sie blind an etwas glauben müssen. Das Einzige, was Sie benötigen, ist Ihre Bereitschaft, die hier vorgestellten Instrumente zu nutzen. Sie können Ihnen dabei helfen, sich von unnötigem Leiden zu befreien und zu einem weisen und glücklichen Menschen zu werden.

Wenn Sie mit Ihrem wahren Selbst in Verbindung stehen, ist dies ein Seinszustand, der ansteckend wirkt. Ein in diesem Sinne „erwachter", liebevoller Mensch erzeugt ein Bewusstseinsfeld, in dem andere Menschen sich sicher fühlen und selbst liebevoller werden. Ein ängstlicher oder wütender Mensch erzeugt ebenfalls ein Feld, aber dieses ist erfüllt von Trennung und Angst.

Die einfache Wahrheit ist die, dass nur wenige von uns eine Vorstellung davon haben, wie gut wir uns fühlen und wie gesund wir sein können, wenn wir eine innere Einheit bilden und lernen, stärker im Jetzt zu leben. Dieses Buch wird Ihnen zeigen, wie Sie Ihren Geist dergestalt stärken, dass die Wurzeln des

Gewahrseins nicht so leicht aus der Gegenwart gerissen werden und Sie weniger schnell in destruktives oder begrenzendes Denken verfallen. Es wird Sie ermuntern, Ihren Gefühlen zu vertrauen, sodass Ihre Fähigkeit wächst, sich selbst und das Leben zu lieben. Es wird Ihnen die Möglichkeit geben, Ihr Leben selbst zu gestalten.

Mit zunehmender Präsenz wird sich nicht nur wahre Gesundheit einstellen, sondern Sie werden zugleich der Veränderung der Welt in Ihrem Umfeld dienen. Präsenz ist ansteckend – und das ist ausnahmsweise eine Epidemie, die wir dringend *brauchen*.

Richard Moss

Ojai (Kalifornien), im Februar 2011

Hinweis: Die Beispiele und Fallgeschichten in diesem Buch sind alle wahr. Ich habe lediglich die Namen und einige Umstände verändert, um die Identität und die Privatsphäre der jeweiligen Personen zu schützen.

TEIL I

---◆---

Die Grundlagen verstehen

In den ersten drei Kapiteln erfahren Sie, worauf Sie Ihre Aufmerksamkeit vor allem richten müssen, wenn Sie damit beginnen, sich von innen heraus zu heilen.

Aufbauend auf meiner jahrelangen Arbeit mit Tausenden von Menschen werde ich Sie dabei unterstützen, die zwei Herausforderungen zu meistern, die meiner Erfahrung nach zu den wichtigsten auf Ihrem Weg zur Heilung zählen.

Sie werden erkennen, wie Sie sich selbst unnötig verletzt haben, weil Ihr Denken von Ihrem Ego bestimmt wurde. Sie werden erfahren, was Ihr Ego wirklich ist. Außerdem werden Sie feststellen, dass Sie – ab sofort – Ihr physisches und emotionales Leiden wesentlich besser werden lindern können, als Ihnen bislang bewusst war.

Jeder Augenblick, in dem Sie voll und ganz im Hier und Jetzt sind, ist ein Augenblick der Heilung. Der Körper organisiert sich je nach dem Grad Ihrer Präsenz in einem stärkeren oder geringeren Maße neu. Ich werde Ihnen zeigen, wie Sie Ihre Aufmerksamkeit von Ihren Gedanken weglenken und auf den gegenwärtigen Moment richten, in welchem Sie in ein grenzenloses Feld von Wissen und Liebe eintauchen, das die größte Heilquelle überhaupt darstellt.

KAPITEL 1

Die Kraft der Präsenz wahrnehmen

Auf dieser Reise, die wir gemeinsam antreten, steht Ihnen eine enorme Kraft zur Verfügung, mit deren Hilfe Sie Ihr Wohlbefinden unabhängig von den äußeren Umständen beeinflussen können. Sich dieser Kraft bewusst zu werden und der Veränderung, die sie in Ihrem Leben bewirken kann, ist womöglich das größte Abenteuer von allen. Entscheidend ist hierbei, ob Sie in jedem Moment Ihres Erlebens präsent sein können oder ob Sie sich in dem verstricken, was Ihnen Ihr *Verstand* über Ihre Erfahrung erzählt.

Alles, was wir im Leben als tiefes Leid erleben, ist in der Regel nicht eine Folge dessen, was tatsächlich passiert ist, sondern resultiert vielmehr aus dem, was wir uns über das Geschehen *erzählen*. Es geht also beispielsweise nicht so sehr um das Kranksein an sich, sondern um Ihre Gedanken dazu. Es geht nicht darum, dass Ihr Partner Sie verlassen hat, sondern darum, was Sie sich über diese Trennung erzählen.

Ihre Identifikation mit den *Gedanken* darüber, was Sie nicht zu haben *glauben* – wie das Leben hätte sein sollen, wie es wohl weitergeht, ob Sie genügend Geld haben werden, was Ihre Familie braucht und so weiter –, ist die wahre Quelle des größten Teils von dem, was wir als „Unglück" erleben. Sobald Sie lernen, sich von den Gedanken abzuwenden und in den gegenwärtigen Moment zurückzukehren, sind die Dinge selten so schlimm, wie sie zunächst erscheinen. Sie können sich für staunendes Betrachten öffnen und dadurch inneren Frieden erfahren.

Selbstverständlich ist es ganz natürlich, in schwierigen Zeiten auf ängstliche Gedanken zu verfallen. Den meisten ist dabei jedoch nicht bewusst, dass diese unangenehmen Gedanken nur dann vom Verstand erzeugt werden können, wenn das Bewusstsein nicht fest im gegenwärtigen Moment verankert ist. Wie ich im nächsten Kapitel erläutern werde, ist es das Ego, das Ihren Geist aus dem Hier und Jetzt abdriften lässt. Wenn Sie nichts anderes wären als Ihr Ego, hätten Sie wohl keine andere Wahl, als dies auszuhalten. Sie sind jedoch wesentlich mehr. Sie sind ein bewusstes Wesen beziehungsweise Sie *werden* zu einem, sobald Sie vollkommen präsent sind, und können dann unabhängig von dem begrenzten Bewusstsein des Ego agieren.

Das *Gewahrsein im gegenwärtigen Moment* ist die größte aller menschlichen Kräfte, auch wenn es bislang weder sehr bekannt ist noch bewusst eingesetzt wird. Es ist sogar noch bedeutsamer als das *Denken*, denn nur mithilfe des Gewahrseins können Sie Ihre Gedanken erkennen und sich klar machen, wie sehr diese Sie begrenzen und häufig auch verletzen.

Wenn Sie dieses Gewahrsein einmal erleben möchten, müssen Sie nur einen Moment innehalten und sich fragen: „Wer oder was denkt über das nach, was ich gerade lese?" Nehmen wir einmal an, Ihre Antwort lautet: „Ich." Wer oder was ist dann *dieses Ichs gewahr*, auf das Sie sich beziehen?

Die Kraft des Gewahrseins im gegenwärtigen Moment (oder, um es weniger umständlich auszudrücken: die *Präsenz*) bedeutet, dass Sie Ihres eigenen Denkens gewahr sein können, ohne sich notwendigerweise damit zu identifizieren. Sie können Ihre Gefühle fühlen, ohne sich auf ihrer Grundlage zu definieren. Alles, dessen Sie sich bewusst sind – all Ihre Pläne und Träume, Ihre Hoffnungen und Ängste, Ihre Meinungen über Sie selbst und alles andere – all das zeigt, dass es da etwas gibt, was zwar dessen gewahr, aber gleichzeitig nicht automatisch involviert, darin verwickelt, daran beteiligt ist. Man könnte auch sagen, dass es da eine Dimension Ihrer selbst gibt, zu der Sie Zugang haben, sobald Sie im Jetzt sind. Diese Dimension befreit Sie vom verstandesmäßig erzeugten Leiden und ermöglicht es Ihnen, einen Raum zu schaffen, der groß genug für alle Ihre Gefühle ist.

Keiner weiß, wie es dazu gekommen ist, dass wir Menschen zu dieser Eigenwahrnehmung fähig sind. Einige Wissenschaftler behaupten, dass das Gewahrsein ein *vom Gehirn erzeugtes* Phänomen sei. Andere glauben, dass das Gehirn eine Art von hoch entwickeltem Fernseher sei, der sich auf eine mehr oder weniger unendliche Menge von Bewusstseinsströmen einstellen kann, die aus einem universellen intelligenten Feld stammen, wobei diese Ströme dann anschließend geordnet und strukturiert werden. Ich selbst vermute, dass in beiden Theorien ein Körnchen Wahrheit steckt, erkenne aber auch gerne an, dass sowohl die Quelle oder der Grund des Gewahrseins als auch das Gewahrsein selbst ein großartiges Mysterium darstellen. Ich sehe es pragmatisch: Es ist nicht erforderlich, die Quelle des Gewahrseins zu verstehen. Wichtig ist allein, dass man seine Kraft schätzt und zu nutzen weiß.

Wer sind Sie wirklich?

Bei meinen Vorträgen und Retreats stelle ich häufig eine Reihe von Fragen, damit die Teilnehmer den Unterschied verstehen zwischen dem, was wir glauben oder denken, und dem, dessen wir gewahr sind. Beispielsweise haben wir alle einen männlichen oder weiblichen Körper. Aber ist das *Gewahrsein* der Tatsache, dass wir männlich oder weiblich sind, ebenfalls entweder männlich oder weiblich? Na, was meinen Sie? Die *Erfahrung*, ein Mann oder eine Frau zu sein, ist aus offensichtlichen biologischen und gesellschaftlichen Gründen recht unterschiedlich. Aber wenn wir allein von unseren Unterschieden her argumentieren, verpassen wir das tiefer liegende Fundament des Gewahrseins, das uns alle auf einer wesentlich grundlegenderen Ebene als der des Geschlechts verbindet. Zwischen uns fließt umso mehr Energie, je präsenter wir sind.

Aber gehen wir noch einen Schritt weiter: Nehmen wir einmal an, jemand sagte zu Ihnen, Sie seien übergewichtig, und Ihr Ego formte diese Aussage sofort in das Urteil um, Sie seien „fett". Ist das *Gewahrsein* des Vorgangs, dass Sie sich selbst als fett beurteilen, selbst ebenfalls fett? Auch hier frage ich Sie wieder nach Ihrer intuitiven Reaktion auf diese Frage. Können Sie erkennen, dass die *Identifikation* mit dem Zustand „fett" wesentlich unangenehmer ist als das *Gewahrsein* Ihrer selbst als übergewichtig? Ich habe häufig beobachtet, dass bei Menschen, die ein gesünderes Leben führen möchten und sich selbst auf diese Weise angreifen, die *Verurteilung* mehr Schaden anrichtet als der ursprüngliche Zustand, dessentwegen sie sich so niedermachen. Wenn wir uns selbst angreifen, führt das zu einer depressiven Haltung im Leben, die das Ergreifen positiver Maßnahmen verhindert.

Lassen Sie uns als Nächstes einen Blick auf das werfen, was Sie über die *Zeit* wissen. Wenn Sie in Ihre Erinnerungen abtauchen, werden Sie der Dinge in der Vergangenheit gewahr – aber liegt das *Gewahrsein* selbst in der Vergangenheit? Ebenso machen Sie sich häufig Gedanken über die Zukunft – aber befindet sich das *Gewahrsein* dieser Gedanken ebenfalls in der Zukunft?

Wenn ich diese Fragen stelle, lasse ich die Menschen sie für sich selbst beantworten. Aber manchmal passiert etwas, vielleicht nur für einen Moment. Dann nehmen sie plötzlich einen Raum wahr, eine Art von Leere oder Offenheit, die sich deutlich von dem unterscheidet, wie sie normalerweise über sich denken und sich selbst erleben. Es ist ein kleiner Vorgeschmack von der Präsenz.

Wenn Sie einer Sache *gewahr* sind, dann deutet dies auf einen Abstand zu dem hin, dessen Sie gewahr sind. Und dieser Abstand bedeutet, dass es ein Potenzial für eine Beziehung mit dem gibt, dessen Sie gewahr sind: eine Beziehung zu Ihren Gedanken, eine Beziehung zu Ihren Erinnerungen, eine Beziehung zu Ihren Emotionen und Gefühlen.

Die meisten Menschen werden von ihren Gedanken „benutzt", werden Opfer ihrer eigenen Überzeugungen. Sie lassen sich von ihren Emotionen und Gefühlen definieren und oft genug auch zum Opfer machen. Sie hingegen werden in den nachfolgenden Kapiteln lernen, dass Sie niemals Opfer *sind*: Sich selbst als solches zu *betrachten*, ist immer nur ein *Gedanke*, eine Überzeugung. Selbst wenn Sie sich wie ein Opfer *fühlen*, werden Sie – sobald Sie sich in den gegenwärtigen Moment bringen – feststellen, dass Ihre Gedanken zum Stillstand kommen und das Gefühl sich sehr schnell auflöst. Sie werden lernen, wie Sie sich durch die Kraft der Präsenz selbst befreien können.

Wenn Sie in das Gewahrsein des gegenwärtigen Moments eintreten, sind Sie immer *mehr* als das, dessen Sie sich bewusst sind. Mit *mehr* meine ich hier nicht „besser" oder „wertvoller", sondern Sie sind einfach mehr, weil Sie selbst über die Beziehung zu Ihren Gedanken und Gefühlen entscheiden können. Sie können die Wahl treffen, Ihren Gedanken zuzuhören oder nicht. Sie können beobachten, was passiert, wenn Sie etwas glauben. Sie können wahrnehmen, wie Sie sich dabei fühlen, sei es wütend, ängstlich, geliebt oder sicher. Sie müssen nicht automatisch *glauben*, was Sie denken, ganz gleich, ob es um Sie selbst, Ihr Leben, Ihre Krankheit oder was auch immer geht – speziell dann, wenn es Sie unglücklich macht oder bewirkt, dass Sie Unglück in das Leben anderer bringen. Sie können dieser Gedanken *gewahr* sein. Sie können sie hinterfragen und in Zweifel ziehen. Sie können sanft mit sich selbst umgehen, ganz gleich was Sie sich selbst denken hören. Und Sie können beginnen, Ihren eigenen Weg zu dem zu finden, was für Sie wahr und wichtig ist.

Wir Menschen glauben längst nicht mehr, dass die Erde eine flache Scheibe sei oder dass die Sonne sich um die Erde drehe. Und auch Sie müssen nicht länger Vorstellungen über sich selbst hegen, die aus Ihrer Kindheit stammen oder aus einem Erziehungsprozess, der Ihren Kopf mit den Ideen anderer Menschen vollgestopft hat, anstatt Ihnen beizubringen, wie man selbst denkt. Sie sind ein Mensch, der mit der göttlichen Gabe des Gewahrseins ausgestattet ist und sich auf dem Weg zu seiner Wahrheit befindet. *Gewahrsein* ist Ihr Weg zur Wahrheit, zu einer tieferen Kenntnis Ihrer selbst – es ist Ihr Weg zur Liebe.

Dieses Gewahrsein ist das *Sein* im „Menschsein" und ermöglicht eine ständige Beziehung zu allem und jedem, was Sie jemals erkennen oder benennen können. Dennoch lässt es sich nicht in Zeit oder Raum lokalisieren. Sie sind weder nur Ihr Körper, noch sind Sie nur Ihre Gedanken oder Gefühle. *Ihr authentisches Selbst ist das unbeschreibbare Wesen, das all dessen gewahr ist.* Dadurch wird es möglich, dass Sie Ihre Aufmerksamkeit jederzeit bewusst auf einen Aspekt Ihrer Erfahrung lenken und ihn völlig neu betrachten können (– wodurch Sie sich selbst gleichzeitig ständig erneuern). Wann immer Sie dies tun, werden Sie feststellen, dass das emotionale Leid, das durch die Dinge entsteht, die Sie sich selbst erzählen, abnimmt und durch ein Gefühl der Verbundenheit ersetzt wird.

Emotionale „Verschmutzung"

Wir alle sind mit Dingen konfrontiert, die sich größtenteils unserem Einfluss entziehen, etwa Alterungsprozessen, genetischen Anlagen, der Verschmutzung unserer Umwelt, wirtschaftlichen und sozialen Missständen und anderem. Unsere Körper sind aber in jedem Moment auch der zusätzlichen Belastung einer *emotionalen* „Verschmutzung" ausgesetzt, die unser Verstand erzeugt.

Jeder Gedanke erzeugt eine entsprechende Empfindung im Körper, da Körper und Geist ein zusammenhängendes Ganzes darstellen. Glückliche Gedanken lösen bei Ihnen einen Schub an Wohlgefühl aus. Sorgen über die Zukunft oder Schuldgefühle in Bezug auf die Vergangenheit werden auf der körperlichen Ebene genauso empfunden, als würden wir von einem Raubtier angegriffen. Die gleichen Kampf-oder-Flucht-Hormone werden ausgestoßen, Kortisol und andere Stresshormone strömen durch Ihren Körper, beeinträchtigen Ihr Immunsystem, Ihr Herz, Ihr Gehirn, jede Zelle in Ihrem Körper. Und Gedanken dieser Art kommen nicht gerade selten vor: Die meisten Menschen haben am Tag Hunderte, ja sogar Tausende von Gedanken, die ihnen Furcht, Wut, Schuld oder Unsicherheit einflößen, und sind so einem ständigen, vom Verstand erzeugten Stress ausgesetzt.

Ein körperliches Kranksein als solches, allein für sich genommen, reicht nicht aus, um dieses Gefühl von Bedrohung zu erzeugen. Schauen Sie sich einen Hund oder eine Katze an: Sie können verletzt oder krank sein, *ohne* dass Verwirrung und Stress auftreten. Diese Art von Stress kennt nur der Mensch – und er entsteht allein durch das Denken. Dass wir die Natur des Denkens nicht verstehen und nicht die Verantwortung dafür übernehmen – mithilfe der Kraft des Gewahrseins –, das ist die größte Ursache für unsere Leiden. Stärker als das reale Leiden an einer körperlichen oder psychischen Erkrankung und sogar stärker als das Leiden im Sterbeprozess ist das Leiden, das wir mit Gedanken erzeugen, die uns in uns selbst spalten oder von anderen abtrennen. Das und nichts anderes ist die größte Quelle unseres Elends.

Wenn unser Denken uns „benutzt"

Wir Menschen sind stolz auf unsere Fähigkeit zu denken. Es ist sicherlich richtig, dass wir erstaunlich fähige Geschöpfe sind, die sich immerhin die Zukunft ausmalen, geniale Maschinen erfinden, wundervolle Musik komponieren, großartige Kunstwerke schaffen und majestätische Gebäude errichten können. Stärker jedoch, als wir unser Denken zum Erschaffen dieser Wunder nutzen, werden wir die meiste Zeit *von unserem Denken benutzt*. Urteile, Meinungen und Glaubenssätze, die wir unhinterfragt übernehmen, bewirken, dass wir als Einzelperson und im Kollektiv (Gruppen, Unternehmen, Religionsgemeinschaften, Nationen) in Stolz, Angst, Abwehrhaltungen oder aggressives Verhalten verfallen.

Ich spreche davon, dass wir von unserem Denken „benutzt" werden, weil wir unseren Gedanken glauben und uns mit ihnen identifizieren, ohne vorher zu fragen: „Kann ich wirklich wissen, dass das, was ich gerade denke, wahr ist?" Wir werden von unserem Denken benutzt, weil es uns ständig mit unserem Leben in Konflikt bringt. Wir stimmen dem Leben, so, wie es ist, nur selten zu. Stattdessen „sagen" wir ihm ständig, wie es zu sein hat. Wir lieben unseren Intellekt, sehen dabei aber nicht, dass wir ihn viel stärker dazu einsetzen, das, was uns Angst macht, zu kontrollieren, als ihn als Bewusstseinszustand für das Verstehen des Wunders unserer Existenz zu nutzen. Wir werden von unserem Denken benutzt, weil die Ängste, die in unserer Vorstellung existieren, und die Verteidigungsmaßnahmen, die wir (durch unser Denken) zu unserem Schutz erfinden, uns nicht nur häufig in eine feindliche Beziehung zu anderen Menschen bringen, sondern uns vor allem der Natur entfremden.

Vielleicht der größte und bedauerlichste Beweis dafür, dass unser Denken *uns* benutzt, statt dass *wir* diese wunderbare Eigenschaft des Verstandes einsetzen, besteht darin, dass wir genau das Biosystem schädigen, von dem unser Leben und das vieler anderer Lebensformen abhängt. Das Artensterben schreitet in einem alarmierenden Tempo voran. Wir sind die Quelle dieser Zerstörung und wir wissen es auch. Dennoch fällt es uns schwer, mit unseren Gewohnheiten zu brechen – und tatsächlich die Art und Weise zu ändern, wie wir über uns selbst, über andere und die Welt denken.

Es ist eine traurige Tatsache, dass wir es nicht gelernt haben, wirklich bewusst, gewahr zu sein und somit die Realität zu hinterfragen, die unser Denken erschafft. Uns ist nicht klar, dass wir die *Verantwortung* für unsere Gedanken übernehmen und herausfinden müssen, ob sie wirklich wahr sind. Erst dann können wir diejenigen Gedanken beiseitelegen, die lediglich Meinungen oder Vorurteile darstellen, oder uns zumindest bewusst machen, dass sie das sind. Wir bemerken meist nicht, dass die meisten unserer Gedanken letztendlich Wertungen sind und dass das Entscheidende an jedem Urteil (wie wir später noch sehen werden) das Gefühl ist, das es in uns hervorruft.

Letzten Endes ist das Problem beim Denken nicht nur, dass Sie Ihren Gedanken glauben, sondern dass Sie Ihre Identität – ihre Eigenwahrnehmung – auf ihnen aufbauen. Es ist die Identifikation mit dem, was Sie sich über sich selbst „erzählen": dass Sie ein guter Mensch seien (oder auch nicht), eine liebenswerte Person (oder nicht), ein kluger Kopf (oder nicht) und so weiter. Und daraus bildet sich dann tatsächlich das, was Sie zu sein glauben. *Dieses aus der Vorstellung entstandene Selbst ist das Ego.*

Das Ego ist kein Wesen und es ist nicht real wie beispielsweise Ihr Körper. Es ist eine Form der Informationsverarbeitung, die zu der falschen Annahme führt, dass Sie ein getrenntes Selbst seien. Auf der Ebene des Ego kommt Ihnen nie in den Sinn, dass Sie auch *das* sind, was all diese Gedanken *wahrnehmen* kann – gewahr all der Möglichkeiten, wie Sie (als Ego) Ihre Wahrnehmungen und Gefühle interpretieren. Anders gesagt: Als Ego glauben Sie, auf der Außenseite zu stehen, getrennt vom Leben und von allen anderen, anstatt sich als Teil eines höheren (wenn Sie so wollen: göttlichen) Ganzen zu sehen.

Wir wollen uns hier jedoch nicht so sehr auf das große Problem des Ego oder des Denkens konzentrieren. Es geht stattdessen darum, sich bewusst zu machen, wie Sie sich mit Ihren eigenen Gedanken jeden Tag unnötig selbst Schmerz zufügen. Sie leiden nämlich aufgrund der Gedanken, die Sie über sich selbst und die Situation haben, und nicht aufgrund dessen, wer Sie sind oder wie die Situation tatsächlich aussieht.

Ich möchte damit keinesfalls abtun, wie schwach, müde und miserabel man sich fühlen kann, wenn man krank ist. Ich leugne nicht den Schmerz, die Trauer und die Angst, die häufig mit der Diagnose einer schweren Krankheit oder Verletzung einhergehen. Auch den Schmerz, den eine Scheidung oder ein Verlust hervorrufen kann, möchte ich keinesfalls bagatellisieren. Solche Zeiten fordern uns aufs Höchste heraus (und damit auch all jene, die uns lieben). Was ich Ihnen klar machen möchte, ist, dass Sie wesentlich mehr Einfluss auf den Grad Ihres Leidens haben, als Ihnen bewusst ist. Vielleicht fühlen Sie sich im

Moment noch nicht in der Lage, diese Kraft zu nutzen. Aber Sie werden es im Verlauf der Lektüre dieses Buches lernen und es wird Ihr Leben von Grund auf verändern.

Präsenz kann Schmerzen lindern

Schmerzen, speziell körperliche Schmerzen, verändern sich von Moment zu Moment – gemäß Ihrem Gemütszustand oder, genauer gesagt, mit dem Grad Ihrer Präsenz. Das Gleiche gilt für Ihre Lebenskraft. Wenn Sie von ängstlichen oder verzweifelten Gedanken erfüllt sind, kann sich der körperliche Schmerz verstärken und sie zusätzlich schwächen. Sind Sie andererseits präsent im Hier und Jetzt und beruhigen sich damit Ihre Gedanken, so kann der Schmerzpegel durchaus sinken und Ihre Lebenskraft steigt an.

Das kann innerhalb *eines* Moments geschehen – und das ist dann ein Moment der Heilung. *Sammeln* Sie solche Momente der Präsenz und des abnehmenden Schmerzes – dann verfügen Sie am Ende einer Stunde oder eines Tages über mehr Energie und sind optimistischer gestimmt! Mit zehn, zwanzig oder Hunderten solcher Momente an einem Tag verändert sich Ihre gesamte Erfahrung. Sie sind dann – zumindest in Ihren Gedanken – gesünder und weniger krank. Dies ist eine Frucht Ihres Bemühens um Präsenz, die Sie unmittelbar spüren können: Sie sind dann Ihr Selbst, das gewahr ist, und nicht mehr mit Ihrem Denken identifiziert – Ihrem Ego. Deshalb hat der große spirituelle Lehrer Sai Baba seine gesamte Botschaft an die Menschheit auch in folgenden Worten zusammengefasst: „Achte auf deine Gedanken."

Für die meisten Menschen ist es ungewohnt, zwischen Gewahrsein und Denken zu unterscheiden. Wir haben bisher immer geglaubt, das zu sein, was unsere Gedanken uns über uns erzählen, ebenso wie die Welt für uns das ist, was unsere Gedanken uns darüber erzählen. Wenn man uns sagt, wir seien krank, und wir uns das auch selbst erzählen, *glauben* wir daran, dass wir krank seien. Aber der Teil von uns, der dessen *gewahr* ist, was wir uns erzählen, ist in sich nicht krank.

Wenn Ihr Gewahrsein Ihnen hilft, sich weniger stark mit Ihren Gedanken zu identifizieren – was nichts anderes bedeutet, als stärker präsent zu sein –, gelangen Sie in einen gesunden Zustand Ihres Bewusstseins zurück. *Ohne* die Identifikation mit Gedanken, die vergleichen, wie es Ihnen *jetzt* geht und wie es Ihnen *früher* ging – geht es Ihnen da aktuell nicht ganz gut?! Gibt es – wenn Sie sich *nicht* mit Gedanken an eine Zukunft identifizieren, in der Ihre körperliche Leistungskraft abnimmt oder Ihre Rücklagen nicht ausreichen, um in Rente gehen zu können – in diesem Moment irgendeine reale Bedrohung? Meine

Überzeugung ist, dass Sie *ohne* Gedanken, die Emotionen wie Bitterkeit oder Hoffnungslosigkeit oder eine Opferhaltung erzeugen, in diesem Moment ganz mit sich im Frieden sind.

Wenn Sie Ihre Aufmerksamkeit von Ihren Gedanken abziehen und sie auf den gegenwärtigen Moment richten, finden Sie zurück zu einem Zustand der Offenheit, in dem Sie empfänglich sind für eine unbegrenzte Quelle des Wissens und ein unbegrenztes Feld der Liebe. Sie erlauben diesem Wissen und dieser Liebe, eine Verbindung mit Ihnen einzugehen und Sie zu verwandeln. Gesundheit bedeutet die Rückkehr zu einem Zustand der Ganzheit in sich selbst. Es ist zugleich der wirkungsvollste Weg, die Zukunft zu verändern.

Das Ego erzeugt – ähnlich wie eine schlechte Mobilfunkverbindung, bei der man außer Rauschen nur abgehackte Sprachfetzen hört – ständig belastende emotionale und mentale Störgeräusche, die das Signal dieser tieferen Intelligenz überdecken. Auf diese Weise schottet es Sie von einer wertvollen Quelle des Wissens ab. Und es schwächt die Verbindung Ihres Körpers zur Schwingung der Ganzheit, die den tieferen Ton der Existenz bildet. *Auf der Ebene des Ego sind Sie immer mehr oder weniger „verstimmt".*

Ihr Ego macht Sie immer wieder zu der Person, die Sie *waren,* statt zu der, die Sie wirklich *sind* und die Sie *sein können.* Es kann sich die Zukunft nie auf eine Weise vorstellen, die ganz neu ist, sondern wird immer nur das projizieren, was ihm bereits bekannt ist. Wenn Sie präsent sind und Abstand vom Denken Ihres Ego gewinnen, richtet sich Ihr gesamtes Wesen wieder an jenem weiteren Bewusstsein aus. Dann erst entsteht Raum für neue Möglichkeiten – und dazu gehört auch die Wiederherstellung der körperlichen Gesundheit.

Sie haben mehr als *einen* Körper

Ein aufnahmefähiges, offenes System verfügt über Möglichkeiten des Wachstums und der Reorganisation, die für uns unvorhersehbar sind. Sowohl Ihr Körper als auch Ihr Bewusstsein sind solch offene Systeme. Wer Sie wirklich sind, das lässt sich nicht statisch, ein für alle Mal definieren. Ihre Seinserfahrung beginnt stets *genau jetzt*, weil Sie Ihren Bewusstseinszustand und sogar Ihren Gesundheitszustand in jedem Moment erneuern.[1] Es ist daher nicht falsch zu sagen, dass Sie *mehr als einen* Körper haben, oder genauer gesagt, *dass Ihr Körper sich in jedem Augenblick gemäß dem Bewusstseinszustand, auf den Sie eingestimmt sind, erneuern kann.* Im einen Moment können Sie unter Schmerzen leiden und im nächsten schmerzfrei sein. In dem einen Bewusstseinszustand kann eine Krankheit abklingen, im nächsten kann der Krankheitsprozess fortschreiten.

Was über diesen Unterschied entscheidet, ist eines der großen Geheimnisse des Lebens. Nach langer Beobachtung kann ich jedoch sagen, dass es von entscheidender Bedeutung ist, wie *präsent* Sie in jedem Moment sind. Das bedeutet natürlich nicht, dass Sie das Ergebnis aller Erlebnisse und Vorgänge in Ihrem Leben gänzlich steuern könnten. Aber über die Präsenz und den Grad Ihrer Aufmerksamkeit haben Sie wesentlich mehr Einfluss, als Ihnen vermutlich bewusst ist; damit können Sie einen Ort der Heilung, der Klarheit und des Vertrauens in sich selbst finden und sogar ein neues Verhältnis zum Leben an sich.

Gefühle, denen Sie sich stellen müssen

Wenn Sie lernen, in der Gegenwart zu leben, legen sich die von Ihren Gedanken erzeugten negativen Emotionen. Sie werden auch damit aufhören, sich mit positiven Fantasien über die Zukunft zu betäuben, die lediglich bewirken, dass Sie das Leben selbst verpassen. Schon das allein ist ein großer Erfolg. Aber Ihre Fähigkeit zu fühlen geht tiefer als die Welt Ihrer vom Verstand erzeugten Emotionen. Fühlen ist ein Bewusstseinszustand, der für Ihre Kenntnis Ihrer selbst von entscheidender Bedeutung ist. Ich werde in Kapitel 8 näher darauf eingehen. Lassen Sie mich für den Moment einfach nur festhalten, dass es in der ganzen Bandbreite des Fühlens sowohl Gefühle gibt, die freudig und herzlich sind, als auch solche, die dunkler sind und bei deren Auftreten es uns schwerer fällt, präsent zu bleiben.

Niemand hat Probleme mit *positiven* Gefühlen – solange sie nicht zu stark werden: Dann fühlen sich manche Leute durch übermäßiges Wohlgefühl bedroht und „machen dicht". Sie verzichten auf ihr Geburtsrecht, den Himmel auf Erden in diesem Leben zu spüren. Noch problematischer ist, dass Sie bereits seit frühester Kindheit, als Sie noch nicht in der Lage waren, sich den *dunklen und bedrohlichen* Gefühlen zu stellen, reflexartig vor diesen fliehen. Auf diese Weise haben Sie Ihr noch zerbrechliches Ego beschützt und erhalten. Mittlerweile sind Sie allerdings erwachsen, sodass diese Gewohnheit Sie lediglich in Konflikt bringt mit den meisten Ihrer Erfahrungen und der dunkleren Hälfte Ihres Gefühlsspektrums und zu einer inneren Spaltung führt.

Diese Spaltung ist ein permanentes Problem. Sie raubt Ihnen Energie, weil sie es Ihnen nahezu unmöglich macht, ganz präsent zu sein, sobald ein „negatives" Gefühl auftaucht. Ich habe im Verlauf meiner Arbeit festgestellt, dass es in Bezug auf Selbstheilung und „Erwachen" zwei grundlegende Herausforderungen gibt. Bei der ersten geht es um die Identifikation mit den Gedanken und das emotionale Leid, das dadurch verursacht wird. Die zweite Herausforderung ist die alte, unbewusste Angewohnheit, vor Gefühlen davonzulaufen, die das Ego als bedrohlich empfindet – selbst wenn sie schön und positiv sind.

Der Weg zu innerem Frieden und Wohlbefinden ist stets eine Odyssee – eine Reise zu *den* Gefühlen, die Sie sich für den größten Teil Ihres Lebens nicht gestattet haben. Häufig sind es Gefühle wie Melancholie, Hilflosigkeit, Machtlosigkeit oder Leere, denen Sie nie Raum gegeben haben; sobald sie zum Vorschein kamen, hat Ihr Ego sie in Emotionen wie Wut oder Scham umgewandelt. Manchmal waren es auch Gefühle tief empfundener Freude oder Liebe, von denen sich Ihr Ego abgewendet hat, sodass Sie verschlossen wurden und niemandem trauen. In vielerlei Hinsicht geht es beim Wiedergewinnen wahrer Gesundheit darum, wieder zum echten Fühlen zurückzufinden – in Bezug auf angenehme wie auf weniger angenehme Gefühle. Im weiteren Verlauf dieses Buches werden Sie lernen, wie Sie dies erreichen können.

Wenn Sie in die Gegenwart kommen und lernen, jedem Gefühl Raum zu geben, findet eine geheimnisvolle Wandlung statt. Etwas tief in Ihnen reagiert – nennen wir es einfach die Seele – und Sie öffnen sich mehr und mehr dem Leben. Beziehungen zu anderen Menschen werden authentischer, ehrlicher, direkter. Sie werden ganz von selbst spontaner und gehen die Dinge eher spielerisch an. Sie können sich selbst an den einfachsten Dingen erfreuen ...

Wenn Sie mit diesem Moment im Frieden sind – damit, wer Sie sind und wie Sie sind, unabhängig von den Umständen –, erwachen Sie zu Ihrem vollen Bewusstsein. Jeder kann das. Es hat weder etwas mit Magie zu tun noch mit Wunschdenken oder mit dem Einsatz positiver Affirmationen. Es ist eine tiefgreifende und spannende Arbeit.

Sie können jetzt gleich lernen, wie Sie *den* Gedanken Einhalt gebieten, die Sie verletzen. Sie können eine neue Beziehung zu jedem Gefühl entwickeln, das Ihnen Angst macht. Wenn Sie das tun, werden Sie eine neue Beziehung zu sich selbst entdecken – zu Ihrer Krankheit, Ihrer Familie, Ihrer Vergangenheit und Ihrer Zukunft. Sie können immer länger in der Gegenwart bleiben und von dort aus eine bewusste Beziehung zu *allem* aufbauen. Es ist ein Wachwerden für die eigene Ganzheit. Und es ist eine Reise zu wahrer Gesundheit.

—•◆•—

KAPITEL 2

Das Spiel des Ego durchschauen

Den Dingen, die in Ihrem Leben in jedem Moment geschehen, keinen Widerstand entgegenzusetzen – das können Sie jederzeit lernen, ganz gleich, ob Sie gesund sind oder nicht. Selbst wenn Sie im Krankenhaus liegen sollten und man Ihnen vielleicht sagt, Sie hätten nur noch wenige Wochen zu leben, kann die *Realität* des gegenwärtigen Moments – unbelastet von Gedanken, die „darübergestülpt" werden – das Lächeln auf dem Gesicht eines geliebten Menschen sein oder eine vertraute Stimme. Es kann das gedämpfte Nachmittagslicht sein, das durch das Fenster ins Zimmer fällt, oder auch das Piepsen des Herzmonitors oder Geräusche aus dem Fernseher. *Das* ist die Wahrheit dieses Moments: Licht tritt in den Raum ein, eine Beziehung zu einem vertrauten Menschen ist gegenwärtig oder andere Menschen (in einem Fernsehfilm) machen gerade bestimmte Erfahrungen ... Die Dinge haben alle auf ihre Weise einen Sinn, sie sind „richtig", selbstverständlich, in Ordnung, wenn Ihr Ego sich nicht dem widersetzt, was ist.

Wenn Sie die Wahl treffen, sich fest im gegenwärtigen Moment zu verankern – also nicht in den Bildern oder Geschichten, die Ihre Gedanken erzeugen –, dann ist das die grundlegende und wichtigste aller Entscheidungen. Sobald Sie in angstvollen Gedanken oder negativen Urteilen gefangen sind, ist jedes Geschehen wesentlich schwieriger und schmerzvoller, als es wäre, wenn Sie einfach offen sein könnten für das, was tatsächlich passiert. Selbst wenn Sie die Entscheidung treffen, sich nur auf positive Gedanken zu konzentrieren, erreichen die damit hervorgerufenen guten Gefühle, auch wenn sie Ihnen willkommen sein mögen, nie die Fülle dessen, was jeder Moment bringen kann, wenn Sie es sich gestatten, tief im Jetzt zu ruhen.

Wenn Sie ganz im gegenwärtigen Moment sind, werden Sie auf eine Weise vom Leben getragen, die Ihrem Ego-Selbst nicht zur Verfügung steht, da es in seinen eigenen Geschichten gefangen ist. So sehen Annahme und Hingabe aus. Hingabe bedeutet nicht, dass Sie einen Kampf verloren haben. Sie haben lediglich aufgehört, zu kämpfen, und sich einer tieferen Wirklichkeit geöffnet: der Unmittelbarkeit des Moments. Überrascht werden Sie feststellen, dass Sie von einer sanften Präsenz in Empfang genommen und begleitet werden.

Diese Präsenz kann das, was das Ego gewohnheitsmäßig zu vermeiden sucht, willkommen heißen, *ohne* irgendeine weitere Reaktion von Ihrer Seite. In dieser Hingabe stellen Sie fest, dass es keinerlei Drang mehr danach gibt, irgendwo anders zu sein. Im Ego gibt es ständig das Streben nach etwas anderem als dem, *was ist*. Wenn Sie Ihre Erfahrung weder ablehnen noch auf irgendeine Weise verändern möchten, dann ist jeder Moment ein grenzenloses Feld an Möglichkeiten, Einsicht und tiefer Unterstützung.

Wenn Sie krank sind oder Ihr Leben auf andere Weise nicht nach Ihren Vorstellungen verläuft, dann ist es Ihr Ego, das sich beschwert, in den Widerstand geht, ängstlich oder wütend wird und Strategien entwirft. Sobald Sie in den gegenwärtigen Moment gehen, weg vom Ego und hinein in das Gewahrsein, sind Sie nicht länger krank, auch wenn Ihr Körper es sein mag. Als bewusstes Wesen *sind* Sie das Gewahrsein, das immer in Stille und Frieden existiert, und können die ständige laute Aktivität des Ego beobachten, ohne sich damit zu identifizieren. Dazu müssen Sie allerdings lernen, im Gewahrsein zu bleiben und Ihre Gedanken zu beobachten, denn sonst glauben Sie, Sie und Ihre Gedanken wären ein und dasselbe. Dann hat das Ego Sie in seinen Klauen und die Geschichten, die es erfindet, verursachen Leiden.

Wie das Ego Sie zu etwas „Besonderem" macht

Wenn das Ego „am Drücker" ist, besteht sein vorrangiger, selbst gewählter „Auftrag" darin, ständig seine eigene Existenz zu bestätigen, und zwar immer wieder von Neuem. Es tut dies, indem es Sie davon überzeugt, dass Sie etwas Besonderes seien.

Für ein Kind ist es ganz normal, sich als etwas Besonderes zu fühlen. Kinder werden geliebt, umsorgt und man spielt mit ihnen – sie genießen nahezu permanente Aufmerksamkeit. Kinder fühlen sich unweigerlich als etwas Besonderes: entweder in einem positiven Sinne, aufgrund all der Liebe und

Aufmerksamkeit, die sie bekommen, oder (traurigerweise) im negativen Sinne, weil sie nicht ausreichend versorgt werden und *zu wenig* positive Aufmerksamkeit erhalten.[2]

Wir übernehmen die Art, in der wir als Kind unser Gefühl der Besonderheit entwickelt haben, in unser Erwachsenenleben. Zwar ist das Gefühl, etwas Besonderes zu sein – speziell in Bezug darauf, wie wir uns von unseren Eltern gesehen und geliebt fühlen –, für die ersten Lebensjahre äußerst wichtig; es wird aber im späteren Leben eher zu einem Problem. In diesem Abschnitt verwende ich die Worte *besonders* und *Besonderheit* in einem spezifischen Sinne, nämlich um deutlich zu machen, wie das Ego ständig eine falsche Identität erzeugt, die in ein Gefühl offener oder verschleierter *Selbstgefälligkeit* mündet. Natürlich trifft es zu, dass wir alle einzigartig und in diesem Sinne auch besonders sind, doch ist dies nicht der Aspekt, den wir hier untersuchen möchten.

Wenn Sie mit einer Krankheit oder einem emotionalen Problem konfrontiert sind, gibt es viele Arten, wie Sie sich selbst unbewusst zu etwas Besonderem machen. So kann Ihr Leiden beispielsweise besonders „furchtbar" sein, viel schwerer zu ertragen als das von anderen, oder es ist vielleicht zu einem besonders ungünstigen Zeitpunkt aufgetreten. Vielleicht sind Sie auch insofern etwas Besonderes, als Sie Ihr Leiden *scheinbar mühelos* bewältigen, ohne Angst oder Schwäche zu zeigen, und sich nie Ihren depressiven Gefühlen beugen ... Sie selbst in der eigenen Wahrnehmung zu etwas Besonderem zu machen oder in der Art und Weise, wie Sie von anderen gesehen zu werden glauben, das ist der Hauptzweck und die Haupttätigkeit des Ego. Wenn Sie sich das klar machen, haben Sie bereits einen entscheidenden Schritt getan, um sich von seinem begrenzenden Einfluss zu befreien.

Die Herausbildung des Ego ist ein wichtiger Schritt in unserer Entwicklung. Bevor wir als bewusste Wesen erwachen können, müssen wir zunächst einen Standort schaffen, *von dem aus* wir bewusst werden können. Das ist das Ego, das Ich-Erleben. Diese Art von Bewusstsein ist allerdings sehr begrenzt und verursacht übermäßiges Leiden, weil sein Blickwinkel uns die Erfahrung der Trennung vermittelt.

Das Ego glaubt, das Ich sei etwas ganz anderes als alles andere. Es glaubt an das „mein": *mein* (getrennter) Körper, *meine* Gefühle, *meine* Ansichten, *mein* Gebiet, *mein* Besitz. Es fühlt sich von allem bedroht, was seinem eigenen idealisierten Selbstbild widerspricht, ebenso wie von allen Gefühlen, die es sich nicht erklären kann. Und es empfindet Krankheit und den Verlust von Wohlstand als Bedrohung. Kurzum: Wenn das Ego sich mit etwas identifiziert und daran anhaftet, fühlt es sich bedroht, sobald dieses Etwas infrage gestellt ist.

Zu einem späteren Zeitpunkt der bewussten Entwicklung können Sie die Illusion der Getrenntheit überwinden und wach werden für eine tiefere Verbindung zum Leben. Es ist eine Erweiterung der Erfahrung, die Sie schon oft im Leben hatten, wenn Sie ganz präsent bei dem waren, was Sie taten, und es keinen Handelnden gab, nur ein Gefühl des *Seins*.

Weil es keine Möglichkeit gibt zu charakterisieren, wer Sie als bewusstes Wesen sind, muss Ihr Ego einen Weg finden, Sie an Ihre eigene Getrenntheit glauben zu lassen. Das Ego kann nicht neutral sein; es kann weder Sie noch den gegenwärtigen Moment so sehen, wie sie tatsächlich sind – denn das wäre reines Gewahrsein. Also muss das Ego Sie auf die eine oder andere Weise aus der Masse herausragen und zu etwas Besonderem werden lassen. Dies tut es auf zweierlei Art: Es erzählt Ihnen Geschichten über Sie selbst, die Sie entweder zu *mehr* oder zu *weniger* machen, als Sie wirklich sind.

Wenn die Geschichten des Ego Sie „kleinmachen", dann bezeichne ich dies als „depressive Besonderheit" oder Depressivität [engl.: *depressive specialness*], im Unterschied zur „großartigen Besonderheit" oder Grandiosität [engl.: *grandiose specialness*], die entsteht, wenn das Ego Ihnen ein Gefühl der Überlegenheit vermittelt.

Vielleicht neigen Sie jetzt zu der Annahme, dass ein Überlegenheitsgefühl die bessere oder wünschenswertere Form der Besonderheit sei. In Wahrheit jedoch unterbindet das Gefühl der Überlegenheit wirkliche Nähe zu anderen, fördert Verdrängung und führt in vielerlei Hinsicht zu mangelndem Urteilsvermögen. Der Glaube, Sie seien *weniger* wert als andere, bewirkt im Grunde genommen das Gleiche, nur auf andere Weise. In keinem Fall hilft aber das Vorhaben des Ego, Sie zu etwas Besonderem zu machen, Ihnen dabei, gesund und heil zu werden.

Worum es dem Ego geht

Sie von Ihrer Besonderheit zu überzeugen – darin besteht das geheime Spiel des Ego und es kann von diesem Spiel gar nicht genug bekommen. In dem einen Moment sind Sie die oder der Beste, im nächsten Moment sind Sie nichts wert. In der einen Situation glauben Sie, Sie wüssten es am besten, in der nächsten unterwerfen Sie sich wehrlos den Vorstellungen anderer. Ob Sie in depressive oder großartige Besonderheit verfallen, hängt vom Kontext ab. Vielleicht neigen Sie in Ihrer Ehe zur Grandiosität und dominieren oder tyrannisieren Ihren Partner. Doch kaum sind Sie bei der Arbeit, schlägt dies in depressive Besonderheit um: Sie buckeln vor Ihrem Vorgesetzten und fühlen sich als Opfer.

Das Ego ist nicht etwa eine schlechte Sache – genau genommen ist es gar keine Sache. Es ist einfach ein sich ständig neu bildendes Verstandeskonstrukt, das auf der unbewussten Identifikation mit den Geschichten basiert, die Sie sich selbst (in lediglich leicht abgewandelter Form) seit Ihrer Kindheit erzählt haben. Natürlich ist jeder von uns einzigartig und insofern auch etwas Besonderes. In diesem Kontext beziehe ich mich allerdings auf die Besonderheit, die das Ego Ihnen aufdrückt. Es geht um die emotionale Ausprägung Ihres Gefühls der Getrenntheit, egal, ob Sie sich *besser* oder *schlechter* als andere fühlen. Beide Pole haben einen starken Einfluss darauf, wie Sie sich sehen und wie Sie auf Menschen und Situationen reagieren. Wenn Sie sich überlegen fühlen, neigen Sie zu Wut und Ungeduld, im umgekehrten Fall zu Konformität und Verschlossenheit.

Das Problem ist, dass wir dieses Bedürfnis, etwas Besonderes zu sein, nur selten durchschauen und ihm kaum entgehen können. Stattdessen verbringen wir unser gesamtes Leben damit, uns wichtig oder unwichtig, glücklich oder unglücklich (und in jedem Fall irgendwie besonders) zu fühlen – verleitet von nahezu jedem unserer Gedanken. Wir identifizieren uns unbewusst mit unseren Gedanken darüber, wer wir sind (oder nicht sind), und wir *werden* zu dem, was sie uns einflüstern.

Wenn es um Heilung geht, hat Ihr Ego – gelinde gesagt – nicht immer Ihr Bestes im Sinn. Es ist ihm ziemlich gleichgültig, ob Sie gesund werden oder inneren Frieden verspüren. Wichtig ist ihm allein, dass Sie sich auf irgendeine Weise *besonders* fühlen. So erzählt es Ihnen vielleicht, dass Sie es alleine schafften und niemand anderen bräuchten oder dass Sie besondere Aufmerksamkeit und die besten Ärzte verdient hätten oder dass Sie eine Kämpfernatur seien und allen Widrigkeiten zum Trotz siegen würden. Es wird Ihnen alles erzählen, was nötig ist, um Ihr Gefühl der Überlegenheit und Selbstgefälligkeit zu stärken. Wenn Ihr Ego es nicht schafft, Ihnen Geschichten über Ihre *Überlegenheit* zu verkaufen, dann sucht es eben nach solchen, die Ihnen ein *Minderwertigkeitsgefühl* vermitteln. Es lenkt Ihre Gedanken auf Geschichten, in denen Sie sich schwach und wertlos fühlen – eine Last und Bürde für andere, ein Versager, unattraktiv, unfähig, dumm ...

Dem Ego ist es ziemlich egal, dass diese Eigenbewertungen zur Folge haben, dass Sie tatsächlich entweder selbstgefällig werden oder unglücklich. Es ist ihm egal, dass die meisten seiner Geschichten harte und extreme Urteile beinhalten. Das Einzige, was ihm wirklich etwas bedeutet, ist sein eigenes Weiterbestehen, und dazu müssen Sie *glauben*, dass Sie eine überlegene oder minderwertige Person seien.

Es geht dem Ego um Identität – nicht um Gewahrsein oder darum, wer Sie wirklich sind. Und ob Sie nun unglücklich und beschämt oder stolz und selbstgefällig sind: Jede Identität ist auf ihre Art etwas Besonderes. Das Ego kann nicht zulassen, dass Sie vollkommen präsent werden, weil es in dem Moment, in dem dies eintritt, in den Hintergrund gerät und es nur noch reines Sein oder Gewahrsein gibt. Und das versetzt Ihr Ego sozusagen in Todesangst, weil es sein Verhältnis zum Gewahrsein noch nicht verstanden hat.

Unsere „Standardeinstellungen"

Wir alle haben in Bezug auf unsere Besonderheit eine Art „Standardeinstellung", das heißt, eine Tendenz, die meiste Zeit über entweder in der Vorstellung einer depressiven oder in der Vorstellung einer großartigen Besonderheit zu verharren:

1. Derjenige Teil der Menschen, dessen „Sollwert" eher in Richtung Überlegenheit geht und dessen Mitglieder manchmal als „Persönlichkeitstyp A" bezeichnet werden, verfügt scheinbar über Stärke und Macht. Aber die Körper dieser Menschen sind offensichtlich nicht sehr glücklich, denn bei Mitgliedern dieser Gruppe treten statistisch gesehen häufiger Herzkrankheiten auf. Diese Menschen reiben sich auf, um ihre Überlegenheit immer wieder neu unter Beweis zu stellen. Sie können ihr Tempo nicht drosseln und wissen nicht, wie man zur Ruhe kommt. Sie sind stets in Aktion und brauchen das Gefühl, alles unter Kontrolle zu haben. Das Ziel, auf das sie vermeintlich zusteuern, entspricht in der Regel dem Idealbild des Erfolgs in Form von Macht und Reichtum. Dennoch ist dieses Ziel unwichtiger für sie als das, wovor sie unbewusst flüchten und was die andere Seite der Medaille darstellt: Minderwertigkeit. Der „Schatten" des Menschen, der sich überlegen fühlt, ist sein verdecktes Minderwertigkeitsgefühl. Um dieses Gefühl zu vermeiden, treibt er sich gnadenlos voran; das führt häufig zu Burn-out oder anderen Erkrankungen.

2. Menschen, deren „Standardeinstellung" eher in Richtung des depressiven Pols tendiert, wissen häufig nicht, wie man im Leben Stellung bezieht. Sie

schwächen sich ständig selbst durch den Glauben an ihre eigenen Grenzen. Dahinter steckt der Versuch zu beweisen, dass sie in ihren Einschränkungen tatsächlich etwas Besonderes sind – stärker verletzt, bedürftiger, weniger wert. Aber auch hier gibt es einen Schatten, nämlich das Überlegenheitsgefühl, mit dem sie die Welt zu einem unsicheren oder unfairen Ort erklären. Menschen mit depressiver Besonderheit sind oft kritisch denjenigen gegenüber, die Aufmerksamkeit erhalten oder erfolgreich zu sein scheinen. Häufig glauben sie, das Leben schulde ihnen etwas. Ihr verborgenes Überlegenheitsgefühl zeigt sich darin, dass sie meinen, man müsse sich um sie kümmern, oder in der Art und Weise, wie sie andere und sich selbst verurteilen und Schuldzuweisungen verteilen. Sie glauben, gefangen und hilflos zu sein, unfähig, ihr Leben zu ändern. Das Gefühl der Machtlosigkeit, das sich durch die Geschichten des Ego aufgebaut hat, ist eine der schlimmsten Formen von Belastung. (Es gibt allerdings auch ein Gefühl der Machtlosigkeit, das – im Gewahrsein empfunden – sehr wichtig für die geistige Gesundheit sein kann. Die Natur dieses komplexen Gefühls – und wie Sie damit umgehen können – wird in einem späteren Kapitel behandelt.)

Beide Arten von Besonderheit stellen eine Art von Ungleichgewicht dar, das Stress, Übermüdung und eingeschränkte Lebendigkeit zur Folge hat. Wenn Sie wirklich um Heilung bemüht sind, sollten Sie darauf achten, wann Ihr Ego Sie in Richtung der depressiven oder großartigen Besonderheit schiebt. So haben Sie die Möglichkeit, zum gegenwärtigen Moment zurückzukehren und aus Ihrem natürlichen Wesen heraus wieder von vorn zu beginnen – was sofort zu einem stärkeren Gleichgewicht führt.

Sie haben die Wahl – zwischen Ego und Gewahrsein

Das Ziel dieses Buches besteht darin, Ihnen die Wahl zu geben, ob Sie sich von Ihrem Ego steuern lassen oder sein Spiel durchschauen wollen. Es ist eine Wahl zwischen verstärktem Stress und Leiden (die das Gefühl der Besonderheit unvermeidlich mit sich bringt) einerseits und der Ganzheit des Seins andererseits, die sich einstellt, wenn Sie präsent sind und sich nicht dem widersetzen, was gerade passiert. Sobald Sie einmal verstanden haben, dass der einzige Zweck Ihres Ego darin besteht, dass Sie sich *besonders* fühlen, können Sie beginnen, sich aus seinem Griff zu befreien. In Kapitel 4 werden Sie eine wirkungsvolle Methode kennenlernen, die es Ihnen nicht nur ermöglicht, jederzeit ins Jetzt zurückzukehren, sondern die Sie gleichzeitig die vielen Muster, Reaktionen, Angewohnheiten und Strategien erkennen lässt, die Ihr Ego einsetzt, um Ihre Besonderheit immer wieder zu bestätigen. Sobald Sie ein wenig Abstand von diesem grundlegenden Ego-Muster gewonnen haben, werden Sie erkennen, wie ermüdend es ist, und Ihre Lebenskraft schnell wieder zurückgewinnen.

Jetzt werden Sie vielleicht sagen beziehungsweise denken, Sie seien doch gar nichts Besonderes und Sie sähen sich selbst auch nie in dieser Weise. Aber wenn Sie wachsam sind, werden Sie erkennen, wie subtil das Spiel der Besonderheit sein kann. Jedes Mal, wenn Sie feststellen, dass Sie sich in irgendeinem Punkt von anderen *unterscheiden* (ob Sie sich dessen voll bewusst sind oder nicht), sehen Sie sich selbst zwangsläufig als über- oder unterlegen. Das ist nichts anderes als Besonderheit. Jedes Mal, wenn Sie besondere Aufmerksamkeit erwarten, sich an der Supermarktkasse vordrängeln oder grundlos ärgerlich oder ungeduldig werden, sind Sie in ein Gefühl der Überlegenheit gerutscht. Ein guter Test dafür, für wie besonders Sie sich unterbewusst halten, ist es, wie Sie auf jemanden reagieren, der berühmt ist oder sehr reich, beispielsweise ein Filmstar oder der Vorstandsvorsitzende eines großen Konzerns: Wenn sich in Gegenwart solcher Menschen auch nur das Geringste an Ihrer Haltung ändert, dann ist dies Ihr Gefühl der Besonderheit, das sich rührt.

Wann immer Sie sich schuldig, unwichtig oder unwürdig fühlen oder glauben, die Bedürfnisse anderer hätten Vorrang vor Ihren eigenen, haben Sie sich für die depressive Besonderheit entschieden. Überlegenheitsgefühle können sich übrigens auch in Form von Gedanken wie diesen äußern: *Meine Frau hat es nicht verdient, Krebs zu bekommen, sie ist so ein guter Mensch.* Dahinter steckt die Idee, dass Krankheit eine Strafe ist und Gesundheit eine Belohnung. In Wirklichkeit ist es ein verstecktes Überlegenheitsgefühl: Sie selbst und alle, die Ihnen am Herzen liegen, verdienten es, von Krankheit frei zu sein. Solche Meinungen und viele andere, die Sie nach und nach erkennen werden, sind nichts anderes als Konstrukte, mit denen Sie sich unbewusst bestätigen, dass Sie als exklusives, eigenständiges Individuum existierten; Sie seien nicht einfach irgendwer – Sie seien jemand Besonderes.

In dem Maße, wie Sie das Spiel des Ego durchschauen, hört es auf, Sie zu dominieren, und Sie ruhen stärker in Ihrem höheren Gewahrsein. Dieses größere Selbst sieht *beide* Seiten Ihrer Besonderheit, also sowohl die Neigung, sich mit Aggressivität, Rechthaberei, Selbstgefälligkeit oder Ungeduld aufzublasen, als auch die Tendenz, in Opferdasein, Abwehrhaltung, Scham oder Hilflosigkeit zu versinken. Sobald Sie sich beider Tendenzen bewusst sind, stellen Sie fest, dass Sie mehr sind als das, und müssen sich mit keiner der beiden Seiten mehr identifizieren. Beim Entwickeln dieser Bewusstheit erwacht eine ganz neue Dimension Ihrer selbst und Sie beginnen, eine dezente Präsenz auszustrahlen.

Wenn Sie sich nicht wohlfühlen, dann sind daran meist viele Dinge beteiligt, die Sie nicht steuern können. Beim Beobachten Ihrer Gedanken und Ihres emotionalen Zustands werden Sie jedoch schnell erkennen, dass das Abrutschen in eine der beiden Formen der Besonderheit keineswegs dazu beiträgt, dass Sie innerlich im Frieden sind. Jeder wird irgendwann einmal krank. Wir alle erleben frustrierende Rückschläge und am Ende sterben wir alle. Aber wie alle anderen zu sein, das ist für das Ego nicht akzeptabel. Es braucht das Drama: „Oh nein! Warum ausgerechnet ich?" Sofort werden Sie zum Opfer und verspüren Angst.

In dem Moment, in dem Sie diese Reaktion bewusst wahrnehmen, kann Ihnen klar werden, dass es realistischer, weniger belastend und vor allem weniger „besonders" wäre zu sagen: „Warum nicht ich?" Das Ego lässt Sie natürlich nicht so denken. „Warum nicht ich?", das bedeutet aus Sicht des Ego nämlich, dass Sie nicht besonders genug sind – Ihr Leiden ist nicht einzigartig und Sie ragen folglich nicht aus der Masse heraus. Für das Ego ist dies gleichbedeutend mit Tod oder Nichtexistenz – etwas, was es um nahezu jeden Preis zu vermeiden gilt.

Wir alle wurden von Kindheit an durch den Glauben an unsere eigene Besonderheit geprägt. Deshalb ist dieses Gefühl auch nur mit Arbeit und mit viel Geduld zu überwinden. Doch sobald Sie lernen, Ihre Gedanken zu beobachten, wird Ihnen nach und nach bewusst, wo das Spiel der Besonderheit überall in Ihrem Leben auftaucht. Dann können Sie darüber lächeln, anstatt in Überlegenheits- oder Minderwertigkeitsgefühle abzudriften.

Sie können sich selbst belohnen – für Ihr Gewahrsein

Ob Sie gerade gewahr sind (oder doch eher in den Krallen des Ego stecken), merken Sie daran, dass Sie sich im ersten Fall nicht verurteilen, wenn Sie in eine „Besonderheitsfalle" tappen. Tun Sie dies doch, dann hat das Ego wieder die Regie übernommen und gibt Ihnen das Gefühl, noch kleiner zu sein – selbst wenn Sie gerade versuchen, sich aus diesem Spiel zu befreien. Widerstehen Sie also der gewohnheitsmäßigen Versuchung, sich selbst zu bestrafen, wenn Sie sich bei dem Gefühl ertappen, auf die eine oder andere Weise etwas Besonderes zu sein. Lernen Sie stattdessen, sanft über das zu lächeln, was Sie erkannt haben, und belohnen Sie sich für Ihr Gewahrsein.

Sich selbst für Gewahrsein zu belohnen ist für die meisten Menschen eine ganz neue Vorstellung. Ich schlage immer Folgendes vor: Wenn Ihnen bewusst wird, dass Ihr Ego etwas Besonderes aus Ihnen macht – und sei es etwas, was Sie in der Regel verurteilen oder für das Sie sich schämen –, dann sagen Sie einfach „ja" zu sich selbst, gefolgt von einem „Danke" und einem „Es tut mir leid".

Mit dem Ja bekräftigen Sie, dass Sie wach geworden sind und das Besonderheitsspiel erkannt haben, während das Danke eine angedeutete Verbeugung vor Ihrem bewussten Selbst ist, das Sie aufmerksam gemacht hat. Das abschließende „Es tut mir leid" erkennt an, dass die Geschichte, die Sie sich zu erzählen begonnen haben, Leiden und Unglück verursacht hat. Es ist eine an Sie selbst gerichtete Entschuldigung. Wenn Sie nun noch ein Lächeln hinzufügen, dann wird es nicht nur auf Ihrem Gesicht erscheinen, sondern im gesamten Körper spürbar sein. Versuchen Sie das einmal: Lassen Sie aus der Tiefe Ihres Inneren ein Lächeln aufsteigen. Erzwingen Sie es nicht, lassen Sie es einfach kommen. Spüren Sie, welches Gefühl dieses von innen kommende Lächeln in Ihnen verursacht – es ist eine spürbare Möglichkeit, sich selbst für Ihr Gewahrsein zu belohnen.

Die heilende Kraft des Gewahrseins

Wenn es darum geht, die günstigsten Voraussetzungen für Heilung zu schaffen, ist es sehr wichtig, Folgendes zu erkennen: Wenn Sie von den Gedanken und Emotionen gesteuert und kontrolliert werden, die aus Ihrem Gefühl der Besonderheit entspringen, können Sie mit der tieferen Weisheit des Lebens weniger in Resonanz gehen. Das ist so, als hätten Sie einen Radiosender gewählt, dessen aufhetzende Meinungen Angst, Wut, Schuldgefühle oder Verwirrung in Ihnen verbreiten, anstatt auf einen Kanal zu wechseln, dessen Meldungen Ihnen Einsichten, Klarheit und Weisheit vermitteln.

Wenn Sie emotional hin und her gerissen sind zwischen Angst und Hoffnung oder zwischen Schuld und Vorwürfen, dann ist das anstrengend. Auch das Verteidigen Ihrer Position als etwas Besonderes kostet Kraft. Wenn die Macht des Ego, Sie ständig in emotionale Wechselbäder zu tauchen, nachlässt, können Sie wieder ungehindert in Resonanz mit dem grenzen- und zeitlosen Feld der Präsenz gehen. Dieses Feld wartet auf Sie und ist stets verfügbar, denn solange Ihr Ego es nicht überblendet, sind Sie immer ein Teil von ihm. Plötzlich fühlen Sie sich auf eine Art und Weise unterstützt, die für Ihr Ego völlig unvorstellbar ist.

Aus diesem Grund ist es für einen Menschen, der das Gewahrsein des gegenwärtigen Moments übt und pflegt, wesentlich weniger schlimm, krank zu sein. Auch der Tod ist kein großes Drama mehr, denn Sterben ist letztendlich ein völlig natürliches Ereignis. Sie können sich nicht einerseits damit identifizieren, etwas Besonderes zu sein, und andererseits gleichzeitig präsent, entspannt und im Flow sein. Echtes Wohlbefinden und das Gefühl der Besonderheit schließen sich gegenseitig aus.

Ihr Ego weiß einfach nicht, dass es Teil eines größeren Feldes aus Intelligenz, Liebe und Unterstützung ist. Es glaubt, ein eigenes Wesen zu sein, eine eigenständige Welt. Um diese Welt zu erhalten, muss es sorgfältig darauf achten, dass Sie in seinem Drama weiter mitspielen und sich entweder überproportional wichtig oder aber missachtet fühlen. Es muss (ihm unerwünschte) Veränderungen beklagen und Ängste vor dem Verfehlen der von ihm entworfenen Zukunft schüren. Es muss Ihnen sagen, dass Krankheit unfair sei, denn es kann weder Krankheit noch Tod als etwas Natürliches betrachten. Also muss es heroisch danach streben, wieder gesund zu werden, denn es versteht nicht, dass jede Konzentration auf diese Art von Geschichte ein emotionales Umfeld schafft, das Liebe verhindert – selbst dann, wenn der Austausch von Liebe Ihnen am meisten am Herzen liegt. In jedem Fall kann das Ego nicht erkennen, dass seine eigene, dem Verstand entsprungene emotionale Welt Sie in Ihrem Heilungsprozess keineswegs unterstützt.

Aus Traum und Drama erwachen!

Ist es Ihnen schon einmal passiert, dass Sie mitten in der Nacht aufgewacht sind und sich Sorgen über etwas gemacht haben? Vielleicht über ein Problem bei der Arbeit oder über einen dummen Streit. Wahrscheinlich ist Ihr Verstand wie wild hin und her gesprungen, da jeder angstvolle Gedanke Sie an etwas erinnert hat, was wiederum einen neuen Anlass zur Sorge gab. Vielleicht haben Sie plötzlich über eine unangenehme Situation mit einem Verwandten nachgedacht oder Sie haben sich daran erinnert, wie abweisend ein Kollege bei der Arbeit zu Ihnen war, und nun fühlen Sie sich gekränkt und verärgert. Sicher haben Sie auch Gespräche in Ihrem Kopf immer wieder durchgespielt und es bedauert, bestimmte Dinge gesagt oder nicht gesagt zu haben, oder Sie haben sich innerlich Sätze zurechtgelegt, die Sie sagen wollen, wenn Sie das nächste Mal in eine solche Situation kommen ... Fest steht in jedem Fall, dass die gedankliche Beschäftigung mit dem Thema Sie zusätzlich aufgewühlt hat.

Vielleicht sind Sie auch aufgewacht und haben sich Sorgen über Geld gemacht, über die Rechnungen, die sich auf Ihrem Schreibtisch türmen. Wie wollen Sie das nur packen? Womöglich führte das auch zu Gedanken über andere Leute, die mehr Geld haben als Sie oder die sich um Geld keine Gedanken machen müssen. Hat das Gefühl des Neids bewirkt, dass Sie sich noch hilfloser oder wütender oder noch stärker als Opfer gefühlt haben?

Da lagen Sie also und wälzten sich ruhelos im Bett herum, erschöpft von Ihren eigenen Gedanken und Emotionen. Außerdem war Ihnen bewusst, dass Sie am nächsten Tag so einiges zu erledigen hatten – und schon gesellte sich die Angst dazu, nicht mehr einschlafen zu können. Wie sollten Sie nur den nächsten Tag überstehen – ohne ausreichenden Schlaf? Und so entstand ein neuer Teufelskreis an Gedanken, der Sie in seine scheinbare Realität hineinzog ...

Wenn Ihnen das, was ich hier beschrieben habe, bekannt vorkommt, sollten Sie sich deswegen nicht schlecht fühlen. Es ist einfach eine typische Reaktion des Ego, die einsetzt, wann immer Sie sich in irgendeiner Weise bedroht oder unsicher fühlen, also beispielsweise speziell dann, wenn eine schwere Krankheit droht oder Sie sich inmitten in einer größeren Veränderung befinden. Das Ego weiß einfach nicht, wie es mit schwierigen Gefühlen (wie Verwundbarkeit oder Machtlosigkeit) umgehen soll. Wenn das Ego Regie führt, können Sie eine gewisse Dynamik beobachten: Ein Gedanke erzeugt eine Emotion, die zu einem weiteren Gedanken führt, der die nächste Emotion hervorruft ... So drehen wir uns im Kreis, wie ein Hund, der seinem eigenen Schwanz nachjagt. Dabei werden wir immer nervöser und unglücklicher, auch wenn es uns ansonsten gerade gut geht und wir warm und sicher im Bett liegen. Das Interessante dabei ist, dass Sie das ursprüngliche Gefühl, dass diese ganze Gedankenlawine ausgelöst hat, nie wirklich erkennen; Sie bekommen es nicht zu Gesicht und können ihm nicht mit vollem Gewahrsein begegnen.

Damit Sie dermaßen in Fahrt kommen, muss das Ego Sie gegenüber dem gegenwärtigen Moment blind machen, denn wenn Sie im Hier und Jetzt völlig präsent sind, gibt es keinen Raum für das Ego. Aus Selbsterhaltungstrieb zerrt das Ego Sie daher aus dem Jetzt und damit aus der Realität heraus – mit jedem Gedanken ein Stückchen weiter. Wenn Sie beginnen zu beobachten, was Ihr Ego da anstellt (und dazu kommen wir in Kürze), werden Sie feststellen, dass es Sie aus dem Jetzt nur an vier andere Orte bringen kann: in die Vergangenheit, in die Zukunft, in Geschichten über Sie selbst oder in Geschichten über andere.

Die gute Nachricht ist, dass Sie dieses „Karussell" verlassen können, sobald Sie bemerken, dass Sie nicht in der Gegenwart sind. Fragen Sie sich: „Was passiert *jetzt in diesem Moment*?" Schauen Sie sich um, beobachten und lauschen Sie. Worin bestehen die Unterschiede zwischen Ihrer *tatsächlichen* Situation und Umgebung – Geräusche, Licht, Farben und so weiter – und der mentalen und emotionalen Welt, die von Ihren *Gedanken* erzeugt wird? Nehmen Sie Ihren Atem und Ihren Körper bewusst wahr. Entspannen Sie sich. Sie sind vielleicht krank, aber Sie werden nicht angegriffen – außer von Ihren eigenen Gedanken.

Erkennen Sie, was Ihr Ego getan hat? Es hat Sie aus der Gegenwart herausgezerrt, hinein in die Welt der Erinnerungen und Erwartungen. Gedanken an die Vergangenheit haben zu Emotionen wie Schuld, Vorwürfen, Bedauern oder Nostalgie geführt, Gedanken an eine imaginäre Zukunft zu Angst und Furcht. Sie wurden von lähmenden, vom Verstand erzeugten Emotionen überwältigt. Eine solch intensive Selbstsabotage kennzeichnet das Ego in seinen schlimmsten Ausprägungen. Wenn Sie jedoch gewahr werden, dass Sie gerade nicht in der Gegenwart sind, sondern sich vielmehr in der Zukunft oder in der Vergangenheit bewegen, dann können Sie aus diesem Traum und Drama erwachen.

Durch die Rückkehr in die Gegenwart legt sich der innere Aufruhr, denn Sie dämmen dadurch die Flut der Gedanken ein, die ihn erzeugt und aufrechterhalten haben. Sie zerstören die Trugbilder. Wenn Sie gelernt haben, sich mithilfe Ihres Gewahrseins in den gegenwärtigen Moment zurückzuholen, sind Sie stärker im Körper präsent, wacher für Ihr wahres Selbst und in der Lage, die Anforderungen Ihres Lebens mit Klarheit anzugehen.

Jedes Mal, wenn Sie das Jetzt verlassen, identifizieren Sie sich unweigerlich mit einer Geschichte, die Sie sich über Sie selbst, Ihre Gesundheit oder Ihr Leben erzählen. Das ist so, als wären Sie – wie die Titelfigur aus *Alice im Wunderland* – durch ein Kaninchenloch in eine imaginäre Welt gefallen. Aber im Gegensatz zu Alice, der bewusst war, dass sie sich in einer Fantasiewelt befand, sind die meisten von uns völlig davon überzeugt, dass diese Welt echt sei.

Es ist von entscheidender Bedeutung, sich diesen letzten Punkt klarzumachen, denn die blinde Identifikation mit Ihren Geschichten wird sich endlos fortsetzen, wenn Sie nicht das Muster erkennen und es dem Licht des Gewahrseins des gegenwärtigen Moments aussetzen. Sie können nur dann Ihr authentisches Selbst sein, wenn Sie aufwachen und Ihren rechtmäßigen Platz als das bewusste Wesen einnehmen, das die ganze Show beobachtet, aber nicht mehr in ihrem Bann gefangen ist.

Der Prozess des Wachwerdens für ein höheres Maß an Gewahrsein und Präsenz wird manchmal als Tod des Ego bezeichnet. Aber das Ego stirbt nicht, wenn Sie einen höheren Grad an Präsenz gewinnen, und sollte dies auch gar nicht tun. Wichtig ist allein, dass es Ihren Verstand nicht mehr *regiert* und Ihre Erfahrung nicht mehr *bestimmt*. Stattdessen *dient* es dem Gewahrsein, indem es Ihren einzigartigen Standpunkt repräsentiert – allerdings nicht länger in einer Form, die Ihre *Identität* definiert, Sie von anderen abtrennt und Sie zu etwas Besonderem macht. Wenn das Ego sich zurückzieht und dem Gewahrsein den Vorrang gibt, verliert Ihre Identität als Einzelperson an Dominanz und Sie können die ganze Fülle des Seins kosten.

KAPITEL 3

—◆—

Die eigene Wirklichkeit erschaffen

E ine in unserer Zeit populäre Aussage lautet: „Du erschaffst dir deine eigene Realität." Leider wird dies oft missverstanden und so gedeutet, dass etwa ein Kranker seine Krankheit selbst verschuldet habe. Natürlich gibt es durchaus Fälle, in denen man eine gewisse Verantwortung für seine Krankheit trägt, etwa wenn man in der Vergangenheit nicht besonders gesund gelebt, wenn man geraucht oder ein Übermaß an Alkohol zu sich genommen hat. Gleiches gilt für die Einnahme von Drogen oder für Medikamentenmissbrauch. Von diesen offensichtlichen Beispielen einmal abgesehen können Sie jedoch in den meisten Fällen nicht wissen, warum Sie erkranken. Deshalb sollten Sie das Ganze nicht noch zusätzlich verschlimmern, indem Sie sich schuldig fühlen.

Die *eigentliche* Wahrheit, die in dem oben zitierten Satz steckt, ist die, dass Sie tatsächlich Ihre eigene Wirklichkeit erschaffen, allerdings *nur gerade jetzt*, in diesem Moment. Und zwar tun Sie dies mit den Geschichten, die Sie sich erzählen und mit denen Sie sich identifizieren. Sie erschaffen nicht die Szenerie, in der Sie sich befinden, sondern *Ihre Reaktion* darauf.

Wie das Wetter beispielsweise sich präsentiert, liegt nicht in Ihrer Hand. Aber wenn Sie die jeweilige Wetterlage und dann den ganzen Tag als „mies" bezeichnen, verdirbt *Ihnen* das die Laune. Sobald Sie verstehen, dass *Sie* für die psychische und emotionale Realität verantwortlich sind, die Sie in diesem Moment erleben, werden Sie wach für die Natur Ihres Bewusstseins und lassen solche Gefühle wie Schuld hinter sich.

Wenn Sie sich selbst sagen: „*Ich* habe diese Krankheit verursacht", dann erzeugt dies sofort ein Gefühl von Scham und Schuld. Besser geht es Ihnen damit auf keinen Fall. Selbst wenn Sie zuvor nicht immer gesund gelebt haben, hilft es im gegenwärtigen Moment nicht, sich deswegen Vorwürfe zu machen. Der Schlüssel dazu, Ihr Potenzial des Heilwerdens zu stärken, liegt in der Entscheidung, völlig präsent zu sein. Oder anders gesagt: Zerbrechen Sie sich nicht länger den Kopf darüber, was Ihre Krankheit verursacht hat, und lassen Sie sich lieber ganz auf das ein, was Ihre tatsächliche Erfahrung in jedem Moment ist.

Die Auffassung, dass Sie Ihre Krankheit selbst verursacht hätten, hat aber noch eine weitere Konsequenz: Sie werden dann vermutlich glauben, Sie könnten erst dann Heilung erreichen, wenn Sie die Ursache der Krankheit herausgefunden hätten. So stehen Sie erst recht unter Druck, denn zu Ihrem Schuldgefühl gesellen sich noch Angst und Sorge hinzu. Die Wahrheit ist also, dass Sie tatsächlich Ihre eigene Realität erzeugen, und zwar allein durch Ihr Denken. Wenn Sie glauben, dass Sie Verursacher(in) Ihrer Krankheit seien (was Sie im Übrigen wieder zu etwas *Besonderem* macht), führt dies nur zu unnötigem Leiden.

Wie ich bereits ausgeführt habe, geht es dem Ego um Identität. Außerdem hält es sich an die Chronologie der Ereignisse und zieht aus den Veränderungen, die sich im Laufe der Zeit einstellen, seine Schlüsse: „Ich war gesund und jetzt bin ich krank, ... also muss etwas passiert sein, was dies *verursacht* hat." Sind Sie hingegen einfach präsent, so haben Sie die Zeit losgelassen und damit auch das Ego. Die Dinge sind einfach so, wie sie sind, und Sie identifizieren sich nicht länger mit Begriffen wie krank oder gesund.

An Ursache und Wirkung zu glauben, also an das Prinzip der Kausalität, das ist *eine* Art, wie Sie Geschehnisse und Erfahrungen interpretieren können: Wenn A stattfindet, dann resultiert daraus B, also *verursacht* A das B ... Die moderne Medizin und die Wissenschaft ganz allgemein basieren auf diesem Prinzip der Kausalität: Wenn man die Kette der Ereignisse, die zu einer Krankheit führen, erkennen und dann ändern kann, ist man vielleicht auch in der Lage, sie aufzuhalten. Dieser Ansatz hat es möglich gemacht, viele Krankheiten in den Griff zu bekommen. Die moderne Medizin rettet jeden Tag unzählige Leben, die noch vor wenigen Jahrzehnten verloren gewesen wären.

Doch auch wenn die äußere, objektive Welt dem Gesetz von Ursache und Wirkung zu folgen scheint, verliert die Kausalität beim Wechsel in die Gegenwart – in das Sein – an Bedeutung und wird gänzlich unbestimmbar. Es ist so, als würden Sie sich immer mehr dem Zentrum eines sich drehenden Rades nähern: Am Ende dieser Annäherung liegt ein Punkt, der völlig bewegungslos ist.

Wenn Sie im Jetzt sind, hört Ihr Verstand auf, über Sie und alles andere nachzudenken, und Sie sind einfach gewahr. Die Zeit hält in gewisser Weise an oder „verlangsamt" sich so weit, dass Ihr Selbstempfinden nicht mehr das von jemandem ist, der sich auf dem Weg irgendwohin befindet. Sie *sind* einfach, wie Sie sind. Ihre Situation – oder genauer gesagt: Ihr gegenwärtiger Zustand – ist nichts, was von etwas Vorausgegangenem verursacht wurde. Sie vergleichen ihn weder mit der Vergangenheit, noch treffen Sie irgendwelche Vorhersagen für die Zukunft. Sie *erklären* Ihre Erfahrung nicht länger und rechtfertigen, rationalisieren oder interpretieren sie auch nicht. Daher weisen Sie dem, was Sie erleben, auch keine Ursache zu – Sie *sind* einfach. Und in diesem Sein sind Sie stets und immer schon heil und ganz. Wichtig ist nicht, *wie* Sie an den Punkt gekommen sind, an dem Sie sich jetzt befinden, sondern wie präsent Sie in der jeweiligen Erfahrung sind.

Beispiel: Brustkrebs

Ich kenne eine Frau, die mittlerweile 82 Jahre alt und mir eine ständige Quelle der Inspiration ist. Ihr Körper leidet seit sieben Jahren an Metastasen bildendem Brustkrebs. Dennoch begegnet sie mir immer mit einem Augenzwinkern und ist sich selbst gegenüber vollkommen ehrlich. Sie ist sozusagen ein wandelndes Lächeln und strahlt eine unglaubliche Liebe aus.

Als sie erfuhr, dass sie Krebs hatte, beschloss sie von Anfang an, in ihrem fortgeschrittenen Alter keine Chemotherapie mehr zu machen und der Krankheit stattdessen ihren Lauf zu lassen. Sie lebt ein nahezu normales Leben und lässt an kaum einem Tag ihre leichten Tai-Chi-Übungen aus. Wenn sie es allerdings nur ein wenig übertreibt, „aktiviert" sich ihr Krebs und es kann plötzlich zu einer lebensbedrohlichen Krise kommen. Mehrmals schon waren ihr Bauchraum und ihre Lunge so voller Wasser, dass sie auf der Schwelle zum Tod stand. Doch jedes Mal erholte sie sich auf geheimnisvolle Weise wieder.

Andererseits ist das Ganze vielleicht doch nicht so geheimnisvoll, wie es zunächst scheinen mag: Sie *kämpft* nicht gegen den Tod an, sondern gibt sich dem hin, was ist. Und das bedeutet, im Bett zu bleiben und ein bewusster Teil des Sterbeprozesses zu sein, wenn er denn ansteht. Sie hat sich selbst gefragt, welche Art von Tod sie sich wünscht, und gründlich darüber nachgedacht. Ihre Entscheidung lautet: „Ich will bis zum Ende alles liebend annehmen." Kürzlich sagte sie zu mir: „Das Leben hat vielleicht seine eigenen Pläne – wer weiß schon, wie ich wirklich gehen werde. Aber ich habe immerhin das Recht, meine Meinung zu äußern." Der Krebs scheint bei dieser Frau von ihrem Zustand tiefer Annahme und dem achtungsvollen Hören auf sich selbst in gewisser Weise in Schach gehalten zu werden. Für sie ist das Ja zum Leben gleichbedeutend mit dem Ja zum Tod.

Wirklichkeit bildet sich ständig neu

Wir leben in einer Welt, die von Kausalität regiert zu werden scheint; aber auf einer fundamentalen Ebene (derjenigen der bewussten Beziehung zu unserer Erfahrung in jedem Moment) greift das „Gesetz" von Ursache und Wirkung offenbar nicht. Stattdessen gibt es dort eine in *Entwicklung* begriffene Realität, eine ständige Dynamik von Sein und Entdeckung. Nehmen wir beispielsweise Krebs: Krebs ist nicht nur bei jedem Menschen eine andere Krankheit, es ist auch bei jedem Menschen *in jedem Moment* eine andere Krankheit, denn wie bereits erwähnt organisiert sich der Körper – in Abhängigkeit davon, wie präsent eine Person ist – in einem geringeren oder stärkeren Grad von Ganzheit neu.

Wenn Sie das verstehen, können Sie sich vom Konstrukt der Kausalität verabschieden: dass irgendetwas Sie krank gemacht hat und Sie auf eine bestimmte Weise leben und spezielle Medikamente nehmen müssen, um wieder gesund zu werden. Natürlich ist dies manchmal zum Teil der Fall, aber wenn Sie nichts anderes tun, als den Anweisungen Ihres Arztes zu folgen, dann übergehen Sie Ihren inneren Arzt, der wesentlich klüger ist und eventuell sogar wirkungsvoller heilen kann.

Beispiel: Nackenschmerzen

Neulich besuchte mich eine gute Freundin, die unter chronischen Nackenschmerzen leidet. Diese hatten sich mittlerweile so sehr verschlimmert, dass es ihr weder möglich war, am Computer zu sitzen und zu arbeiten, noch konnte sie lesen oder fernsehen. Selbst im Bett zu liegen brachte keine Erleichterung. Im Laufe der Jahre war sie bei vielen verschiedenen Ärzten gewesen, die zahllose Tests und Untersuchungen durchgeführt hatten. Sie wusste, dass sie eine degenerierte Bandscheibe hatte. Einige Ärzte schlugen ihr vor, zu operieren; andere bezweifelten, dass dies helfen würde. Sie durchforstete das gesamte Spektrum der Schul- und Alternativmedizin. Manchmal war sie ein paar Stunden schmerzfrei, manchmal sogar ein paar Tage, aber die Schmerzen kehrten immer wieder zurück und wurden nach und nach schlimmer.

Als wir an diesem Tag beisammensaßen, schlug ich ihr vor, dass sie – anstatt die nächste Behandlungsmöglichkeit zu erörtern oder mir die medizinischen Gründe für ihre Schmerzen darzulegen –, einfach versuchen sollte, sie als Ausgangspunkt für eine Reise in die Gegenwart zu nehmen. Ich bot ihr an, sie intuitiv auf dem Weg in den Schmerz zu begleiten.

Als sie ihre Aufmerksamkeit auf den Schmerz lenkte, bat ich sie, die gesamte Konstellation dessen, was sie in ihrem Kopf, im Nacken und den Schultern spürte, ganz leicht mit einem inneren Blick zu „berühren" und gleichzeitig einen Teil ihres Gewahrseins auf ihren *gesamten* Körper und in den Raum hinein auszudehnen. Diese letzte Komponente, das *Ausdehnen* des Gewahrseins, ist besonders wichtig, denn wenn man sich auf den Schmerz *fokussiert*, dann neigt er dazu, sich zu verstärken, sofern man nicht gleichzeitig ein Gefühl der Ausdehnung oder Weiträumigkeit hinzunimmt. Als sie den Schmerz fühlte, schlug ich ihr vor, damit so in Kontakt zu gehen, als spüre sie ihn zum ersten Mal und mache somit eine ganz neue Erfahrung.[3]

Plötzlich hatte meine Freundin eine Vision von einem dichten, dunklen Wald aus „Bäumen", die aus etwas bestanden, was sie nicht beschreiben konnte. Die ganze Szene spielte sich in einer Unterwasserlandschaft ab und sie empfand an dem Ort eine merkwürdige Kraft. Nach einigen Minuten konnte ich spüren, dass sie nicht mehr in der Gegenwart war. Ich fragte sie, wohin sie abgedriftet sei, und sie erklärte, sie versuche, eine Verbindung zwischen dem Schmerz und der Vision herzustellen. Anders gesagt, sie analysierte und hatte sich damit von der Unmittelbarkeit der

Vision entfernt. Außerdem hatte sie sich von ihrem Verstand in die Vergangenheit befördern lassen. Also forderte ich sie auf, zu ihrem Bild und der „seltsamen Kraft" zurückzukehren. Ich sagte, sie solle jede Erwartung in Bezug darauf, wohin dies führen könne, loslassen und einfach nur bei ihrem inneren Erleben bleiben. Kurz darauf begann sie, leise zu schluchzen. Sie sprach von einem Gefühl der Wärme, das in ihr hochstieg, speziell im Brustraum, und die Vision des Unterwasserwaldes löste sich auf. Gleichzeitig stellte sie fest, dass die Schmerzen komplett verschwunden waren.

Die Schmerzen blieben nahezu eine ganze Woche lang aus und während dieser Zeit fühlte sie sich emotional erstaunlich gut. Es war keine komplette Heilung, aber es macht etwas sehr Wichtiges deutlich: Das grundlegende Glaubenssystem meiner Freundin baute darauf auf, dass sie nur die richtige Ursache für das Problem und die richtige Therapie finden müsse, um wieder gesund zu werden. Dies versetzte sie ständig in eine erdachte Zukunft, in der es ihr *nach* dem Finden der richtigen Behandlung wieder gut gehen würde. In ihrer Vorstellung würde sie wieder so sein, wie sie sich in Erinnerung hatte, bevor die Schmerzen einsetzten.

Nun jedoch hatte sie gelernt, dass eine Reise in ihr Erleben in vollem Gewahrsein und unter Zurücklassen der Vergangenheit und der Zukunft ebenfalls eine Erleichterung bringen konnte. Ein weiterer interessanter Aspekt war, dass dies auch zu einem besseren emotionalen Gleichgewicht führte. Sie hatte einen neuen Weg eingeschlagen – einen Weg der Nähe zu sich selbst im Jetzt –, bei dem die *Ursache* ihres Problems unwichtig und das Erzielen eines gewünschten Ergebnisses sogar kontraproduktiv waren.

Ich spreche aus Erfahrung, wenn ich sage, dass sich meine Freundin auf einem Weg der emotionalen Befreiung und vielleicht auch der körperlichen Heilung befindet – sofern sie lernt, diese Reise zum Gewahrsein jedes Mal anzutreten, wenn Schmerzen oder andere schwierige Gefühle ihren Verstand dazu bringen, in die Vergangenheit oder Zukunft abzuschweifen.

Symptome lassen sich mit Präsenz umwandeln

Die Beispiele von den beiden Frauen, die ich hier geschildert habe, zeigen, wie man mit jedem Gefühl umgehen kann, indem man präsent ist und mit Gewahrsein Zugang zur Unmittelbarkeit des eigenen Seins findet. Auch wenn

Ihnen viele Ihrer Empfindungen Probleme bereiten, sollten Sie sie nicht einfach als Krankheitssymptome bezeichnen, denn dadurch berauben Sie sich der Möglichkeit, sie unmittelbar in der Gegenwart zu erleben. Wenn Sie auf unvoreingenommene Weise bei Ihren Empfindungen präsent sind, haben Sie wesentlich mehr Kontrolle darüber, wie diese sich auf Sie auswirken – und vor allem darüber, wohin sie Sie führen.

Der Schlüssel liegt darin, mit Ihrem Gewahrsein bei Ihren Empfindungen zu sein und sie zu *spüren,* anstatt über sie nachzudenken. Oder anders gesagt: Überlassen Sie Ihre Empfindungen nicht Ihrem Ego, sondern lernen Sie stattdessen, ihnen mit Gewahrsein zu begegnen. Das eröffnet die Möglichkeit, Ihre Symptome zu transformieren, sodass sie sich in neue Bilder, Erkenntnisse oder Gefühle verwandeln können und Sie nicht mehr so stark entmutigen oder einschränken. Forschungen haben ergeben, dass Menschen, die einfach nur ihre vorhandenen Empfindungen *beobachten*, anstatt ihnen das Etikett eines Krankheitssymptoms aufzudrücken, eher glauben, ihr Leben im Griff zu haben, und dass sich dies positiv auf ihre Lebensdauer auswirkt.[4]

Als ich vor Jahren einmal an Felsen kletterte, machte ich meine erste persönliche Erfahrung mit dem Umwandeln von Empfindungen. Mir fiel auf, dass ich mich bei dem *Gedanken*, ich würde aufgrund der empfundenen körperlichen Erschöpfung gleich herunterfallen, sozusagen automatisch nicht länger halten konnte. So beschloss ich irgendwann, diese Empfindung einfach nur zu *beobachten* und sie von der Annahme, dass ich gleich fallen würde, abzutrennen. Dabei stellte ich fest, dass ich mich – auch nachdem mein Verstand mir gesagt hatte, ich *könne* nicht mehr – manchmal noch minutenlang am Fels festklammern und sogar weiter hinaufklettern konnte.

Ein noch weiter führender Schritt gelang mir bei meinen Meditationsübungen; dabei kam es immer wieder vor, dass ich schläfrig wurde und gelegentlich sogar einmal kurz wegnickte. Eines Tages fragte ich mich, worin diese Erfahrung des „Schläfrigwerdens" eigentlich genau bestand. Ich beobachtete sorgfältig, wie meine Augenlider schwer wurden und mein Blick verschwamm; ich bemerkte, wie meine Aufmerksamkeit vom Wahrnehmen meines Atems und anderer innerer Empfindungen abgezogen und meine äußere Wahrnehmung undeutlich und nebelhaft wurde. Interessanterweise stellte ich fest, dass ich durch das genaue *Beobachten* dieser Wahrnehmungsveränderungen und das Verweilen bei meinen tatsächlichen Empfindungen schon bald wieder wach und präsent wurde. Der erste und entscheidende Schritt bestand wohl darin, dass ich mich von der verstandesmäßigen Interpretation „Ich werde müde" oder allein schon von dem Etikett „müde" löste, mich sozusagen abkoppelte.

Daraufhin begann ich es mir zur Gewohnheit zu machen, mich von den *Namen* (oder den Geschichten), die mein Ego meinen Gefühlen oder Empfindungen gab, abzukoppeln und stattdessen das tatsächliche Gefühl wahrzunehmen. Wenn mir bewusst wurde, dass ich mir gerade selbst sagte, ich sei müde – vielleicht während meiner Mittagspause oder nach einem langen Arbeitstag –, entfernte ich sozusagen das verstandesmäßige Etikett meines Zustands und nahm das tatsächliche Gefühl bewusst wahr. Ich entdeckte, dass dieses Gefühl sehr subtil ist, beinahe so etwas wie ein Reigen verschiedener Gefühlszustände, die mit Worten wie *Trockenheit, Zittern* und *Schwere* nur unzureichend erfasst werden können. Ich stellte auch fest, dass das Identifizieren mit dem Gedanken „Ich bin müde" – oder, wenn die Symptome heftiger waren: „Ich bin erschöpft" – verschiedene Dinge auslöste: Zum einen wurden so die Empfindungen interpretiert und definiert, noch bevor ich ihrer gewahr geworden war, und zum anderen wurden sie zu einer Geschichte über „mich", statt dass sie etwas blieben, was ich einfach nur wahrnahm.

Mir wurde bewusst, dass ich in einer alten Gewohnheit des Ego feststeckte: der Gewohnheit, den Dingen Namen zu geben und sich mit diesen Namen zu identifizieren. Außerdem bemerkte ich, dass mein Ego automatisch und nahezu sofort eine zweite Ebene an Gedanken erzeugte, wie beispielsweise das Urteil, ich arbeitete zu viel oder müsse meine Energie besser einteilen. Gleich darauf begann ich mir dann Sorgen zu machen, etwa, ob ich wohl fit genug sei, um das Programm des nächsten Tages durchzustehen, oder ob ich wohl krank werden würde.

Ich brachte mir also bei, aufmerksam wahrnehmend in meinem Körper präsent zu sein und die Nuancen der einzelnen körperlichen Empfindungen und Gefühle zu erleben, die sich zeigten, wenn ich Gedanken hatte wie „Ich bin müde" oder „Ich bin in Eile" oder auch „Mir reicht es jetzt." Ich entdeckte schnell, dass das Präsentsein bei diesen Empfindungen und Gefühlen sowie das Entfernen jeglicher Etiketten mich in einen leicht veränderten oder auch völlig neuen Zustand brachte. Häufig fühlte ich mich bereits besser und erholter, wenn ich es geschafft hatte, meine wirklichen Gefühle zu identifizieren – also das, was ich empfand, unabhängig von mentalen Prozessen des Benennens, Erklärens und Projizierens in die Zukunft. Selbst wenn ich tatsächlich müde war, handelte es sich nun eher um ein Gefühl des Abgespanntseins, das in seiner Natürlichkeit sogar recht angenehm war.

Ich erkannte, dass die Art, wie ich meinen Zustand benannte, zusammen mit dem Kontext anderer, unmittelbar auf die Benennung folgender Gedanken bewirkte, dass ich mir weitaus müder, erschöpfter oder ängstlicher vorkam, als dies tatsächlich der Fall war. Mit der Zeit lernte ich, dass dies für jede

Empfindung und jedes Gefühl zutrifft, selbst für die dunkleren (über die wir später noch sprechen werden). Was Sie also tatsächlich erleben, ist in der Regel wesentlich weniger problematisch als die Realität, die Sie sich erschaffen, indem Sie die Dinge *benennen* und in einen bestimmten Kontext setzen.

Auch eine Empfindung können Sie umwandeln – jetzt!

Inzwischen vermittle ich in meinen Seminaren den Teilnehmern die Fähigkeit, körperliche Empfindungen und Gefühle umzuwandeln, indem man sie mit Gewahrsein betrachtet. Wenn Sie möchten, können Sie es gleich einmal selbst probieren. Beginnen Sie mit einer Empfindung, die Sie in Ihrem Körper wahrnehmen. Richten Sie sanft und beständig Ihre Aufmerksamkeit darauf und entspannen Sie sich gleichzeitig. Beobachten Sie, wie Ihr Verstand das Gefühl definieren möchte – welche Worte Sie verwenden, um es sich selbst zu beschreiben. Lassen Sie die Worte einfach *vorbeiziehen* und versuchen Sie, die *tatsächliche* Empfindung wahrzunehmen.

Achten Sie vor allem auf die Momente, in denen Ihr Ego Sie denken lässt, dass Sie diese Empfindung schon einmal gespürt hätten. Auf diese Weise übernimmt es nämlich die Kontrolle und hält Ihr Denken in der Vergangenheit fest. Nehmen Sie also einfach die Annahme „Ich kenne dieses Gefühl" als eine reine Annahme wahr und stellen Sie sich vor, Sie spürten diese Empfindung zum ersten Mal. Betrachten Sie sie wie ein Naturforscher im tropischen Regenwald, der eine Blume entdeckt, die er noch nie zuvor gesehen hat. Er untersucht sie sehr sorgfältig, kann ihr aber noch keinen Namen geben. Stattdessen betrachtet er einfach ihre ganz einzigartigen Eigenschaften: die Farbe, die Anordnung der Blütenblätter, die Anzahl der Verzweigungen, die vom Stängel abgehen, und so weiter. Sehen Sie sich ihre Empfindung auf die gleiche Weise an. Seien Sie aufmerksam und offen und beobachten Sie einfach, was passiert. Ändert sich die Empfindung? Bemerken Sie irgendeine Veränderung in Ihrem Gesamtzustand?

Natürlich ist es schwierig, sich gut zu fühlen, wenn Sie unter chronischen Schmerzen leiden. Gleichzeitig gilt jedoch, dass Schmerzen nicht nur einen physischen Ursprung haben. Sie werden durch Ihren Bewusstseinszustand unterstützt und intensiviert und dieser wiederum hängt von Ihren Gedanken ab. Wenn Sie präsenter sind, ändert sich die Art, wie Sie körperliche Schmerzen erleben – in der Regel nehmen sie ab. Das Gegenteil trifft übrigens ebenfalls zu: Je mehr Sie mit Ihren Gedanken in die Vergangenheit oder die Zukunft abdriften, umso wahrscheinlicher wird sich Ihr Gefühl des Leidens verstärken.

Ihr Körper verfügt über eine hohe natürliche Intelligenz und tut sein Bestes, um Sie so gut wie möglich wieder gesund zu machen. Zunächst jedoch müssen Sie präsent sein und sich von den Geschichten frei machen, die das Ego Ihnen erzählt. Wenn es um Ihre Gesundheit und Ihr Wohlbefinden geht, dann wissen Sie eins mit Sicherheit nicht, nämlich, wie ihr gegenwärtiger Gesundheitszustand aussehen würde, wenn Sie sich nicht fortwährend durch Ihre Gedanken vom Hier und Jetzt abschneiden würden.

Ich möchte hier keineswegs sagen, dass es *nicht* ratsam wäre, den Grund für ihre Krankheit zu erfahren, wenn Ihnen das Handlungsmöglichkeiten erschließt, mit denen Sie Ihre Gesundheit wiedergewinnen können. *Abraten* möchte ich allerdings vom Suchen nach Antworten in einer Art und Weise, die Ihre Gedanken in der Vergangenheit festhält oder sie allein auf die Zukunft richtet. Es ist nicht hilfreich, über das nachzudenken, was *war*, wenn das nur zu Groll und Abwehr gegenüber Ihren *gegenwärtigen* Umständen führt. Der einzige Zeitpunkt, zu dem Sie die Fähigkeit haben, neue Entscheidungen zu treffen, und die Kraft, höheres Wohlbefinden zu erzielen, ist der gegenwärtige.

Wenn Sie einmal innehalten und die Dinge von diesem Standpunkt aus betrachten, können Sie dann erkennen, wie Ihre derzeitige „Strategie" für Gesundung Ihnen Stress in Form von Druck, Sorgen oder Ängsten bereitet? Oder sind Sie bereits entspannt präsent und entdecken die größere Lebendigkeit, die Sie im Hier und Jetzt immer erwartet?

Ungewissheit über die Zukunft ist einer der am meisten belastenden Zustände, speziell dann, wenn Sie krank sind. Es ist ganz natürlich, wissen zu wollen, was man als Nächstes tun soll. Sie möchten einen Plan haben und wissen, in welche Richtung es geht. Aber nachdem Sie sich für Ihre Gesundheit und Ihr Wohlbefinden eine Strategie zurechtgelegt haben, haben Sie erst die halbe Arbeit getan. Natürlich ist es nicht verkehrt, eine Strategie zu haben, aber Sie müssen sich auch auf Präsenz im Jetzt einlassen, um von seinem lebendigen Strom genährt zu werden.

Wenn Sie nicht in der Gegenwart verankert sind (und somit auch nicht in Ihrem natürlichen Zustand der Ganzheit), dann besteht der angespannteste und anstrengendste Teil des Weges zur Heilung häufig darin, nach Zeichen der Besserung Ausschau zu halten und ab*zuwarten*, was die neuesten Untersuchungen ergeben. Egal, ob die erwarteten Untersuchungsergebnisse Ihre eigenen sind oder die Ihres Kindes oder eines anderen Ihnen nahe stehenden Menschen – es ist in jedem Fall verständlich, dass sie Ihnen nicht gleichgültig sind. Aber bis Sie die Ergebnisse in Händen halten, werden Ihr Energiefeld und Ihr

Gemütszustand wesentlich offener sein und Sie können sich selbst und andere wesentlich besser unterstützen, *wenn* Sie einfach in der Gegenwart leben.

Auch schlechte Neuigkeiten müssen Sie nicht automatisch in eine angstbesetzte Zukunft katapultieren. Untersuchungsergebnisse sind nur Momentaufnahmen, sie zeigen nie das Gesamtbild. Bleiben Sie also fest in der Gegenwart verankert – denn sonst wird Ihr Ego Sie mit Gedanken bombardieren, die Sie in ein Wechselbad aus Angst und Hoffnung tauchen. Die schlichte und ergreifende Wahrheit ist, dass es außerhalb des gegenwärtigen Moments weder ein Gefühl der Sicherheit noch ein Gefühl des Wohlbefindens gibt.

Das bedeutet selbstverständlich nicht, dass Sie nicht auf Ihre Ärzte hören und sich nicht mehr an ihre Vorschriften halten sollten. Auch können Sie natürlich Ihr eigenes Gesundheitsprogramm weiterhin praktizieren. Es bedeutet einfach nur, dass Sie *mehr* sind als dasjenige Leben, das Ihr Ego Ihnen immer wieder aufs Neue vorgaukelt. Ihre grundlegende Verantwortung besteht darin, jetzt und hier präsent zu sein. Wer Sie wirklich sind, ist am Ende ein Geheimnis, das sich allen Statistiken entzieht. Das, was wichtig ist – und was manchmal sogar die Statistiken erheblich verbessern kann –, ist das, was Sie hier und jetzt leben.

Wenn Krankheit eine Form des Leidens ist, die Sie von Selbstgefälligkeit befreit oder sie zum Lernen oder Wachsen motiviert, dann liegt das Geschenk Ihrer Krankheit in ihrem Potenzial, Sie aufzuwecken. Sobald Sie einmal „erwacht" sind, ist das Geschenk, das Sie sich selbst machen, die Aufmerksamkeit, die Sie der Erfahrung jedes Moments schenken. Die Krankheit kommt nicht, um Sie zu verändern, aber wenn Sie die damit zusammenhängende Erfahrung bewusst leben, *können* und *werden* Sie sich verändern. Durch die Entscheidung für ein Leben im gegenwärtigen Moment wird eine neue Wirklichkeit geschaffen.

Nehmen Sie mit sanfter Freundlichkeit sich selbst gegenüber einfach Folgendes wahr: Haben Sie Ihr Leben reaktiv oder mit Offenheit und Aufnahmebereitschaft gelebt? Leben Sie in der Vergangenheit, der Zukunft oder der Gegenwart? Schwanken Sie zwischen Hoffnung und Angst oder ruhen Sie in der Annahme dessen, was ist? Leben Sie für andere oder genießen Sie eine erfüllende Beziehung zu sich selbst?

Ganz gleich, wie Sie bisher gelebt haben: Es ist nie zu spät für einen Neustart, denn Sie erfinden sich selbst sozusagen jeden Moment neu – ob Ihnen dies bewusst ist oder nicht. Die Möglichkeit, die ich Ihnen im nächsten Abschnitt dieses Buches vorstelle, besteht darin, sich selbst bewusst und voll Mitgefühl neu zu erfinden. Wäre es nicht verlockend herauszufinden, wie lebendig, strahlend und gesund Sie sein könnten, wenn Sie einen größeren Teil Ihres Lebens in einem Zustand der Präsenz verbrächten?

Im Folgenden werden Sie auch lernen zu erkennen, wie genau Sie auf Abwege geraten, wenn Sie *nicht* vollständig präsent sind. Sie werden lernen, auf den Weg zurückfinden, der Sie immer geradewegs ins Jetzt bringt. Wenn Sie bereit sind, können wir nun damit beginnen, einen genaueren Blick auf Ihr eigenes Leben zu werfen, um festzustellen, welche Pfade Sie ohne Umwege zu Ihrem vollen Potenzial für Selbstheilung und Ganzheit bringen.

TEIL II

— ◆ —

Das Mandala des Lebens einsetzen

Es ist nun an der Zeit, das bisher Gelernte aktiv anzuwenden, damit Sie Tag für Tag etwas für Ihre Selbstheilung tun können. Dazu müssen Sie Ihre normalen Denkmuster bewusst unterbrechen und dafür wach werden, *wann* Sie sich gerade eine „Geschichte" über die Vergangenheit oder die Zukunft, über sich selbst oder andere erzählen. Ein weiterer Schritt besteht darin, die Aufmerksamkeit vollständig auf Ihren Körper zu lenken und Ihre fünf Sinne zu nutzen, um ohne das Überstülpen von Gedanken wahrzunehmen, was tatsächlich gerade im Jetzt passiert.

Zwar *beschreiben* und *interpretieren* Ihre Gedanken Ihr Erleben, Ihren Körper oder Ihre Gefühle – aber nur durch das Präsentsein im Moment können Sie all dies *direkt erfahren*. Im nachfolgenden Abschnitt werde ich Ihnen einen Prozess vorstellen, mit dessen Hilfe Ihnen bewusst werden wird, wie das Ego Ihr tagtägliches Erleben im Klammergriff hält und wie Sie sich daraus befreien können. Sie werden erkennen, wie tiefgreifend dies Ihre Gesundheit und alle anderen Aspekte Ihres Lebens beeinflusst. Der wichtigste Punkt jedoch wird sein, dass Sie durch die Arbeit mit diesem Prozess tatsächlich den Unterschied werden wahrnehmen können zwischen einem Leben, das auf vom Ego gesteuerten Gedanken beruht, und dem Leben in Präsenz.

Zuguterletzt werden Sie lernen, wie Sie in sich selbst auch für die „dunklen" und schwierigen Gefühle Raum schaffen, sodass Ihr Geist unabhängig von den Geschehnissen um Sie herum stark genug ist, Sie im gegenwärtigen Moment verankert zu halten – wo Sie immer sicher, geliebt und heil sind.

KAPITEL 4

— ◆ —

Die Kraft der Präsenz nutzen

Einschneidende Ereignisse im Leben wie eine schwere Krankheit oder eine Verletzung, eine Scheidung, finanzieller Ruin oder der Tod oder Verlust von Menschen, die uns nahe stehen, sind schwer zu verkraften. Doch sind sie nicht das Schlimmste, was uns passiert, denn am meisten leiden wir in der Regel nicht unter der Situation selbst, sondern unter dem, was wir uns selbst darüber „erzählen".

Wenn Sie beispielsweise eine vielversprechende Sportlerkarriere aufgrund einer Verletzung aufgeben müssten, wäre das vielleicht eine schlimme Sache. Viel schlimmer jedoch wäre, wenn Sie sich selbst erzählten, das Leben sei nun nicht mehr lebenswert. In ähnlicher Weise ist es *eine* Sache zu erfahren, dass Ihr geliebter Sohn sich nach Jahren emotionaler Belastung das Leben genommen hat. Sie verschlimmern Ihr Leid aber nur zusätzlich, wenn Sie sich auch noch Vorwürfe machen oder gar sich oder dem anderen Elternteil die Schuld geben, weil Sie als Eltern versagt hätten – obwohl Sie alles in Ihrer Macht Stehende für Ihr Kind getan haben.

Wenn Sie aber in der Gegenwart verankert bleiben und nicht zulassen, dass Ihr Verstand Sie in diese Art von Gedanken treibt, dann gibt es da einen Teil von Ihnen, der mehr bei sich ist, der über ein tieferes Wissen verfügt und in der Lage ist, mit allem umzugehen und mit allem zu leben, was passiert. Eine Freundin und „Schülerin" von mir formulierte es so – ein Jahr, nachdem ihr Sohn sich mit 19 das Leben genommen hatte: „Ich habe Gefühle von außerordentlichem Schmerz gespürt und bin an Orte gegangen, die ich immer noch nicht beschreiben kann und die ich niemandem wünschen würde. Aber die Wahrheit ist, dass ich keinen Moment lang gelitten habe." Was machte es ihr möglich, so etwas zu sagen? Die Jahre, die sie mit dem Praktizieren von Präsenz verbracht hatte.

Wenn Sie sich in Präsenz üben und sie praktizieren, sind Sie wach dafür, wann Sie anfangen, sich Geschichten über die Vergangenheit oder die Zukunft beziehungsweise über sich selbst oder andere zu erzählen; und Sie greifen ein, sobald diese drohen, sie aus der Gegenwart hinaus und in schmerzvolle und zerstörerische Emotionen hineinzukatapultieren. Sie erwachen wie aus einem Traum und werden sich bewusst, dass Sie sich selbst eine Geschichte erzählen und dass diese entweder schlimmer ist als das, was Sie derzeit erleben, oder dass sie Ihr Erleben schmälert oder verzerrt. Anstatt sich in diesen (Alb-) Traumgebilden zu verlieren, bringen Sie die volle Aufmerksamkeit zurück zu Ihrem Körper und zu dem, was gerade passiert. Wenn Sie das tun, fühlen Sie sich unterstützt und gelangen durch Präsenz wieder in Ihre Kraft.

Wenn Sie Ihre Aufmerksamkeit in der Gegenwart verankern, sind Sie nicht immun gegen Schmerz, aber das, was Sie fühlen, ist das wahre, unverfälschte Gefühl, das das gegenwärtige Geschehnis begleitet. Ohne eine Geschichte, ohne die von Ihrem Denken erzeugte Realität, trennen Ihre wahren Gefühle und Ihr tatsächliches Erleben Sie nicht vom Leben ab. Sie sind dann einfach nichts Besonderes.

> Was tatsächlich *ist*, ist niemals schlimmer als das, was Sie sich *vorstellen*.

Wenn Sie Präsenz praktizieren, steigt ganz von selbst ein Gefühl der Verbundenheit mit *allem* in Ihnen auf. In diesem Zustand zu sein kann sich kostbar und heilig anfühlen, besonders in Zeiten der Trauer, wenn Ihre *Gedanken* Ihnen sagen, dass Sie am Boden zerstört und untröstlich sein sollten. Durch Ihre Verankerung in der Gegenwart treten solche Gedanken in den Hintergrund und Ihnen wird bewusst, dass es nur *Gedanken* sind. Ihr Geist ist weniger vollgestopft und Sie haben mehr Raum. Das Ego hat seine Macht verloren und kann mit seinen Geschichten weder Ihre Identität noch Ihre Wirklichkeit erzeugen. Sie nehmen wahr, dass immer noch einige Gedanken kommen und gehen, aufsteigen und sich wieder auflösen, aber Sie schenken ihnen keine Energie beziehungsweise Aufmerksamkeit mehr.

Das Gefühl der Präsenz ist wie ein zarter Energiestrom, der in Ihnen und um Sie herum fließt. Es mag sich wie eine feine Schwingung in Ihren Zellen anfühlen oder einfach nur wie ein Gefühl von Stille und Frieden. Wenn Sie Ihre Aufmerksamkeit auf dieses zarte Gefühl richten, verstärkt es sich. Sich Ihres

Atems bewusst zu werden und dieses Gewahrsein mit dem sanften Strom der Präsenz zu verbinden, wird die Erfahrung noch weiter vertiefen. Nach und nach bemerken Sie vielleicht, dass es zwar einen sich ständig wandelnden Strom von Empfindungen und Wahrnehmungen gibt, aber auch ein Fundament von Wohlbefinden und ein Gefühl der Stimmigkeit. Dieser ruhige Ort kann zum Fundament Ihres Seins werden, und wenn dies eintritt, haben Sie sich vom Konflikt mit der Wirklichkeit verabschiedet und befinden sich stattdessen in Harmonie mit ihr.

Harmonie und Stimmigkeit bedeuten übrigens nicht, dass Sie sich immer *gut* fühlen werden. Als der Sohn meiner Freundin sich das Leben nahm, war das, was sie fühlte, keineswegs leicht zu ertragen. Natürlich empfand sie großen Kummer, aber da sie es nicht zuließ, dass ihr Denken sich in Richtung von Selbstvorwürfen und Schuldzuweisungen bewegte, waren selbst die entsetzlichen Gefühle über den Verlust ihres Sohnes Teil eines größeren Raums von Sein und Verbundenheit, in dem sie sich gehalten fühlte.

Wie das Herz Blut pumpt, so erzeugt der Verstand Gedanken. Doch wenn Sie gänzlich präsent sind, müssen Sie nicht mehr versuchen, angstbesetzte Gedanken durch positive zu ersetzen. Gedanken kommen und gehen. In der Präsenz ruhend beobachten Sie, wie die Geschichten sich bilden und wieder auflösen, bevor Sie sie gefangen nehmen können. Wenn Sie Präsenz verkörpern, befinden Sie sich in einem so natürlichen Zustand der Fülle, dass Sie sich nicht länger mit hoffnungsvollen *Gedanken* betrügen müssen. Durch das Präsentsein werden Sie womöglich sogar feststellen, dass der von hoffnungsvollen oder positiven *Gedanken* erzeugte Zustand im Vergleich zu der jedem Moment eigenen Fülle verblasst.

Indem Sie sich im Jetzt verankern, öffnet sich ein Raum. Genauer gesagt ist es eine Lücke, die zwischen einem „Reiz" und Ihrer Reaktion entsteht. Es ist so, als hätten Sie mehr Zeit, um Ihre Reaktion auf die Geschehnisse in Ihrem Leben *auszuwählen*, sodass die Neigung zu Abwehr, Aggressivität, Zorn oder Angst nachlässt und Sie seltener nach einem gewohnten Schema reagieren. Auch fällen Sie keine überstürzten Urteile mehr oder treffen blinde Annahmen beziehungsweise hastige, emotional gesteuerte Entscheidungen. Ihre „Reaktionsfreudigkeit", also Ihre Neigung zum automatischen Reagieren, hängt nicht von der Stärke des auslösenden Reizes ab, sondern vielmehr davon, wie weit Sie von Ihrem authentischen Selbst entfernt sind – also letztlich vom Grad Ihres Nichts-präsent-Seins.

Der nächste Schritt

Wozu ich Sie in diesem Buch immer wieder einladen werde, das ist: unnötiges Leiden in jeder Situation zu vermeiden, indem Sie stärkere Präsenz entwickeln. Wie bereits auf den vorangegangenen Seiten dargelegt, setzt dies voraus, dass Sie einen größeren Teil Ihres Lebens im Jetzt verbringen und weniger Zeit mit dem Verweilen in Geschichten über Vergangenheit, Zukunft, Sie selbst und Personen/Dinge, die Sie als „andere", als „nicht ich" ansehen, wie beispielsweise andere Menschen, Gott, Geld, die Umwelt, das Gesundheitssystem, Ihre Krankheit.

Wir Menschen sind denkende Lebewesen. Aber während das Denken einerseits eine wesentliche Form des Erkennens ist, verursacht andererseits die *Identifikation* mit unseren Gedanken, dass unser Denken schlechter wird. Sobald wir unseren eigenen Gedanken Glauben schenken und weiterhin – ohne zu hinterfragen – annehmen, dass sie wahr seien, denken wir nicht mehr klar. Im Grunde genommen denken wir gar nicht mehr, sondern wiederholen einfach nur ein bereits fertig programmiertes mentales Konstrukt. Wir sind wie die Software in einem Computer: Software denkt nicht – sie organisiert lediglich Daten auf vorprogrammierte Art und Weise.

So bedeutsam unser Denken auch ist – es gibt eine Sache, über die Sie nie nachdenken können: das Jetzt. Das heißt, Sie können nicht aus der Gegenwart heraustreten und sie zu einem *Objekt* Ihrer Gedanken machen. Das erzeugt ein grundlegendes Dilemma: Die einzige Zeit, die wirklich existiert, ist der gegenwärtige Moment. Das Leben findet nur im Jetzt statt. Dennoch lässt sich nichts über den gegenwärtigen Moment sagen. In diesem Sinne können Sie auch nicht über das nachdenken, was real ist. Ihr Denken erzeugt eine abstrakte Beziehung zum Leben, ein gedankliches Abbild. Es ist niemals in etwas Realem verankert wie in Ihrem Körper, Ihren körperlichen Empfindungen und Ihren echten Gefühlen. Gedanken interpretieren und beschreiben Ihren Körper oder Ihre Gefühle, aber sie lassen Sie keines von beiden direkt erfahren. Das kann nur das *Gewahrsein*.

Natürlich kann das Denken von Vernunft geleitet sein, das heißt, Sie können jeden Gedanken infrage stellen und sich klar machen, dass er hypothetisch ist, also nicht unbedingt wahr und kein absolutes Abbild von etwas. Aber die Vernunft lenkt unser Denken nur selten, und am allerwenigsten dann, wenn wir uns bedroht fühlen. In solchen Momenten ist unser Denken häufig im Ego verankert, in den Gedanken und Meinungen, die aus dem Projekt des Ego stammen, Sie zu etwas Getrenntem und – auf die eine oder andere Weise – Besonderem zu machen.

Wenn einer Person nicht bewusst ist, auf welche Weise ihr Ego sie zu etwas Besonderem machen will, dann projiziert sie ihre Besonderheit unbewusst auf ihre Karriere, ihre Rolle, ihr Heimatland, ihre Religion, ihre Ideologie und so weiter. Verfügt die Person zusätzlich über Macht und Einfluss, kann dies katastrophale Auswirkungen haben. So erklärt sich auch, wie es dazu kommen kann, dass scheinbar brillante Köpfe dem folgen, was ihnen als logischer Prozess erscheint, und so ganze Nationen in den Krieg oder gar in den organisierten Völkermord treiben. Es erklärt, warum hochgebildete Wirtschaftsweise, Mathematiker und Konzernmanager unser Finanzsystem zum Kollabieren bringen können oder warum die Menschheit insgesamt die Umwelt systematisch zerstört.

Und es ist auch der Grund dafür, dass Sie es womöglich für völlig in Ordnung und gerechtfertigt halten, Ihren ehemaligen Partner zu hassen, und Tausende von Euro aus dem Fenster werfen für eine Scheidung, die ihm oder ihr möglichst viel Schaden zufügt – selbst wenn Sie dadurch Ihren eigenen Geist vergiften und Ihre Kinder und wahrscheinlich auch noch andere Menschen darunter leiden. Was bleibt Ihnen anderes übrig, wenn Sie doch so etwas Besonderes sind?

Auf diese Weise verwandelt das Ego das Denken (einen durchaus beachtenswerten Bewusstseinsmodus, der es Ihnen erlaubt, Ihre eigenen Handlungen zu reflektieren und die Welt um Sie herum zu beeinflussen) in eine unbestrittene mentale Realität. Diese erzeugt endlose Trugbilder, die Sie blind dafür machen, wer Sie wirklich sind und wie die Welt um Sie herum tatsächlich aussieht.

In einem meiner früheren Bücher, *The Mandala of Being* [dt. Ausgabe: *Das Mandala des Lebens*, München 2010 – vergriffen], habe ich einen Prozess vorgestellt, mit dessen Hilfe Sie beobachten und erleben können, welche Auswirkungen die endlosen Gedanken und Geschichten haben, die Sie sich selbst erzählen. Es ist eine einfache Methode zum Verstehen des egoischen Denkens und der tiefgreifenden Auswirkungen, die es auf jeden Aspekt Ihrer Lebenserfahrung hat, auch Ihrer Gesundheit.

In diesem Buch möchte ich die Arbeit mit dem Mandala nur so weit vorstellen, dass Sie dieses Instrument einzusetzen lernen, um Unterstützung bei Ihrem Praktizieren von Präsenz sowie Ihrem eigenen emotionalen und physischen Gesundwerden zu erfahren. (Wenn der Inhalt des nächsten Abschnitts Ihr Interesse weckt und Sie mehr über die Arbeit mit dem Mandala wissen möchten, dann lesen Sie bitte *Das Mandala des Lebens* oder besuchen Sie meine

Webseite, auf der Sie einen kostenlosen englischsprachigen E-Kurs zum Einsatz des Mandalas finden.)

Das *Mandala des Lebens* – ein „Kompass" für das Leben im Hier und Jetzt

Das Wort *Mandala* stammt aus dem Sanskrit und bedeutet Kreis. Speziell in den östlichen spirituellen Traditionen, in denen sie eine Art von heiliger Kunst darstellen, finden Mandalas seit Jahrtausenden Verwendung als universelle Symbole. Es sind kunstvolle und aufwendige Gemälde, die die Reise zeigen, die von der vom Ego erschaffenen Welt der Illusion hin zum zeitlosen Selbst führt, das wir alle in unserer Mitte tragen.

Das *Mandala des Lebens* bietet eine einfache Technik, bildlich darzustellen, wie Ihr Verstand im Vergleich zum Gewahrsein im gegenwärtigen Moment funktioniert. Es leitet Sie dazu an, durchgängig im Jetzt zu leben, indem es anschaulich zeigt, dass es nur vier Orte gibt, an die Ihr Denken Sie bringen kann, wenn Sie *nicht* völlig in der Gegenwart verankert sind. Sobald Sie einmal verstanden haben, auf welchen vier Wegen Sie das Jetzt immer wieder verlassen, wissen Sie auch, wie Sie wieder zu Ihrem Selbst zurückkehren können, das gewahr und immer im Jetzt ist.

Als praktisches Hilfsmittel zum Einüben von Präsenz hilft Ihnen das *Mandala des Lebens,* wach zu werden und stärker im Gewahrsein zu leben anstatt in Ihrem Kopf. Auf diese Weise lernen Sie, wie Sie selbst die größten Herausforderungen des Lebens mit wesentlich weniger Leiden bewältigen können. Und manchmal – so konnte ich es zumindest in meinen Retreats beobachten – führt eine tiefe Erfahrung der Präsenz auch zu körperlicher Heilung.[5]

Nehmen Sie sich einen Moment Zeit, die Grafik auf Seite 67 zu betrachten. Es ist eine Darstellung jedes einzelnen Moments in Ihrem Leben. Beachten Sie, dass die Pfeile vom *Jetzt* weg und zu den Punkten *Ich*, *Du*, *Vergangenheit* und *Zukunft* hin weisen. Dies zeigt an, wohin Ihr Verstand Sie bringt, wenn Sie nicht wirklich präsent sind. Im weiteren Verlauf unserer Arbeit mit dem Mandala werden Sie lernen, diese Pfeile umzukehren, damit Sie in der Gegenwart, im Gewahrsein, geerdet sind.

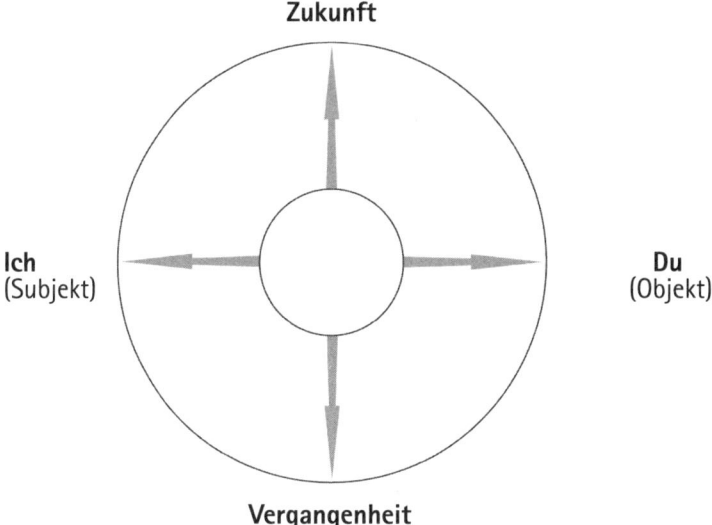

Das *Mandala des Lebens*: Die vier Orte, an die Ihre Gedanken wandern, wenn Ihre Aufmerksamkeit nicht mehr im Jetzt ist

Wenn Sie das Mandala einmal genau betrachten, wie viele „Jetzt" sehen Sie dann? (Achtung, Fangfrage!)

Falls Sie „eins" geantwortet haben, dann schauen Sie noch einmal genau hin. Zwar zeigt das *Mandala des Lebens*, dass es nur das eine „Jetzt" gibt, aber im psychologischen Sinne gibt es fünf verschiedene Zustände von Jetzt.

Zum einen gibt es da eine besondere Eigenschaft von „Jetztheit", die durch die zentrale Jetzt-Position markiert wird und für Ihr „gewahres Selbst" steht [engl.: *your aware self* – zu Deutsch etwa: Ihr Selbst, das gewahr ist; Anm. d. Übers.]. Bei diesem zentralen „Jetzt" sind Sie völlig im gegenwärtigen Moment anwesend. Man kann diesen Zustand mit dem des Meditierens vergleichen oder mit einem Flow-Zustand: Ihr Körper ist wach und bereit und zugleich völlig entspannt, während Ihre Gedanken zugleich fokussiert und weit sind. Sie sind präsent *bei dem, was ist,* und verspüren keine Form von Konflikt oder Widerstand. Dieser Zustand ist gemeint, wenn man vom *Sein im Hier und Jetzt* spricht. Zusätzlich zu diesem Zustand gibt es vier weitere Arten von „Jetztheit":

1. Die Position **Vergangenheit** steht für Momente, in denen Ihr Verstand Sie in die Vergangenheit transportiert und Sie sich mit Gedanken über bestimmte Erinnerungen identifizieren. *Vergangenheitsgeschichten* rufen entweder ein Gefühl *angenehmen* Erinnerns hervor (beispielsweise, wenn Sie sich an etwas erinnern, was Sie stolz oder glücklich gemacht hat) oder die jeweilige Erinnerung ist *negativ* belastet (etwa, wenn Sie sich einer Situation entsinnen, in der Sie sich traurig oder schuldig fühlten oder etwas bedauerten).

2. Die Position **Zukunft** steht für Momente, in denen Sie sich mit Ihren Gedanken über die Zukunft identifizieren und Ihr anschließender emotionaler Zustand von der Art dieser Gedanken bestimmt wird. Da die Zukunft immer nur in der Vorstellung existiert, erzeugen diese Zukunftsgeschichten entweder *positive* Erwartungen, die mit Emotionen der Hoffnung oder der Ungeduld verbunden sind, oder aber *negative* Erwartungen, die mit Emotionen von Angst oder sogar Panik verbunden sind.

3. Die **Ich-Position** steht für den emotionalen Zustand, in dem Sie sich im gegenwärtigen Moment als Folge der Identifikation mit Ihren Urteilen über sich selbst befinden. Wie bereits erwähnt, geben Ihnen *Ich-Geschichten* immer das Gefühl, etwas Besonderes zu sein – entweder auf großartige oder auf depressive Weise.

4. Die **Du-Position** schließlich steht für das, was passiert, wenn Sie sich mit Ihren Ansichten und Urteilen über andere Menschen oder alles andere, an das Sie denken können, identifizieren: Ihre Karriere, Ihre derzeitige Situation, Geld, Politik, Gott ... – die Liste ist schier endlos. Diese Geschichten heben die Person oder die Sache, an die Sie denken, entweder in den Himmel oder werten sie ab, und wenn Sie sich mit diesen Du-Geschichten identifizieren, werden Sie Gefühle empfinden, die von Bewunderung über Hass bis zu Verletztsein reichen.

Das Mandala zeigt Ihnen, dass Ihre emotionale Realität nicht von etwas erzeugt wird, was außerhalb von Ihnen liegt, sondern vielmehr von Ihren eigenen Gedanken – von den Geschichten, die Sie sich über Sie selbst, die anderen, die Vergangenheit und die Zukunft erzählen. Auf diese vier Arten bauen Sie sich eine gedankliche Realität, die nicht wirklich real ist und in der Sie enormes emotionales Leiden erzeugen können. Sie verlieren die Verbindung zu Ihrem wahren Selbst.

Durch die Arbeit mit dem Mandala-Modell werden Sie nach und nach verstehen, welches Verhältnis besteht zwischen Ihren Gedanken und den Emotionen, die Sie fühlen, einschließlich der damit einhergehenden körperlichen Empfindungen. Im Folgenden finden Sie eine hilfreiche Auflistung einiger der positiven und negativen Emotionen, die den einzelnen Positionen des Mandalas zugeordnet werden können.

Beispiele für Emotionen, die den vier Positionen im *Mandala des Lebens* zugeordnet werden können:

Ich: *Grandiosität*: überlegen, mächtig, arrogant, unnahbar, überheblich

Depressivität: minderwertig, traurig, nicht gut genug, unerwünscht, nicht liebenswert

Du: *Erhöhende Urteile*: Wertschätzung, Bewunderung

Herabsetzende Urteile: Wut, Ablehnung, Eifersucht, Hass, Schmerz

Vergangenheit: *Positive Erinnerungen*: stolz, glücklich, nostalgisch

Negative Erinnerungen: schuldbewusst, anklagend, bedauernd

Zukunft: *Positive Erwartungen*: hoffnungsfroh, ungeduldig, überschwänglich

Negative Erwartungen: besorgt, ängstlich, panisch

Wenn Sie mit dem Mandala arbeiten, haben Sie die Chance, die Folgen Ihrer Gedanken und Geschichten zu *spüren*, und zwar in Form der Reaktionen Ihres Körpers und der Einstellungen oder Stimmungen, die Ihre Gedanken hervorrufen. Bald schon werden Sie feststellen, dass Sie bestimmte Geschichten in Verbindung bringen mit einer zunehmenden Verspannung bestimmter Muskeln oder auch mit Steifheit, Schwere, Verkrampfung, nervöser Unruhe, Änderungen in Atmung oder Puls, Magendrücken oder einer Zunahme beziehungsweise Abnahme von emotionalem oder körperlichem Schmerz. Sie werden auch bemerken, dass die *Geschichten* über Ihre Situation – beispielsweise Ihre Ehe – Sie stärker aufwühlen als alles, was Ihr Partner *tatsächlich tut* (von körperlichen Misshandlungen natürlich abgesehen).

Das *Mandala des Lebens* hilft Ihnen zu verstehen, wie sehr die Gedanken, die Ihnen durch den Kopf gehen, Sie schwächen und Ihnen Schmerz zufügen – ganz abgesehen davon, dass sie häufig auch *anderen* schaden. Es verhilft Ihnen dazu, bewusst zu werden und genau in dem Moment zu *erwachen*, in dem Sie von einem Gedanken oder einer Geschichte gefangen genommen werden, die sie unweigerlich in einen belastenden emotionalen Sumpf ziehen würde.

Selbst Gedanken, die Sie Hoffnung schöpfen lassen oder die angenehme Erinnerungen in Ihnen wachrufen (und die sich natürlich im Vergleich zu ängstigenden oder bedrückenden Gedanken recht angenehm anfühlen), bringen Ihnen weniger intuitives Wissen und heilende Energie als das Ruhen in der Präsenz. Liebevolle und positive Gedanken, die Sie in Bezug auf jemanden hegen, werden ebenfalls nie die erstaunliche Tiefe der Liebe oder des Mitgefühls erreichen, die plötzlich aufsteigen können, wenn Sie wirklich bewusst mit jemandem präsent sind und die Person genau so sehen, wie sie ist.

Nachdem Sie Ihr Gewahrsein und Ihre Präsenz mithilfe des Mandalas eine Weile gesteigert haben, werden Sie mehr und mehr automatisch inmitten der Geschichten, die Sie sich selbst erzählen, wach werden. Das hat wesentlich stärkere Auswirkungen auf Ihre Lebensqualität und Ihre Gesundheit, als Sie sich vorstellen können. Die Anwendung des Mandalas macht Ihnen bewusst, dass Ihr unbewusstes Handeln (und die Gesamtheit unseres kollektiven Tuns) zu viel unnötigem Leid in der Welt führt.

Die Jetzt-Position – Gewahrsein im gegenwärtigen Moment

Das fokussiert-weite Gewahrsein kennenlernen

Die Jetzt-Position im Zentrum des Mandalas stellt das Gewahrsein im gegenwärtigen Moment dar. Sie ruhen einfach in Ihrem natürlichen Seinszustand, in dem kein Gedanke eine Emotion in Ihnen hervorruft. Ihre Sinne sind aktiv: Sie hören und sehen, was um Sie herum vorgeht, und Sie fühlen, was in Ihrem Inneren abläuft. Sie nehmen die Bilder und Gedanken wahr, die durch Ihren Verstand wandern, aber Sie identifizieren sich nicht mit ihnen.

Die Verlagerung der Aufmerksamkeit auf den gegenwärtigen Moment stellt immer einen Neubeginn dar. Jeder Moment ist ein unbeschriebenes Blatt. Vielleicht kennen Sie die Maltafeln für Kinder, die aus einer Doppelfolie bestehen. Sobald man die obere Folie anhebt, wird das vorher Gemalte sofort gelöscht. Wenn Sie sich selbst vollständig ins Jetzt bringen, dann löschen Sie in diesem Moment (genauso wie bei diesem Spielzeug) alle Gedanken, die Ihren Gefühlszustand beeinflussen. Sie achten nur noch auf eins: *Was passiert in diesem Moment tatsächlich?* Das ist keine Frage, die mit einem weiteren *Gedanken* beantwortet wird, sondern vielmehr eine Verlagerung des Gewahrseins hin zu einer aufmerksamen Offenheit, in der die Gedanken weichen und die Dinge einfach so sind, wie sie sind.

Ich weiß, dass die Vorstellung, man müsse immer im Hier und Jetzt sein, für Verwirrung sorgen kann, denn sie vermittelt vielen wohl den Eindruck, man solle woanders sein als dort, wo man tatsächlich ist. Das Einzige, was jedoch wirklich von Ihnen verlangt wird, ist dies: vom Denken zum Gewahrsein zu wechseln. Der Charakter dieses Zustands ist schwer zu beschreiben, denn in Worte gefasst erscheint er paradox. In diesem Zustand sind Sie *fokussiert und gleichzeitig weit offen*, bereit *und* entspannt.

In unserem gewöhnlichen oder normalen Bewusstseinszustand sind wir *entweder* fokussiert – häufig so sehr, dass alles verschwindet außer dem, auf das wir uns konzentrieren – *oder* wir driften ab. Wir lassen uns von Fernsehsendungen berieseln oder sind geistig so abwesend, dass wir nicht einmal bemerken, wenn uns jemand anspricht. Auch unsere Körper sind häufig „fokussiert", allerdings in dem Sinne, dass sie zwar wach oder sprungbereit sind, aber nicht gleichzeitig entspannt. Gehen wir dann doch einmal in die Entspannung, neigen wir häufig dazu, in Stumpfheit oder Trägheit zu versinken, anstatt wach und zugleich entspannt zu sein.

Unser Verstand wurde größtenteils dahingehend geschult, dass wir uns konzentrieren können. Unser Denken ist dabei nicht weit und offen, sondern wir sind eher wie Spezialisten für ein sehr kleines Fachgebiet. Wir haben gelernt, Dinge in das Zentrum unserer Aufmerksamkeit zu rücken und uns auf sie zu konzentrieren, aber das Gesamtbild entzieht sich uns. Sind wir jedoch wirklich präsent, ist unser Verstand sowohl fokussiert (alle Sinne sind aktiv, Farben werden intensiv wahrgenommen) als auch weit offen (im Gefühl der Verbundenheit mit einer wesentlich größeren Realität). In unserem Körper sind wir dann sowohl wach und bereit als auch tief entspannt. In diesem Zustand gibt es ein zeitloses Gefühl des Einsseins mit dem Leben und des vollkommenen Heilseins in uns selbst. Wenn wir tiefer in diesen Zustand eintauchen, bringt uns dies ganz von allein auf tiefere Ebenen der Weisheit und Erkenntnis.

Eine Möglichkeit, die paradoxe und doch Einheit vermittelnde Natur des fokussierten und gleichzeitig weiten Gewahrseins zu verdeutlichen, ist die, es mit der Sonne zu vergleichen. Stellen Sie sich vor ihrem geistigen Auge die Sonne vor, wie sie ihr Licht in die Galaxis hinausstrahlt und weit darüber hinaus. Nur ein winziger Bruchteil dieses Lichts fällt auf die Erde, den Mond oder andere Planeten. Noch in einer Entfernung von einer Million Lichtjahren füllt das Licht der Sonne jeden Quadratmillimeter des Raums (auch wenn man dieses Licht nur sehen kann, wenn man direkt in die Sonne schaut oder auf etwas, was sie bescheint).

Die Sonne schickt ihre Strahlen auf die Erde und in den Weltraum

Das Gewahrsein kann man in gewissem Sinn mit dem Sonnenlicht vergleichen. Wenn Sie nach dem Gewahrsein suchen, werden Sie es nicht finden. Was Sie finden, ist der Glaube, dass Sie derjenige sind, der gewahr ist – die Quelle des Gewahrseins. Gleichzeitig ist alles, auf was Sie Ihr Gewahrsein richten oder dem Sie Ihre Aufmerksamkeit schenken, das, dessen Sie gewahr werden. Wenn ich Sie zum Beispiel auffordere, jetzt Ihres Atems gewahr zu werden, werden Sie das sofort tun. Doch einen Moment zuvor waren Sie seiner nicht gewahr, auch wenn Sie natürlich trotzdem geatmet haben. Sie mussten Ihre Aufmerksamkeit auf Ihren Atem richten – ihn sozusagen mit Sonnenlicht bescheinen –, um seiner gewahr zu werden.

Gewahrsein ist ein großartiges Mysterium. Überall, wohin Sie Ihre Aufmerksamkeit richten, werden Sie bestimmter Dinge gewahr. Das Gewahrsein verschafft Ihnen eine scheinbar unbegrenzte Fähigkeit, Dinge in Ihr Bewusstsein zu bringen und Wissen anzusammeln, aber dennoch ist es weder sichtbar noch auf andere Weise auffindbar. Sie können das Gewahrsein selbst nie zu einem Objekt des Bewusstseins machen, da Sie niemals aus dem Gewahrsein austreten und es gleichzeitig sehen können.

Natürlich ist die Sonne nicht gewahr (soweit wir wissen), sie besitzt weder ein Ego noch eine persönliche Identität wie Sie und ich. Sie stellt sich nicht vor, sie sei die Erde, nur weil ihr Licht die Erde erleuchtet. Aber genau das tut Ihr Ego: Es erkennt sich nicht als einen Aspekt des umfassenden Geistes oder des weiten Gewahrseins, sondern identifiziert sich allein mit dem, dem es Aufmerksamkeit schenkt. Es betrachtet eine unbehagliche Situation und denkt: *Ich fühle mich unwohl.* Es betrachtet das Gefühl der Trauer und glaubt: *Ich bin traurig.* Oder es glaubt, besser zu sein als jemand anders, und fühlt sich überlegen. Das Ego hat kein Gespür dafür, dass seine Fähigkeit zur Bewusstheit einem größeren Geist entstammt, einem grenzenlosen Gewahrsein.

Sobald Sie gelernt haben, im Gewahrsein zu verweilen und nicht nur im Ego, können Sie Ihre Aufmerksamkeit ganz genau auf eine Empfindung oder ein Gefühl richten, *ohne* sich darin zu verlieren oder sich damit zu identifizieren. Nehmen wir beispielsweise Angst. Wenn Sie sich auf das Gefühl der Angst konzentrieren und sich gleichzeitig daran erinnern, dass sich Ihr Gewahrsein ebenso wie das Sonnenlicht grenzenlos ausdehnt, befinden Sie sich in einer angemessenen und bewussten Beziehung zum Gefühl Angst. Sie können es sich unmittelbar ansehen und dennoch eine weite Sicht einnehmen. Sie spüren die Angst, werden aber nicht von Ihrem Ego in die Identifikation damit gepresst. Die Angst ist dann einfach so, wie sie ist. Und ohne das Ego, das *Gedanken* über die Angst und Sie erzeugt, ist das Gefühl von Angst einfach nur *Energie.* Sie fließt weiter und wird zu etwas anderem, genau so, wie das Wetter sich ständig ändert.

Wenn Sie Ihre Aufmerksamkeit auf ein starkes Gefühl wie Angst richten, ohne gleichzeitig in der Weite zu bleiben, wird die Angst verstärkt durch Geschichten über das, was passieren könnte oder mit Ihnen nicht stimmt. Das Gleiche passiert, wenn Sie Ihre egobasierte Aufmerksamkeit auf körperlichen Schmerz richten: Er verstärkt sich und wird durch die Geschichten, die das Ego sich darüber erzählt, nur noch schlimmer. Das Ego identifiziert sich dann mit der Angst oder dem Schmerz, sodass diese ein Eigenleben entwickeln. Es macht Angst und Schmerz zu Ihrem Problem, malt sich eine furchtbare Zukunft aus oder erinnert sich an vergangene bessere Zeiten. Kurzum: Ihr Ego wird Sie wesentlich stärker leiden lassen, als das einfache *Empfinden* von Angst oder Schmerz es je vermocht hätte.

Das fokussiert-weite Gewahrsein einüben

Zum Erlernen des fokussiert-weiten Gewahrseins bedarf es der Übung – genauer gesagt: einer Menge Übung. Im ersten Schritt sollten Sie etwas auswählen, worauf Sie sich konzentrieren möchten. Ich schlage vor, dass Sie Ihre Aufmerksamkeit auf eine beliebige gerade vorhandene Empfindung richten.

Übungsanleitung:

Wenn Sie Ihre Aufmerksamkeit beispielsweise auf Ihre Hände lenken, werden Sie bemerken, dass Sie dort eine feine, aber dennoch gut spürbare Empfindung wahrnehmen. Wenn Sie dann die Arme leicht hin und her schwenken, werden Sie feststellen, dass sich die Empfindung verändert. Sie können diese leichte Veränderung des Empfindens als Zielpunkt Ihres Fokussierens nehmen – oder alternativ etwa auch die Luft, die in Ihrer Nase hochsteigt.

Bringen Sie eine dieser Empfindungen (das, was Sie in Ihren Händen oder in Ihrer Nase spüren) in der Vordergrund Ihres Bewusstseins, sodass es klar und deutlich hervortritt. Halten Sie Ihren *inneren* Blick stetig und dennoch sanft darauf gerichtet. „Fahren" Sie gleichzeitig alle Ihre Sinne aus (wie Antennen): Lauschen Sie auf Geräusche in der Ferne und halten Sie die Augen offen und unfokussiert, sodass Sie das periphere Sehen nutzen können. Lassen Sie, während Sie sich Ihres Atems oder Ihrer Hände deutlich bewusst sind, Ihr Gewahrsein sich gleichzeitig in Ihren Körper hinein und darüber hinaus ausdehnen – in den Raum, wo Sie sich gerade befinden.

Zu Anfang werden Sie diese Art von Aufmerksamkeit nur kurze Zeit beibehalten können, weil Sie noch nicht den „Muskel" trainiert haben, der für diese Form von Gewahrsein erforderlich ist. Lassen Sie sich nicht entmutigen! Wie bei allem, was erst erlernt werden will, bedarf es der Übung und

Ihrer Bereitschaft. Wenn Ihre *Gedanken* nach Aufmerksamkeit heischen und Sie ablenken, kehren Sie einfach sanft zu Ihrem gewählten Fokussierungspunkt zurück und üben weiter.

Eine andere Möglichkeit, sich das fokussiert-weite Gewahrsein anzueignen, ist das Einüben der „entspannten Bereitschaft": Stellen Sie sich vor, Ihr Körper gleiche einem Meister der Kampfkunst kurz vor dem Beginn eines Kampfes: Alle Sinne sind geschärft und der ganze Körper ist bereit, in Aktion zu gehen. Zur gleichen Zeit ist der Meister aber auch äußerst entspannt und so heiter und gelassen wie ein zufriedenes Baby ...

Oder versuchen Sie es einmal mit folgendem Bild: Sehen Sie sich selbst am Start eines 100-Meter-Wettlaufs, genau in dem Moment, als der Starter ruft: „Auf die Plätze – fertig ...". Aber anstatt „Los!" zu rufen, sagt er: „Lächeln!" Ein Lächeln bringt immer sofort ein Gefühl von Leichtigkeit und Entspannung mit sich. Und das Lächeln in Verbindung mit der Wachheit und Bereitschaft Ihres Körpers ist – so widersprüchlich das auch klingen mag – genau der Zustand, in dem Sie die Fülle des Seins erfahren.

Beim Üben der „fokussierten Weite" oder der „entspannten Bereitschaft" ist die Behutsamkeit Ihrer Aufmerksamkeit sehr wichtig. Nehmen wir einmal an, Sie führten die zuvor beschriebene Übung aus und spürten ein Unwohlsein in Ihrem Körper: Lassen Sie Ihren Atem (oder Ihre Hände) als Fokussierungspunkt Ihrer Aufmerksamkeit los und richten Sie Ihren inneren Blick stattdessen auf das körperliche Problem. Während Sie dies tun, nehmen Sie ganz sanft auch Ihre Aufmerksamkeit mit – so, als wäre sie eine leichte Daune, die kaum spürbar über die unangenehme Stelle in Ihrem Körper streift.

Das Gleiche tun Sie, wenn sich ein starkes Gefühl meldet, beispielsweise Angst. Begegnen Sie ihm konstant mit sanfter Aufmerksamkeit, während Sie Ihr Gewahrsein weit und offen halten. Je sanfter Sie Ihre Aufmerksamkeit halten können, umso entspannter und offener werden Sie sich gleichzeitig fühlen. Es ist nahezu unmöglich, sanft und gleichzeitig nicht offen zu sein. Je sanfter Ihre Aufmerksamkeit ist, umso weniger wahrscheinlich werden Sie über die Empfindung oder das Gefühl nachdenken, auf das Sie sich konzentrieren. Und solange Sie nicht *denken*, kann sich die Empfindung auflösen und das Gefühl fließt einfach weiter, anstatt stecken zu bleiben.

Die meisten Menschen wissen, wie man sich fokussiert, also seine Aufmerksamkeit auf etwas ganz Bestimmtes richtet, weil sie das in der Schule gelernt haben. Der Begriff der offenen Weite kann jedoch verwirrend sein. Sie können in dem Sinne offen sein, dass Sie alle Ihre Sinne auf Ihre Umgebung richten. Aber es gibt auch noch andere Dimensionen von Weite: Wie vertraut ist Ihnen beispielsweise der Gedanke, dass *überall* im Universum gerade „jetzt" ist?

> Präsent zu sein bedeutet, sich einerseits genau dem zu widmen, was vor Ihrer Nase liegt, und sich andererseits zumindest intuitiv in das Jetzt auszudehnen, das überall ist – in die unbegrenzte Weite.

Die Lebendigkeit oder die empfundene Qualität jedes Moments Ihres Lebens hängt davon ab, wie sehr Sie fokussiert und zugleich offen sind, wie einsatzbereit *und* entspannt. Abgesehen davon ist jedes Reden über das Jetzt nur eine Abstraktion. Im Grunde genommen gibt es so etwas wie das Jetzt nicht, denn Sie können nicht aus ihm aussteigen und darauf zurückblicken. Wenn man also davon spricht, im Hier und Jetzt zu sein, dann ist dies einfach eine andere Möglichkeit, eine bestimmte Art von Aufmerksamkeit zu beschreiben. Es ist genau diese Beschaffenheit Ihrer Aufmerksamkeit, die die Art Ihres Erlebens bestimmt.

Das Gleichgewicht zwischen Fokussierung und offener Weite ist ein ausgesprochen gutes Lebenskonzept, das weit über jede Art von Meditationspraxis hinausgeht.

Beispiel: Alltagstätigkeiten

Wenn Sie einen inneren Widerstand gegen die profanen und ewig gleichen Tätigkeiten entwickeln, die einen großen Teil unseres Alltags ausmachen, können Sie sich beispielsweise vorstellen, dass Milliarden von Menschen auf diesem Planeten ihre täglichen Pflichten ebenfalls immer wieder wahrnehmen, weil es Teil *ihres* Lebens ist. Ihre eigenen Pflichten durch den Vergleich mit denen der restlichen Menschheit in Relation zu setzen, nimmt der Situation das Persönliche und kann zu mehr Akzeptanz führen.

Ein anderes Beispiel: Wenn Ihre Gedanken ständig um Ihre Krankheit kreisen, können Sie sich daran erinnern, dass gleichzeitig Millionen anderer Menschen ebenfalls krank sind, sich mehr oder weniger genauso fühlen wie Sie und sich ungefähr die gleichen Gedanken über ihr Schicksal machen. Auch hier wird die eigene Krankheit keinesfalls geleugnet, sie wird aber weniger persönlich und eher zu etwas, was zum Leben gehört.

Eine solche ausgeglichene geistige Verfassung ist auch hilfreich, wenn es um Beziehungen zu anderen Menschen geht.

Beispiel: Beziehungsstress

Vor Kurzem fühlte ich mich von meiner Frau auf unfaire Weise kritisiert. Bevor ich ihr allerdings sagte, weshalb mir ihre Kommentare nicht gefielen, tat ich zunächst etwas für mein eigenes Wohlbefinden und unsere Beziehung: Ich dachte an all die liebevollen und wertschätzenden Dinge, die sie mir häufig sagt, und an die wunderbaren Zeiten, die wir zusammen verlebt haben. Ich tat also Folgendes: Während ich mich auf etwas Bestimmtes fokussierte, was mir nicht gefiel, behielt ich gleichzeitig das größere Gesamtbild im Auge, und zwar in Gestalt dessen, was ich an meiner Frau und unserer Beziehung liebe und schätze.

Meine kleine „Übung" hatte zum Ergebnis, dass ich innerlich ausgeglichen war und meine Frau und ich ein konstruktives Gespräch führen konnten, das uns einander noch näher brachte. In der Vergangenheit unterlief mir häufig der Fehler, dass ich sofort aus der Wut heraus reagierte und meine Verärgerung zudem noch durch die Erinnerung an andere Gelegenheiten anstachelte, bei denen mir Unrecht getan worden war. In diesen Fällen hatte ich mein Bewusstsein verengt, rund um das schmerzhafte Erlebnis, anstatt das große Gesamtbild unserer Beziehung zu betrachten. Das hatte mich nur noch unglücklicher gemacht und dazu geführt, dass ich innerlich „zumachte" und in eine Abwehrhaltung ging.

Was das Gewahrsein vermag

Die Qualität Ihrer Erfahrung in jedem einzelnen Moment ist nicht statisch, sondern dynamisch. Je mehr Gleichgewicht Sie zwischen Konzentration *und* Weite beziehungsweise Bereitschaft *und* Entspannung erzielen können, umso lebendiger und präsenter sind Sie. Kleinere Widrigkeiten bauschen sich nicht zu großen Hindernissen auf, geringfügige Ängste werden nicht zum Nabel Ihrer Welt. Hierin liegt die enorme Kraft des Gewahrseins: Ganz gleich, worauf Sie sich konzentrieren oder von was Sie sich angezogen fühlen (sei es eine Idee oder ein Gefühl wie Trauer, Angst oder Liebe) – es gibt immer einen *weiter* gefassten, größeren Raum [= Kontext], in dem diese speziellen Gedanken oder Gefühle erlebt werden. In diesem Sinne ist das, was Sie als Mensch, als Wesen mit Gewahrsein *wirklich sind*, stets mehr als das, dessen Sie gewahr sind – Sie sind immer *mehr* als Ihre Geschichten.

Manche Gefühle und Gedanken können überwältigend oder erdrückend erscheinen, wenn Sie sich auf sie konzentrieren. Ihr Ego wird sich sofort mit ihnen identifizieren und Geschichten erfinden, die das jeweilige Gefühl intensivieren und Sie in einer eng gefassten Realität einsperren. Verlegen Sie Ihre Aufmerksamkeit jedoch auf den gegenwärtigen Moment und bleiben in der Weite, erscheint das Gefühl nicht so überwältigend, sondern wandelt sich sogar häufig in Präsenz und Lebendigkeit um.

Es ist ein wichtiger Schritt, zu erkennen, dass Sie das bewusste Lenken Ihrer Aufmerksamkeit erlernen und damit Ihren Geist schulen können, sowohl fokussiert als auch weit zu sein. Wenn Sie dies tun, werden Sie feststellen, dass Ihr Ego – das, was Sie in Ihren Gedanken als *Ich* bezeichnen – eigentlich gar nicht existiert. Das *Ich* ist ebenfalls nur ein Gedanke, eine Geschichte, eine uralte Angewohnheit der Identifikation und kein wirkliches Etwas. In dem Moment, in dem Sie ins Jetzt zurückkehren, gibt es nur noch Gewahrsein (für Empfindungen, Gefühle, Gedanken, die Präsenz, das Sein) und kein getrenntes Ich oder Ego mehr. Wer wir wirklich sind, das kann nicht isoliert betrachtet oder definiert werden, wir können nur symbolisch darüber sprechen, indem wir Worte wie *selbst* verwenden.

Wenn Sie die Anwendung des *Mandalas des Lebens* erlernen, sollten Sie nicht erwarten, dass Sie sofort in der Lage sind, belastende Gefühle wie Sorgen, Wut, Trauer oder Ähnliches spontan aufzulösen, indem Sie sich auf die Jetzt-Position in der Mitte des Mandalas stellen. Auf gar keinen Fall sollten Sie erwarten, von einem Moment auf den anderen von Präsenz und Glückseligkeit durchdrungen zu sein, nur weil Sie etwas gegenwärtiger sind. Wie jede andere spirituelle oder künstlerische Praxis ist auch das Präsentsein etwas, was man erlernen muss. Wenn Sie sich hinsetzen, um zu meditieren oder Gedichte zu schreiben, bedeutet das schließlich auch nicht automatisch, dass in Ihrem Geist sofort Ruhe einkehrt oder die Worte mühelos fließen. Jedes bewusste und zielgerichtete Bestreben erfordert nicht nur wiederholtes Üben, sondern es gehört auch ein geheimnisvolles Element dazu – eine Art Gnade, die es Ihnen ermöglicht, plötzlich in einen stärker verbundenen und integrierten Seinszustand zu gelangen.

Niemand von uns wird je in der Lage sein, dieses Element von Gnade zu kontrollieren. Aber wir können es *kultivieren*. Bei der Vorgehensweise, die ich Ihnen gleich vorstellen werde, geht es um Folgendes: Wenn ich Sie bitte, sich auf die Jetzt-Position zu begeben, geht es um die Entscheidung, *bewusst* aus Ihrem Verstand auszusteigen und Ihr Gewahrsein vollständig auf Ihren Körper und den gegenwärtigen Moment zu richten. Dabei übernehmen Sie *bewusst* die Kontrolle über die Art Ihrer Aufmerksamkeit und praktizieren *gleichzeitig* Konzentration und Weite. Sie gehen *bewusst* in die tiefe Entspannung und werden gleichzeitig so wach und aufnahmebereit wie möglich. Und Sie laden die zeitlose Gegenwart ein, sich bis zu der Tiefe zu öffnen, die sie Ihnen bei jedem neuen Versuch zugesteht.

Beim Navigieren ist es wichtig, den Längengrad und den Breitengrad Ihres Ausgangspunktes zu kennen, damit Sie den Kurs zum Zielort festlegen können. Auf das Leben übertragen wird das Jetzt immer wieder erneut zu Ihrem Ausgangspunkt. Es ist wie der Konzertmeister, der den Kammerton vorgibt, nach dem der Rest des Orchesters dann seine Instrumente stimmt. Das Jetzt wird der Ton, auf den Sie sich wieder und wieder einstimmen werden, wenn Sie erkennen, dass Sie sich gerade mit der Ich-, Du-, Vergangenheits- oder Zukunfts-Position identifizieren.

KAPITEL 5

Der Mandala-Prozess – ein „Navigationssystem" für emotionale Klarheit

In diesem Kapitel werde ich Ihnen zeigen, wie Sie sich mit dem *Mandala des Lebens* von emotionalem Leiden befreien können, das eine persönliche oder gesundheitliche Krise so häufig begleitet.

An diesem Punkt haben Sie die Wahl: Sie können entweder gleich zum nächsten Kapitel übergehen und dort zunächst die drei Fallbeispiele nachlesen, bei denen ich das Mandala eingesetzt habe, um Menschen in Ihrer Selbsterkenntnis zu unterstützen; oder Sie können zuerst hier weiterlesen und die grundlegenden Schritte dieses Prozesses kennenlernen. Sollten Sie sich für die erste Option entscheiden, möchte ich Sie trotzdem bitten, zuvor die beiden nachfolgenden Absätze zu lesen.

Ich habe dieses Kapitel vor das folgende gesetzt, weil ich glaube, dass Sie nach seiner Lektüre besser verstehen werden, warum ich die Gespräche mit den drei Personen auf die jeweilige Weise geführt habe. Andererseits kann es manchmal für das Verständnis hilfreich sein zu beobachten, wie sich der Prozess entfaltet (in diesem Fall, indem Sie beobachten, wie ich ihn anwende). Wenn Sie also lieber zuerst Beispiele lesen, bevor Sie etwas selbst ausprobieren, können Sie zu Kapitel 6 springen. (In diesem Fall sollten Sie aber danach wieder zu diesem Kapitel zurückkehren, um zu lernen, wie Sie den Prozess für sich selbst einsetzen.) Sollten Sie aber lieber zuerst mehr über die praktische Durchführung der Arbeit mit dem Mandala erfahren und erst dann zur Vertiefung

Ihrer Kenntnisse die Fallbeispiele lesen wollen, dann fahren Sie einfach mit dem Lesen fort.

Für welche Option Sie sich auch entscheiden, eins steht fest: Sie werden lernen, sich von *der* Art von Geschichten zu befreien, die Sie zu einem Opfer machen oder Sie schwächen. Auch werden Sie sich nicht mehr von Geschichten einfangen lassen, die andere auf Sie projizieren. Allerdings handelt es sich nicht um eine Art Zaubertechnik und Sie müssen durchaus Ihren Beitrag leisten. Aber mit ein wenig Übung werden Sie bald einen Kompass in sich tragen, der Sie zielsicher immer wieder in Ihre Mitte zurückbringt.

Vorbereitungen

Erstellen Sie zunächst Ihr eigenes Mandala:

- Sie benötigen fünf Karten aus festem Papier oder Karton (ungefähr im Format DIN A5).

- Schreiben Sie auf jede der Karten groß und in Druckbuchstaben eines der folgenden Wörter: VERGANGENHEIT, ZUKUNFT, ICH, DU und JETZT. Ich empfehle Ihnen, das Wort JETZT größer und fetter zu schreiben als die anderen, da es die zentrale Position einnehmen wird, um die herum sich die anderen Wörter gruppieren werden.

- Legen Sie diese fünf Karten auf einer freien Fläche auf dem Boden aus, so wie Sie es in der Abbildung auf Seite 67 sehen können. (Legen Sie sich an dieser Stelle eventuell ein Lesezeichen in das Buch, da wir noch häufiger auf diese Abbildung zurückkommen werden.)

- Stellen Sie sich zunächst in die Mitte, auf die Jetzt-Position, und zwar so, dass sich die Karte *Zukunft* unmittelbar vor Ihnen befindet (sozusagen bei 12 Uhr), die Karte *Vergangenheit* direkt hinter Ihnen (bei 6 Uhr) und die Karten *Ich* und *Du* bei 9 Uhr beziehungsweise 3 Uhr. Der Abstand zwischen der Jetzt-Position und den anderen Karten sollte rund 60 Zentimeter betragen (so, als stellte das Ganze eine große Uhr dar, um die Sie herumlaufen können).

Nun ist Ihr eigenes *Mandala des Lebens* einsatzbereit. Falls Sie gerade keine Möglichkeit haben, ein eigenes Mandala zu basteln, dann *stellen Sie es sich einfach vor*, wie ein großes, rundes Spielbrett am Boden, auf dem Sie stehen und von Position zu Position wandern können.[6]

Wenn langes Stehen ein Problem für Sie ist, können Sie sich auch einen Stuhl nehmen und ihn jeweils an die betreffende Position stellen, sodass Sie im Sitzen arbeiten können. Sollten Sie bettlägerig sein oder nicht über ausreichend Platz verfügen, legen Sie Ihr Mandala einfach auf einem Tisch oder Tablett aus und lassen Ihre *Hand* zu der jeweiligen Position wandern.

Bei unserer praktischen Übung werden Sie eine Situation wieder aufgreifen, in der Sie einmal emotional gestresst oder reaktiv waren. Durch den Einsatz des Mandalas werden Sie lernen zu erkennen, wohin Ihr Ego Sie jeweils gebracht hat und was Sie sich selbst erzählt haben (sodass Sie in einen Zustand der „Kontraktion", der eingeschränkten Handlungsfähigkeit gelangten). Der dahinterliegende Gedanke ist der, dass Sie sich *nicht mehr* in diesen Zustand hineinbegeben, sobald Ihnen einmal bewusst geworden ist, auf welche Weise dieser von den Geschichten, die Sie sich selbst erzählen, ausgelöst wird.

Wie Sie den Zustand der „Kontraktion" erkennen

Damit Sie nachvollziehen können, was ich damit meine, wenn ich von „Kontraktion" spreche, erinnern Sie sich bitte zunächst an einen Moment, in dem Sie sich ganz lebendig, friedlich und freudvoll fühlten. Oder denken Sie an eine Zeit, in der Sie selbst schwierige Umstände in Ruhe betrachten und viele Möglichkeiten sehen konnten, wie die jeweilige Situation zum Besseren wenden könnten. Erinnern Sie sich an das Gefühl von Weite und Wohlbefinden in Ihrem Körper und wie intensiv Sie alles um sich herum wahrgenommen haben? Welche Gedanken gingen Ihnen damals durch den Kopf (wenn es überhaupt Gedanken gab)? Während Sie diese Erinnerung an eine Situation genießen, in der Sie einfach *präsent* waren und die Umstände angenommen haben, anstatt gegen sie anzukämpfen, sollten Sie sich bewusst machen, dass dies Ihr *natürlicher* Seinszustand ist.

Rufen Sie sich nun im Gegensatz dazu eine Situation in Erinnerung, in der Sie reizbar, ungeduldig oder emotional instabil waren – nichts konnte Sie zufrieden stellen, nichts war richtig oder gut genug und andere Menschen gingen Ihnen bereits nach kürzester Zeit auf die Nerven. Können Sie sich noch daran erinnern, wie sich das anfühlte? Vielleicht haben Sie bemerkt, dass Sie angespannt oder ziemlich genervt waren. Waren Sie bereit, zu kämpfen oder zu fliehen, oder fühlten Sie sich wie betäubt und nahmen gar nichts richtig wahr?

Wenn Sie auf diese Weise reagieren – wenn Sie in „Kontraktion" sind, wie ich das nenne –, erkennen Sie es womöglich zunächst gar nicht oder haben keine Ahnung, was den Zustand verursacht haben könnte.

Beispiel: Unglücklich verliebt

Eine Frau, mit der ich einmal gearbeitet habe, hatte keine Ahnung, was während des Abschlussteils eines von mir gehaltenen Seminars mit ihr los war. Sie hatte sich in einen anderen Teilnehmer des Seminars verliebt, der allerdings bereits am Morgen abgereist war, während sie noch einige Tage am Seminarort bleiben wollte. Ihr war völlig klar, dass irgendetwas mit ihr nicht stimmte, denn einige andere Mitglieder der Gruppe gingen ihr extrem auf die Nerven und sie machte sie grundlos „zur Schnecke".

Sie erkannte, dass sie sich in „Kontraktion" befand, und beschrieb, dass sie sich wie ein kleines Kind fühle, das am Boden sitzend mit einem resignierten Seufzer und völlig genervt ständig die Beine anhob und wieder herunterplumpsen ließ. Dabei war ihr die ganze Zeit über nicht klar, dass die Gefühle mit der Abreise des Mannes zu tun hatten, in den sie sich verliebt hatte. Sie war sich nicht einmal dessen bewusst, dass sie überhaupt an ihn dachte. Später erzählte ich ihr, dass ich gespürt habe, worum es bei ihrem Gefühl der Kontraktion ging, und sie erkannte nicht nur sofort, dass ich recht hatte, sondern konnte kaum glauben, dass sie nicht selbst darauf gekommen war.

Man kann ihren Zustand der Kontraktion mit dem Tragen von Scheuklappen vergleichen. Sie war reizbar, fühlte sich nicht wohl in ihrer Haut und zeigte dies auch, konnte aber keine Beziehung zur eigentlichen Ursache herstellen. Das war ihr insofern äußerst unangenehm, als ihr durchaus bewusst war, dass sie sich in einem Zustand der Kontraktion befand. Für mich war das ein gutes Beispiel dafür, wie „blind" man in diesem Zustand sein kann.

Wenn Sie sich in Kontraktion befinden, sind Sie – wie das Wort schon suggeriert – sozusagen psychologisch geschrumpft: Sie haben keinen Zugang mehr zu Ihrem eigenen Gefühl für Fairness, Ihr weiseres Selbst wird unterdrückt. Gleichzeitig ist Ihnen nicht klar, was Sie sich da gerade unterbewusst erzählen und womit Sie so diesen Zustand hervorrufen.

Normalerweise sind wir froh, wenn diese Stimmungen vorübergehen, und möchten keinesfalls dorthin zurückkehren und sie uns noch einmal ansehen. Doch sobald wir uns einmal auf den Weg des Gewahrseins und der Selbstheilung begeben haben, stellt jede Situation, in der wir Kontraktion erfahren, eine Einladung dar, denn sie hilft uns herauszufinden, was wir uns gerade bewusst oder unbewusst erzählen. Jede dieser Situationen bietet eine Chance für mehr Selbsterkenntnis. Anstatt uns also des Gefühls der Kontraktion zu schämen oder es einfach zu verdrängen, dürfen wir eher freudig gespannt darauf sein, welche neuen Erkenntnisse und welche Klarheit wir gewinnen werden.

*

Jedes Mal, wenn Sie mit dem Mandala arbeiten, beginnen Sie auf der zentralen Position des Jetzt, denn genau wie ein Seefahrer können Sie erst dann die Route zu einem neuen Ziel festlegen, wenn Sie Ihren Ausgangspunkt kennen. (Und der einzig verlässliche Ausgangspunkt, von dem aus man jemals starten kann, ist natürlich das Jetzt.)

Sobald Sie in der Jetzt-Position zentriert sind und Ihren natürlichen Zustand erleben – frei von gedankenbedingtem Unglücklichsein –, können Sie zurückblicken auf die Geschehnisse, die eine emotionale Kontraktion ausgelöst haben. Halten Sie Ausschau nach den Geschichten, die Sie sich selbst erzählt haben und die Auslöser für Kontraktion waren. Während Sie dies tun, wechseln Sie von der Jetzt-Position zu derjenigen Position im Mandala, zu der die Geschichte am ehesten gehört. Einige Geschichten haben überwiegend mit der Vergangenheit zu tun, andere mit der Zukunft und bei wieder anderen geht es vornehmlich um Sie selbst (Ich-Position) oder um andere Menschen beziehungsweise Dinge (Du-Position).

Bei dieser Arbeit kommt es vor allem auf den Seinszustand an, den Sie innehaben, wenn Sie im fokussiert-weiten Gewahrsein auf der Jetzt-Position stehen. Dieser Zustand wird bewusst mit demjenigen verglichen, in dem Sie sich befinden, wenn Sie sich auf einer der anderen vier Positionen mit einer ihrer Geschichten identifizieren. Ich werde nachfolgend genau beschreiben, wie Sie den Kontrast zwischen den verschiedenen Zuständen erleben können.

In dem Moment, in dem Sie die energetische Verlagerung und die Empfindung von Ruhe und Erleichterung spüren, die sich daraus ergeben, dass Sie Ihre Geschichten wiederholt beiseitelegen und wieder ins Jetzt zurückkehren, beginnt Ihr Körper zu erkennen, wie sich Präsenz anfühlt, und es wird immer leichter, in diesem Zustand zu verweilen. Indem Sie mit dem Mandala arbeiten und sich immer wieder auf die Jetzt-Position zurückbringen, verbinden Sie sich mit einem riesigen Gewahrseinsfeld – einer unbegrenzten Quelle von Lebensenergie und intuitivem Wissen, die Ihnen neue Einsichten bringen und Ihr Wohlbefinden wiederherstellen wird.

Wie Sie das „Mandala des Lebens" praktisch anwenden

Ich möchte Ihnen dringend ans Herz legen, bei Ihren ersten Versuchen mit dem Mandala Ihre Geschichten zu Beginn in einfachen Sätzen niederzuschreiben. Auch rate ich Ihnen, während des Prozesses jede Geschichte laut auszusprechen oder vorzulesen, auch wenn Sie alleine sind. Durch das Hören Ihrer eigenen Stimme tritt der Lerneffekt viel unmittelbarer ein, als wenn Sie den Prozess nur in *Gedanken* durchgehen. Ebenfalls wichtig ist, dass Sie sich tatsächlich räumlich durch das Mandala bewegen, in welcher Form auch immer Ihnen dies möglich ist. (Wir lernen effektiver, wenn wir den *Körper* einbeziehen und uns nicht nur auf unser Denken verlassen.)

Wenn Sie beginnen wollen, suchen Sie sich einen Platz, der ruhig ist und an dem Sie nicht gestört werden. Stellen Sie das Telefon ab und planen Sie ausreichend Zeit ein für diesen Prozess der Selbsterforschung, der zu Ihrer Heilung beitragen wird.

Machen Sie sich beim Lesen der nachfolgenden Schritte, die den Mandala-Prozess beschreiben, keine Gedanken, wenn Sie zunächst nicht alles ganz genau verstehen. Nachdem Sie die Beispiele im nächsten Kapitel gelesen haben, die konkret zeigen, wie Menschen mit dem Mandala gearbeitet haben, können Sie anschließend gegebenenfalls zu diesem Abschnitt zurückkehren und ihn erneut lesen. Dann werden Sie mit Sicherheit in der Lage sein, Ihren eigenen Prozess in Gang zu setzen.

Schritt 1: Wählen Sie ein Problem aus, an dem Sie arbeiten möchten

Im Zusammenhang mit dem Mandala-Prozess verwende ich das Wort „Problem" in einem ganz bestimmten Sinn. Für mich ist ein Problem in diesem Fall eine *Situation*, in der Sie eine emotionale Kontraktion verspüren. Ich spreche in diesem Zusammenhang auch gerne davon, dass unser Bewusstsein von Emotionen getrübt ist, dass wir in diesem Sinne in einem Zustand der

Aufgewühltheit, der „Verworrenheit", der Konfusion sind. Sicher haben Sie schon einmal den Spruch gehört, man solle die Dinge sich erst einmal „setzen lassen"; für mich bedeutet dies die Rückkehr zum natürlichen, klaren Zustand des Seins, ungetrübt von emotionalem Aufruhr. Das Aufgewühltsein kann sich unter anderem darin äußern, dass man sich ängstlich, schuldbewusst, wütend oder gekränkt fühlt, zu Temperamentsausbrüchen neigt, sich auf einen Streit einlässt, dass man das Vertrauen verliert (oder *übertriebenes* Selbstvertrauen zeigt), niedergeschlagen ist oder sich selbst „fertigmacht".

Der Begriff des Aufgewühltseins umfasst nahezu jeden Zustand, in dem Sie erregt oder gestresst sind und die Verbindung zur natürlichen Klarheit Ihres wachen und weiten Gewahrseins verloren haben. Die Umstände, unter denen dies eintritt, können äußerst vielfältig sein; das *höchste* Maß an emotionaler Verstörung und Leiden tritt womöglich in Beziehungen zu anderen Menschen auf – nämlich wenn es zum Verurteilen anderer oder zu Konflikten kommt. Aber auch gesundheitliche Probleme können Ursache für emotionale Verstörung sein.

Bei der Auswahl eines Problems, an dem Sie arbeiten möchten, ist der wichtigste Aspekt der, es klar zu definieren.

Beispiel: Peinlichkeit und Verzweiflung

Eine meiner Klientinnen litt an einem Emphysem – einer Lungenerkrankung, die ihr beim Gehen und Treppensteigen Probleme bereitete. Eines Tages unterschätzte sie die Zeit, die sie benötigte, um pünktlich zu einem Termin zu erscheinen, und überanstrengte sich deswegen. Dies brachte sie in starke Atemnot. Sie musste einen Inhalator benutzen und es dauerte eine halbe Stunde, bis sie ihren Atem wieder einigermaßen unter Kontrolle hatte. Während sie sich ausruhte und darauf wartete, dass ihr Atem sich beruhigte, überfielen sie Gefühle von Peinlichkeit und Verzweiflung.

Das Problem, das meine Klientin zunächst mit dem Mandala bearbeiten wollte, war das Vorhandensein des Emphysems. Aber das Emphysem an und für sich ist kein Problem – es ist ein Teil ihres Lebens. Mit ein wenig Coaching von meiner Seite konnte sie das Problem schließlich genau benennen: „Als ich mich abhetzte, um rechtzeitig zum Termin zu erscheinen, bekam ich Atemnot und empfand Verzweiflung." Nun konnten wir uns die *Geschichten* ansehen, die sie sich über sich und ihre Gesundheit erzählte und die ihre negativen Gefühle erzeugten.

Es ist von entscheidender Bedeutung, wie Sie das Problem *benennen*, das Sie mit dieser Technik bearbeiten möchten. Denken Sie daran, dass das Problem genau definiert werden muss, und zwar auf eine Weise, die sowohl die konkrete Situation als auch das zugehörige Gefühl der Kontraktion einbindet.

Ein weiteres Beispiel für ein Problem, das sofort mit dem Mandala-Prozess bearbeitet werden könnte, wäre dieses: „Der Streit, den ich gestern beim Mittagessen mit meinem Freund hatte". Wenn man das Problem auf diese Weise beschreibt, kann man nach Ich-, Du-, Vergangenheits- und Zukunfts-Geschichten suchen, mit denen Sie sich bewusst oder unbewusst identifiziert haben und die Auslöser für den Streit waren. Anders sähe es aus, wenn Sie stattdessen Ihr Verhalten sofort analysiert und das Problem wie folgt definiert hätten: „Ich lasse mich zu schnell unterbuttern." Eine derartige Verallgemeinerung zeigt, dass Sie bereits zu wissen glauben, welche Ihrer Verhaltensweisen den Streit ausgelöst hat. Im Grunde genommen ist die Aussage „Ich lasse mich zu leicht unterbuttern" nichts anderes als eine Ich-Geschichte und deckt allerhöchstens einen Bruchteil dessen ab, was wirklich zum Streit geführt hat. Meiner Erfahrung nach ist es wesentlich *schwieriger*, mit dem Mandala zu arbeiten, wenn der Erforschungsprozess mit einer Geschichte oder Verallgemeinerung über Sie selbst oder andere beginnt und nicht in einer speziellen *Situation* wurzelt.

Wenngleich die beschriebene emotionale Aufgeregtheit bei uns allen vorkommt – und das gar nicht so selten –, ist sie nicht unser natürlicher Seinszustand. Sie gehört nicht zur menschlichen Natur und ist somit nicht etwas, was Sie klaglos hinnehmen müssten. Gefühlsaufruhr geht vom Ego aus – und dieses ist nur *ein* Aspekt der menschlichen Natur. Um in solche emotionale Erregung zu geraten und Kontraktion zu erleben, müssen Sie sich selbst Geschichten erzählen, die defensive, reaktive, depressive oder aggressive Emotionen und Verhaltensweisen auslösen. Die gesamte Arbeit mit dem Mandala beruht auf dem Akzeptieren der folgenden grundlegenden Wahrheit:

Weder das, was andere tun, noch die Situation selbst bewirken, dass Sie emotional in Aufruhr geraten und Kontraktion verspüren. Das bewirken vielmehr die *Geschichten*, die Sie sich über all das erzählen.

Schauen Sie sich also Ihr Leben einmal genau an und stellen Sie fest, wann Sie in letzter Zeit Kontraktion verspürt haben. Schreiben Sie auf, wie diese Situation war und was genau passiert ist, damit sie es so klar wie möglich in Ihrem

Kopf fixieren. Diese Notizen müssen nicht lang sein. Wichtig ist allein, dass das Grundproblem, das Sie stört oder gestört hat, klar umrissen wird. Sie können zur Unterstützung auch den im Anhang abgedruckten Fragebogen für Notizen benutzen. Ich nenne ihn gerne den „Notizbogen für getrübte Wahrnehmungen", weil das ein bisschen Humor in diesen Prozess bringt. Zwar ist dieses „Arbeiten" an ihren Problemen durchaus ernst, aber es schadet sicherlich nicht, es mit einem selbstironischen Lächeln anzugehen.

Im Grunde genommen lernen Sie durch diesen Mandala-Prozess, wie Sie dafür sorgen können, dass sich der die Wahrnehmung trübende, aufgewühlte Schlamm vor Ihren inneren Augen wieder vom klaren Wasser des Seins absetzt. Dieses Bild macht deutlich, wie emotional aufgewühlt Sie durch Ihre Geschichten sein können und wie die Rückkehr zum Jetzt wieder zu Ruhe und Klarheit führt.

Schritt 2: Zentrieren Sie sich im Jetzt

Sobald Sie das Problem klar und eindeutig beschrieben haben, besteht der nächste Schritt darin, sich im Jetzt zu zentrieren. (Wenn Sie nicht mehr genau wissen, wie das geht, können Sie es im vorangegangenen Kapitel – im Abschnitt über das fokussiert-weite Gewahrsein – erneut nachlesen.)

Ich empfehle Ihnen, sich in Ihrem (am Boden markierten) Mandala tatsächlich auf die Jetzt-Position zu stellen, während Sie sich in den Zustand des fokussiert-weiten Gewahrseins bringen.

Sobald Sie sich in Ihrem Körper präsent, wach und gleichzeitig entspannt fühlen, haben Sie damit Ihren Bezugspunkt, Ihre Vergleichsbasis für vollkommenes Gewahrsein (ohne Gefangensein in *Gedanken*) geschaffen.

Wie das Mandala zeigt, gibt es lediglich vier Orte, an die Sie gehen können, wenn Sie *nicht* im zeitlosen Jetzt präsent sind: entweder in ein Jetzt, das emotional durch die Identifikation mit Geschichten über Sie selbst (Ich) oder andere (Du) geprägt ist, oder in ein Jetzt, das emotional durch Geschichten über Vergangenheit oder Zukunft kreiert wird. Behalten Sie im Hinterkopf, dass die Art und Weise, wie Sie den gegenwärtigen Moment erleben, immer sehr stark von dem beeinflusst wird, *was Sie sich selbst erzählen.*

Häufig mag es so scheinen, als ob die Reaktion, die Ihre Aufgeregtheit auslöste, wie ein Blitz über Sie hereingebrochen wäre und als ob Sie in diesem Moment nicht *gedacht* hätten. Sie glauben vielleicht, Ihre Reaktion sei spontan gewesen und daher ganz natürlich – nicht etwa etwas, was Ihr Ego ausgelöst habe. Glauben Sie mir: Es gibt ein ganzes Repertoire an Geschichten, die Sie sich schon seit so langer Zeit erzählen, dass Sie – auch ohne bewusst daran zu denken – von ihnen beeinflusst werden. Diese schon vor langer Zeit verinnerlichten Geschichten sind die unbewusste Basis für Ihre wie auch immer geartete Reaktion. Beim Mandala-Prozess geht es darum, sowohl die bewussten als auch die unbewussten Geschichten zu erkennen. Das ist ein Vorgang, den ich „Auspacken" nenne – das Entdecken und Bewusstmachen der *Geschichten*, die sich in einem Zustand des Aufgewühltseins verbergen. Das Ziel dabei ist, dass Sie sich von deren Einfluss befreien.

Schritt 3: Packen Sie Ihre Geschichten aus

Selbst wenn Sie so schnell in einen aufgewühlten (wütenden oder ängstlichen) Zustand gelangt sind, dass Sie nicht an eine dahinterliegende Geschichte glauben, nehmen Sie sich ein paar Minuten Zeit, um sich die folgende Frage zu stellen: „Was muss ich mir über mich selbst, über andere, über die Vergangenheit oder die Zukunft erzählt haben, um so aufgewühlt zu werden?" Man kann die Frage auch anders formulieren: „Was habe ich nur *geglaubt* (über mich selbst, andere, die Vergangenheit oder die Zukunft), dass ich so verstört geworden bin?"

Damit Sie anfangen können, Ihre Geschichten auszupacken, erspüren Sie nun, zu welcher der vier Positionen des Mandalas Sie sich zuerst hingezogen fühlen, und gehen Sie dorthin.

Wenn Sie beispielsweise entdecken, dass Sie gedanklich in die Zukunft gingen und dies bei Ihnen Angst auslöste, stellen Sie sich auf die Position „Zukunft" und schauen nach, was Sie sich über die Zukunft erzählt haben. Wenn Sie das im Anhang abgedruckte Notizenblatt verwenden, werden Sie bemerken, dass es dort zu jeder der vier Positionen eine Reihe von Aussagen gibt, die Ihnen dabei helfen sollen, Ihre Geschichten aufzudecken. Diese Aussagen sind selbstverständlich nur Anhaltspunkte und bei Weitem nicht die einzige Möglichkeit, wie Sie Ihre Geschichten aufspüren können. Fühlen Sie sich also durch diese Vorschläge nicht eingeschränkt.

> Behalten Sie das Problem im Auge und bewegen Sie sich auf die verschiedenen Positionen des Mandalas, um herauszufinden, was genau Sie sich erzählt haben, als die emotionale Verstörung eintrat.

In der Ich-Position prüfen Sie, was Sie sich über sich selbst erzählt haben. In der Du-Position untersuchen Sie die Urteile, die Sie über die Situation oder über eine bestimmte Person gefällt haben. In der Vergangenheits-Position warten Sie darauf, welche Erinnerungen Ihnen zum jeweiligen Thema in den Sinn kommen. Welche Geschichten erzählen Sie sich über diese Erinnerungen?

Packen Sie die Geschichten, die Sie sich selbst erzählt haben, eine nach der anderen aus. Manchmal fällt Ihnen vielleicht nicht für alle vier Positionen eine Geschichte ein. Das ist nicht weiter wichtig. Tun Sie einfach Ihr Bestes, um so viele Geschichten wie möglich zu erkennen. Schreiben Sie sie auf und sprechen Sie sie zusätzlich laut aus.

Manche Geschichten scheinen zu mehreren Positionen zu gehören und es bedarf eines gewissen Grades an Erfahrung, um zu erkennen, welche Position für die jeweilige Geschichte die passende ist.

Beispiel: Beziehungsproblem

Nehmen wir an, Sie hätten ein Beziehungsproblem und sagten sich selbst: „Ich bin traurig darüber, dass mein Freund sich offensichtlich nichts aus mir macht." Auf den ersten Blick mag Ihnen dies wie eine Ich-Geschichte erscheinen, weil es zunächst einmal eine Beschreibung *Ihres* Gefühls ist. Sie begeben sich also im Mandala womöglich auf die Ich-Position. Allerdings ist die Aussage „Ich bin traurig" eher eine Art Bestandsaufnahme und könnte insofern einfach eine Beschreibung Ihres wahren Gefühlszustands sein: Es ist eine Tatsache und keineswegs eine Geschichte. Auf der anderen Seite resultiert das Gefühl der Traurigkeit aus dem Glauben, „dass mein Freund sich offensichtlich nichts aus mir macht".

> Wenn ich Ihr Coach wäre, würde ich vorschlagen, dass dieser Glaube die eigentliche Geschichte sei und Sie sich in die Du-Position begeben sollten. Es handelt sich nämlich insofern um eine Du-Geschichte, als es um Ihre Beurteilung der Haltung Ihres *Freundes* geht. Wenn Sie diese Geschichte glauben, werden Sie traurig, aber das macht die Geschichte noch längst nicht wahr!

Ob es sich bei einer Geschichte um eine Zukunfts- oder Vergangenheits-Geschichte handelt, kann man meist an der Zeitform des verwendeten Verbs erkennen. So ist beispielsweise die Geschichte „Mein Vater hat uns verlassen, als ich neun Jahre alt war" eine Geschichte über Ihren Vater und Sie möchten sie womöglich auf der Du-Position bearbeiten. In Wirklichkeit geht es allerdings um eine alte Interpretation des Verhaltens Ihres Vaters, sodass ich sie eher als eine Vergangenheits-Geschichte bezeichnen würde.

Sie müssen bei der Einschätzung, auf welcher Position eine Geschichte bearbeitet werden sollte, nicht immer „richtig" liegen. In Wahrheit geht es nämlich vor allem um das Erkennen der Tatsache, *dass* Sie sich Geschichten erzählen. Machen Sie sich also keine Gedanken, wenn Ihnen zunächst unklar ist, wohin eine Geschichte gehört. Mit ein wenig Übung werden Sie mehr Klarheit gewinnen, Ihre Art von Geschichten leichter erkennen und sie auch besser einer Position im Mandala zuordnen können.

Denken Sie daran: Je einfacher Sie die Geschichte ausdrücken, desto einfacher können Sie damit arbeiten. Man könnte ein und dieselbe Geschichte beispielsweise so ausdrücken: „Meine Eltern behandeln mich wie einen Hypochonder", oder so: „Mein Vater erkennt nicht an, wie krank ich wirklich bin." Bei beiden Aussagen handelt es sich um Du-Geschichten, denn die erste ist ein Urteil darüber, wie Ihre Eltern Sie behandeln, und die zweite ist Ihr Urteil über das Verhalten Ihres Vaters. Eine andere Geschichte könnte lauten: „Mir wird es nie wieder gut gehen." Das ist eine einfache Geschichte über die Zukunft, denn sie zeigt, wie Sie sich selbst in der Zukunft sehen.

Vermeiden Sie lange, komplexe Aussagen wie diese: „Ich habe das Gefühl, meiner Frau ist es völlig egal, wie viel Geld sie ausgibt, deshalb muss ich trotz meiner Krankheit *mehr* arbeiten, als ich eigentlich will …" Hier handelt es sich nämlich im Grunde genommen um drei einzelne Geschichten: „Meiner Frau ist völlig egal, wie viel Geld sie ausgibt." – „Ich muss *mehr* arbeiten, als ich eigentlich will." – „Ich bin krank." Beachten Sie auch, dass die ursprüngliche Form der Geschichte fälschlicherweise mit den Worten „Ich habe das Gefühl" beginnt, obwohl es gar nicht um ein Gefühl geht, sondern vielmehr um einen

Gedanken – genauer gesagt: um ein *Urteil* über das Verhalten Ihrer Frau, das Sie als Gefühl tarnen.

Es passiert häufig, dass wir Urteile als Gefühle tarnen. Zwischen beiden besteht allerdings ein entscheidender Unterschied: Gefühle sind Tatsachen. Wenn ich Sie frage, wie Sie sich fühlen, und Sie sagen, dass Sie eine Schwere im Brustraum spüren, dann betrachte ich diese Aussage nicht als Geschichte, sondern als eine Beschreibung Ihres Zustands, die vermutlich korrekt ist. Antworten Sie auf meine Frage hingegen: „Ich habe das Gefühl, die Dinge sollten anders sein", dann ist das ein Urteil und somit eine Geschichte.

Schritt 4: Erleben Sie bewusst, was jede Geschichte in Ihnen auslöst

Nachdem Sie die Geschichten nun ausgepackt haben, ist es an der Zeit, bewusst zu erleben, was die Identifikation mit jeder einzelnen davon in Ihnen auslöst. Wie das Mandala zeigt, gibt es nur *ein* Jetzt, aber Ihr Seinszustand und die Art, wie Sie jeden Moment erfahren, hängt von dem ab, was Sie sich selbst erzählen.

Nehmen wir einmal an, Sie wären mit Ihrer Ehe unzufrieden und hätten auf der Ich-Position gesehen, dass Sie sich folgende Geschichte erzählten: „Ich habe zwanzig Jahre meines Lebens an eine schlechte Beziehung vergeudet." *Stellen Sie sich dann auf die Ich-Position*, sprechen Sie den Satz laut aus und beginnen Sie, ihn mit offenem Geist und willigem Herzen zu erforschen. Schauen Sie in sich hinein und fragen Sie sich: „Wenn ich diese Geschichte glaube und mich mit ihr identifiziere, wie fühle ich mich dann? Was passiert mit meiner Energie? Welche Emotionen spüre ich? Welche körperlichen Empfindungen erzeugt die Geschichte in mir? Welche Bilder ruft sie eventuell hervor?" – Erleben Sie ganz bewusst und im Detail, was jede Geschichte in Ihnen hervorruft, wenn Sie sich mit ihr identifizieren.

Selbst wenn es schmerzlich ist, einer Geschichte wie der oben genannten dergestalt eine Form zu geben und sie zu spüren, sollten Sie keine Angst haben. Dies ist ein klar umrissenes Experiment mit Gewahrsein, in dessen Rahmen Sie in die Wirkung hineinspüren, die eine bestimmte Geschichte auf mentaler und körperlicher Ebene hat. Dadurch, dass Sie dies *bewusst* tun, werden Sie nicht wehrlos von der Geschichte vereinnahmt (– *das* passierte, als Sie in Reaktion auf etwas unglücklich wurden und nicht mehr klar sehen konnten). Ich nenne diesen Vorgang des bewussten Identifizierens mit einer Geschichte, die sich unangenehm anfühlt, auch scherzhaft „vom Gift kosten".

Natürlich verursacht nicht jede Ego-Geschichte Leid. Einige können auch anregend sein oder Sie in Ungeduld versetzen oder Sie sogar sexuell erregen. Sie sind ein Mensch und haben das Recht, in Ihren Fantasien zu schwelgen. Manchmal ist es entspannend und gesund, das zu tun. Wenn Sie jedoch wiederholt in den Bann von etwas geraten, was normalerweise einfach nur eine angenehme Geschichte oder Fantasie aus der Vergangenheit oder über die Zukunft wäre, macht der durch die Geschichte hervorgerufene emotionale Zustand Sie blind für den gegenwärtigen Moment – für das, was tatsächlich *ist*. Im Gegensatz zur oben beschriebenen Identifikation mit *leidvollen* Geschichten bezeichne ich das bewusste Erleben solcher *angenehmen* Geschichten mit dem Ausdruck „vom Narkotikum kosten".

Schritt 5: Vergleichen Sie Ihre Geschichte mit dem Jetzt

Nachdem Sie wirklich (auch körperlich) gespürt haben, welches Gefühl die Geschichte bei Ihnen hervorruft, kehren Sie zum Zentrum des Mandalas zurück. Wenn Sie diesen Schritt tun, bereiten Sie sich innerlich darauf vor, das durch die Identifikation mit der Geschichte erzeugte Jetzt zu verlassen und ein *neues* Jetzt zu betreten. Dieses Mal sollten Sie, sobald Sie auf der Jetzt-Position stehen, ein neues Experiment mit Gewahrsein wagen: Sehen Sie sich selbst in genau der Situation, in der die Verstörung auftrat, aber *ohne* die Geschichte, die Sie sich dazu erzählt haben.

Beispiel: Mit Unlust bei der Arbeit

Bei einem der Themen, die mein Klient John mit mir bearbeitete, ging es darum, wie leicht er am Arbeitsplatz müde und gereizt wurde. Als er seine Geschichten „auspackte", fand er unter anderem die folgende Ich-Geschichte: „Ich vergeude mein Leben mit einer Arbeit, die mir keinen Spaß macht." Er begab sich also zur Ich-Position des Mandalas und nahm wahr, wie müde, abgespannt und verbittert er aufgrund dieser Geschichte war. Dann bat ich John, sich auf die Jetzt-Position zurückzubegeben und sich vorzustellen, er sei bei der Arbeit und stelle sich den üblichen Aufgaben, jedoch *ohne* an die bedrückende Ich-Geschichte zu denken. Eine Weile blieb er still stehen und sagte dann, er fühle sich nun nicht nur offener und entspannter, sondern habe auch mehr Selbstvertrauen. Er beschrieb, wie er sich selbst an seinem Arbeitsplatz sah: geduldig und in der ruhigen Gewissheit, dass dieser Teil seiner beruflichen Laufbahn lediglich ein Sprungbrett für neue Möglichkeiten war.

Dieses zweite Experiment mit Gewahrsein – nämlich sich vorstellen, dass Sie sich in der gleichen Situation befinden, ohne je an eine bestimmte Geschichte gedacht zu haben – setzt die Technik der *aktiven Imagination* ein, ein äußerst wirkungsvolles Instrument für jede Art von innerer Arbeit. Beim Einsatz der aktiven Imaginationstechnik versuchen Sie nicht vorzugeben, welche Bilder kommen sollten, was Sie fühlen zu müssen glauben oder wie die Dinge sein sollten. Auch nehmen Sie nicht automatisch an, dass Sie sich erleichtert oder besser fühlen werden. Stattdessen übergeben Sie den Prozess an das Unbewusste, das Sie dann in den Zustand bringt, in dem Sie sich *ohne* die Geschichte befinden würden. Sie entspannen sich einfach, ohne ein bestimmtes Ergebnis anzustreben. Stattdessen erlauben Sie dem Unbewussten, Ihnen eine *neue* Erfahrung Ihrer selbst zu präsentieren. Sie *beobachten* lediglich, welche Bilder spontan aufsteigen, und erlauben sich, alle aufsteigenden Empfindungen und Gefühle wahrzunehmen und zu spüren. Wie ist dieser Zustand? Wie fühlen Sie sich wirklich?

Ihr Verstand mag Einwände gegen diesen Prozess anführen, beispielsweise: „Das ist doch Humbug. Die Geschichte, die ich mir erzählt habe, war das, was ich tatsächlich in der Situation gedacht habe. Und jetzt wird diese Situation einfach verändert." Nun, genau das ist der Fall – Sie ändern die Umstände *Ihres Denkens*, um einen Kontrast zu schaffen: Sie setzen die Geschichte, die Sie sich erzählt haben, *in Relation* zu einer anderen Möglichkeit. Was der Verstand nicht versteht, ist, dass die ursprüngliche Situation auch nur eine Erfindung des Ego und in diesem Sinne ebenso relativ ist. Das Ego wählt *seine* Version einer Geschichte nicht deshalb aus, weil darin ein wesentlicher Bestandteil der Situation erfasst wird, sondern weil es einfach die Angewohnheit hat, jede Situation zu interpretieren und durch die Linse der depressiven oder großartigen Besonderheit zu betrachten. Die Relativität der ursprünglichen Geschichte können Sie daher erst dann wahrnehmen, wenn Sie einen Kontrast schaffen.

Bei diesem neuen Experiment sollten Sie sich – genau wie beim Spüren dessen, was die Geschichte in Ihnen hervorruft – ausreichend Zeit nehmen, um tatsächlich wahrzunehmen, wie *anders* Sie in der gleichen Situation wären, wenn Ihnen Ihre Geschichte nie in den Sinn gekommen wäre. *Denken* Sie nicht nur darüber *nach*, wie Sie sich gefühlt hätten – lassen Sie zu, dass Sie es wirklich *spüren*.

Normalerweise identifizieren Sie sich einfach mit Ihren Geschichten und sind sofort in der emotionalen Realität gefangen, die sie erzeugen. Sie glauben vorbehaltlos, dass die Geschichte richtig sei und die einzige Realität darstelle. (So erleben im Übrigen die meisten von uns ihre Geschichten.) Wenn Sie das oben genannte Experiment durchführen, leugnen Sie die Geschichte nicht und versuchen nicht, sie loszulassen oder sie zu widerlegen. Sie setzen einfach nur Ihre Fantasie ein, um aktiv ein neues Szenario zu erschaffen, das Potenzial für ein anderes Jetzt bietet. Das Wichtigste dabei ist, dass Sie tatsächlich *fühlen*, wie Sie *ohne* die Geschichte wären, und bei diesem Gefühl bleiben. Bleiben Sie im Körper und beobachten Sie, was mit Ihrer Energie, Ihrer Körperhaltung und Ihrer Atmung passiert, wenn Sie sich selbst in einem ganz anderen Szenario sehen – einem Szenario, in dem die Geschichte Sie nie in ihren Bann zog.

*

Das ist der Punkt, an dem etwas sozusagen Magisches geschieht. Es gibt ein grundlegendes geistiges Gesetz, das Gesetz des Bewusstseins: Um einer Sache gewahr zu sein, muss man sie mit etwas anderem vergleichen können. Ich sage gerne: „Das Bewusstsein liebt den Vergleich."

Einfach gesagt: Ohne das Vergleichen können Sie etwas nicht bewusst wahrnehmen. Durch Vergleichen zwischen dem gefühlten Ich, das Sie als mit der Geschichte identifizierte Person sind, und der Person, die Sie in der Jetzt-Position *ohne* die Geschichte sind, erleben Sie zwei unterschiedliche Versionen Ihrer selbst. Genauer gesagt erleben Sie zwei unterschiedliche Jetzt-Momente, zwei unterschiedliche Seinszustände. Durch den Vergleich haben Sie die Chance, zu einem *neuen* Seinszustand zu erwachen, der Ihnen jederzeit zur Verfügung steht.

In dieser körperlichen Erfahrung zweier verschiedener Zustände sind Sie im Grunde genommen zwei verschiedene Personen. Eine davon ist Ihr Ego, das mithilfe jeder Geschichte, die es Ihnen erzählt, Ihre emotionale Realität erschafft. Die andere ist ein neues, Ihnen unbekanntes Ich, das geboren wird, wenn die vom Ego erzeugte Geschichte wegfällt. Eigentlich handelt es sich dabei um eine Art Wiedergeburt. Ich meine dies natürlich nicht im traditionell religiösen Sinne, bei dem Sie sich mit einem *neuen* Glaubenssystem identifizieren würden. Es handelt sich vielmehr um eine Wiedergeburt im existenziellen Sinne. Dies ist ein neues Ich, was nichts anderes heißt, als dass Sie einen Blick auf jemanden erhaschen, den Sie zuvor noch nicht kannten.

Wenn Sie diesen Kontrast erfahren, besteht plötzlich das Potenzial, eine ganz neue Beziehung zu sich selbst zu erleben. Sie öffnen sich für eine weiter gefasste und gesündere emotionale Möglichkeit. Das ist Erkenntnis und sie geschieht spontan. Ich habe dieses intuitive Wissen zahllose Male in der Arbeit mit vielen verschiedenen Menschen aufkeimen sehen. Es entsteht ganz natürlich aus dem Vergleichen zwischen einem alten, verstandesbasierten (Geschichten erzeugenden) Egozustand und der Unmittelbarkeit und Klarheit der Erfahrung Ihrer selbst im Jetzt.

Schritt 6: Erleben Sie die ursprüngliche Geschichte erneut

Sobald Sie einmal voll und ganz gespürt haben, wie Sie sich fühlen, wenn Sie *ohne* die jeweilige Geschichte auf der Jetzt-Position stehen, können Sie ein drittes Experiment mit Gewahrsein durchführen: Gehen Sie *langsam* auf diejenige Position zurück, auf der Sie zunächst erkundet haben, welche Gefühle die Geschichte bei Ihnen auslöste, und versuchen Sie es erneut mit der gleichen Geschichte. Soll heißen: Versuchen Sie, sich wieder mit der ursprünglichen Geschichte zu identifizieren, aber *erinnern* Sie sich diesmal gleichzeitig daran, wie Sie sich kurz zuvor auf der Jetzt-Position – *ohne* Geschichte – gefühlt haben. Um diese Erinnerung zu verstärken, richten Sie sich beim Ankommen auf der neuen Position mit dem Gesicht zum Zentrum des Mandalas aus.

Am Beispiel von John, der sich am Arbeitsplatz müde und gereizt fühlte, haben Sie bereits gesehen, dass er sich, nachdem er sich ohne seine deprimierende Geschichte („Ich vergeude mein Leben in einem Beruf, der mir keinen Spaß macht") erlebt hatte, weiter und offener fühlte, dass ihn neues Selbstbewusstsein durchströmte und er darauf vertraute, dass sich ihm neue Möglichkeiten bieten würden. Als ich sicher war, dass er diesen neuen Zustand zur Genüge ausgekostet hatte, lud ich ihn ein, das dritte „Gewahrsein-Experiment" zu machen. Er sollte sich also noch einmal in die bedrückende Ich-Geschichte begeben, sich dabei aber daran erinnern, wie er sich kurz zuvor ohne die Geschichte auf der Jetzt-Position gefühlt hatte.

Er sagte sofort, dass er das nicht wolle. Auf meine Frage nach dem Grund meinte er, dass ein erneutes Identifizieren mit der Geschichte unsinnig sei; ja, er verglich es sogar damit, dass sich jemand absichtlich mit dem Hammer auf den Daumen schlage, obwohl er wisse, wie schmerzhaft das sei. Er sehe nicht ein, warum es das tun solle.

Wenn Sie dieses dritte Experiment durchführen, geht es darum, in sich hineinzuhorchen und zu spüren, ob die Geschichte noch die gleiche Macht und Unmittelbarkeit hat wie zu dem Zeitpunkt, als Sie sich unbewusst mit ihr identifizierten. Wenn Sie spüren, dass sich etwas verändert hat – auf welche Weise hat es sich verändert? Fragen Sie sich anschließend, ob Sie nun ein neues Verständnis oder neue Erkenntnisse bezüglich der Geschichte oder der Gesamtsituation haben.

Immer, wenn Sie bei diesem Schritt ankommen – beim Spüren des Kontrasts zwischen der Person, die Sie *mit* und die Sie *ohne* die Geschichte sind – sollten Sie sich ein paar Minuten Zeit nehmen, um die Wahrhaftigkeit jeder der beiden Geschichten zu prüfen. Das ist von entscheidender Bedeutung, weil (wie ich gleich ausführen werde) die meisten Geschichten, die Sie sich selbst erzählen, nicht wirklich wahr sind. Ebenso wichtig jedoch wie die Erkenntnis, dass Sie sich eine unwahre Geschichte erzählen, kann es sein, genau unter die Lupe zu nehmen, für welchen *Teil* von Ihnen die Geschichte *wahr war*. Anders gesagt: Ein Teil von Ihnen hielt diese Geschichte offensichtlich für wahr, andernfalls hätte er sich nicht damit identifiziert.

Im Fall von Johns Geschichte beispielsweise („Ich vergeude mein Leben in einem Beruf, der mir keinen Spaß macht") antwortete er auf meine Frage, welcher Teil von ihm das glaube, zunächst intuitiv, dass es vor allem der depressive Teil seines Selbst sei. Nach einer Weile des Nachdenkens stellte er jedoch fest, dass auch sein Gefühl der Grandiosität am Werk war und ihm den Eindruck vermittelte, er vergeude sein Leben, weil die Arbeit „unter seinem Niveau" sei. Das war eine wichtige Erkenntnis für ihn, weil ihm zuvor nicht bewusst war, dass er sich nicht nur häufig in eine Opferrolle begab, sondern unbewusst auch an einem Gefühl der Grandiosität festhielt.

*

Wenn Sie über sich oder andere urteilen, glaubt ein Teil von Ihnen, dass diese Urteile wahr seien. Lassen Sie mich Ihnen ein Geheimnis verraten: Auch wenn es keine Möglichkeit gibt zu überprüfen, ob ein Urteil wahr ist, steckt in jedem Urteil doch ein Körnchen Wahrheit. Und dieses Körnchen Wahrheit ist das *Gefühl*, das das Urteil bei Ihnen auslöst. Wenn ich mir selbst sagte, dass ich mein Leben an meinem Arbeitsplatz vergeude, wäre ich ziemlich deprimiert und wütend auf mich selbst – genau wie John. Wenn ich zudem nicht wüsste, dass ich einen Vergleich heranziehen und so erkennen kann, was dieses Urteil in mir ausgelöst hat, sondern stattdessen annähme, es sei wahr, würde mein eigenes Denken mich vergiften und ich würde mich selbst oder meine Arbeit mit Schuldzuweisungen überhäufen.

Wenn Sie eine Annahme verteidigen, weil Sie sie für wahr halten, dann verteidigen Sie im Grunde genommen das *Gefühl*, das diese Annahme in Ihnen hervorruft – oder genauer gesagt die Identität, die sie stützen hilft, sei sie nun depressiv oder großartig. Ob eine Annahme am Ende richtig ist, ist meist nur schwer oder gar nicht zu klären, speziell dann, wenn Ihre subjektive Meinung involviert ist. Aber selbst bei Dingen, die scheinbar objektiv sind – wie Bäume, Gene, Viren etc. –, kann das, was wir über sie glauben, wohl kaum als „wahr" bezeichnet werden.

Im gesamten wissenschaftlichen Bereich geht es darum, mit Begründungen und empirischen Daten zu ermitteln, ob eine Annahme wahr ist. Aber wie meinen Kolleginnen und Kollegen von der medizinischen Zunft sehr wohl bekannt ist, ist vieles von dem, was wir während des Studiums gelernt haben, *nicht* wahr. Häufig ist es sogar völlig falsch. Es kostet uns eine gewisse Zeit und häufig auch eine unnötige Menge an Leiden, herauszufinden, welche Informationen falsch und welche wahr genug sind, um weiter auf sie vertrauen zu können.

Indem Sie sich gestatten, wirklich zu spüren, was passiert, wenn Sie mit einer Geschichte identifiziert sind, können Sie die *persönliche* Wahrheit der Geschichte fühlen. Es ist jedoch keine echte Wahrheit, sondern lediglich die Illusion, die durch Identifikation mit der Geschichte entsteht. Wenn Sie sie genauer untersuchen, werden Sie sehen, ob sie der Überprüfung standhält, Bestand hat oder ob sie Ihnen allmählich als etwas erscheint, was eine in Ihrem eigenen Kopf entstandene Fiktion sein könnte. Selbst wenn Sie darauf bestehen, dass es sich um die Wahrheit handelt, sollten Sie sich ansehen, was dieser Glaube bei Ihnen bewirkt und wie viel Stress er verursacht. Dann können Sie sich selbst fragen: „Welcher Teil von mir glaubt, dass das wahr ist?" Versuchen Sie zu erkennen, auf welche Weise dieser Glaube etwas Besonderes aus Ihnen macht. Erscheint die Geschichte eher Ihrem großartigen oder Ihrem depressiven Selbst als wahr?

Denken Sie daran, dass es Ihrem Ego egal ist, ob Sie sich schlecht fühlen – ihm ist allein wichtig, dass es weiterhin der Teil von Ihnen ist, der das Sagen hat. Es hält Sie in einem Traum gefangen, und auch wenn es Ihnen Glück verspricht (vielleicht, indem es Ihnen sagt, dass alles besser werde, wenn Sie erst einmal den richtigen Job gefunden hätten), werden Sie immer wieder eine Gelegenheit finden, unzufrieden zu sein, bis Sie das Ego als die Einschränkung erkennen, die es darstellt.

Schon wenn Sie nur wenige Minuten frei von einer Stress erzeugenden Geschichte verbringen, ist das ausgesprochen heilsam für Körper und Seele. Die Seele hat es ohnehin schon schwer, durch den Nebel aus Angst, Schuldgefühlen, Verärgerung, Eifersucht und Schmerz hindurchzuscheinen. Machen Sie sich bewusst, dass Sie stets die Wahl haben, ob Sie an einer Geschichte festhalten, sie verändern oder sie loslassen möchten, denn Ihr wahres Selbst ist das tiefere Bewusstsein hinter all den Geschichten. Sobald Ihnen einmal bewusst ist, welches Gefühl Ihnen eine Geschichte vermittelt, können Sie für sich selbst entscheiden, was Sie auf Ihrem Weg der Heilung am besten unterstützt.

Schritt 7: Geben Sie Ihrer Geschichte einen neuen Rahmen

Häufig ist es so, dass Sie nach dem Fühlen des Unterschieds zwischen dem Jetzt *mit* und dem Jetzt *ohne* eine bestimmte Geschichte genügend Erkenntnisse gewonnen haben, um sich nicht länger mit der Geschichte zu identifizieren. Wenn Sie bemerken, dass Ihr Ego versucht, Sie wieder in seine Klauen zu bekommen, indem es Ihnen erneut die gleiche Geschichte auftischt, wissen Sie genau, wohin diese Geschichte Sie (emotional gesehen) führt. Daher müssen Sie nicht länger darauf hereinfallen, sondern können die Wahl treffen, präsent und offen zu bleiben und den Jetzt-Moment als ständig erneuertes und neu geborenes Selbst zu genießen. Darin liegt die echte Freiheit und die wahre Transformation. Weiter müssen Sie in der Regel nicht gehen. Manchmal jedoch kann es sich als hilfreich erweisen und sogar zu noch tieferen Einsichten führen, wenn Sie herausfinden, was passiert, wenn Sie der Geschichte einen alternativen Rahmen geben.

Dieser Schritt gehört bereits zu einer fortgeschrittenen Stufe der Arbeit mit dem Mandala. Ich füge ihn dennoch an dieser Stelle ein, weil er Ihnen nicht nur zu einem tieferen Verständnis des reinen Gewahrseins verhelfen kann, sondern auch eine gute Übung darstellt, um die Schleier der Illusion zu entfernen, die in zwischenmenschlichen Beziehungen so viel Leid verursachen können. Und genau dieses Thema zwischenmenschliche Beziehungen wollen wir nun anhand eines Beispiels untersuchen.

*

Zur Erläuterung, wie man einer Geschichte einen neuen Rahmen geben kann, habe ich das Beispiel meines Klienten Carl gewählt.

Beispiel: Streit mit der Partnerin

Nach einem Streit mit seiner Partnerin Janet will Carl mithilfe des Mandalas erkennen, welche Ursache sich hinter seiner Wut auf Janet verbirgt. Er findet schnell heraus, dass eine seiner Geschichten über seine Partnerin lautet: „Janet vertraut mir nicht und hat es noch nie getan." In der Du-Position stehend erkennt Carl zunächst, dass diese Geschichte in ihm Scham und Wut hervorruft. Nach dem anschließenden Wechsel in die Jetzt-Position stellt er sich vor, *ohne* diese Geschichte mit Janet zusammen zu sein; das vermittelt ihm sofort ein Gefühl von Leichtigkeit und Entspannung. Als er sich danach wieder zurück in die Du-Position und somit ein weiteres Mal in die Geschichte begibt, glaubt er zunächst, diese habe eher etwas mit einer Art von Depressivität zu tun.

Bei näherem Hinsehen stellt Carl allerdings fest, dass sich die Geschichte eher für seine zur Grandiosität neigende Seite wahr anfühlt: Alles wäre wunderbar, wenn Janet ihm nur vertrauen würde. „Na, großartig kann man das wohl kaum nennen", lautet sein sarkastischer Kommentar. Dennoch bewirkt diese zusätzliche Erkenntnis, dass er Janet gegenüber mehr Zuneigung und Mitgefühl empfindet. Aber es bleibt ein Gefühl der Kontraktion, wenn er erneut an die Geschichte denkt, dass seine Partnerin ihm nicht vertraut. Also lade ich ihn ein, noch einen Schritt weiter zu gehen und sich einmal die umgekehrte Aussage anzusehen: „Janet vertraut mir und hat es immer schon getan."

Gedankliche Konzepte existieren immer als Gegensatzpaare: *aufwärts* und *abwärts*, *gut* und *böse*, *links* und *rechts*, *ja* und *nein*, *tut ...* und *tut nicht ...* und so weiter. Wenn Carl sich die Geschichte erzählt: „Janet vertraut mir nicht und hat es noch nie getan", wird automatisch das Gegenteil ebenfalls gemutmaßt („Janet vertraut mir und hat es immer schon getan"), auch wenn es sich hierbei nicht um einen bewussten Gedanken handelt. Indem ich Carl daher bitte, sich eine Zeit lang mit der gegenteiligen Geschichte zu identifizieren, lade ich ihn ein, die Facetten seines Bewusstsein vollständiger anzunehmen. Man könnte auch sagen, dass die zweite Version der Geschichte ein Schatten der ersten Version ist.

Als er in der Du-Position steht und sich mit der gegenteiligen Geschichte identifiziert (dass Janet ihm vertraut und es immer schon getan hat), spürt Carl, dass dies in ihm ein Gefühl der Wärme und der Offenheit hervorruft. Dieses Gefühl gefällt ihm.

Der nächste Schritt besteht nun für Carl darin, wieder in die Jetzt-Position zurückzukehren und sich vorzustellen, dass er auch diese zweite Geschichte nie gedacht hätte. Das fällt ihm ausgesprochen schwer. Er erkennt, dass es wesentlich einfacher für ihn ist, sich selbst ohne die erste, schmerzliche Version der Geschichte zu sehen, als sich vorzustellen, dass die zweite, angenehme Version ihm nie in den Sinn gekommen sei.

Um Carl aus diesem Dilemma herauszuhelfen, bitte ich ihn, sich vorzustellen, dass er die erste Geschichte („Janet vertraut mir nicht und hat es nie getan") in seiner linken Hand hält und sich dabei an die Scham und Wut erinnert, die diese Geschichte in ihm hervorruft. Zugleich soll er sich vorstellen, wie er die gegenteilige Geschichte („Janet vertraut mir und hat es immer schon getan") in seiner rechten Hand hält und die Wärme und Offenheit spürt, die diese Geschichte ihm vermittelt. Ich bitte ihn, seine Aufmerksamkeit zwischen diesen beiden Geschichten und den zugehörigen emotionalen Zuständen hin und her wandern zu lassen. Nachdem er dies getan hat, soll er sich vorstellen, dass die beiden Geschichten zwei Tauben sind, die er in den Händen hält und zur gleichen Zeit fliegen lässt. Einen Moment später frage ich ihn, wie er sich nun fühle. Er beschreibt ein Gefühl von Stille und Weite, von reinem Sein. Er fühlt sich klar und friedvoll, mit sich im Reinen.

Dieses vierte und letzte Experiment mit Gewahrsein, das *gleichzeitige Loslassen* beider Geschichten, dient dem Erleben des Zustands, in dem es keinerlei Geschichte gibt. So können Sie – wenn auch vielleicht nur einen Moment lang – Ihren natürlichen Zustand der Freiheit spüren, in dem Sie einfach gewahr sind und sich mit keiner der beiden Geschichten identifizieren. Das entspricht der alten Weisheit „weder das eine noch das andere", einer grundlegenden Erkenntnis vieler kontemplativer religiöser Traditionen. In dem Versuch, den Geist von Illusionen zu befreien, erkennt man als nach Freiheit oder Wahrheit Suchender, dass man über das Gegensatzpaar hinausgehen muss. Diesen Zustand, den Zustand seiner ursprünglichen, grundlegenden Natur, hat Carl erfahren. Es ist ein Moment, in dem es keine Gedanken gibt, nur reines Gewahrsein. In diesem Moment gewinnt man ein Gefühl für sein authentisches Selbst.

Aber damit war unsere Arbeit noch nicht beendet, denn es gibt noch weitere Möglichkeiten, Carls ursprüngliche Du-Geschichte („Janet vertraut mir nicht und hat es nie getan") in einen neuen Rahmen zu setzen. Eine davon ist ihre Umwandlung in eine Ich-Geschichte: „Ich [Carl] vertraue Janet nicht und habe es nie getan". Und dann gibt es natürlich noch die umgekehrte Version der Ich-Geschichte: „Ich [Carl] vertraue Janet und habe es immer schon getan".

Diese neuen Möglichkeiten des Reframings der ursprünglichen Geschichte stammen aus dem Wissen, dass der Ich-Pol und der Du-Pol des Mandalas miteinander verbunden und dadurch auch austauschbar sind. Statt einer Du-Geschichte darüber, was Carl glaubt, dass Janet von ihm denkt, wird die Geschichte in einen Ich-Rahmen gesetzt: Wie beurteilt Carl Janet?[7]

Genau wie zuvor leite ich meinen Klienten an, sich mit der neuen Geschichte, die nunmehr lautet: „Ich vertraue Janet nicht und habe es nie getan", zu identifizieren und sie körperlich wahrzunehmen. Carl spürt sofort, dass ihm dies sogar noch wahrer erscheint als der Glaube, dass Janet ihm nicht vertraue.

Die Geschichte macht ihn traurig und bringt ihn nach seinen eigenen Worten an „diesen miserablen Ort, den ich so gut kenne". Im nächsten Schritt des Prozesses kehrt Carl zur Jetzt-Position zurück und stellt sich vor, wie es ihm *ohne* diese Geschichte geht. Nach und nach verspürt er eine leichte Entspannung, aber es gelingt ihm nicht ganz, die Schwere loszuwerden. Als er erneut die Ich-Position betritt und sich wieder in die Geschichte begibt, spürt er das Gewicht seines eigenen Misstrauens. Er erkennt diese Art des Denkens als eine alte Angewohnheit, mit der er Menschen weggestoßen hat, die ihm nahe kamen.

Carls Stimmung schlägt völlig um, als er mit der gegenteiligen Geschichte arbeitet: „Ich vertraue Janet und habe es immer getan." Diese Geschichte erzeugt ein Wohlgefühl und Carl berichtet, dass sich sein Herz offen anfühle. Als er wieder auf die Jetzt-Position wechselt und sich vorstellt, dass er diese Geschichte nie gedacht habe, fällt es ihm erneut schwer, diese angenehmere Variante loszulassen.

Genau wie zuvor bitte ich ihn, beide Geschichten in den Händen zu halten, sich abwechselnd in die damit verbundenen Gefühle zu begeben und sie dann gleichzeitig loszulassen. Den Effekt beschreibt er so: „Nun ja, einerseits wusste ich ja, was kommen würde, andererseits ist es jetzt eine andere Form von Weite."

Ich frage ihn, worin der Unterschied liegt. Er ist einen Moment still und antwortet dann: „Ich bin mir nicht sicher ... Wir veranstalten wirklich eine Menge Blödsinn in unserem Kopf, oder?"

„Das ist Ihnen also schon bewusst geworden?" – „Allerdings", antwortet er.

Die *tiefste* Erfahrung macht Carl jedoch in dem Moment, in dem er die ursprüngliche Geschichte komplett umwandelt, Janet ganz herausnimmt und sich selbst als Subjekt *und* Objekt einsetzt. Die Geschichten lauten dann: „Ich vertraue mir nicht und habe es nie getan" beziehungsweise „Ich vertraue mir und habe es immer getan".

Diese Art des Reframings hat häufig die stärkste Wirkung, da so viele unserer Urteile über andere Menschen in Wahrheit Projektionen der unbewussten Urteile über uns selbst sind. Als Carl in der Ich-Position steht und sich erlaubt zu spüren, was die Geschichte „Ich vertraue mir nicht und habe es nie getan" in ihm auslöst, beschreibt er einen wirklich finsteren Ort: „Hier herrschen tiefe Scham, totale Selbstablehnung – es ist der dunkle Ort des Selbsthasses, in den ich mich häufig hineingezogen fühle."

Ich schlage ihm vor, sich auf die Jetzt-Position zu begeben und sich vorzustellen, dass ihm diese Geschichte nie in den Sinn gekommen sei. Carl begibt sich in die Mitte des Mandalas und ist lange Zeit ganz still. „Es wird ein wenig leichter", sagt er schließlich. „Ich habe das Gefühl, dass da mehr Raum ist." Spontan stellt er sich vor, er sage Janet, es tue ihm leid, dass er so vieles auf sie geschoben habe, was eigentlich sein Eigenes war. Dann lacht er über die Ironie des Ganzen und zeigt auf die Ich-Position: „Dahin gehe ich mit Sicherheit nicht zurück – zumindest nicht zu dieser Geschichte. Lassen Sie uns die andere bearbeiten." – „Perfekt", sage ich.

Carl stellt sich auf die Ich-Position und spricht die andere Geschichte laut aus: „Ich vertraue mir und habe es immer getan." Sofort steigen ihm Tränen in die Augen. „Ich fühle mich, als hätte man mir verziehen, als wäre eine große Sünde von mir genommen worden", berichtet er. „Meine Brust ist ganz heiß – es fühlt sich wunderbar warm an."

„Genießen Sie es", fordere ich ihn auf. „Lassen Sie zu, dass Ihr Körper sich aufgrund einer Annahme über Sie selbst, die wohlwollend und freundlich ist, entspannt und erholt. Freundlich mit sich selbst umzugehen ist etwas, in dem Sie wenig Übung haben."

„Das ist wohl wahr. Aber verdammt, ich weiß doch, dass Sie mich jetzt bitten werden, auf die Jetzt-Position zu gehen und mir vorzustellen, dass ich auch diese Geschichte nie gedacht habe. Kann ich nicht einfach hier bleiben?"

„Nun, Sie können, wenn Sie es unbedingt wollen, aber ich schlage Ihnen vor, dass Sie sich einfach keine Gedanken darüber machen, wie es Ihnen ohne diese letzte Geschichte geht, und eine letzte Übung machen." Ich leite Carl an, ganz langsam auf die Jetzt-Position zurückzugehen und die Geschichte „Ich vertraue mir nicht und habe es nie getan" in seine linke und die Geschichte „Ich vertraue mir und habe es immer getan" in seine rechte Hand zu nehmen. Wieder bitte ich ihn, sich abwechselnd in beide Geschichten einzufühlen – auf der einen Seite Scham und Selbstablehnung, auf der anderen Vergebung und wohltuende Wärme. Auch das Bild mit den beiden Tauben verwende ich wieder – dieses Mal eine schwarze in seiner linken und eine weiße in seiner rechten Hand.

„Wandern Sie einfach zwischen beiden Seiten hin und her, von einer Geschichte zur anderen. Sprechen Sie die Geschichten laut aus und spüren Sie, was jede davon in Ihnen hervorruft. Lassen Sie sich Zeit. Nehmen Sie wahr, dass die Geschichten Teil zweier unterschiedlicher emotionaler Realitäten, zweier unterschiedlicher Psychologien sind – die beide einzig und allein durch Ihr Denken entstanden sind. – Lassen Sie nun beide wegfliegen und bleiben Sie einfach präsent."

Nach einer kurzen Pause bitte ich Carl, seinen gegenwärtigen Zustand zu beschreiben. Er antwortet sofort: „Klares, reines Gewahrsein: Da ist zugleich alles und nichts. Ich bin von fester Beschaffenheit und ich bin weiter Raum." Erneut hat Carl den Schleier der beiden Geschichten durchgetrennt und vom reinen Gewahrsein gekostet.

Nach einer Minute drücke ich ihm gegenüber meinen Respekt dafür aus, dass er eine schwierige Aufgabe bewältigt habe, und frage ihn, welche Einsichten er gewonnen habe. Er berichtet, dass er noch nie so klar erkannt habe, wie viele Emotionen und falsche Identitäten sich hinter nahezu jedem Urteil verbergen, das er über sich selbst oder andere fällt. Ihm sei nun bewusst, dass er sich in seinen Gedanken entweder in Depression flüchte, wenn er sich in Wirklichkeit grandios fühle, oder Grandiosität vorschiebe, um Depressivität zu verbergen. Wenn er sich all die Alternativen ansehe, wie man eine Geschichte in einen neuen Rahmen setzen könne, dann könne er am Ende gar keine Geschichte mehr glauben. Zum Abschluss meint er, er werde sich bei Janet entschuldigen, weil sie unter so viel „unbewusstem Zeug" von ihm gelitten habe. Ihm ist anzumerken, dass er das völlig ernst meint.

Vom Ego zum Gewahrsein

Wenn Sie sich von der Macht Ihrer eigenen Urteile befreien möchten, schauen Sie sich genau an, in welcher Form Sie sie *neu* formulieren können. Auf diese Weise werden Ihnen Aspekte Ihrer selbst bewusst, die Sie sonst nicht wahrnehmen würden. Sie holen Ihre Schatten ans Licht und erkennen schnell, wie häufig Sie projizieren – manchmal auf andere, manchmal auf sich selbst.

Sobald Sie verstanden haben, dass jede Geschichte auf verschiedene Arten umformuliert werden kann und dass jede Umformulierung wieder ein Gegenteil hat, gibt es nur einen einzigen Weg zur Freiheit: Sie müssen die Realität spüren, die jede dieser Geschichten erzeugt, und in dem Gewahrsein verweilen, das beide anerkennt und sich mit keiner identifiziert. Wenn Sie sich für *eine* Version entscheiden, verbirgt sich die andere irgendwo in Ihrem Leben und wird eines Tages aus dem Nichts über Sie hereinbrechen. Jede Version ist eine andere Form Ihres Ich – eine andere Geisteshaltung, eine andere Weltsicht. Und keine dieser Versionen kann, auch wenn sich manche besser anfühlen als andere, klar und ehrlich sehen.

In unserer Kultur wird uns ständig vermittelt, wir sollten das Positive dem Negativen vorziehen. Aber alles hat immer zwei Seiten, angefangen bei unserem Körper: Wir können keinen Muskel *anspannen*, ohne einen anderen zu *strecken*; und es ist der Tanz der positiv und der negativ geladenen Ionen, der es unseren Nerven ermöglicht, Signale weiterzuleiten. Psychologisch ist es genau das Gleiche: Wir können nicht etwas für wichtig erklären, ohne dass etwas anderes ignoriert wird oder ungesehen bleibt.

Einen Augenblick des reinen Gewahrseins zu kosten und sich selbst als weder glückliche noch unglückliche Person zu erleben, als weder stark noch schwach – das ist Freiheit und der Ursprung von Weisheit. Es ist ein Ort, an dem Sie sich von der Liebe und der Schönheit des Lebens überraschen lassen können – ein Ort des Erwachens, an dem jede psychische Wunde heilen kann.

Sollten Sie die Lektüre dieses letzten Abschnitts als verwirrend oder schwierig empfunden haben, dann lassen Sie sich bitte nicht entmutigen, sondern machen sich einfach Folgendes klar: Jedes Mal, wenn Ihnen bewusst wird, dass Sie gerade ein Urteil über Sie selbst, Ihr Leben oder jemanden oder etwas anderes fällen, können Sie spielerisch alle Möglichkeiten des Umformulierens ausprobieren. Der Schlüssel liegt darin, dies nicht allein im Kopf zu tun, sondern sich ausreichend Zeit zu lassen, um zu *spüren*, wer Sie in jeder Version dieser Geschichte sind. Erst dann, wenn Sie jede Version spüren und verkörpern, können Sie den Raum erkennen, der jenseits der Geschichten stets vorhanden ist.

Den Mandala-Prozess zu erlernen kostet Zeit, denn er bedeutet ein Überschreiten des Ego und das Eintreten in das Gewahrsein. Sorgen Sie sich nicht, wenn Sie das Konzept an diesem Punkt noch nicht ganz verstanden oder das Gefühl haben, das Mandala noch nicht allein einsetzen zu können. Die Schritte, die ich in diesem Kapitel vorgestellt habe, erfordern Übung, um in der Tiefe verstanden zu werden. Auch aus diesem Grund umfasst das nachfolgende Kapitel drei Beispiele, in denen ich Menschen mithilfe des *Mandalas des Lebens* dabei unterstütze, sich ihren gesundheitlichen Problemen zu stellen.

KAPITEL 6

Drei Fallbeispiele

In diesem Kapitel können Sie mir sozusagen über die Schulter schauen, während ich mit Joseph, Virginia und Marie-Claire arbeite, die sich bei einem meiner Seminare zum *Mandala des Lebens* freiwillig gemeldet hatten, um sich ihre gesundheitlichen Probleme anzusehen.

Ich empfehle Ihnen, den drei Gesprächsprotokollen Ihre volle Aufmerksamkeit zu widmen, ganz so, als wären Sie eine der Personen, die mit uns im Kreis saßen, als ich die drei zu ihren jeweiligen Probleme befragte und sie durch den Prozess leitete. Sie werden eine Menge daraus lernen, wie andere sich durch den Einsatz dieser effektiven Methode gewandelt haben.

Das Gespräch mit Joseph

Richard (R): Guten Tag, Joseph. Ich denke, wir können anfangen. – Bei der Arbeit mit dem Mandala ist es sehr wichtig, dass man sein Problem klar beschreibt. Woran möchten Sie arbeiten?

Joseph (J): Ich leide an Metastasen bildendem Leberkrebs. Ich habe zwei Chemotherapien hinter mir, die letzte war im Winter. Es war eine schlimme Zeit. Mir ging es so schlecht, dass ich sterben wollte. Jetzt fühle ich mich wesentlich besser, aber vor zwei Wochen habe ich bei einer Kontrolluntersuchung erfahren, dass sich neue Tumore gebildet haben. Der Krebs breitet sich also aus.

[Joseph schweigt ein paar Minuten.]

R [*wiederholt einfühlsam Josephs Aussagen*]: Sie haben Leberkrebs und die Chemotherapie war sehr schwer für Sie. Es ging Ihnen sehr schlecht. Nun haben Sie erfahren, dass der Krebs sich trotzdem weiter ausbreitet. Ich kann gut nachempfinden, dass es nicht gerade leicht ist, eine solche Nachricht zu bekommen. Allerdings handelt es sich bei allem, was Sie mir bisher erzählt haben, um medizinische Fakten, und auf diesem Gebiet kann ich Ihnen leider nicht helfen. Aber medizinische Fakten sind immer nur ein Teil der Geschichte und Fakten allein müssen Sie noch nicht in Verzweiflung stürzen. Das größere Leid wird durch das verursacht, was Sie über diese Fakten *denken*. Können Sie mir genauer sagen, was Ihnen Leidensdruck macht?

J: Es ist dieses Gefühl, dass ich etwas tun müsste ..., *mehr* tun müsste. Aber ich weiß nicht, was, und ich bin mir nicht einmal sicher, ob ich überhaupt noch etwas tun will.

R: Ich glaube, ich verstehe allmählich, was Ihnen Kummer bereitet: Sie meinen, Sie könnten noch mehr tun.

J: Ja, das ist es!

R: Können Sie das noch genauer beschreiben? Die Umstände noch etwas deutlicher machen?

J: Ich habe wieder eine Familie gegründet. Wir haben vor zwei Jahren geheiratet und meine Frau ist wesentlich jünger als ich. Und wir haben eine kleine Tochter, die aus der ersten Ehe meiner Frau stammt. Meine Frau sucht im Internet ständig nach neuen Behandlungsmethoden für Krebs. Vor ein paar Monaten wollte sie, dass ich zu einem Heiler nach Brasilien fliege, aber dazu war ich viel zu krank. Ich hätte auch gar nicht hingehen wollen. Dann war es eine Klinik in China, die sie mir vorschlug. Nun hat sie wieder etwas Neues entdeckt, diesmal in Italien. Sie glaubt, dass es gut für mich wäre, und will mich unbedingt dorthin schicken ..., aber ich will einfach nicht.

Und dann sind da noch unsere Freunde, die ebenfalls dauernd Behandlungsmethoden vorschlagen, die ich mir ihrer Meinung nach ansehen soll. Aber je mehr sie mir erzählen, umso ärgerlicher und niedergeschlagener werde ich. Ich sollte etwas unternehmen, aber ich tue rein gar nichts. Das macht meine Frau wütend und ich werde immer deprimierter.

R: Okay, jetzt habe ich eine wesentlich klarere Vorstellung von dem, womit Sie zu kämpfen haben. Können wir das Thema vielleicht so formulieren: „Ich sollte mehr tun."? – **J:** Ja, ich sollte etwas tun, um gesund zu werden, aber ich tue es nicht.

R [*spricht langsam und deutlich*]: „Ich sollte etwas tun, um gesund zu werden, aber ich tue es nicht." Fasst das Ihr Problem zusammen? – **J:** Ja.

R: Gut. Ich glaube, der Mandala-Prozess kann Ihnen in diesem Punkt zu mehr Klarheit verhelfen. Sollen wir beginnen? – **J:** Ja.

[*Schon vor Beginn des Gesprächs wurde das Mandala vor Josephs Platz auf dem Boden ausgelegt.*]

R: Der erste Schritt besteht darin, dass Sie sich in die Mitte des Mandalas stellen und sich einen Moment Zeit nehmen, um so präsent, so sehr in diesem Moment gegenwärtig zu sein, wie es Ihnen gerade möglich ist. Ich möchte Sie also bitten, sich jetzt in die Mitte zu stellen.

[*Joseph steht auf und stellt sich auf die Jetzt-Position.*]

R: Wir beide wissen natürlich, dass sich außer Ihnen und mir auch noch eine Gruppe anderer Menschen im Raum befindet. Blenden Sie die Gruppe aus, so gut es geht. Dieser Prozess findet jetzt und hier nur für Sie statt. Es ist normal, dass man sich beim Bearbeiten sehr persönlicher Dinge ein wenig schutzlos vorkommen kann. Gestehen Sie sich das zu, wenn es so ist, und versuchen Sie nicht, dagegen anzugehen.

Stellen Sie sich vor, Sie befänden sich in einem großen, weiten Raum, größer als dieser hier, sodass Sie kein Gefühl in sich verschlossen halten müssen. Wann immer Sie Anspannung spüren, richten Sie Ihren inneren Blick darauf und berühren Sie sie ganz sanft, als würden Sie mit einer Feder leicht über das Gefühl streichen. Seien Sie gleichzeitig in Ihrem ganzen Körper präsent und entspannen Sie sich so gut wie möglich. Lassen Sie sich Zeit. Richten Sie Ihre Aufmerksamkeit auf jede Art von Spannung oder Unbehagen und berühren Sie diese Gefühle ganz sanft. Lösen Sie die Anspannung in Ihrem gesamten Körper. – [*Richard schweigt etwa 20 Sekunden lang.*]

R: Bleiben Sie nun mit Ihrem Gewahrsein in Ihrem Körper, aber dehnen Sie sich gleichzeitig aus, in den Raum hinein und darüber hinaus. Können Sie draußen die Vögel zwitschern hören? Können Sie das Hintergrundgeräusch der Stadt durch das offene Fenster hören? Berühren Sie ganz sanft, was immer Sie in Ihrem Körper spüren, und nehmen Sie gleichzeitig wahr, dass Ihr Gewahrsein weit und offen ist, dass es die Grenzen Ihres Körpers und dieses Raumes und sogar die Grenzen der Stadt überschreitet.

In diesem Moment – und in jedem anderen Moment – ist überall „Jetzt". *Ein* Teil Ihres Wesens reicht in dieses grenzenlose Jetzt hinein und umfasst all dies, auch wenn das nur auf einer intuitiven Ebene geschieht. Es ist eine Art von Weite, Ruhe, Stille, eine Art von Lauschen ..., fast so, als stellten Sie eine Frage und lauschten fokussiert, ohne jedoch jemals eine Antwort zu erwarten. – [*Richard schweigt erneut etwa 30 Sekunden lang.*]

R: Aus Ihren Worten habe ich herausgehört, dass die Situation für Sie sehr belastend ist. Schauen Sie dennoch einmal, ob Sie das Problem für den Moment beiseitelegen und einfach hier sein können. Lenken Sie Ihre Aufmerksamkeit ganz sacht auf Ihre

Atmung. Verändern Sie sie nicht, lassen Sie sie einfach so sein, wie sie will ... Verfolgen Sie das Ausatmen bis ganz zum Ende und achten Sie genau auf den Moment, an dem der nächste Atemzug beginnt. – [*Richard beobachtet Joseph ganz genau und schweigt weitere 30 bis 40 Sekunden lang.*]

R: Können Sie mir sagen, wie Sie sich im Moment innerlich fühlen? – J: Ich fühle mich ruhiger.

R: Gut. [*Kurze Pause*] Heben Sie die Unterarme an und halten Sie Ihre Hände mit etwas Abstand vor ihren Körper. Lassen Sie Ihre Aufmerksamkeit zu den Händen wandern. Seien Sie nicht bloßer Zuschauer, der das Ganze mit dem Verstand beobachtet. Bringen Sie Ihr Gewahrsein wirklich in Ihre Hände ... Können Sie da etwas spüren? – J: Ja.

R: Wie fühlt es sich an?

J: Meine Hände sind warm. Sie kribbeln ein bisschen. Meine Finger fühlen sich etwas dicker an.

R: Gut. Sie spüren Wärme und ein Kribbeln in den Händen und Ihre Finger fühlen sich etwas dicker an. [*Kurze Pause*] Werden Sie nun des Raumes zwischen Ihren Händen und um Ihre Hände herum gewahr. Drücken Sie mit ganz sanften Bewegungen den Raum zwischen Ihren Händen zusammen und beobachten Sie, inwieweit sich das Gefühl verändert ... Was nehmen Sie wahr?

J: Es fühlt sich an, als befände sich eine Art Wolke zwischen meinen Händen.

R: Sehr gut. Beobachten Sie dieses „Wolkengefühl" noch ein Weilchen. Schauen Sie, ob Sie das Gefühl noch intensiver wahrnehmen können. Bleiben Sie dabei aber gleichzeitig in Ihrem gesamten Körper anwesend und nehmen Sie auch weiterhin den Raum und die Geräusche von außen wahr. Erhöhen Sie ganz sanft Ihre Konzentration auf die Hände und bleiben Sie trotzdem eines weit darüber hinausreichenden Raumes gewahr. – [*Richard schweigt etwa 30 Sekunden lang.*]

R: Wie fühlen Sie sich jetzt?

J: Sehr ruhig ... und warm. Mein Geist ist ruhig. Ich kann mich nicht daran erinnern, dass in meinem Kopf schon einmal eine derartige Ruhe herrschte. Es fühlt sich so an, als streichelte mein Atem mich sanft.

R: Hervorragend. Das ist Ihr (und unser aller) natürlicher Seinszustand, in dem Sie nicht von Ihren Gedanken beherrscht werden – wenn Ihr Geist fokussiert ist und sich paradoxerweise zugleich in einem größeren Raum ausbreitet. Ich möchte Ihnen empfehlen, dass Sie dies noch ein paar Minuten lang spüren. Lassen Sie Ihren Körper und alle seine Zellen diese friedliche Stille erleben. – [*Richard schweigt etwa 20 Sekunden lang.*]

R: Gut. Sind Sie bereit für unsere Arbeit mit dem Mandala? – **J:** Ja.

R: Dann werden Sie sich nun als Erstes bitte wieder Ihres Problems bewusst: „Ich sollte etwas tun, um gesund zu werden, aber ich tue es nicht." Sprechen Sie es bitte selbst laut aus.

[Joseph wiederholt die Aussage laut.]

R: Stellen Sie sich vor, Sie sitzen mit Ihrer Frau zusammen. Sie schlägt Ihnen verschiedene Dinge vor, die Sie sich anschauen sollen, und Sie denken: *Ich sollte etwas tun, um gesund zu werden, aber ich tue es nicht.* – Was passiert?

J *[nach einer kurzen Pause]*: Schade, die Ruhe und der Frieden sind weg.

R: Die Ruhe und der Frieden sind weg ..., das wundert mich nicht.

J: Ich spüre wieder dieses Gefühl der Ratlosigkeit und mein Magen fühlt sich an wie ein harter Klumpen. Was nützt es schon?

R: Sie fühlen sich also verwirrt und Ihr Magen ist ein harter Klumpen. Sie sagen sich selbst: „Was nützt es schon?" Es muss unglaublich belastend sein, wenn man sich selbst sagt, man müsse etwas tun, und dann nicht weiß, *was* man tun soll – oder ob man überhaupt etwas tun *will.*

J: Das ist es auch. Ich möchte etwas, was bestmöglich hilft. Aber sobald ich ...

R: Einen kleinen Moment, Joseph – Sie preschen zu schnell voran. „Ich möchte etwas, was bestmöglich hilft" – das ist eine *andere* Geschichte. Ich möchte Sie bitten, dass Sie das mit dem Problem verbundene *Gefühl* in Ihrem Gewahrsein halten und sich im Mandala umschauen. Zu welcher Position zieht es Sie hin? Geschichten über Sie selbst? Oder über jemand anderen?

[Joseph ist einen Moment lang unschlüssig und stellt sich dann auf die Ich-Position.]

R: Gut. Sie möchten also die Geschichten ansehen, die Sie sich über sich selbst erzählen und von denen Sie hier bereits mehrere geäußert haben; darunter ist auch das ursprünglich gewählte Problem: „Ich sollte etwas tun, um gesund zu werden, aber ich tue es nicht." Eine weitere Geschichte haben Sie eben gerade erwähnt: „Ich möchte etwas, was bestmöglich hilft." Ist Ihnen klar, dass es sich dabei um Geschichten über Sie selbst handelt? Es sind Geschichten darüber, was *Sie* glauben tun zu müssen oder haben zu wollen.

J: Ja, das sehe ich.

R: Okay, ich habe diese Geschichten aufgeschrieben. Kommen Ihnen in diesem Moment, in dem Sie hier in der Ich-Position stehen und des Problems gewahr sind, weitere Geschichten über Sie selbst in den Sinn?

[Joseph denkt einen Moment nach.]

J: Ich möchte nicht einfach nur untätig herumsitzen und abwarten. Ich muss möglichst bald etwas unternehmen ..., *jetzt!* Ich muss eine Entscheidung treffen.

R: Nun, da haben wir ja gleich eine ganze Sammlung an Ich-Geschichten. Ich wiederhole sie noch einmal für Sie [– *er trägt die Geschichten mit einfühlsamer Stimme vor*]: „Ich sollte etwas tun, um gesund zu werden, aber ich tue es nicht." – „Ich möchte etwas, was bestmöglich hilft." – „Ich möchte nicht einfach nur untätig herumsitzen und abwarten." – „Ich muss möglichst bald etwas unternehmen ..., *jetzt!*" – „Ich muss eine Entscheidung treffen."

Bevor wir nun mit der Arbeit an einer dieser Geschichten beginnen, schauen Sie sich noch einmal im Mandala um. Gibt es noch eine andere Position, auf der Sie erfahren möchten, welche Geschichten Sie sich dort erzählen? Sie haben erwähnt, dass Ihre Frau nach möglichen Behandlungsmethoden für Sie sucht. Was erzählen Sie sich darüber?

J: Ich weiß, dass es ihre Art ist, mir ihre Liebe zu zeigen, aber ich wünschte, sie wäre nicht so resolut. Wenn sie sich einmal auf etwas versteift hat, gibt es kein Zurück. Sie kommt aus dem Nahen Osten und ...

R: Einen Augenblick bitte. Damit Sie lernen, besser zwischen den verschiedenen Arten von Geschichten zu unterscheiden, und den Mandala-Prozess besser verstehen, möchte ich Sie nun zunächst bitten, die Ich-Position zu verlassen und sich auf die Du-Position zu begeben.

[*Joseph begibt sich auf die Du-Position.*]

R: Gut. Nachdem Sie nun auf der Du-Position stehen, bitte ich Sie, sich bewusst zu machen, dass Sie sich nun anschauen wollen, was Sie im Zusammenhang mit dem Problem „Ich sollte etwas tun, um gesund zu werden, aber ich tue es nicht" *über Ihre Frau und andere* gedacht haben. Sie haben beispielsweise gerade eben geäußert, dass die Internetrecherche Ihrer Frau nach möglichen Behandlungsmethoden ihr Weg sei, Ihnen ihre Liebe zu zeigen. So etwas bezeichne ich als Du-Geschichte. Sie erzählen sich da selbst etwas *über Ihre Frau.*

J: Ich weiß, dass es ihre Art ist, Liebe zu zeigen, aber es setzt mich so unheimlich unter Druck.

R: Ja, das setzt sie ganz schön unter Druck. Sie wollten gerade etwas sagen, bevor ich Sie bat, die Position zu wechseln. Es ging – glaube ich – darum, dass Ihre Frau aus dem Nahen Osten kommt ...

J: Ja, sie ist so heißblütig und temperamentvoll! Ihre Familie ist sehr liberal – ich will damit sagen, sie sind eher pragmatisch orientiert als religiös. Meine Frau ist geradeheraus und lösungsorientiert. Wenn sie einmal eine Entscheidung gefällt hat, gibt es kein Zurück und sie sitzt stundenlang am Computer und recherchiert.

R: Sie sagen sich selbst also, dass sie „heißblütig" und „sehr pragmatisch" sei. Was bedeutet das für Sie?

J: Sie bedrängt mich. Und je stärker sie mich unter Druck setzt, umso weniger Lust habe ich; etwas zu tun. Der Druck ist einfach zu hoch. Sie sollte mich meine eigenen Entscheidungen bezüglich meiner Gesundheit treffen lassen.

R: Sehr gut, Joseph! Da haben wir gleich zwei weitere Geschichten: „Sie bedrängt mich" und „Sie sollte mich meine eigenen Entscheidungen bezüglich meiner Gesundheit treffen lassen".

J: Ja, das stimmt.

R: Gut, ich denke, wir haben nun mehr als genug Geschichten, die Sie sich erzählen. Diese Geschichten bereiten Ihnen Stress und machen Sie unglücklich. Bevor wir weitermachen, begeben Sie sich bitte wieder in die Mitte des Mandalas. Nehmen Sie sich einen Moment Zeit, um wieder zu der Ruhe und dem Frieden zurückzufinden, die Sie zuvor wahrgenommen haben.

[*Joseph bewegt sich in die Mitte und Richard geleitet ihn ein weiteres Mal in das fokussiert-weite Gewahrsein. Nach ein paar Minuten signalisiert Joseph seine Bereitschaft fortzufahren.*]

R: Haben Sie ganz intuitiv eine Idee, wo Sie beginnen möchten? Bei den Ich- oder bei den Du-Geschichten?

[*Joseph schaut sich um und wendet sich dann der Ich-Position zu.*]

R: Sie blicken in Richtung der Ich-Position. Ist es für Sie in Ordnung, dorthin zu gehen? – [*Joseph nickt und stellt sich auf die Ich-Position.*]

R: Denken Sie bitte daran, dass alles, was wir nun tun werden, mit folgendem Problem zu tun hat [– *er spricht sehr betont*]: „Ich sollte etwas tun, um gesund zu werden, aber ich tue es nicht." Sie haben Metastasen bildenden Leberkrebs und Sie haben vor Kurzem erfahren, dass sich neue Tumore gebildet haben. Sie sagen sich verschiedene Dinge: „Ich sollte etwas tun, um gesund zu werden ... Ich möchte etwas, was bestmöglich hilft ... Ich möchte nicht einfach nur untätig herumsitzen ... Ich muss möglichst bald etwas unternehmen ... Ich muss eine Entscheidung treffen." Gibt es unter diesen Geschichten eine bestimmte, mit der Sie beginnen möchten?

J: Mir wird gerade bewusst, dass alle diese Geschichten einander ähneln. Ich glaube, alles läuft darauf hinaus, dass ich etwas tun sollte, um gesund zu werden. Aber ich weiß einfach nicht ...

R: Einen Augenblick, bitte! Springen Sie nicht von der soeben ausgewählten Geschichte zur nächsten, die Ihnen in den Sinn kommt. Das machen die meisten von uns ständig. Deshalb drehen sich so viele Menschen im Kreis, springen von einem

Punkt zum nächsten und finden ihre Mitte nicht. Auf diese Weise hält Ihr Ego Sie davon ab, ins Jetzt zu gehen, in dem wahre Heilung möglich ist. Es ist ganz entscheidend, dass Sie Ihr Denken verlangsamen und sich eine Geschichte nach der anderen ansehen, damit Sie wirklich wahrnehmen können, was jede einzelne mit Ihnen macht.

Gut. Arbeiten wir also zunächst mit der Geschichte „Ich sollte etwas tun, um gesund zu werden." [*Kurze Pause*] Würden Sie sich die Geschichte ein paar Mal selbst laut vorsagen, Joseph?

[*Joseph sagt den Satz zweimal leise vor sich hin.*]

R: Bleiben Sie mit Ihrer Aufmerksamkeit in Ihrem Körper, damit Sie wahrnehmen können, was sich dort abspielt. Ich möchte, dass Sie bewusst in das hineinspüren, was die Geschichte in Ihnen auslöst, wenn Sie sich damit auf die gleiche Weise identifizieren, wie Sie dies in den vergangenen Wochen getan haben. Wie fühlen Sie sich?

J [*aufgewühlt*]: Ich habe weiterhin das Gefühl, etwas tun zu müssen!

R: Sie haben gerade gesagt, dass Sie weiterhin das Gefühl haben, etwas tun zu müssen. Ist Ihnen bewusst, dass diese Aussage in Wirklichkeit nur ein weiterer *Gedanke* ist? Fast so eine Art Glaubenssatz? Sie ist jedenfalls kein *Gefühl*. Was genau ruft der Satz „Ich sollte etwas tun, um gesund zu werden" in Ihnen hervor? Bleiben Sie im Körper. *Spüren Sie nach*. Sie haben erfahren, dass die Krebserkrankung weiter fortschreitet. Ihre Frau möchte, dass Sie alternative Behandlungsmethoden ausprobieren. Sie sagen sich selbst, dass Sie etwas tun sollten, um gesund zu werden. Was erzeugt das alles in Ihnen? – J: Druck ... Ich spüre Druck.

R: Sie spüren Druck. Ist das, was Sie zurzeit spüren, nur eine *Erinnerung* an den realen Druck oder können Sie ihn tatsächlich jetzt und hier fühlen?

J: Ich kann ihn fühlen. Und er macht mich wütend ... und gleichzeitig schwer. Ich habe in mir ein Gefühl von Schwere und Dunkelheit.

R: Wo genau fühlt es sich schwer und dunkel an? Können Sie es mir zeigen?

[*Joseph legt beide Hände auf die Mitte seiner Brust.*]

R: Sehr gut. Lassen Sie dieses Gefühl so weit wie möglich zu. Das hier ist ein bewusstes, mit Bedacht geplantes Experiment, es soll Ihnen nicht wehzutun. Was wir hier tun, soll Ihnen helfen zu verstehen, was das Erzählen der Geschichte „Ich sollte etwas tun, um gesund zu werden" und die unbewusste Identifikation mit dieser Geschichte in Ihnen auslösen: Druck, Wut, Schwere und Dunkelheit in Ihrer Brust, um Ihr Herz herum ...

J: Ja, und ich komme mir wie ein Versager vor ..., so, als würde ich alle enttäuschen.

R: Sie fühlen sich „wie ein Versager", aber ich bin mir nicht sicher, ob das wirklich ein *Gefühl* ist. Ich glaube eher, es ist ein *Urteil*, das Sie über sich fällen, also eine weitere Geschichte. Das Gleiche gilt für den Satz: „Ich enttäusche alle." Auch das ist eine Beurteilung, kein wirkliches Gefühl. Bleiben Sie einfach bei dem, was die Geschichte, mit der wir gerade arbeiten, in Ihnen hervorruft: „Ich sollte etwas tun, um gesund zu werden." Können Sie spüren, was sich wirklich hinter der Geschichte verbirgt und weshalb Ihnen zusätzlich die Geschichten vom Versagen und vom Enttäuschen anderer in den Sinn gekommen sind? – [*Joseph schweigt eine Weile.*]

J: Hilflosigkeit. Ich fühle mich so unzulänglich und bedrückt. Ich höre immer diese Stimme, die sagt: „Es ist mir egal. Es bringt sowieso nichts."

R: Und diese Stimme vermittelt Ihnen *welches Gefühl?*

J: Verzweiflung! Das ist die Dunkelheit – es ist Verzweiflung.

R: Sie fühlen jetzt wirklich Verzweiflung?

J: Ja. Da ist so eine Schwere, alles ist so schwer. Mein Körper will einfach nur umfallen.

R: Ich weiß, dass es nicht leicht ist, bewusst dabeizubleiben, aber spüren Sie das Gefühl noch einen kleinen Moment länger. Wenden Sie sich keinesfalls davon ab, sondern erinnern Sie sich an das, was wir zuvor gemacht haben: Lassen Sie Ihr Gewahrsein über Ihren Körper hinausgehen, in den Raum hinein und darüber hinaus.

[*Joseph beginnt zu weinen. Richard schweigt etwa 30 Sekunden lang.*]

R: Sie machen das gut, Joseph. Sie lassen zu, dass Sie *spüren*, was die Geschichte „Ich sollte etwas tun, um gesund zu werden" in Ihnen auslöst. Und Sie sind wirklich in das Gefühl hineingegangen. Ich möchte, dass Sie sich nun auf den Wechsel zurück in die *Mitte* des Mandalas vorbereiten, auf die Jetzt-Position. Bewegen Sie sich bitte, sobald ich es sage, ganz langsam dorthin und machen Sie sich dabei bewusst, dass diese Bewegung eine Verlagerung Ihres Bewusstseins darstellt. Sie wechseln von der Identifikation mit der Geschichte zurück ins Hier und Jetzt. [*Kurze Pause*] Okay, Sie können jetzt losgehen und sich langsam in die Mitte begeben.

[*Joseph bewegt sich in kleinen, langsamen Schritten zur Mitte des Mandalas hin.*]

R: Ich möchte Sie nun einladen, ein kleines Gedankenexperiment durchzuführen. Sie befinden sich immer noch in der gleichen Situation: Es wurden neue Tumore entdeckt und Ihre Frau und andere drängen Sie dazu, andere Behandlungsmethoden auszuprobieren. Ich möchte, dass Sie sich nun in der Jetzt-Position vorstellen, dass es Ihnen nie in den Sinn gekommen sei, sich zu sagen: „Ich sollte etwas tun, um gesund zu werden."

Stellen Sie es sich vor. Vielleicht sehen Sie vor Ihrem inneren Auge, wie Sie mit Ihrer Frau zusammensitzen und sie zeigt Ihnen am Computer etwas über die Klinik in Italien. Sie hören ihr aufmerksam zu, aber es kommt Ihnen überhaupt nicht in den Sinn, zu denken [*Richard betont jedes einzelne Wort des Satzes*]: „Ich sollte etwas tun, um gesund zu werden." Es geht nicht darum, diese Geschichte bewusst loszulassen – Sie stellen sich einfach vor, dass Sie diesen Gedanken nie gehabt haben. Bleiben Sie in Ihrem Körper präsent, nehmen Sie sich Zeit und spüren Sie, wie es Ihnen ginge, wenn Sie diese Geschichte nie gedacht hätten.

[*Joseph ist eine Weile still, dann bewegen seine Arme sich ein wenig von Körper weg, die Handflächen zeigen dabei leicht nach vorne.*]

R: Was passiert gerade? – **J:** So einfach kann es doch nicht sein.

R: Was erleben Sie gerade? – **J:** Ich fühle mich plötzlich so frei. Die Schwere ist nahezu sofort verschwunden.

R: Es *ist* tatsächlich so einfach, aber bevor wir beginnen, das zu analysieren, bleiben Sie bitte zunächst bei dem, was Sie *fühlen*. Wenn Sie sagen, dass die Schwere *verschwunden* sei, dann ist das eine Formulierung, die sagt, was *nicht* mehr da ist. Schauen Sie einmal behutsam in Ihr Inneres. Was *ist* denn *jetzt* da?

J [*nimmt sich Zeit*]: Das ist etwas Warmes, Klares – so ein Gefühl von Aufrechtstehen. – **R:** Aufrecht?

J: Ja, ich fühle Verbundenheit, Verbundenheit mit mir und meinem Leben ... und auch mit meinem Tod. Ich habe in diesem Moment keinerlei Angst davor.

R: Ich bin froh, dass Sie keine Angst haben. Bleiben Sie bei Ihrem Gefühl des Aufrechtseins, der Verbindung zu sich selbst, der Wärme und Klarheit im Körper. Lassen Sie Ihren gesamten Körper an diesen Gefühlen teilhaben, bis hinunter auf die Ebene der Zellen und Moleküle. Das ist sehr wichtig. Sie sind mit Ihrer Geschichte in sehr schwierige Gefühle eingetaucht, deshalb ist es so gut, dass Ihr gesamtes Sein nun die Chance bekommt, einen anderen Zustand zu erfahren. – [*Etwa 30 Sekunden lang herrscht Stille.*]

R: Ich spüre, dass Sie wieder anfangen zu denken. Wie fühlen Sie sich jetzt?

J: Ich beginne wieder das Bedürfnis wahrzunehmen, etwas zu tun.

R: Ja, wenn man sich so richtig *wohl* fühlt, kann es schwierig sein, dem zu vertrauen – es ist ungewohnt. Kommen Sie noch einmal zurück zu der Vorstellung, Sie säßen mit Ihrer Frau zusammen und sie zeigte Ihnen, was sie im Internet gefunden hat. Denken Sie daran, dass der Gedanke „Ich sollte etwas tun, um gesund zu werden" Ihnen nie in den Sinn gekommen ist.

[*Joseph schweigt für einen Moment, dann streckt er seine Arme aus, als wolle er jemanden umarmen.*]

R: Darf ich Sie fragen, was Sie gerade tun und was Sie dabei fühlen?

J [*laut*]: Liebe! Ich nehme meine Frau in die Arme und umarme sie. Ich sage ihr, dass ich sie liebe, und ich danke ihr dafür, dass ich ihr so wichtig bin.

R: Wunderbar. Lassen Sie dieses Bild in Ihnen lebendig werden und lassen Sie alle Gefühle zu, die es in Ihnen hervorruft.

[*Joseph ist sichtlich bewegt und umarmt sich selbst. Es folgt eine kurze Pause.*]

R: Okay, Sie fühlen eine ganz neue Möglichkeit und es ist wirklich wunderbar, Sie so zu sehen. Meiner Erfahrung nach sollten Sie sich trotzdem noch einmal mit der Geschichte „Ich sollte etwas tun, um gesund zu werden" auseinandersetzen, weil sie Ihnen wahrscheinlich wieder in den Sinn kommen wird und weil ich außerdem glaube, dass Sie noch mehr Erkenntnisse aus ihr ziehen können.

Ich möchte Sie also bitten, sich auf eine erneute Verlagerung des Bewusstseins vorzubereiten und sich langsam wieder zurück zur Ich-Position zu begeben – *ganz langsam*, um sich selbst zu signalisieren, dass dies eine bewusste Zustandsveränderung ist. Greifen Sie die Geschichte „Ich sollte etwas tun, um gesund zu werden" wieder auf. Sprechen Sie sie wiederholt laut aus. Wenn Sie sich diesmal auf die Ich-Position begeben, richten Sie Ihren Blick allerdings nach innen, zur Jetzt-Position. Während Sie sich bewusst wieder mit der Geschichte identifizieren, erinnern Sie sich gleichzeitig an den Zustand, in dem Sie sich in den vergangenen Minuten hier in der Mitte des Mandalas befunden haben.

J: Soll ich das wirklich tun? [*Joseph lacht nervös auf.*]

R: Unsere Geschichten sind nur Gedanken, und wenn Sie weiterhin vor bestimmten Gedanken Angst haben, werden Sie wieder in deren Klauen geraten.

[*Joseph bewegt sich langsam auf die Ich-Position und blickt von dort aus in die Mitte. Dann wiederholt er laut die Geschichte.*]

R: Nehmen Sie sich Zeit, um die Geschichte erneut zu spüren, und achten Sie darauf, ob es einen Unterschied gibt – und sei es auch nur der kleinste – zwischen der Art, wie Sie sich *jetzt* wahrnehmen und wie Sie sich das erste Mal erlebt haben, als Sie in der Ich-Position standen. – [*Joseph ist ein paar Minuten lang still.*]

J: Ich kann spüren, wo die Schwere mich wieder packen möchte, und wenn ich das zulasse, kann ich spüren, wie sie zurückkommt, allerdings viel schwächer als vorher. Es fühlt sich an wie ein Traum … und es ist dumm und unsinnig.

R: Es ist also schwächer … und es fühlt sich wie ein Traum an. Warum bezeichnen Sie es als unsinnig?

J. Ich kann jetzt sehen, dass es *nur eine Geschichte* ist, und ich *muss* diese Geschichte *nicht* leben. – [*Richard wiederholt Josephs Aussage.*]

J: Genau, es ist schließlich *mein* Leben.

R: Können Sie erklären, was der Satz „Es ist *mein* Leben" für Sie bedeutet?

J: Ich habe die Liebe meiner Frau von mir weggestoßen, weil ich das Gefühl hatte, etwas tun zu müssen, aber jetzt weiß ich, dass ich gar nichts tun muss ...

R: „Etwas" tun – auf was genau bezieht sich das?

J: Ich muss nichts tun, um wieder gesund zu werden. Ich sehe aber ganz klar, dass ich ihr von jetzt an jedes Mal, wenn sie mir eine neue Behandlungsmethode zeigt, sagen möchte, wie sehr ich sie liebe. Und ich bin bereit, aufgeschlossen zu sein. Wenn sie mir etwas zeigt, bei dem ich das Gefühl habe, es lohnt sich, das weiterzuverfolgen, dann werde ich mich darum kümmern. Ich kann meiner Intuition vertrauen.

R: Sehr gut! Sie können Ihrer Intuition vertrauen. Können Sie mir ein Beispiel dafür geben? – [*Joseph schweigt einen Augenblick.*]

J: Nun, als ich die E-Mail las, in der auf dieses Seminar hier hingewiesen wurde, wusste ich sofort, dass ich teilnehmen wollte, obwohl darin nichts über die Heilung körperlicher Beschwerden stand.

R: Was bedeutet das in Bezug auf Ihre Geschichte, dass Sie nicht nur untätig herumsitzen möchten?

J: Ich *dachte*, ich sei untätig, weil ich mich nicht dazu aufraffen könne, längere Reisen zu unternehmen und all diese Dinge auszuprobieren. Aber ich bin in Wirklichkeit *nicht* untätig – ich bin jahierhergekommen.

R: Genau, Sie sind schließlich hier. [*Kurze Pause*] Wenn ich mir die anderen Ich-Geschichten so anschaue, Joseph, scheint es mir, als hätten Sie diese mehr oder weniger mit dem Arbeiten an der Hauptgeschichte abgehandelt. Aus dem, was Sie soeben über Ihre Frau gesagt haben, schließe ich außerdem, dass wir uns nicht mehr unbedingt um die Du-Geschichten „Sie bedrängt mich" und „Sie sollte mich meine eigenen Entscheidungen bezüglich meiner Gesundheit treffen lassen" kümmern müssen.

J: Sie bedrängt mich in Wirklichkeit gar nicht ..., das kann ich jetzt sehen. Ich habe mich selbst unter Druck gesetzt.

R: Ja, das ist eine Erkenntnis, in der mehr Wahrheit steckt: Sie haben sich selbst unter Druck gesetzt und das hat Sie ziemlich unglücklich gemacht.

J: Ja, und es hat auch unserer Liebe geschadet. Alles, was ich in diesem Moment tun möchte, ist, meine Frau in den Arm zu nehmen und ihr zu danken.

R: Ich freue mich sehr für Sie, Joseph! Und auch wenn ich mir nicht sicher bin, ob es der Liebe zwischen Ihnen und Ihrer Frau geschadet hat, weiß ich jedenfalls, dass es sicher nicht die beste Idee ist, sich diese Geschichte zu erzählen.

[*Joseph lacht und nickt.*]

R: Danke, dass Sie das alles mit uns geteilt haben.

J: Ich möchte mich auch bedanken. Ich habe mich schon lange nicht mehr so gut gefühlt!

Das Gespräch mit Virginia

Richard (R): Ich freue mich, Sie kennenzulernen, Virginia. Ich habe hier Ihren Zettel, auf dem Sie mir Ihr gesundheitliches Problem beschrieben haben. Ich kann daraus ersehen, dass Sie ziemlich viel durchgemacht haben. Ihnen ist bewusst, dass es bei dieser Arbeit hier nicht um Ihre medizinische Diagnose geht?

Virginia (V): Es gibt keine Diagnose, das ist ja gerade ein Teil meines Problems. Alle Ärzte, die ich konsultiert habe, haben andere Ideen, aber selbst nach zahllosen Untersuchungen und Tests ist es bisher keinem gelungen, das Problem zu definieren oder eine Behandlung zu empfehlen, die Wirkung gezeigt hätte.

R: Danke für diese Information. Ich kann mir vorstellen, wie frustrierend es sein muss, wenn man so viele Ärzte konsultiert hat und so viele Untersuchungen über sich ergehen lassen musste, nur um am Ende immer noch nicht zu wissen, worum es eigentlich geht. Mit meiner anfangs gemachten Bemerkung wollte ich allerdings vor allem darauf hinaus, dass weder eine Diagnose noch ein Behandlungsplan für unsere gemeinsame Arbeit hier erforderlich oder relevant sind.

Ich kann Ihnen helfen, bewusster wahrzunehmen, auf welche Weise Sie selbst sich die Dinge vielleicht schwerer machen – mithilfe der Geschichten, die Sie sich über Ihren Zustand erzählen. Ist das so verständlich für Sie?

V: Ja. Ich wollte gerne zu Ihnen kommen, weil ich Ihre Arbeit schon seit Jahren verfolge und glaube, dass Sie ein wahrer Arzt sind. Viele Ärzte benehmen sich so …

R: Einen Moment, bitte. Tut mir leid, Sie zu unterbrechen, aber ich bin sicher, dass wir bei unserer Arbeit mit dem Mandala noch auf Ihre Meinung über Ärzte zurückkommen werden. Ich nehme Ihre Bemerkung, ich sei ein „wahrer Arzt", einmal als ein Anzeichen dafür, dass Sie mit einer Menge positiver Erwartungen hierhergekommen sind, und ich hoffe, Sie werden am Ende nicht enttäuscht sein. Ich sage immer:

121

Wenn jemand mit so viel „Hochachtung" vor mir hierherkommt, kann es danach eigentlich nur noch bergab gehen. [*Virginia lacht.*]

Wie ich früher bereits gesagt habe, ist der erste Schlüssel zur Wirkung des Mandala-Prozesses und damit zu mehr emotionalem Wohlbefinden die klare Definition des Problems oder Themas, das Sie sich ansehen möchten. Können Sie uns sagen, worum es genau geht?

V: Ich war viele Jahre lang als spirituelle Beraterin tätig, das war meine Arbeit und mein Dienst. Gleichzeitig befand ich mich auf meinem eigenen spirituellen Entwicklungsweg. Ich war Aktivistin, und zwar sowohl auf lokaler wie auf globaler Ebene, und ich arbeitete mit visionären Führern gemeinsam daran, die Botschaft der bewussten Evolution zu verbreiten. Aufgrund einer Quecksilbervergiftung durch Amalgam-Zahnfüllungen wurde ich allerdings immer mehr in meiner Beweglichkeit eingeschränkt. Ich habe das bereits vor mehr als zehn Jahren in Ordnung gebracht, aber mir geht es trotzdem gesundheitlich immer schlechter. Mein Gehirn ist häufig wie vernebelt und meine körperliche und geistige Energie sind praktisch nicht mehr vorhanden. Auch fehlt mir die Klarheit, etwas zu schreiben, wie ich es früher getan habe. Alle meine Systeme sind in Mitleidenschaft gezogen.

Ich habe mich an den Glauben geklammert, dass diese „Feuertaufe" eine tiefere Bedeutung habe – vielleicht als eine Art Geschenk, das man mit anderen teilen kann. Aber es ist mir bisher nicht gelungen, irgendjemanden im Gesundheitssektor zu finden, der mir helfen kann, wieder Energie und Klarheit für meine kreative Arbeit zu gewinnen. Ich bin – was Ärzte betrifft – ziemlich enttäuscht.

Ich kann keine weiten Strecken reisen – nur Kurztrips wie dieser sind möglich und auch das nur in Begleitung. Und ich hasse es, dass ich immer anderen zur Last fallen muss, wenn ich irgendwohin möchte. Sogar Telefongespräche sind schwierig für mich. Ich hatte schon oft das Gefühl, dass ich mich darauf vorbereite, diesen Körper zu verlassen, aber zu anderen Zeiten bekomme ich die Botschaft, dass meine Arbeit noch nicht getan ist und ich noch einen Beitrag zu leisten habe. Es ist eine wahre Achterbahn der Gefühle.

R: Danke, Virginia. Das ist eine klare Zusammenfassung Ihres bisherigen Lebens und der Herausforderungen, denen Sie sich gegenübersehen. Wie würden Sie nun zusammenfassend das Problem benennen, an dem wir arbeiten sollen?

V: Das wahre Problem besteht darin, dass es mir nicht gut geht. Ich kann meine Arbeit nicht tun. Was hat mein Leben schon für einen Sinn, wenn ich nicht kreativ arbeiten und anderen dienen kann?

R: Okay, jetzt wird es klarer. Es geht Ihnen gesundheitlich nicht gut – das ist eine Tatsache. Als Nächstes haben wir die Aussage, dass Sie Ihre Arbeit nicht tun können.

Dies bezieht sich auf das, was Sie in der *Vergangenheit* getan haben: die Arbeit, zu der Sie jetzt nicht mehr in der Lage sind. Für den Moment sehe ich auch dies – genauso wie Sie – einmal als Tatsache an: Sie können Ihre Arbeit nicht tun, zumindest Ihre frühere Arbeit.

Natürlich könnte sich Ihre Arbeit auch gewandelt haben und Sie können das Neue vielleicht noch nicht erkennen, weil Sie in die Vergangenheit schauen. Aber wenn wir das Letzte, was Sie gesagt haben, nicht als Frage formulieren, sondern als Aussage, haben wir vielleicht eine gute Zusammenfassung des Problems [*Richard spricht ganz langsam*.]: „Mein Leben hat keinen Sinn, wenn ich nicht kreativ arbeiten und anderen dienen kann." Drücke ich damit das aus, worüber Sie wirklich unglücklich sind?

V: Nein, mein Leben hat durchaus einen Sinn, *jedes* Leben hat einen Sinn. Das Problem ist eher, dass es mir nicht gut geht. [*Virginia fühlt sich sichtlich unwohl.*]

R: Ich sage nicht, dass Ihr Leben keinen Sinn habe – natürlich hat es das. Ich habe einfach nur das, was Sie gesagt haben, von einer Frage in eine Aussage umgewandelt. Manchmal, wenn wir etwas in Form einer Frage ausdrücken anstatt in Form einer Aussage, distanzieren wir uns dadurch von dem, was wir wirklich glauben.

Das ist eine Methode des Ego, das Sie auf diese Weise davon abhält, das zu sehen, was Sie sich wirklich erzählen und was tatsächlich für Ihr Unglücklichsein verantwortlich ist. Es ist eine *Tatsache*, dass es Ihnen nicht gut geht, und ich möchte keinesfalls in Abrede stellen, dass dies Ihr Leben massiv beeinflusst. Aber wenn ich Ihnen zuhöre, scheint es mir so, als sei die *zentrale* Geschichte, die Sie sich selbst erzählen, dass Ihr Leben nur dann einen Sinn habe, wenn Sie kreativ sein und anderen dienen könnten. Wenn dies so ist, stecken Sie wirklich in einer ziemlich üblen Zwickmühle: Sie sind nicht nur krank, sondern fühlen sich zusätzlich nicht in der Lage, einen Beitrag in der Form zu leisten, wie Sie es sich wünschen.

V: Das stimmt. Lassen Sie mich das noch einmal klarstellen: Sie glauben, dass das Problem *nicht* darin bestehe, dass ich krank bin, sondern vielmehr darin, dass ich ständig auf die Vergangenheit zurückblicke und wieder so sein möchte, wie ich einmal war – stimmt das so? – **R:** Ganz genau.

V: So habe ich das noch gar nicht gesehen. Ich muss zugeben, dass ich mich in Gedanken tatsächlich viel mit der Vergangenheit beschäftige. Und Sie haben recht: Was wirklich schmerzt, ist das Gefühl, dass mein Leben keinen Sinn hat, wenn ich nicht schreiben und anderen dienen kann. Das erscheint mir jetzt völlig einleuchtend, aber es war mit vorher nicht wirklich bewusst. *Das* ist also wohl das Problem?

R: Zumindest haben wir damit jetzt einen Ausgangspunkt. Ich glaube im Übrigen, dass dieses Problem noch eine weitere Dimension hat, aber darauf kommen wir eventuell später zu sprechen. Wenn Sie also einverstanden sind, können wir das

Problem so formulieren, wie Sie es eben getan haben: „Ich habe das Gefühl, dass mein Leben keinen Sinn hat, wenn ich nicht schreiben und anderen dienen kann." – **V:** Einverstanden.

R: Gut. Wir sind schon fast am Ziel. Wenn Sie sagen „ich *habe* das Gefühl ...", dann ist das, was darauf folgt, kein Gefühl, sondern ein *Gedanke* – eine Geschichte, die Sie sich selbst erzählen. Ein *Gefühl* ist aber etwas, was man mit *einem* Begriff oder mit einigen wenigen Worten benennen kann, etwa *müde, traurig* und so weiter. Das geht natürlich nur, wenn das Gefühl beschreibbar ist – manche Gefühle lassen sich nicht in Worte fassen.

Was *Sie* jedoch gesagt haben, das ist eine Geschichte, kein Gefühl. Es ist sehr wichtig, sich bewusstzumachen, wann wir uns als Gefühle getarnte Geschichten erzählen, anstatt einfach das zu beschreiben, was wir tatsächlich fühlen. Wenn Sie sich eine *Geschichte* erzählen, dann befinden Sie sich im *Kopf*. Wenn Sie beschreiben, was Sie *fühlen*, dann befinden Sie sich in Ihrem *Körper*. [*Kurze Pause*] – **V:** Ich verstehe ...

R: Dann wäre also das Problem, das wir bearbeiten werden, Ihr Glaubenssatz: „Mein Leben hat keinen Sinn, wenn ich nicht schreiben und anderen dienen kann."?

V: Ja, in Ordnung. Ich fühle mich so nutzlos und ich habe die Nase gestrichen voll vom gesamten Gesundheitswesen.

R: Nun, ich denke, „die Nase gestrichen voll" haben – das kann man wohl als Gefühl bezeichnen. Meinen Sie damit, dass Sie „frustriert" sind?

V: Ja, das meine ich ..., ich bin äußerst frustriert und mutlos.

R: Okay, ich kann hören, wie frustriert und mutlos es Sie macht, dass die Ärzte Ihnen nicht helfen. Aber wenn Sie sagen, dass Sie sich „nutzlos" fühlen, dann verbirgt sich dahinter meiner Ansicht nach eher eine *Beurteilung* Ihrer selbst als ein Gefühl. Sagen Sie damit nicht eigentlich: „Ich bin nutzlos, weil ich krank bin und anderen nicht dienen kann."?

V [*sichtlich irritiert*]: Ich *bin* nicht nutzlos.

R: Ich halte Sie auch nicht für nutzlos, aber es ist nun einmal das, was Sie selbst gesagt haben: „Ich fühle mich so nutzlos." Sie haben nicht gesagt „niedergeschlagen" oder „traurig", das sind Gefühle. „Nutzlos" ist kein Gefühl. Ist es nicht in Wahrheit eher ein Urteil, das Sie über sich fällen?

V: Okay, ich sehe, worauf Sie hinauswollen.

R: Es hört sich an wie eine andere Version unseres Hauptthemas: „Mein Leben hat keinen Sinn, wenn ich nicht schreiben und anderen dienen kann." Nur dass es noch negativer ist. Welche Geschichte ist Ihrem Gefühl nach das *wahre* Thema?

V: Ich nehme einmal an, es sind verschiedene Wege, nahezu das Gleiche zu sagen, aber für mich geht es mehr darum, keinen Sinn und keine Bedeutung zu haben, als um das Thema Nutzlosigkeit.

R: Ich glaube, es ist jetzt an der Zeit, in den Mandala-Prozess einzusteigen. – **V:** In Ordnung.

[*Wie beim vorherigen Dialog wurde auch hier das Mandala bereits vorher in der Nähe von Virginias Platz ausgelegt. Sie steht auf.*]

R: Werfen Sie einfach mal einen Blick auf dieses Mandala, das ich als „Mandala des Lebens" bezeichne. Wie viele „Jetzt" sehen Sie?

V [*nach einer kurzen Pause*]: Eins.

R: Das antworten die meisten Menschen. Und falls Ihre Antwort sich auf die Karte mit dem Wort „Jetzt" bezieht, haben Sie natürlich recht. Was das Mandala Ihnen jedoch tatsächlich zeigt, ist, dass es unendlich viele Jetzt gibt, die sich in fünf grundlegende Kategorien unterteilen lassen. Das Jetzt im Zentrum des Mandalas steht für das momentan konkret erlebbare Gewahrsein – also für den Zustand, in dem Sie voll und ganz präsent sind und Ihr Geist still ist, sodass nicht *Gedanken* bestimmen, wie Sie sich fühlen, und damit das Erleben Ihrer selbst und Ihrer Situation verzerren. Bei den anderen Jetzt-Kategorien geht es darum, was mit Ihnen *emotional* passiert und wie Sie sich in Ihrem Körper fühlen, wenn Sie mit Ihren Gedanken in die *Vergangenheit* oder die *Zukunft* beziehungsweise in Geschichten über sich selbst und andere abschweifen.

Das ist das, was wir uns in ein paar Minuten ansehen werden. Ich möchte Ihnen helfen, die Geschichten aufzudecken, die Sie sich selbst erzählen und die das Problem verursachen: Zukunfts-Geschichten, Vergangenheits-Geschichten und so weiter. Ist Ihnen das so weit klar?

V: Ja. Ich habe zwar Ihr Buch gelesen, aber durch Ihre Erklärungen wird es jetzt noch verständlicher.

R: Gut. Wenn Sie mein Buch gelesen haben, wissen Sie bereits, dass ich immer im Zentrum des Mandalas beginne. Es ist wichtig, dass Sie ein eindeutiges Gefühl *dafür* bekommen, wer Sie sind, wenn Sie präsent sind – wenn Sie in Ihrem Körper anwesend und in Ihrem Geist zugleich fokussiert und weit offen sind – und wenn keine Gedanken Sie ablenken. Fangen wir also an. Begeben Sie sich bitte in die Mitte des Mandalas.

[*Virginia stellt sich in die Mitte des Mandalas. Richard leitet sie an diesem Punkt an, zugleich wach und entspannt sowie fokussiert und weit offen zu sein. Die Vorgehensweise ähnelt der im Gespräch mit Joseph beschriebenen. Wenn Sie sich an den Prozess nicht mehr erinnern, lesen Sie dort noch einmal nach.*]

R: Virginia, Sie scheinen mir jetzt bereit zu sein, an dem Problem [*spricht langsam*] „Mein Leben hat keinen Sinn, wenn ich nicht schreiben und anderen dienen kann" zu arbeiten. Werden Sie des Problems gewahr und sprechen Sie es laut aus. Setzen Sie es in den größeren Kontext all dieser Arztbesuche, Ihrer in den letzten zehn Jahren sich verschlechternden Gesundheit und des Verlusts bestimmter Fähigkeiten.

[*Virginia ist still. Dann beginnt sie zu weinen, Tränen laufen ihr über das Gesicht.*]

R: Ich sehe, dass Sie weinen. Bleiben Sie einfach in diesem Moment bei sich, wie auch immer das für Sie aussehen mag. Wir haben viel Zeit. Lassen Sie mich wissen, wann Sie bereit sind weiterzumachen. – [*Virginia schweigt etwa eine Minute lang.*]

V: Es war ein einziger langer Kampf ... Ich bin jetzt bereit, wir können weitermachen.

R: Ja, es war ein langer Kampf. Wir werden sehen, ob wir uns von einem Teil dieses Kampfes verabschieden können. Ich möchte Sie jetzt bitten, im Kontext dieses Problems über eine Frage nachzudenken. Fragen Sie sich: „Was habe ich mir über mich selbst, über andere (wie beispielsweise Ihre Ärzte), meine Vergangenheit oder meine Zukunft erzählt, das dieses Problem verursacht hat?" Noch einmal zur Erinnerung, das Thema, um das es geht. lautet: „Mein Leben hat keinen Sinn, wenn ich nicht schreiben und anderen dienen kann."

Stellen Sie sich die Frage leise in Ihrem Inneren, aber sprechen Sie sie auch laut aus. Denken Sie daran, dass es wichtig ist, dass Sie sich selbst hören und die Antworten auf die Frage nicht einfach nur denken. Wenn Sie sich selbst zuhören, können Sie eher objektiv sein, als wenn Sie lediglich etwas denken. Stellen Sie also die Frage und schauen Sie dann um sich, um herauszufinden, zu welchem Teil des Mandalas es Sie hinzieht.

[*Virginia murmelt die Frage leise vor sich hin und ist dann still. Ihre Augen schweifen über das Mandala.*]

V: Ich bin mir nicht sicher, wo ich beginnen soll. – **R:** Soll ich Ihnen helfen? – **V:** Ja, bitte.

R: Ihre Stimme klang ziemlich verärgert, als Sie über das Gesundheitswesen gesprochen haben. Was haben Sie sich selbst über die Ärzte oder andere, von denen Sie sich Hilfe erhofft haben, erzählt? Möchten Sie diese Geschichten gerne untersuchen?

V: In Ordnung.

R: Stellen Sie sich in diesem Fall erst einmal auf die Du-Position. Hier schauen Sie sich an, was Sie sich über andere Leute oder auch Dinge erzählt haben. Im Moment wollen wir uns auf Ihre Ärzte konzentrieren. Dieser Positionswechsel, die Bewegung von der Jetzt- auf die Du-Position, bedeutet, dass Sie das *zeitlose* Jetzt, Ihre wahre Mitte, verlassen und sich zu der Person begeben, in die Sie sich emotional und psychisch verwandeln, wenn Sie sich Geschichten über Ihre Ärzte erzählen. Seien Sie sich bewusst, dass Sie einen Zustandswechsel vollziehen, und bewegen Sie sich langsam.

[*Virginia geht langsam hinüber zur Du-Position.*]

R: Als Sie anfangs Ihre Situation beschrieben haben, sagten Sie, Sie seien nicht in der Lage, im Gesundheitswesen jemanden zu finden, der Ihnen helfen könne, ein ausreichendes Maß an Energie und Klarheit zu gewinnen, wie Sie es für Ihre kreative Arbeit bräuchten.

V: Ja, das stimmt. Ich habe wirklich alle abgeklappert: Internisten, Endokrinologen, Naturheilkundler, Energieheiler, Meditationslehrer ... Ich habe alles Mögliche ausprobiert.

R: Ich kann wirklich nachvollziehen, dass man, wenn man krank ist und nicht einmal weiß, was mit einem nicht stimmt, ganz dringend eine Erklärung haben möchte. Was haben Sie sich während Ihrer Suche über diese Ärzte und Heiler erzählt und was sagen Sie sich vielleicht heute immer noch?

V: Ich weiß, dass sie sich wirklich Mühe geben, aber am Ende wissen sie nicht, wie man mir helfen kann.

R: Aha. Da gibt es also auch eine Geschichte, oder genauer gesagt zwei: „Sie geben sich wirklich Mühe" und „Sie wissen am Ende nicht, wie man mir helfen kann." Gibt es da noch mehr Geschichten? Versuchen Sie sich zu erinnern. Was haben Sie noch über Ihre Ärzte gedacht?

V [*etwas zögerlich*]: Ich glaube, das ist alles.

R: Sie zeigen bei diesen Geschichten jetzt wesentlich mehr Akzeptanz und Verständnis als am Anfang unseres Gesprächs. Aber schauen wir einfach mal, was passiert. Nehmen wir die erste Geschichte: „Sie geben sich wirklich Mühe." Wenn Sie sich das sagen, was löst es dann in Ihnen aus? Wie fühlen Sie sich?

V: Ich ..., ich fühl' mich gut, aber ... – R: Aber was?

V: Na ja, Sie wissen schon ..., die sollten mir nicht immer so viel Hoffnung machen, wenn sie mir in Wirklichkeit gar nicht helfen können. [*Virginia klingt wütend.*]

R: Also fühlen Sie sich eigentlich nicht gut.

V: Nun ja, ich schätze nicht. Es kostet so viel Zeit, all diese Termine wahrzunehmen, und ich habe immer noch keine Antworten!

R: Ich kann mir vorstellen, wie enttäuscht Sie sein müssen, aber lassen Sie mich auf etwas zurückkommen, was Sie gerade eben gesagt haben. Es ist ein perfektes Beispiel für eine Du-Geschichte: „Sie sollten mir nicht immer so viel Hoffnung machen, wenn sie mir in Wirklichkeit gar nicht helfen können." Wenn Sie sich mit dieser Geschichte identifizieren – und so hört es sich für mich an –, was löst sie dann in Ihnen aus?

[*Virginia neigt den Kopf leicht zur Seite und schaut nach oben.*]

R: Ich sehe, dass Sie nach oben schauen; das lässt mich schlussfolgern, dass Sie in Ihren *Erinnerungen* unterwegs sind. Schauen Sie mal nach unten, in Ihren Körper: Welches *Gefühl* gibt Ihnen diese Geschichte? Wer sind Sie, wenn Sie denken: „Sie sollten mir nicht immer so viel Hoffnung machen, wenn sie mir in Wirklichkeit gar nicht helfen können."? – [*Virginia schließt die Augen und scheint sich nach innen zu wenden.*]

V: Ich empfinde Wut …, ja, ich bin wirklich *sehr* wütend! Wie können die es wagen, sich Heiler zu nennen? Sie sind eigentlich gar *keine* Heiler!

R: Diese Geschichte macht Sie also richtig wütend. Gehen Sie jetzt nicht in die zusätzliche Geschichte, dass sie keine echten Heiler sind – *noch nicht*. Wenn Sie sich von Ihrem Denken gleich zum nächsten Urteil verleiten lassen, verhindert das die Arbeit an der ersten Geschichte. Und Sie werden einfach immer nur in neue Geschichten springen und am Ende keine davon wirklich bearbeiten.

Wir Menschen machen das ständig. Es ist der Grund dafür, dass wir uns in unseren Gedanken verlieren und in den durch diese Gedanken verursachten Emotionen versinken. Bleiben wir also bei der ersten Geschichte, von der Sie gesagt haben, dass sie Sie sehr wütend mache. *Spüren* Sie diese Wut. Bleiben Sie mit Ihrer Aufmerksamkeit im Körper. Es ist sehr wichtig, dass Sie das, was die Geschichte über Ihre Ärzte in Ihnen auslöst, ganz genau erleben. – [*Etwa 30 Sekunden lang herrscht Stille.*]

R: Was passiert, Virginia?

V: Ich kann die Wut spüren und noch etwas anderes – eine Art von Schamgefühl. Warum kann mir niemand helfen? Mit mir stimmt doch etwas nicht.

R: Gut, nun sprechen Sie von sich selbst. Sie stehen auf der Du-Position und auf der gegenüberliegenden Seite des Mandalas liegt die Ich-Position. Mit dem, was Sie gerade gesagt haben, haben Sie eine neue Geschichte erzählt – *über Sie selbst*.

Auch das passiert ständig: Wir reden über jemand anderen, aber in Wirklichkeit reden wir über uns selbst oder *über* jemand anderen *aus der Sicht* eines bestimmten Teil von uns – und wir bemerken es nicht. Aber es schwingt immer zur anderen Seite hinüber – von der Du-Geschichte zur Ich-Geschichte oder umgekehrt. [*Er spricht jedes Wort überdeutlich aus:*] „Mit mir stimmt doch etwas nicht."

V: Ja, das sehe ich und ich kann es auch fühlen. Ich schäme mich.

R: Ja, Sie schämen sich, und das ist ein sehr schwieriges Gefühl. Aber ich glaube, wir gehen ein wenig zu schnell voran. Bevor wir auf die Ich-Position wechseln und mit dem Satz „Mit mir stimmt doch etwas nicht" arbeiten, bleiben wir erst einmal bei der Geschichte „Sie sollten mir nicht immer so viel Hoffnung machen". Spüren Sie die Wut! Und spüren Sie auch die Scham, sofern sie vorhanden ist. Ist da noch mehr?

V: Ich bin müde. In den letzten Minuten bin ich auf einmal unheimlich müde geworden.

R: Das wundert mich nicht. Wut ist immer sehr ermüdend, und selbst wenn man sich nur ein bisschen schämt, ist das ziemlich anstrengend. Machen Sie sich einfach bewusst, dass wir herausfinden möchten, was passiert, wenn Sie sich eine Geschichte wie die derzeit von uns untersuchte erzählen. Wenn Sie sich jetzt und hier erschöpft fühlen, ist das eine direkte und sofortige Auswirkung dieser Geschichte. Nehmen wir nun aber einmal an, Sie würden sich diese Geschichte *nicht* erzählen. [*Richard schweigt einen Moment.*] Sie leisten hier gerade eine wunderbare Arbeit. Sie haben zugelassen, dass Sie Wut und Scham unmittelbar fühlen. Nun möchte ich Sie allerdings bitten, sich erst einmal auf die Rückkehr zur Mitte des Mandalas vorzubereiten – auf die Jetzt-Position. Machen Sie sich bewusst, dass Sie damit eine Zustandsveränderung einleiten; also bewegen Sie sich bitte ganz langsam und bewusst.

[*Virginia begibt sich in die Mitte.*]

R: Ich möchte Sie nun einladen, ein Gedankenexperiment durchzuführen, oder genauer gesagt: ein *Gewahrsein*-Experiment. Sie kennen ja den Zustand, in dem Sie sich befinden, wenn Sie sich mit der Geschichte „Sie sollten mir nicht immer so viel Hoffnung machen, wenn sie mir in Wirklichkeit gar nicht helfen können" identifizieren: Sie sind wütend, Sie schämen sich und Sie sind müde und erschöpft. Sie haben das gerade eben bewusst wahrgenommen.

Ich möchte Sie nun darum bitten, Virginia, sich auf der Jetzt-Position stehend – und immer noch im Kontext all dieser Arztbesuche und Ihrer sich verschlechternden Gesundheit – vorzustellen, dass Ihnen diese Geschichte nie in den Sinn gekommen sei: Sie haben diesen Gedanken nie gedacht. Sie sind einfach nur da mit Ihren Ärzten und Ihrer Suche nach einer Antwort und einer wirkungsvollen Behandlung. Sie erleben keine Besserung, aber Sie sagen sich auch nicht: „Sie sollten mir nicht immer so viel Hoffnung machen, wenn sie mir in Wirklichkeit gar nicht helfen können."

Lassen Sie sich Zeit und bleiben Sie in Ihrem Körper. Finden Sie heraus, was Ihr Körper wahrnimmt, wenn Sie sich *nicht* diese Geschichte erzählen. – [*Etwa 15 Sekunden lang herrscht Stille.*]

V: Ich spüre … mehr *Raum*. Die Müdigkeit nimmt ab.

R: Das ist gut. Bleiben Sie weiter bei dem, was Ihr Körper ohne diese Geschichte wahrnimmt.

V: Ich bekomme besser Luft. Zuvor fühlte es sich fast so an, als sei meine halbe Lunge kollabiert, und das Atmen war wirklich anstrengend.

R: Ja. Bleiben Sie bei dem Gefühl, dass da mehr Raum ist, dass die Müdigkeit verfliegt und dass Sie leichter atmen können. Geben Sie Ihrem ganzen Sein die Chance, etwas anderes zu leben als das, was die *Geschichte* ausgelöst hat.

V: Es fühlt sich wesentlich besser an, aber ...

R: Ich habe schon geahnt, dass da ein „aber" kommen würde. Aber was?

V: Ich möchte gerne wieder schreiben und Menschen beraten können, wie ich es früher getan habe. Ich konnte vielen wirklich helfen und ich hatte so eine Klarheit und Zielstrebigkeit.

R: Ich weiß, dass Sie wieder in der Lage sein möchten, zu schreiben und anderen zu helfen. Aber was passiert eigentlich in Ihrem Inneren, wenn Sie das sagen? Was *erlebt* Ihr Körper? – [*Virginia ist ein paar Sekunden lang still.*]

V: Die Müdigkeit ist zurück – ich glaube, sie hat sogar noch zugenommen. Und ich fühle mich hoffnungslos. Ich ..., ich will das gar nicht sagen, aber ... ich hasse mich.

R: Zunächst einmal: gut gemacht! Ich konnte sehen, dass Sie wirklich nach innen gegangen sind und Ihrem Körper zugehört haben. Sie sind dabei, wirklich etwas zu erfahren. Und Ihr Körper spricht mit Ihnen. Wenn Sie sich selbst sagen, dass Sie schreiben und mit Menschen arbeiten möchten, werden Sie noch müder und spüren ein Gefühl der Hoffnungslosigkeit. Und die Wut – vielleicht die gleiche Wut, die Sie gegenüber Ihren Ärzten empfanden – richtet sich nun gegen Sie selbst. Sie hören sich selbst denken, dass Sie sich hassen. Das muss sehr wehtun.

V: Das tut es. Wenn mir niemand helfen kann, wie kann ich dann mein Potenzial als Heilerin und Beraterin leben?

R: Erinnern Sie sich an meine Aussagen über Ich-Geschichten und wie sie uns durch die unbewusste Identifikation mit ihnen zu etwas Besonderem machen? Auf eine großartige oder depressive Weise? – [*Virginia schweigt für einen Moment.*]

V: Wie meinen Sie das? – [*Richard beobachtet Virginia etwa 30 Sekunden lang, ohne etwas zu sagen.*]

R: Ich glaube, Sie wissen ganz genau, wie ich das meine. Ich habe das Gefühl, dass Sie bereits verstanden, bereits eine neue Erkenntnis gewonnen haben, aber vielleicht möchten Sie lieber nicht hinschauen.

V: Aber bedeutet das denn, dass ich die Idee aufgeben muss, zu schreiben und andere zu beraten?

R: Sie müssen gar nichts aufgeben, Virginia. Aber Ihr Körper sagt Ihnen, wie Ihre Energie aussieht – wie Ihr Jetzt aussieht. Sie bekämpfen sich selbst. Sie bestehen darauf, *das* Selbst zu sein, an das Sie sich *erinnern*, und öffnen sich keinen Fußbreit für die Person, die Sie gerade *sind* ... Aber das ist nicht das, was Sie gesehen haben, Ihre Erkenntnis. Zumindest fühlt es sich für mich nicht so an. – [*Virginia schweigt für einen Moment.*]

V: Es ist Grandiosität, oder? Ich habe mich als Beraterin zu etwas Besonderem gemacht, und auch weil ich geschrieben und bewusste Evolution gelehrt habe. Aber ich habe es geliebt, auf Konferenzen Vorträge zu halten und mit den anderen zusammen zu sein!

R: Sie dürfen Ihr Leben lieben und Spaß an Ihrer Arbeit haben, aber die Dinge haben sich verändert – aus welchen Gründen auch immer. Sie haben am Anfang erwähnt, Ihnen sei bewusst, dass Sie viel Zeit in der Vergangenheit verbringen. Aber Ihre eigene Grandiosität haben Sie nicht gesehen.

V: Nein, das habe ich nicht. Oder vielleicht habe ich sie ein bisschen gesehen, aber ...

R: Es ist niemals leicht, sich dies einzugestehen. Aber gleich von Anfang an, als Sie zu sprechen begannen, habe ich mich gefragt, welcher Teil von Ihnen sagt, dass Ihre Ärzte keinen wirklichen Heiler seien. Wollten Sie damit ausdrücken, dass ein *normaler* Arzt nicht in der Lage sei, Sie zu heilen, ein „wirklicher Heiler" aber schon? Welcher Teil von Ihnen spricht davon, auf einer „mystischen Reise" zu sein, und hat Ihre Krankheit als „Feuertaufe" bezeichnet? Wer kann nicht einfach nur krank sein, so wie andere Leute es sind? Welcher Teil von Ihnen würde lieber glauben, dass diese ganze Erfahrung eine Art von Initiation sei und die Krankheit eine spezielle mystische Bedeutung habe? Ich sage das nicht, um Sie zu verletzen, sondern damit Sie – damit wir beide – lernen zu verstehen, warum der Kern Ihres Problems, Ihres Leidens, nicht Ihre Krankheit ist, sondern die Tatsache, *dass Sie sich selbst erzählen*, Ihr Leben habe keinen Sinn, wenn Sie nicht schreiben und dienen können. Welcher Teil von Ihnen bestraft sich selbst, indem er Ihr Leben als bedeutungslos erachtet?

V: Der grandiose Teil. [*Sie schweigt kurz.*] Es ist Stolz, oder? [*Sie seufzt.*] Ich lese schon seit Jahren Bücher über Stolz, aber bei mir selbst habe ich ihn nicht erkannt.

R: Vielleicht ist da Stolz, aber das ist nur ein Schutzmechanismus. – **V:** Ein Schutzmechanismus? Wovor denn?

R: Nun, denken Sie einmal an die Geschichte, die Sie ebenfalls erzählt haben: „Mit mir stimmt doch etwas nicht." Ich denke, es ist an der Zeit, dass wir uns diese Geschichte einmal anschauen.

V [*wirkt ängstlich*]: Okay.

R: Es ist eine Ich-Geschichte. Verlassen Sie also bitte die Mitte und begeben Sie sich auf die Ich-Position. Denken Sie daran, langsam zu gehen, weil es bedeutet, dass Sie Ihr wahres Zentrum verlassen, das nur dann gelebt wird, wenn Sie sich im Jetzt befinden. Sie bewegen sich jetzt zu dem Zustand hin, der entsteht, wenn Sie sich mit der Geschichte identifizieren, dass etwas nicht mit Ihnen stimme.

[*Virginia bewegt sich langsam zur Ich-Position hinüber.*]

R: Sprechen Sie die Geschichte laut aus und beobachten Sie, was in Ihrem Inneren geschieht. Was erzeugt die Geschichte in Ihnen?

[*Virginia spricht die Geschichte aus und wird dann still.*]

V [*wütend*]: Ich fühle mich *überhaupt nicht wohl* dabei.

R [*spricht ganz ruhig*]: Was meinen Sie damit? Was meinen Sie mit „dabei"?

V: Ich meine damit, dass ich mich unwohl fühle, wenn ich sage: „Mit mir stimmt doch etwas nicht." Ich bin krank und ich bin ständig müde und erschöpft. Ich kann nicht arbeiten. Irgendetwas stimmt nicht mit meinem Körper, auch wenn noch niemand eine Diagnose dazu stellen konnte.

R: Natürlich stimmt etwas nicht mit Ihrem Körper. Ich glaube keinesfalls, dass Sie sich das nur einbilden. Aber wenn man sich beim Untersuchen einer Geschichte unwohl fühlt (und so haben Sie es selbst ausgedrückt), dann hört sich das für mich wieder nach Stolz an. Virginia, als Sie diese Geschichte zum *ersten* Mal erwähnten, sagten Sie, Sie verspürten Scham. – **V:** Ja, das stimmt.

R: Ich kann erkennen, dass Sie sich mit der Annahme „Mit mir stimmt doch etwas nicht" nicht wohlfühlen. Aber wütend zu werden ist einfach nur ein anderer Schutzmechanismus. Zuvor haben Sie Scham empfunden und meine Intuition sagt mir, dass dies nichts mit Ihrer Krankheit zu tun hat, sondern mit etwas anderem. Was war es?

V: Das stimmt. Manchmal fühle ich mich wie ein Opfer und ich mag es nicht, mich so zu fühlen.

R: Okay. Ich glaube allerdings, dass Sie jetzt gerade wieder zu sehr im Kopf sind. Ich glaube, dass Sie weder Ihr Kranksein noch das zeitweilig auftretende Gefühl, ein Opfer zu sein, gemeint haben, als Sie sagten: „Mit mir stimmt doch etwas nicht." Ich glaube, das bezog sich auf etwas ganz anderes. Schauen Sie in Ihr Inneres. Spüren Sie nach! Was ist es? – [*Virginia schweigt etwa 20 Sekunden lang.*]

V: Da ist ein Gefühl von Scham, aber es hat nicht mit meinem Kranksein zu tun. Ich mag es einfach nur nicht, krank zu sein.

R: Niemand ist gerne krank, aber das ist es nicht, worum es hier gerade geht. Bleiben Sie in Ihrem Körper ... Erzählen Sie mir von der Scham, die Sie spüren.

V: Ich schäme mich nicht dafür, krank zu sein. Es geht um ... – [*Virginia wird still und versinkt tief in ihrem Inneren.*]

V: Es geht um ... mich. [*Sie beginnt zu weinen.*]

R [*hält einen Moment inne, bevor er zu sprechen beginnt*]: „Ich schäme mich, ich zu sein" – okay, das kann ich heraushören. Aber ich möchte trotzdem etwas einwenden: Ich glaube nicht, dass das, was Sie wirklich *fühlen*, in dem Satz „Ich schäme mich, ich zu sein" ausgedrückt wird. Das ist die *Geschichte*, mit der Sie das Gefühl zudecken – oder genauer gesagt: Ihr Ego legt diese Geschichte über das, was Sie wirklich fühlen.

Für Ihr Ego ist diese Geschichte eine Möglichkeit, Sie in einer depressiven Besonderheit gefangen zu halten anstatt in einer großartigen, aber es geht immer noch darum, etwas Besonderes zu sein, es ist immer noch das Ego ... Und jetzt ist es an der Zeit, sich dieses Gefühl einmal genauer anzusehen. Da diese Arbeit allerdings nur im gegenwärtigen Moment getan werden kann, möchte ich Sie bitten, sich wieder auf die Jetzt-Position zu begeben.

[*Virginia macht einen Schritt und stellt sich auf die Jetzt-Position.*]

R: Virginia, ich möchte Sie bitten, mit Ihrer Aufmerksamkeit in Ihrem Körper zu bleiben. Hören Sie nicht auf irgendwelche *Gedanken* zu dem Gefühl. Schauen Sie sich einfach nur dieses Gefühl an, dass Sie mit „Ich schäme mich, ich zu sein" bezeichnet haben, und versuchen Sie nicht, es in Worte zu fassen. Was ist dieses Gefühl, für sich genommen? [*Richard schweigt etwa 15 Sekunden lang.*]

Richten Sie Ihren inneren Blick direkt auf das, was Sie in sich spüren und was Sie mit „Ich schäme mich ich zu sein" bezeichnet haben. Konzentrieren Sie sich auf das Gefühl selbst. Berühren Sie ganz sanft das, was dieses Gefühl in Ihnen ist. Bleiben Sie dabei, lassen Sie Ihren inneren Blick nicht in irgendwelche Gedanken abgleiten. [*Kurze Pause*] Nehmen Sie gleichzeitig Ihren gesamten Körper wahr und den Raum um ihn herum. Spüren Sie, wie Ihr Gewahrsein sich ausweitet, sozusagen ausstrahlt, wie das Sonnenlicht, grenzenlos.

[*Nach etwa 20 Sekunden ballt Virginia die Fäuste und beginnt zu zittern. Ein heftiges Stöhnen entfährt ihr.*]

R: Sehr gut. Bleiben Sie bei Ihrer Erfahrung. Berühren Sie sie ganz leicht mit Ihrer Aufmerksamkeit, Atemzug für Atemzug. Versuchen Sie, sich zu entspannen, sofern das möglich ist. Öffnen Sie die Fäuste und lassen Sie den gesamten Körper weich werden. Können Sie mir zeigen, *wo* Sie das Gefühl spüren? Gibt es dafür eine bestimmte Stelle an Ihrem Körper?

[Virginia öffnet die Fäuste und legt ihre Hände zögernd auf ihren Oberbauch, dann bewegt sie sie zu ihrer Brust und legt sie auf ihr Herz. Ihre Hände bewegen sich langsam auf und ab und legen sich immer wieder abwechselnd auf ihr Herz und ihren Bauch.]

R: Das machen Sie sehr gut. Richten Sie Ihren inneren Blick auf Ihren Brustbereich und Ihren Oberbauch und laden Sie den Rest Ihres Körpers ein, sich zu entspannen und so weich wie möglich zu werden. Schaffen Sie um dieses Gefühl herum so viel Raum wie möglich. *[Kurze Pause]* Können Sie beschreiben, was Sie fühlen? – *[Virginia schweigt etwa 10 Sekunden lang.]*

V: Es ist wie Dunkelheit. Ich habe versagt ..., irgendwie habe ich versagt. – *[Sie beginnt zu schluchzen.]*

R: Moment mal, bitte! Sie sagen „Ich habe versagt", aber das ist *kein Gefühl*. Es ist ein *Gedanke* und eine weitere Selbstverurteilung. Ihr Ego möchte, dass Sie sich weiterhin schlecht fühlen, damit es die Kontrolle behält. Lassen Sie nicht zu, dass Ihr Ego Ihnen vormacht, Sie wüssten, was genau Sie fühlen. Sie wissen nämlich noch nicht, was es ist, oder? Nicht so ganz. Das Gefühl ist jedenfalls nicht „Ich habe versagt".

V: Das stimmt. Ich weiß nicht, was es ist. – **R:** Aber es kommt Ihnen bekannt vor. – **V:** Ja!

R: Schauen Sie sich dieses vertraute Gefühl ganz genau an. Berühren Sie es sanft mit Ihrer Aufmerksamkeit und stellen Sie sich vor, es wäre ein weinendes Baby. Sie halten es mit vollkommener Aufmerksamkeit zärtlich im Arm. Denken Sie zugleich daran, weit und offen zu bleiben – weiten Sie Ihr Bewusstsein in das Gefühl und gleichzeitig in den Raum hinein aus. Können Sie die Geräusche hören, die im Raum sind? Können Sie das leise Surren des Belüftungssystems hören? Setzen Sie alle Ihre Sinne ein. Seien Sie weit und offen, aber blicken Sie innerlich weiterhin auf Ihr Gefühl. *[Richard schweigt etwa 15 Sekunden lang.]*

Sie haben gesagt, es sei „wie Dunkelheit". Auch das ist eine Geschichte, aber sie ist weniger subjektiv – es geht weniger um Sie. Versuchen Sie, sanft in dieses Gefühl von Dunkelheit hineinzuschauen. Es ist ein tiefer Schmerz, aber bleiben Sie dennoch weit und offen. Füllen Sie den Raum mit Ihrem Gewahrsein und gehen Sie noch über ihn hinaus ... – *[Eine Pause von etwa 15 Sekunden entsteht.]* – **R:** Was passiert gerade?

V: Es wird heller. Ich fühle, wie sich Wärme in meiner Brust ausbreitet, und sie fließt in meinen Bauch hinunter. Es ist sehr merkwürdig ... Ich fühle mich richtig, *richtig* gut.

R: Spüren Sie noch einmal genau nach, was Sie meinen, wenn Sie sagen es sei „merkwürdig".

V: Es ist einfach so, dass ich mich vor ein paar Minuten noch absolut furchtbar gefühlt habe – so, als hätte es keinen Sinn mehr weiterzuleben – und jetzt ist dieses Gefühl vollständig verschwunden. Aber das ist noch nicht alles. Ich habe das Gefühl, da ist so viel Raum in mir, und ich fühle mich so leicht – nicht im Sinne von Gewicht, obwohl ..., wenn ich jetzt daran denke, scheint auch das der Fall zu sein ... Es fühlt sich wie *Licht* an, wie Sonnenlicht.

R: Wunderbar, bleiben Sie bei diesem neuen Gefühl: Raum, Weite, Licht, Wärme. Sie fühlen sich gut. Lassen Sie all Ihre Zellen in diesem Gefühl des Wohlbefindens baden, lassen Sie Ihr gesamtes Wesen diesen Zustand erfahren.

V: Das ist wie ein Wunder!

R: Bleiben Sie einfach dabei, wie gut Sie sich fühlen, und über den Rest können wir gleich sprechen. – [*Virginia steht einen Moment lang schweigend da.*]

R: Als Sie eben beschrieben, wie Sie sich gefühlt haben, sprachen Sie davon, dass es keinen Sinn mehr habe weiterzuleben. – **V:** Was?

R: Sie sagten: „Ich habe mich absolut furchtbar gefühlt – so, als hätte es keinen Sinn mehr weiterzuleben." Auch sprachen Sie zuvor davon, versagt zu haben. Allerdings ist keine dieser Beschreibungen ein *Gefühl* – beide sind *Geschichten*. Ich möchte, dass Sie eines verstehen: Was immer dieses Gefühl auch ist oder war, Sie konnten es nicht direkt beschreiben oder benennen. Sie mussten auf einen Vergleich zurückgreifen und sagen, dass es wie etwas anderes ist: „Es ist wie Dunkelheit ..." Oder: „Irgendwie habe ich versagt."

Das sagt mir etwas und es deckt sich mit dem, was ich bereits gleich zu Anfang vermutet habe, als wir mit der Arbeit begannen. Der Schlüssel liegt hier nicht in den Geschichten über Ihre Ärzte oder über das Problem, dass Ihr Leben sinnlos ist, wenn Sie weder schreiben noch anderen dienen können. Es ist dieses dunkle Gefühl, von dem Sie aber auch gesagt haben, es sei vertraut. Können Sie sich das Gefühl noch einmal ins Gedächtnis rufen?

V: Ich glaube schon, allerdings ist es jetzt gerade nicht sehr stark.

R: Ich verstehe, warum es jetzt gerade nicht sehr stark ist. Wissen Sie, warum das so ist?

V: Nein. Ich nehme an, es ist wie bei allen Gefühlen – sie kommen und gehen.

R: Gefühle kommen und gehen. Sie fließen, solange Sie sie nicht mit einer Geschichte verbinden, und nur wenige von ihnen sind *wirklich* schrecklich; das werden sie vielfach erst dann, wenn Sie sie mit einer negativen Geschichte verbinden wie beispielsweise „Ich habe versagt" oder „Es lohnt sich nicht zu leben". Ich glaube, dass das, was Sie gefühlt haben – was immer es auch war –, sich in eine Art von innerem

Licht und Wohlgefühl verwandelt hat, weil Sie Ihr Gewahrsein darauf gerichtet und ihm unmittelbar und bewusst Aufmerksamkeit geschenkt haben, ohne sich hinein-fallen zu lassen. Sie haben sich entspannt und sind weit und offen geblieben.

Ihr Ego hat weiterhin Geschichten erschaffen, das macht es schließlich schon Ihr ge-samtes Leben lang. Und wenn ich Sie nicht aufgehalten hätte, dann hätten Sie sich nicht mit dem *tatsächlichen* Gefühl identifiziert, sondern mit Ihren *Geschichten* über das Gefühl. Dann wären Sie in echtem Leiden gefangen, wie Ihnen das schon oft pas-siert ist.

Schauen Sie also in Ihrem Inneren nach, Virginia. Wie lange kennen Sie dieses na-hezu unbenennbare Gefühl schon? Das, was vor wenigen Minuten noch so schreck-lich war? Das, bei dem Sie sich dafür schämten, Sie selbst zu sein? Wie lange kennen Sie es schon? – [*Virginia ist einen Moment lang still.*]

V: Mein ganzes Leben lang.

R: Kannten Sie es schon, als Sie im College waren?

V: Ja.

R: Als Sie ein Teenager waren und in der Pubertät?

V. Ja.

R: Als Sie ein Kind waren?

V: Ja. Ich spüre, dass ich dieses Gefühl schon mein ganzes Leben lang kenne.

R: Ich glaube, das ist tatsächlich so. Aber bis heute haben Sie nie Ihr Gewahrsein eingesetzt, um für das Gefühl selbst präsent zu sein. Stattdessen haben Sie die Ge-schichten geglaubt, die Ihr *Ego* zu dem Gefühl erfunden hat, und das hat bewirkt, dass Sie sich zutiefst für sich schämen. Wie konnten Sie für sich in Anspruch neh-men, Menschen spirituell zu beraten, wenn es tief in Ihnen drin ein solch schreckli-ches Gefühl gab?

Vielleicht war dieses Gefühl aber gerade der Grund dafür, dass Sie sich der Spiritua-lität und der Bewusstseinsarbeit zugewendet haben – in dem Versuch, es zu vermei-den und das Licht auf andere Weise zu finden. Ihnen war nie bewusst, dass das Gefühl, vor dem Sie davonlaufen, auch das Licht ist. [*Kurze Pause*] Ergibt irgend-etwas davon einen Sinn für Sie?

V: Ja, sehr viel Sinn sogar. Ich hatte ja immer schon dieses Gefühl – dass etwas mit mir nicht stimmt –, aber jetzt kann ich erkennen, dass es nur eine *Geschichte* ist, in der es um dieses Gefühl geht.

R: Genau. Und als die Ärzte und Heiler nicht in der Lage waren, Ihnen zu helfen, be-stätigte das nur, was Sie sich unbewusst Ihr ganzes Leben lang erzählt haben: „Mit mir stimmt doch etwas nicht." Obwohl es Ihrem Ego in Bezug auf Ihre Grandiosität gefiel, andere spirituell zu beraten, wurde das innere Gefühl dadurch weder verändert noch geheilt. Kein kompensierendes Verhalten kann dies bewirken, denn Gefühle werden nicht in Ihrem Ego erzeugt. Sie können sie nicht willentlich entfernen. Sie können sie bestenfalls temporär begraben, aber sie werden mit der Zeit immer wieder auftauchen.

Ich bezeichne diese Art von Gefühlen als ungebändigt oder bodenlos und man kann sie nicht im herkömmlichen Sinne heilen … Aber wir können viel Gewinn aus ihnen ziehen, wenn wir lernen, ihnen mit bewusstem Gewahrsein, mit fokussiertem und zugleich weit offenem Gewahrsein, im Hier und Jetzt zu begegnen. Und genau das haben Sie gerade getan, Virginia. – [*Sie schweigt eine Weile.*]

V: Vielen Dank! Sie haben mir geholfen, etwas zu verstehen, was mich schon mein Leben lang verfolgt. Jetzt habe ich das Gefühl, dass es mir besser gehen *könnte*. Und selbst wenn das nicht passiert, ist mir jetzt klar, dass ich nicht weiter in der Vergangenheit leben möchte. Ich weiß noch nicht, wie meine Arbeit aussehen wird, aber ich weiß, dass ich die Kraft habe, damit aufzuhören, mich selbst durch das Klammern an meine immer gleichen Großartigkeitsmuster unglücklich zu machen.

R: Es gefällt mir sehr gut, wie Sie sich jetzt sehen. Und wie Sie wissen, habe ich keine Ahnung, ob Ihr Körper sich erholen wird oder nicht, aber ich bin mir ganz sicher, dass Sie sich einen guten Dienst erweisen, wenn Sie bei jeder Rückkehr dieses besagten Gefühls einen Raum schaffen, der groß genug ist, dass Ihr Herz sich nicht verschließt. Sie haben selbst gesagt, Sie hätten die Botschaft bekommen, dass Ihre Arbeit hier noch nicht getan sei.

V: Ja, das war das Einzige, was mich vor der totalen Verzweiflung gerettet hat.

R: Ich glaube, der größte Dienst, den wir alle leisten können, besteht darin, in uns selbst Raum für die verleugneten und dunklen Gefühle zu schaffen, damit sie sich nicht in Form von Krankheit, Selbstablehnung, Machtgier oder einer der vielen anderen Kompensierungsmöglichkeiten, die wir uns so einfallen lassen, ausdrücken müssen. Virginia, ich danke Ihnen ganz herzlich für Ihre Offenheit und Ihr Vertrauen.

Das Gespräch mit Marie-Claire

Richard (R): Herzlich willkommen, Marie-Claire. Woran möchten Sie gerne arbeiten?

Marie-Claire (M–C): Ich leide an Tinnitus, und zwar in beiden Ohren. Das geht nun schon seit vielen Jahren so und mehrere Ärzte haben mir gesagt, dass man nichts daran tun könne.

R: Wie geht es Ihnen damit? – **M–C:** Manchmal ist es wie ein Klingeln im Ohr, zu anderen Zeiten mehr wie das Rascheln von Papier.

R: Und ist es die ganze Zeit über da? – **M–C:** Ja, aber manchmal wird es schlimmer.

R: Es geht also um Ihren Tinnitus. Was genau stört Sie daran und was möchten Sie also heute hier bearbeiten?

M–C: Ich bin vor Kurzem in den Ruhestand gegangen. Früher habe ich an der Universität Literatur unterrichtet. Ich habe mich schon mein Leben lang für das Leben von Frauen interessiert, die heiliggesprochen wurden. Seit einer Weile hat eine außergewöhnliche Französin mein besonderes Interesse geweckt, die vor etwa 80 Jahren mit Anfang 30 nach Australien ging. Sie ist schon seit Langem tot, aber eine der Frauen aus ihrem Umfeld, auf die sie einen prägenden Einfluss gehabt hat, hat mir ihr Tagebuch geschickt, zusammen mit Zeitungsausschnitten und den Tagebüchern von ein paar anderen Leuten, die mit der Frau zusammengearbeitet haben. Ich habe diese Tagebücher gelesen und eine Universität in Australien hat bei mir angefragt, ob ich nicht ein Buch über ihr Leben schreiben wolle. Das ist natürlich sehr aufregend, denn ich habe zwar im Laufe der Jahre einige Bücher herausgegeben, aber noch nie zuvor selbst eines geschrieben.

R: Das hört sich nach einem faszinierenden Projekt an. Mir ist nur noch nicht ganz klar, wo der Zusammenhang zum Tinnitus liegt?

M–C: Mein Problem ist Folgendes: Immer, wenn ich mich hinsetze, um zu schreiben, nimmt der Tinnitus besonders schlimme Formen an. Er lenkt mich so sehr ab, dass es mir praktisch unmöglich ist zu arbeiten.

R: Wenn Sie zu schreiben versuchen, wird der Tinnitus schlimmer. – **M–C:** Ja, genau.

R: Wie würden Sie das Problem, an dem Sie arbeiten möchten, genau definieren?

M–C [*mit entschiedener Stimme*]: Mein Tinnitus hindert mich am Schreiben.

R: Gut, die Geschichte lautet also, dass Ihr Tinnitus Sie am Schreiben hindert. Sollen wir das Problem mit diesem Satz zusammenfassen? – **M–C:** Ja.

R: Wunderbar. Dann wollen wir mal beginnen. Stellen Sie sich bitte in die Mitte des Mandalas.

[*Marie-Claire geht in die Mitte und stellt sich auf die Jetzt-Position.*]

R: Das, was wir „präsent sein" oder „im Hier und Jetzt sein" nennen, kann unterschiedliche Formen annehmen. Wenn Sie in der Mitte des Mandalas stehen, wie Sie es jetzt tun, dann steht das für die bewusste Entscheidung, sich in den Körper zu begeben und Ihre Aufmerksamkeit zu fokussieren, während Ihr gesamtes Gewahrsein zugleich weit und offen ist.

Kümmern Sie sich nicht um die *Gedanken*, die in Ihrem Kopf kommen und gehen – achten Sie einfach auf Ihren Atem. Ich schlage vor, dass Sie sich auf den Ausatem konzentrieren. Verfolgen Sie jeden Ausatmungsvorgang und werden Sie des genauen Moments gewahr, an dem der nächste Atemzug beginnt ... Lassen Sie den gegenwärtigen Moment Atemzug für Atemzug immer stärker zum Mittelpunkt Ihrer Aufmerksamkeit werden.

[*Marie-Claire schließt ihre Augen und wird sehr still. Richard leitet sie weiter an, in einen hellwachen und zugleich entspannten Zustand zu gelangen. Auch hierzu können Sie wieder im Protokoll des Gesprächs mit Joseph am Anfang dieses Kapitels nachlesen, wie der Prozess genau abläuft.*]

R: Marie-Claire, wie geht es Ihnen jetzt? – **M–C:** Ich fühle mich ruhig. Mein Geist ist still.

R: Gut. Ich möchte, dass Sie sich noch einen Moment länger Zeit nehmen, sich ruhig zu fühlen und die Ruhe im Geist zu spüren. Es ist wichtig, dass Sie die unmittelbare Erfahrung machen, wer und wie Sie sind, wenn Ihr Gewahrsein sowohl fokussiert als auch weit ist. [*Kurze Stille*]

Lassen Sie uns nun beginnen. Machen Sie sich das Problem bewusst und sprechen Sie es laut aus: „Mein Tinnitus hindert mich am Schreiben." – [*Marie-Claire spricht das Problem laut aus.*]

R: Gut. Schauen Sie sich im Mandala um. Zu welcher Position fühlen Sie sich hingezogen? – [*Marie-Claire schaut sich um und stellt sich auf die Du-Position.*]

R: Sie sind zur Du-Position gegangen. Können Sie mir einige Ihrer Du-Geschichten nennen? – **M–C:** Über den Tinnitus?

R: Warum nicht? Sie haben sich auf die Du-Position gestellt und Ihre Überzeugungen bezüglich des Tinnitus fallen in diese Kategorie. Sie haben ihn übrigens als *den* Tinnitus bezeichnet, nicht *meinen* Tinnitus. Warum diesmal so unpersönlich?

M–C: Ich bin mir nicht sicher. Ich möchte über den Tinnitus reden, nicht über mich.

R: In Ordnung. Wie lauten denn Ihre Geschichten über den Tinnitus?

M–C [antwortet *wie aus der Pistole geschossen*]: Er ist furchtbar. Er hindert mich am Schreiben. Er nimmt mir die Freude am Leben. Ich will ihn nicht haben!

R: Beginnen wir einmal mit der ersten Aussage: „Er ist furchtbar." Können Sie genauer sein und anstatt „er" sagen „der Tinnitus"? Also: „Der Tinnitus ist furchtbar." – **M–C:** Ja.

R: In Ordnung. Schauen Sie nun nach innen und bleiben Sie in Ihrem Körper, sodass Sie mit dem in Berührung sind, was Sie fühlen. Was löst der Satz „Der Tinnitus ist furchtbar" in Ihnen aus? – [*Marie-Claire schweigt für ein paar Sekunden.*]

M–C: Wut. – **R:** Gut, bleiben Sie bei dem Gefühl der Wut. Ist da noch mehr?

M–C: Ich bin frustriert und krank und müde ...

R: Können Sie sich lediglich daran *erinnern*, dass Sie sich so gefühlt haben (das wäre dann reines *Denken*), oder spüren Sie diese Gefühle genau jetzt?

M–C: Ich kann sie genau jetzt spüren.

R: Sehr gut. Bleiben Sie noch ein wenig länger bewusst bei diesen Gefühlen. Es sind die Gefühle, die das Urteil „Der Tinnitus ist furchtbar" in Ihnen auslöst. Wir wissen nicht, was der Tinnitus *selbst* in Ihnen auslöst, aber wir wissen, was die *Geschichte* über den Tinnitus mit Ihnen macht.

Bereiten Sie sich nun darauf vor, eine Verlagerung zu erleben. Ich möchte Sie bitten, dass Sie sich dazu langsam auf die Jetzt-Position zurückbegeben.

[*Marie-Claire macht einen schnellen Schritt zurück zur Jetzt-Position.*]

R: Das war nicht gerade langsam, aber wir machen trotzdem weiter. Als Nächstes möchte ich mit Ihnen ein Gedankenexperiment durchführen. Stellen Sie sich vor, Sie sitzen an Ihrem Computer und bereiten sich darauf vor, etwas über diese außergewöhnliche Frau zu schreiben. In Ihren Ohren raschelt und klingelt es, aber es kommt Ihnen gar nicht in den Sinn zu denken: „Der Tinnitus ist furchtbar". Bleiben Sie in Ihrem Körper und sagen Sie mir, wie Sie sich fühlen. – [*Marie-Claire ist etwa 10 Sekunden lang still.*]

M–C: Es geht mir gut. Da ist ... einfach nur ein Geräusch. Ich kann es so hören, wie ich auch alle anderen Geräusche höre.

R: Der Tinnitus ist einfach nur ein Geräusch wie alle anderen Geräusche. Können Sie das Gefühl, dass es Ihnen gut geht, noch etwas näher beschreiben?

M–C: Die Wut ist weg und im Moment würde ich am liebsten sofort mit der Arbeit beginnen. Ich fühle mich sogar *glücklich*.

R: Gut, Marie-Claire, das freut mich für Sie. Nun ist es wichtig, auf die Du-Position zurückzugehen und sich noch einmal in die Geschichte zu begeben.

M–C: Das muss ich gar nicht. *Mir geht es gut!* Es ist kein Problem mehr.

R: Okay. Möchten Sie vielleicht noch andere Geschichten untersuchen? Beispielsweise solche über die Zukunft?

M–C: Nein. Ich fühle mich richtig gut – es ist wie ein Wunder. Vielen Dank!

[*Marie-Claire geht zu Richard, umarmt ihn und setzt sich dann wieder auf ihren Platz.*]

*

Dieses letzte Gespräch möchte ich noch ein wenig kommentieren. Zum damaligen Zeitpunkt war ich aufgrund der plötzlichen Wende nicht sicher, ob bei Marie-Claire eine echte Veränderung stattgefunden hatte oder ob sie den Prozess einfach nur stoppen wollte. (Ehrlich gesagt war ich sogar ziemlich skeptisch.) Aber ich beschloss, ihr in diesem Fall einfach zu vertrauen. Wie sich herausstellte, war das Ganze aus ihrer Sicht *tatsächlich* ein Wunder.

Innerhalb eines kurzen Augenblicks hatte sie eine Veränderung gespürt und war sich absolut sicher, dass es ihr gut ging. Von diesem Tag an ließ sie sich von ihrem Tinnitus nicht mehr aufhalten. Dieser verschwand zwar nicht, aber er stellte kein Problem mehr für sie dar und sie konnte das geplante Buch fertigstellen. Das war 2004 und seither hat sie noch ein weiteres geschrieben.

Durch das Mandala Intuition und Gnade erfahren

Die Arbeit mit dem Mandala, die Sie von dem Leidensdruck befreit, den Ihre eigenen Überzeugungen hervorrufen, beinhaltet eine Kombination aus eigenen Bemühungen und so etwas wie Gnade. Sie müssen die Mühe auf sich nehmen, Ihre eigenen Geschichten zu entdecken, und die Emotionen und Gefühle, die diese Geschichten in Ihnen hervorrufen, bewusst voll und ganz erleben. Auch müssen Sie den Unterschied wahrnehmen zwischen der Person, die Sie sind, wenn Sie sich mit Ihren Geschichten identifizieren, und der Person, die Sie im Jetzt sind, wenn Ihr Verstand schweigt und Sie im fokussiert-weiten Gewahrsein verweilen. Dieser wache und zugleich entspannte Seinszustand ist weder eine gedankliche Erfahrung noch eine mentale Identität, die Sie durch Ihr Bild von sich prägen. Es ist ein körperlich erfahrbarer Seinszustand, die gefühlte Wahrnehmung Ihrer selbst im gegenwärtigen Moment, unabhängig von Gedanken.

Durch das Erfahren des Kontrastes zwischen diesen beiden Seinszuständen – Identifizieren mit Ihren Geschichten und Ruhen im Hier und Jetzt – kann etwas in Ihr Leben treten, was im religiösen Kontext als „Gnade" bezeichnet wird. Diese Gnade kommt zum Ausdruck in Form plötzlicher Einsichten und manchmal in einem tiefen Ruhen im Zustand von Klarheit und innerem Frieden. Die neu gewonnenen Erkenntnisse stammen meiner Ansicht nach aus Ihrem intuitiven Wissen.

Dieses Wissen steht jedermann zur Verfügung. Sie können jedoch erst dann darauf zugreifen, wenn Sie sich nicht länger mit Geschichten „vergiften", die Sie daran *hindern*, tief in Ihr Inneres einzutauchen. Wenn Sie sich auf Ihr authentisches Selbst einstimmen, werden Sie feststellen, dass Sie sich stärker auf Ihr Leben einlassen und alles annehmen können, was passiert. Mein krebskranker Freund etwa, über den ich zu Anfang des Buches berichtet habe, beschrieb es einmal so: „Ich bin mir der Statistiken, die mir eine Genesungschance von vielleicht zwei Prozent geben, voll bewusst. Aber weil ich nicht mehr gegen etwas ankämpfe und sogar mit Freude alles annehme, was passiert – die Untersuchungen, die Chemotherapie, einfach alles –, habe ich mich noch nie besser und lebendiger gefühlt."

Es ist wirklich Gnade, einen solchen Zustand von Annahme und Offenheit zu erreichen, aber es ist kein Zufall. Die Gnade kommt zum Tragen infolge des ehrlichen Bemühens, die Person zu sein, die Sie im Moment wirklich sind, und nicht das, was Ihr Verstand Ihnen erzählt.

Wenn Sie sich aus dem Drama Ihrer Geschichten befreien, können Sie sich entspannen und zulassen, dass jede Geschichte erkundet und jedes Gefühl gefühlt werden darf. Jeder Moment ist genau so, wie er ist. Ihn so anzunehmen, ist Ihre Aufgabe und Ihre Verantwortung. Aber die tatsächliche Veränderung, durch die Sie heim zu sich selbst kommen, ist am Ende eine Sache der Gnade – die spontane Verwandlung von etwas in Ihrem Inneren.

Wenn Ihr Verstand *kein* Leiden verursachen würde, wie würden Sie dann Ihre Erfahrung von Krankheit, gesundheitlichen Problemen, Operationen oder gar dem Tod leben? Wie würden Sie die Erfahrung leben, arbeitslos geworden zu sein oder eine Scheidung hinter sich zu haben? Indem Ihnen bewusst wird, dass Ihre wahre Geschichte im Jetzt beginnt – und zwar immer wieder neu, mit jedem Atemzug –, wird Ihnen zugleich klar, dass Sie jeden Moment neu beginnen können. Es ist nie zu spät.

Der Einsatz, der von Ihnen verlangt wird, besteht darin, die Verantwortung für das zu übernehmen, was auch immer Sie sich selbst und anderen aufgrund der Fantastereien Ihres Verstandes antun – oder, genauer gesagt, aufgrund des Mangels an Fokus und Disziplin in Bezug auf Ihr Denken. Es geht jetzt nicht darum, sich selbst dafür zu *verurteilen* oder zu schelten, dass man so viele Gedanken und Geschichten ungeprüft übernommen hat. Die Aufgabe lautet vielmehr, sich zur Bewusstheit zu verpflichten. Nun, da Ihnen stärker bewusst ist, was Sie tun, ist es Zeit für einen Neubeginn. Mithilfe des Mandalas können Sie sich bewusst von all den Geschichten distanzieren, die Sie sich erzählt haben, und herausfinden, wie es ist, wenn Sie einfach nur bei dem präsent sind, was Sie gerade fühlen.

Ein Leben frei von Geschichten

Der Hauptgrund dafür, dass so wenige von uns lernen, im Jetzt zu leben, liegt darin, dass wir uns dazu über unser Ego hinausentwickeln müssten. Aber das Ego ist seiner Natur nach das Produkt einer Identifikation mit Überzeugungen, Annahmen und Urteilen – kurz gesagt: eine Identifikation mit dem Denken. Und das Denken kommt erst dann zum Stillstand, wenn man im Jetzt ist. Erst wenn wir über das Ego hinaus in die Präsenz gehen, hängt unsere Identität nicht länger davon ab, dass wir in der Vergangenheit oder der Zukunft verweilen beziehungsweise uns mit Ich- oder Du-Geschichten identifizieren.

Gleichzeitig ist es von frühester Kindheit an so, dass wir im gegenwärtigen Moment auf die schwierigsten Gefühle treffen: solche, die uns bedrohen, weil sie entweder zu wundervoll oder zu schrecklich sind. Und unser Ego flieht schon das ganze Leben lang vor diesen beiden Aspekten. Sobald Sie sich jedoch für ein bewusstes Leben entschieden haben, wird das Jetzt zu dem Ort, an dem Sie lernen können, jedem Gefühl mit fokussiertem und zugleich weitem Gewahrsein standzuhalten.

Stellen Sie sich einmal die folgende Frage: „Was konnten meine Eltern nicht lieben, akzeptieren oder annehmen? Was hat meine Mutter unglücklich gemacht? Was konnte sie aus kulturellen Gründen oder aus ihrer eigenen Angst heraus nicht leben? Was hat meinen Vater dazu gebracht, seine Gefühle zu verbergen beziehungsweise so viel zu arbeiten oder zu trinken?" Mit Sicherheit war es ein Gefühl, dem sie nicht standhalten konnten, ohne ihr Herz zu verschließen. Und es ist sehr wahrscheinlich, dass Sie in Ihrem Leben gefordert sein werden, Ihr Herz für das zu öffnen, was Ihre Eltern nicht annehmen konnten.

Wenn Sie sich Ihre Geschichten genau ansehen, können Sie eine neue Beziehung zu sich selbst wählen und so das in sich heilen, womit Ihre Eltern nicht umgehen konnten (– ganz gleich, ob diese noch leben oder bereits verstorben sind). In diesem Sinne holen Sie sozusagen einen Teil Ihrer Kindheit nach.

In der Wahl Ihrer Beziehung zu einem bestimmten Gefühl oder einer Geschichte können Sie so fantasievoll und kreativ sein, wie Sie mögen. Sie können Ihren alten, vertrauten Geschichten dankbar sein und Ihnen für die Persönlichkeit danken, die sie haben entstehen lassen. Und wenn Sie so weit sind, können Sie endlich aufhören, sich mit diesen Geschichten zu etwas Besonderem zu machen, und sich der wunderbaren Verletzlichkeit öffnen, die ganz zu Beginn vorhanden ist, wenn Sie die Geschichten nicht länger als Schutzwall gegen eine tiefere Form von Lebendigsein verwenden. Schritt für Schritt wird sich die Verletzlichkeit in Demut und Freude wandeln. Das Land der Erlösung und Erfüllung ist nur einen kleinen Schritt vom ermüdenden und einengenden Kräftespiel des Ego entfernt.

Es mag zunächst dumm erscheinen, mehr Verletzlichkeit zuzulassen. Denn in unserer Kultur lernen wir vor allem eins: schwierige Gefühle zu leugnen, eine makellose Fassade aufrechtzuerhalten und jederzeit so zu tun, als ginge es uns gut. Der Segen der Verletzlichkeit liegt jedoch darin, dass sie Ihr Herz öffnet. Plötzlich können Sie *alles* spüren, genießen und wertschätzen: den Geschmack und Geruch von Dingen, die Qualität des Lichts, den Klang der Stimmen anderer Menschen und so weiter. Sie wissen einfach, dass die Dinge so sind, wie sie sind.

In diesem Zustand ist es in Ordnung und sogar Leben spendend, nicht alles verstehen zu müssen. Sie können sich selbst und das Leben betrachten und sagen: „Ich weiß es nicht", ohne dass Sie dies als Schwäche oder Niederlage empfinden. Es ist im Grunde genommen befreiend. Da ist nichts, vor dem man weglaufen müsste – für alles, was ist, kann man sich öffnen.

Diese Akzeptanz Ihrer selbst und Ihrer Situation erweitert Ihre Fähigkeit, aus dem Herzen heraus zuzuhören, mitzufühlen und in ihrer Beziehung zu anderen große Sensibilität zu zeigen. Wenn Sie den gegenwärtigen Moment mit dieser zärtlichen Aufnahmebereitschaft berühren, werden Sie erkennen, wie gnädig Ihr Leben Ihnen gegenüber in diesem Moment ist.

KAPITEL 7

Zum Gewahrsein erwachen

Das Märchen *Des Kaisers neue Kleider* macht deutlich, wie einfach – und im Übrigen auch alltäglich – es ist, in einem Traum zu leben. In der Regel sind wir uns dessen nicht bewusst. In Hans Christian Andersens Geschichte ist es am Ende ein kleiner Junge, der noch nicht von der Gesellschaft „hypnotisiert" wurde und der die Wahrheit verkündet: Während alle anderen voll des Lobes für die wundervollen neuen Gewänder des Kaisers sind, ist der Herrscher in Wahrheit nackt. Die Sicht des Jungen auf die Realität ist ein Weckruf für uns alle – die Aufforderung, nicht länger in einem Wachtraum zu leben.

Der Kaiser steht sinnbildlich für das Ego, also jene Bewusstseinsebene, die in der Regel unser Leben und unsere Sicht der Realität bestimmt. Diese „Geistesebene" ist eine der größten Leistungen der Evolution. Sie eröffnet uns nicht nur die Möglichkeit der Selbstbetrachtung, sondern erlaubt uns auch, uns die Zukunft vorzustellen; dadurch wurde der Mensch zur dominanten Spezies auf diesem Planeten. Dennoch gibt es nichts, was das tiefere Leben der Seele mehr erstickt als das egoische Bewusstsein (der Zustand, in dem das Ego alles unter Kontrolle hat).

Ohne dieses innere (Seelen-) Leben können wir niemals wirklich emotional gesund sein oder wahre Erfüllung verspüren. Unsere psychischen Wurzeln treiben in flacher Erde, wir werden beherrscht von Eigeninteresse, Angst und Kontrolle. Der Zugang zu den schöpferischen Kräften unserer Seele ist uns verwehrt. Vergessen Sie nicht, dass seelische und körperliche Krankheiten Hand in Hand gehen. Sobald die Seele Raum zum Leben hat, können wir – auch wenn wir körperlich krank sein mögen – mit einem lebendigen Gefühl des Wohlbefindens in Berührung kommen.

Bei den Problemen, die wir in den Beispielen im vorherigen Kapitel untersucht haben, lebten meine Gesprächspartner Joseph, Virginia und Marie-Claire alle in einer Art von Traum, der von ihrem egoischen Bewusstsein erzeugt wurde. Durch ihre Vergangenheits-, Zukunfts-, Ich- und Du-Geschichten verschlimmerten sie ihr Leid. Um aus ihren Träumen aufzuwachen, mussten sie spüren, was ihre Geschichten auslösten, und diesen Zustand dann mit demjenigen vergleichen, den sie empfanden, wenn sie in der Mitte des Mandalas standen.

Wie nun können Sie *sich selbst* aufwecken? Die Antwort ist ganz einfach: Untersuchen Sie Ihre Gedanken, damit Sie alle Geschichten herausfinden. Vielleicht stellen Sie dabei fest: „Ich erzähle mir gerade eine Ich-Geschichte – eine, die mich auf selbstvernichtende Weise *besonders* macht"; oder: „Ich erzähle mir selbst eine Zukunfts-Geschichte, die bewirkt, dass ich mir Sorgen mache."

Der Grund dafür, dass es wichtig ist zu spüren, was jede Geschichte in Ihnen auslöst – und nicht einfach nur zu denken „Das ist eine Vergangenheits- oder eine Du-Geschichte" –, ist folgender: Wenn Sie tatsächlich die Folgen spüren, die der Glaube an eine Geschichte in Ihnen auslöst, und dann das Jetzt spüren, in dem Sie sich im fokussiert-weiten Gewahrsein befinden (zugleich wach und entspannt), werden Sie beginnen, Ihr Verhalten zu ändern.

Niemand, der bewusst erlebt hat, wie schmerzhaft es ist, eine heiße Pfanne anzufassen, wird es absichtlich immer wieder tun. Wenn Ihnen bewusst wird, wie häufig Sie sich selbst emotional mit Geschichten vergiften, die Schuldgefühle, Eifersucht, Ablehnung oder Angst hervorrufen, dann werden Sie damit aufhören wollen. Und wenn Sie dann zusätzlich verstehen, dass das Verweilen in angenehmen Erinnerungen auch eine Art sein kann, dem Leben aus dem Weg zu gehen, brauchen Sie sich nicht mehr so häufig dorthin zu begeben, weil Sie genauso gut in der Fülle des gegenwärtigen Moments verweilen können.

Ich kenne keinen besseren Weg, um wirklich wach zu werden für den Preis, den Sie zahlen, wenn Sie dem Ego die Fäden in die Hand geben und zur Marionette werden. Aus diesem Grund halte ich es an dieser Stelle für wichtig, noch einmal die Natur der emotionalen Realität auf allen vier Positionen des Mandalas zu rekapitulieren. Immer wieder in emotionalen Aufruhr zu geraten ist nicht in Ihrem Interesse. Stellen Sie sich also jedes Mal, wenn Sie emotional aufgewühlt sind, die folgende Frage: „Was erzähle ich mir über mich, über dich [andere Leute], die Vergangenheit oder die Zukunft, das dieses Gefühl in mir auslöst?"

Eine Grundvoraussetzung für diese Arbeit ist natürlich die Erkenntnis, dass das wahre Problem nicht in den Handlungen anderer liegt, sondern vielmehr in dem, was Sie sich selbst mit Ihren eigenen Gedanken antun. Denn Sie mögen zwar keinen Einfluss auf das haben, was andere tun, aber Sie haben die Möglichkeit, mitten in einer Geschichte, die Sie sich selbst erzählen, *aufzuwachen*, bevor Sie in Wut, Schuldgefühlen oder Sorgen versinken. Die Geschichte wird dann beendet und Sie beginnen wieder von Neuem, und zwar im Jetzt mit seinen unbegrenzten Möglichkeiten.

Die Vergangenheits-Position – neu betrachtet

Wenn Sie einmal genauer auf das schauen, was passiert, wenn sich Ihre Gedanken in der Vergangenheit bewegen und Sie nicht länger im Jetzt verwurzelt sind, werden Sie feststellen, dass bestimmte Emotionen unvermeidlich vorhanden sind: Schuldgefühle, Vorwürfe, Bedauern, Trauer und Gefühle von Verlust oder Niederlage sind die typischen Begleiterscheinungen der Geschichten, die Sie sich über *unerfreuliche* Erinnerungen erzählen. Bei *angenehmen* Erinnerungen hingegen weckt die Rückbesinnung darauf positive Emotionen: Zufriedenheit, Glücksgefühl oder vielleicht ein sinnloses, aber berauschendes Schwelgen in Nostalgie. In Bezug darauf, wie Sie sich gerade *jetzt* fühlen, ist es wichtig, sich klarzumachen, dass das Problem nicht in der jeweiligen *Erinnerung* liegt, sondern in der Geschichte, die Sie sich in diesem Moment dazu erzählen.

Überlegen Sie einmal Folgendes: Wie oft haben Sie schon über eine bestimmte Erinnerung aus Ihrer Kindheit oder Jugend gesprochen und vielleicht so etwas gesagt wie: „Mein Vater hat uns verlassen."? Und wie häufig haben Sie dabei die gleichen Worte verwendet wie vor 20 oder sogar 50 Jahren? Bei wie vielen Gelegenheiten verschließen Sie Ihr Herz vor Ihrem Partner, weil Sie sich heute immer noch die gleiche Geschichte wie so oft über das erzählen, was er (oder sie) vor zwei, fünf oder dreißig Jahren „Schlimmes" getan hat? Wenn Sie dies tun, ohne die Geschichte infrage zu stellen, erzeugen Sie heute die gleiche emotionale Realität – den gleichen psychischen Zustand – wie vor all diesen Jahren.

Ist Ihnen bewusst, dass Sie sich selbst und anderen Jahr um Jahr dieselben alten Geschichten aus der Vergangenheit erzählen, an die Sie sich erinnern? Ist Ihnen bewusst, dass Sie diese Geschichten auf immer gleiche Weise interpretieren und damit jedes Mal wieder die Urteile untermauern, die Sie über ein schon lange vergangenes Ereignis gefällt haben?

Auf diese Weise erzeugt Ihr Ego ständig sozusagen eine Vergangenheitsversion Ihrer selbst und mit dieser Version kommt das gleiche alte Leiden oder Fluchtverhalten wieder auf. So durchleben Sie Ihr altbekanntes Muster von

Besonderheit (zum Beispiel Ihre Identität als der *verlassene* Sohn oder die *verlassene* Tochter) immer und immer wieder.

Was würde passieren, wenn Sie Ihre Erinnerungen aus der frischen Perspektive *des* Menschen betrachten, der sich in Gewahrsein übt und daher jeden Tag neu ist, weil Ihr Bewusstsein lernt und sich weiterentwickelt? Was wäre, wenn Sie die Erinnerung mit Offenheit und somit auch durch die Augen der anderen Beteiligten betrachten sowie die Umstände und Bedingungen einbeziehen könnten, unter denen das Ereignis stattfand?

Machen Sie sich bewusst, dass Sie immer wieder die gleichen alten Schuldgefühle erzeugen, indem Sie die gleichen verurteilenden Gedanken denken, mit denen Sie sich heute immer noch auf die gleiche Weise beurteilen, wie Sie es gestern, vor einem Monat oder vor vielen Jahren getan haben. Sie rufen beispielsweise den Schmerz darüber, dass Sie betrogen worden sind, mit einem Gedankengebilde wieder wach, in dem es darum geht, wie *man* Sie hätte behandeln müssen und was *andere* hätten tun sollen. Es geht aber nicht darum, ob tatsächlich ein Vertrauensbruch stattgefunden hat; Sie „müssen" diese Gedanken nur ständig wiederholen, um weiterhin Empörung, Selbstgerechtigkeit, Ihre Opferrolle oder Schuld zu empfinden.

Auch an schöne Dinge können Sie sich nur dann erinnern, wenn Sie ein Bild aus der Vergangenheit hervorrufen und daran denken. Und so angenehm sich das auch anfühlen mag, es überdeckt dennoch die Unmittelbarkeit des gegenwärtigen Moments und ersetzt sie durch eine schöne Erinnerung. Das muss nicht immer unangebracht sein, aber es ist dennoch ein Vermeiden des Lebens im gegenwärtigen Moment, denn die gegenwärtige Situation wird in diesem Moment entweder ignoriert oder auf fast unmerkliche Weise als *geringerwertig* eingestuft.

Solange Sie mit etwas Wunderbarem aus der Vergangenheit identifiziert sind, glauben Sie vielleicht auch, dass das Leben im Moment nicht so gut sei wie damals oder dass diese bestimmte Person heute nicht so gut zu Ihnen passe wie die Person aus Ihren Erinnerungen. Sich selbst Geschichten aus der Vergangenheit zu erzählen – und das gilt auch für glückliche Erinnerungen – kann Sie blind dafür machen, mit wem Sie gerade zusammen sind und was jetzt gerade passiert. Sie sehen den gegenwärtigen Moment – wenn Sie ihn überhaupt sehen können – durch eine *alte* Brille – mag sie auch rosarot gefärbt sein.

In Bezug darauf, wie Gedanken vorhersehbare Emotionen erzeugen, gleicht das egoische Bewusstsein eher einem Computer als einem tatsächlichen Bewusstsein: Welche Emotion(en) Sie in Abhängigkeit von den Gedanken, die Sie sich selbst erzählen, spüren werden, das ist absolut sicher.

Wenn Sie erst einmal an mehreren Problemen gearbeitet haben, werden Sie bald feststellen, dass es ein Grundsystem von Geschichten gibt, die sich ständig wiederholen. Es mögen scheinbar unterschiedliche Situationen sein, in denen Sie die Klarheit verlieren, aber sobald Sie mit dem Auspacken der Geschichten beginnen, die Sie sich selbst erzählen, werden Sie bemerken, dass sie häufig Ähnlichkeit haben. Das kommt daher, dass Ihre Geschichten entweder aus der Feder Ihrer Grandiosität oder aus Ihrer Depressivität stammen.

Ihr zu Depressivität neigender Teil des Ego schaut auf die Vergangenheit und erinnert sich zielsicher an alles, was Ihnen Gefühle von Schuld, Scham oder Trauer vermittelt hat – ganz gleich, ob es um Gesundheit, Ihre berufliche Laufbahn oder eine Beziehung geht. Der zu Grandiosität neigende Teil des Ego hingegen sieht beim Blick in die Vergangenheit nur Situationen, in denen Sie erfolgreich waren, eine bedeutende Persönlichkeit, ein Gewinner – oder sie blendet die Vergangenheit gänzlich aus, um jeder Erinnerung aus dem Weg zu gehen, die ihre gefühlte Großartigkeit untergraben könnte. Denken Sie immer daran, dass Ihr Ego ein selektives Gedächtnis hat: Es erinnert sich an all das, was seine spezielle Besonderheit bestätigt, und ignoriert jede Erinnerung, die die gewählte Identität unterminieren könnte.

Sie haben sich selbst Ihr ganzes Leben lang immer wieder eine Version der gleichen Art von Vergangenheits-Geschichten (und allen anderen Arten von Geschichten natürlich auch) erzählt. Diese Geschichten bilden die Grundlage für Ihr Ego, für Ihren Glauben an Ihre Getrenntheit und Besonderheit.

Durch Praktizieren des Mandala-Prozesses lernen Sie, sich eine Geschichte nach der anderen anzusehen und zu erleben, was genau sie in Ihnen auslöst – und das ist ein entscheidender Unterschied zur unbewussten Identifikation damit. Und je besser Sie lernen, sich selbst scharf zu beobachten, umso eher erkennen Sie eine dieser vertrauten Vergangenheits-Geschichten, sobald Sie Ihnen in den Sinn kommt. Dann kann Sie sie nicht mehr in emotionale Konfusion stürzen, sondern Sie können stattdessen *die Entscheidung treffen, mit Ihrem Gewahrsein zum gegenwärtigen Moment zurückzukehren – zu Ihrem tieferen Selbst.* In diesem Sinne spreche ich von „Erwachen".

Die Zukunfts-Position – neu betrachtet

Die Zukunft ist ihrem Wesen nach ungewiss; das bedeutet, dass der Verstand lediglich eine Vorahnung oder eine Vorstellung davon haben kann. Da er nicht weiß, was wirklich sein wird, muss er entweder Furcht einflößende oder hoffnungsvolle Geschichten produzieren. Er muss etwas erdenken, was entweder besser oder schlechter ist als seine Einschätzung der *gegenwärtigen* Situation beziehungsweise seine Erinnerung aus der Vergangenheit. Darum rufen einige der Gedanken, die Ihnen bei Ihren Zukunftsvorstellungen durch den Kopf gehen, unweigerlich Sorgen und Angst hervor, andere wiederum erzeugen positive Gefühle oder hoffnungsfrohe Erwartungen.

Angst entsteht durch Vorstellungen wie diese: „Bei meiner Operation könnte etwas schief gehen und dann ginge es mir schlechter als vorher." Oder: „Mein Partner könnte es leid werden, dass ich immer krank bin, und mich verlassen." Positive Erwartungen werden durch Gedanken erzeugt, die die Dinge besser oder hoffnungsvoller aussehen lassen: „Diese Operation ist genau das, was ich brauche." Oder: „Mein Partner wird zu mir halten, egal, was passiert."

Wenn Ihre Gedanken in die Zukunft gehen, dann werden sie automatisch zwischen Angst und Hoffnung hin und her schwanken. Je stärker Sie mit einer angstvollen Geschichte identifiziert sind, umso stärker werden Sie sich an eine hoffnungsvolle klammern. Und je stärker Sie versuchen, sich an eine hoffnungsvolle Geschichte zu klammern, umso wahrscheinlicher schlägt das Pendel wieder in die andere Richtung aus (die Richtung der Angst). Aus diesem Teufelskreis können Sie nur dann ausbrechen, wenn Sie sich wieder ins Jetzt zurückbringen.

Natürlich ist es durchaus berechtigt und klug, in die Zukunft zu schauen und zu planen. Das ist nicht nur wichtig für das Überleben der Menschheit, sondern es gehört auch zu den erfüllendsten Erlebnissen, sich etwas vorzustellen und diese Vorstellung dann Wirklichkeit werden zu lassen. Aber wenn Sie sich mit Ihren Gedanken über die Zukunft *identifizieren* und diese für Sie realer werden als Ihr aktuelles Erleben, dann sind Sie nicht mehr in der Realität verankert. Sie haben die Verbindung zu Ihrem wahren Selbst verloren und fühlen sich womöglich schlecht, weil Sie nicht dort sind, wo Sie gerne wären. Die einfache Freude am Sein geht verloren.

Natürlich fühlt sich Hoffnung besser an als Angst. Aber die wahre Quelle einer positiven, hoffnungsvollen Haltung liegt nicht darin, dass Sie sich selbst Glück verheißende Geschichten erzählen oder hoffnungsfroh auf ein gutes Ergebnis warten. Es geht vielmehr darum, dass Sie jeden Moment in der Akzeptanz dessen leben, *was ist*.

Wenn Sie das Gefühl der Hoffnung loslassen (also davon Abstand nehmen), bedeutet das nicht, dass Sie in Hoffnungslosigkeit versinken. Sie haben einfach nur die Zukunft losgelassen und befinden sich in einem Zustand der Akzeptanz, was im Übrigen nicht bedeutet, dass Sie automatisch aufhören, auf eine positive Wendung hinzuarbeiten. Der Unterschied besteht einfach in dem

Wissen, dass Ihr Selbstwert nicht davon abhängt, ob Sie Ihr Ziel erreichen oder nicht. Die positive Einstellung, die viele Menschen im Angesicht echter Herausforderungen zeigen, hat nichts mit ihrem *Denken* zu tun – sie steigt einfach aus ihrem Inneren heraus auf, aus der zeitlosen Quelle der Präsenz selbst.

Je vollständiger Sie in das Jetzt eintauchen, umso mehr werden Ihre Zukunfts-Geschichten in die richtige Perspektive gerückt. Sie müssen diese Geschichten weder anfechten, noch müssen Sie sie wegschieben oder aufgeben. Der einfache Wechsel ins Jetzt und das Erfahren des Unterschieds im Körpergefühl reicht schon als Erkenntnis aus. Ihr eigenes intuitives Wissen ermöglicht Ihnen zu erkennen, dass diese Geschichten Zukunftsbilder sind, die Ihnen beim Festlegen Ihres Kurses durch das Leben helfen können, aber nicht mit dem wahren Leben verwechselt werden sollten. Andererseits kann Ihnen auch klar werden, dass diese Zukunfts-Geschichten zerstörerische Erfindungen sind und Sie in jedem Moment die sehr reale Option haben, ins Jetzt zurückzukehren und Ihr Seins- und Selbstgefühl zu erneuern. In der Präsenz erzielen Sie eine tiefere Gelassenheit, als sie mit dem Festhalten an falschen Hoffnungen jemals möglich wird. Das liegt daran, dass Gefühle wie Zugehörigkeit, Verbundenheit, Vertrauen, Vergebung, Mitgefühl und Dankbarkeit ganz automatisch vorhanden sind, wenn Sie präsent sind. Sie müssen sie nicht erst mithilfe von Geschichten erzeugen.

Während der Schatten der Angst einflößenden Geschichten ein falsches oder unbegründetes Gefühl von Hoffnung ist und der Schatten der hoffnungsvollen Geschichten Angst und Furcht, haben die Zustände, die Sie erleben, wenn Sie ganz in der Gegenwart ruhen, keinerlei Schatten. Die spontanen Erfahrungen von Freude, Vertrauen, Liebe, Mitgefühl oder Vergebung sind natürliche Seinszustände. Sie werden *nicht* von Gedanken erzeugt und sind keine zeitlich begrenzten emotionalen Zustände, die ständig durch einen Strom an Geschichten aufrechterhalten werden müssen oder sich automatisch in ihr Gegenteil verkehren.

Die Ich-Position – neu betrachtet

Die Ich-Position ist vermutlich die schwierigste, denn das Ego hat unsere Gedanken über uns selbst immer schon mit der Person gleichgesetzt, die wir zu sein glaubten – und zwar etwa seit unserem fünften Lebensjahr: Wer ist wütend? *Ich.* Wer hat Krebs? *Ich.*

Natürlich kann es sein, dass Ihr Körper an Krebs leidet. Aber *der* Teil von Ihnen, der sowohl dieser Tatsache als auch aller zugehörigen Gedanken gewahr ist (also Ihr im Zustand des Gewahrseins existierendes Selbst)– hat *dieser* Teil von Ihnen Krebs? Die meisten Menschen sind unfähig, zwischen Denken und Gewahrsein zu unterscheiden, und sind daher in einer großen Ignoranz, in einem tiefen Schlaf gefangen. Erst wenn Sie ein Gewahrsein für das Jetzt entwickelt haben, können Sie beginnen, die Geschichten zu beobachten, die Sie sich über sich selbst erzählen, während sie in Ihren Gedanken entstehen. Erst dann können Sie erkennen, dass diese Geschichten nicht das sind, was Sie wirklich sind.

Wie bemerken Sie nun, dass Sie sich gerade eine Ich-Geschichte erzählen? Ein guter Hinweis ist, wenn Sie sich etwas denken oder sagen hören, was beispielsweise mit einer Formulierung beginnt wie: „Ich bin …“, „Ich bin nicht …“, „Ich sollte …“, „Ich sollte nicht …“, „Ich muss …“, „Ich brauche nicht …“ oder „Ich kann nicht …“, oder wenn Ihr Satz ein „immer“ oder „niemals“ enthält. Bei Behauptungen dieser Art sollte stets Ihre innere Warnleuchte angehen. Fragen Sie sich, welches Ich da gerade spricht. Und schauen Sie, ob Sie innerlich einen Schritt zurücktreten und den emotionalen Aufruhr verhindern können, den Sie womöglich gerade angefacht haben.[8]

Beispiele für Ich-Geschichten

… sind etwa Gedanken wie diese:

- Ich kann nicht einfach so Spaß haben wie andere Leute, weil mein Leben von meinen gesundheitlichen Problemen beherrscht wird.

- Ich kann mich erst dann entspannen, wenn ich meine Schulden abbezahlt und meine Finanzen wieder in Ordnung gebracht habe.

- Mein Ruf hängt davon ab, ob dieser Geschäftsplan funktioniert oder nicht.

- Ich weiß, was das Richtige ist.

- Du solltest auf mich hören.

All dies sind Ich-Geschichten.

Jedes Mal, wenn Ihnen bewusst wird, dass Sie sich gerade eine Ich-Geschichte erzählen, sollten Sie überprüfen, auf welche Weise diese Geschichte Sie zu etwas Besonderem macht. Wenn Sie sich beispielsweise eine der oben aufgeführten Ich-Geschichten erzählen (etwa: „Ich weiß, was das Richtige ist“), dann fragen Sie sich danach bewusst: Auf welche Weise macht mich das zu etwas Besonderem? *Denken* Sie die Antwort nicht nur ("Ich weiß mehr als andere"), sondern gehen Sie den ganzen Prozess sorgfältig durch und *spüren* Sie, wie Ihr *Körper* diese Frage beantwortet. Können Sie ein Gefühl von Aggressivität, Ungeduld, Reizbarkeit oder Frustration spüren? Diese Emotionen sind ziemlich zuverlässige Zeichen dafür, dass Sie in die Falle der Grandiosität getappt sind. Fühlen Sie sich andererseits schwach, verwirrt, unzulänglich oder niedergedrückt, deutet alles eher darauf hin, dass Sie in Richtung einer selbstzerstörerischen, depressiven Besonderheit tendieren.

Wenn es Ihnen schwerfällt, Ihre Gefühle zu erkennen, dann schauen Sie sich die *Bilder* an, die Ihr Verstand erzeugt. Zeigen sie, dass Sie Erfolg haben, gewinnen, andere dominieren oder retten? Oder zeigen sie, dass Sie ausgeschlossen sind, verlieren, nicht beachtet oder wertgeschätzt werden?

Vielleicht fragen Sie sich: „Wenn ich nicht die Gedanken bin, die ich mir selbst erzähle und die mich zu etwas Besonderem machen, wer bin ich dann?" Das ist natürlich eine der großen Fragen, speziell für all jene, die sich auf den Pfad des Erwachens begeben haben. Jeder Versuch, diese Frage jetzt und hier zu beantworten, würde nichts bringen, da die Antwort nur ein weiterer Gedanke wäre, eine weitere Geschichte. Viel wichtiger ist es, zu erkennen, wer Sie *nicht* sind: Sie sind nicht die Geschichten, die Sie sich über sich selbst erzählen, denn die Tatsache, dass Sie sich einer Geschichte *bewusst* sind, bedeutet (wie ich ja schon ausgeführt habe), dass Sie *mehr* sind als diese Geschichte.

Eines der erstaunlichsten und befriedigendsten Erlebnisse im Leben ist es, sich selbst wachzurütteln und bewusst aus der Ich-Position heraus- und in die fokussiert-weite Präsenz hineinzutreten. Plötzlich verändern sich Ihr gesamtes Verhalten, Ihre Körpersprache, ja, sogar die ganze Bedeutung der Situation – als hätte jemand einen Schalter umgelegt. Dort, wo es zuvor Konflikte oder Misstrauen gab, ist nun Raum für Verbindung und Versöhnung. Sie können regelrecht spüren, wie sich Ihr Herz öffnet.

*

Gerne wiederhole ich hier, was ich bereits zuvor angesprochen habe: Bestrafen Sie sich nicht für *das, was* Sie da an üblen Geschichten entdecken, sondern belohnen Sie sich *für die Tatsache, dass* Sie es entdecken und durchschauen. Wenn Sie sich also bei einer selbstzerstörerischen Geschichte ertappen, verurteilen Sie sich nicht dafür. Wenn Sie dies tun, lassen Sie zu, dass Ihr innerer Kritiker Sie erneut in eine negative Besonderheit katapultiert und dass das von Ihnen Erkannte damit vom Ego vereinnahmt wird. *Gratulieren* Sie sich stattdessen dafür, dass Sie eine Geschichte durchschaut haben. Erkennen Sie an, dass Sie aufgewacht sind, als Sie sich die alte selbstzerstörerische oder glorifizierende Geschichte erzählen hörten. Und bedanken Sie sich bei dem Teil von Ihnen, der Sie wachgerüttelt hat, sodass Ihnen die Geschichte bewusst werden konnte.

Bleiben Sie eine Weile bei dieser Errungenschaft und verstärken Sie sie mit einem inneren Lächeln. Gönnen Sie sich ein kurzes Bad in Selbstanerkennung. Entwickeln Sie einen Sinn für Humor in Bezug auf die Hartnäckigkeit Ihres Ego. Zumindest sollten Sie Ihr „gewahres Selbst" belohnen, indem Sie sich mit Ihrem Körper verbinden und Ihren Sinnen ausreichend Raum geben, damit sie den gegenwärtigen Moment voll auskosten können.

Die Welt des Ich

Das „Ich" ist nicht ein einziges, einheitliches Ding. In dem, was ich als „Ich-Welt" bezeichne, gibt es eine ganze Heerschar an inneren Stimmen oder Teilpersönlichkeiten. Diese bringen Sie dazu, sich als Objekt zu sehen, indem sie Ihnen erzählen, wer Sie seien (oder nicht) und was Sie tun (oder lassen) sollten. Zu diesen Teil- oder Subpersönlichkeiten gehören unter anderem (ohne Anspruch auf Vollständigkeit) der *Kritiker*, der *Antreiber*, der *Anpasser*, der *Perfektionist*, der *Bestimmer*, der *Rüpel*, der *Apathische* und einer meiner absoluten Favoriten: der selbst ernannte *Psychoanalytiker*. Jede dieser inneren Stimmen erzählt eine andere Ich-Geschichte.

Der Kritiker kann brutal sein und äußert sich in Sätzen wie: „Ich bin ein Versager", oder: „Ich gebe nicht auf mich Acht und deshalb bin ich jetzt krank." Der Antreiber ist unnachgiebig und aggressiv: „Ich kann nicht einfach mittendrin aufhören", oder: „Ich muss noch mehr schaffen." Der Anpasser verhindert, dass Sie nein sagen oder Ihre eigenen Interessen vor die anderer stellen: „Ich muss XY glücklich machen", oder: „Ich muss mich um meine Mutter kümmern." Der Perfektionist sagt: „Es ist nicht gut genug", oder: „Ich hätte es besser machen sollen." Der Bestimmer setzt Sie unter Druck: „Ich muss öfter meditieren", oder: „Ich muss mehr Sport treiben." Der Rüpel liebt Einschüchterung: „Das wird er noch bereuen", oder: „Ich mache alle platt, die sich mir in den Weg stellen." Der Apathische äußert Sätze wie: „Ist doch egal", oder: „Damit gebe ich mich erst gar nicht ab." Der Psychoanalytiker schließlich diagnostiziert Sie und andere und steckt sie in Schubladen: „Ich bin neurotisch", oder: „Er ist so ein Egoist."

Diese inneren Stimmen verfolgen unterschiedliche Ziele, hinter denen sich verschiedene Werte, Bedürfnisse und sogar Weltanschauungen verbergen. Einige wurden womöglich durch Eltern, Lehrer oder andere Menschen geprägt, die in der Kindheit und Jugend wichtig für Sie waren. Andere leiten sich aus kulturellen oder religiösen Idealen ab oder sind natürliche Charakterzüge von Ihnen.

Unabhängig davon, welche Subpersönlichkeiten im Spiel sind und auf welche Weise sie Ihren inneren Dialog prägen, sind sie – wie jede Gruppe, in der alle unterschiedliche Ansichten und Pläne haben – ein Quell für innere Konflikte. Während der Anpasser Sie womöglich drängt, sich mit Ihrem Vorgesetzten gut zu stellen, sagt der Bestimmer, Sie sollten sich besser gleich an die Geschäftsleitung wenden. Es kann sich durchaus lohnen herauszufinden, von welcher der inneren Stimmen eine bestimmte Geschichte stammt. Auf jeden Fall sollten Sie sich bewusst machen, dass Ihr Ego Sie nach jedem Kampf zwischen diesen inneren Stimmen unweigerlich vorübergehend an einen von zwei Orten befördern wird: zur Grandiosität oder zur Depressivität.

Ich sage bewusst „vorübergehend", denn sobald Sie beginnen, die Ich-Geschichten bewusst wahrzunehmen, werden Sie erkennen, dass Sie in bestimmten Situationen zur grandiosen und in anderen zur depressiven Besonderheit tendieren. Überlegen Sie einmal kurz: Neigen Sie bei Diskussionen über Politik oder in Ihrer Kritik an Ihrem Partner zur Grandiosität? Werden Sie bei schwierigen Entscheidungen oder dann, wenn das Geld knapp wird, eher depressiv?

Beispiel: Im Stich gelassen

Cleo, eine meiner Schülerinnen, fühlte sich im Stich gelassen, als ihre Schwester ein geplantes gemeinsames Wochenende absagte, weil sie Zeit brauchte, um sich auf eine wichtige Prüfung vorzubereiten. Cleo sagte sich selbst: „Ich bin meiner Schwester nicht so wichtig, wie sie mir." Dieser Gedanke bewirkte, dass sie sich zurückgewiesen fühlte und verletzt war. Sie wurde aber gleichzeitig auch sehr wütend auf ihre Schwester und kritisierte diese scharf. Cleos Kritikerseite sagte ihr: „Ich habe immer so viel für meine Schwester getan, sie schuldet mir etwas. Sie sollte sonst irgendwann lernen, nicht gerade dann, wenn ich mir extra freigenommen habe. Sie enthält mir meine Neffen vor." Dies ging sogar so weit, dass Cleo mit dem Gedanken spielte, die Beziehung zu ihrer Schwester ganz abzubrechen.

Bei ihrer Arbeit mit dem Mandala erkannte Cleo schnell ihre depressive Besonderheit – die Seite, die ihr Geschichten erzählte, die das Gefühl von Verlassenheit und Ablehnung hervorriefen. Weniger leicht fiel ihr

> die Erkenntnis, dass die Kritik, die Wut und die Drohung, die Beziehung ganz abzubrechen, Teil ihrer Neigung zur Grandiosität waren.

Dies ist durchaus typisch. Grandiosität und Depression beschatten einander und es dauert in der Regel nicht lange, bis eine Seite die andere ersetzt. Die meisten Menschen neigen jedoch dazu, nur eine Seite ihres Verhaltens zu sehen – im Allgemeinen ist es die Seite, die verletzt wird, und nicht diejenige, die selbst Verletzungen zufügt.

Aufzuwachen bedeutet, eine grundlegende Entscheidung zu fällen: Möchten Sie weiterhin mit einer Geschichte identifiziert bleiben – mit einem Gedanken, dessen Herkunft Sie nicht einmal wirklich kennen – oder möchten Sie sich selbst als präsent, wach und klar im Hier und Jetzt erleben?

Die Du-Position – neu betrachtet

Die Du-Position im Mandala steht für das, was passiert, wenn Ihr egoisches Bewusstsein sich mit Gedanken – in der Regel Beurteilungen – über etwas identifiziert, was Sie als außerhalb von sich selbst liegend betrachten. Du-Geschichten decken ein weites Spektrum ab, dazu gehören alle Urteile über Familienmitglieder, Freunde, Arbeitskollegen, Politiker, Ärzte, Berater, Rechtsanwälte ..., praktisch über jeden. Bei Du-Geschichten kann es auch um Ihre Lebensumstände, um die Behandlungen, die Ihre Ärzte verschreiben, um die von Ihnen eingenommenen Medikamente, das Gesundheitssystem, Ihren Körper, Ihre Krankheit, Ihre Arbeit, um Politik, Glaubensrichtungen, Geld und tausend andere Dinge gehen. Auf die eine oder andere Weise wird die Person oder die Sache, die Sie beurteilen, entweder herabgesetzt oder überhöht.

Jeder von uns hat einen ständigen Strom solcher Gedanken – schließlich gibt es unendlich viele Dinge und Personen, über die man nachdenken kann. Aber nicht das *Denken an sich* ist das Problem, sondern die *Identifizierung* mit den Gedanken. Wenn Sie Ihre Meinung oder die Ansichten, mit denen Sie aufgewachsen sind, verteidigen, geht es immer auch um die Verteidigung Ihrer Identität und das ist ein wesentlich schwerwiegenderes Projekt. Sie können nicht mehr klar denken, wenn Sie unterbewusst glauben, durch das Vertreten Ihrer Ansichten Ihr Selbstgefühl zu verteidigen. Plötzlich geht es bei unterschiedlichen Meinungen nicht mehr nur um unterschiedliche Blickwinkel, sondern um das nackte Überleben; dann haben Sie den Boden der Realität verloren. Sobald dies passiert, werden Ihre Geschichten Ihren emotionalen

Zustand stark beeinflussen und dafür sorgen, dass Sie wütend werden, sich verletzt fühlen, eifersüchtig, frustriert oder gekränkt sind, sich überlegen fühlen oder auch intolerant und möglicherweise sogar gewalttätig werden. Sie haben dann den Kontakt zu einem größeren, umfassenderen *Ich* verloren.

Wenn Sie die Du-Position des Mandalas betreten, geben Sie damit zu, dass die *Geschichten*, die Sie sich selbst über Ihre Situation oder eine andere Person erzählen, es sind, die unnötigerweise Leiden verursachen – und nicht die Worte oder Handlungen anderer. Das bedeutet jedoch weder, dass Sie untragbare Situationen oder das ausfällige Verhalten anderer hinnehmen oder entschuldigen müssten, noch bedeutet es, dass Sie Unrecht gegenüber gleichgültig werden. Stattdessen werden Sie in solchen Fällen durch den Ausstieg aus Ihren Geschichten wesentlich klarer die gesünderen Entscheidungen sehen, die Sie selbst treffen müssen, und erkennen, auf welche Weise man ein Unrecht am besten behebt.

Ich-Geschichten und Du-Geschichten im Vergleich

Es ist unmöglich, sich selbst (mit dem eigenen Denken) angemessen zu beurteilen, weil Ich-Geschichten Sie unweigerlich auf irgendeine Weise größer oder kleiner machen. Auf die gleiche Weise werden auch andere Dinge – und speziell Menschen –, über die Sie nachdenken, mit *Du-Geschichten* entweder glorifiziert oder herabgesetzt.

Manche Geschichten machen andere Menschen wichtiger, bedeutender oder mächtiger, andere machen sie unwichtig, unbedeutend oder zum Gespött. Sie können jemanden glorifizieren bis hin zu einer Art von Anbetung oder aber ihn herabsetzen bis in einen Abgrund von Intoleranz und Hass. Sie können innerhalb von Stunden (manchmal sogar in Minuten) von leidenschaftlicher Liebe umschalten auf kalte Ablehnung und dabei glauben, das liege an der anderen Person. Meistens jedoch geht es allein um die Geschichten, die Sie sich erzählen. Genau wie Ich-Geschichten verhindern, dass Sie Ihr wahres Selbst erkennen, machen Du-Geschichten Sie blind für die ungetrübte Wahrnehmung anderer Menschen.

*

Sie können eine andere Person dann am ehesten als diejenige erfahren, die sie tatsächlich ist – und nicht nur als Projektion Ihrer grandiosen oder depressiven Gedanken –, wenn Sie im Jetzt sind: zugleich fokussiert und weit offen, wach und entspannt. Wenn Sie wirklich präsent sind, werden Sie häufig überrascht sein, wie viel Wertschätzung und Liebe Sie spontan empfinden – selbst für Menschen, die ganz anders sind als Sie selbst.

Es handelt sich dabei weder um eine romantische oder sentimental verklärte Liebe, noch ist sie mit Anhaften oder mit der Erwartung verbunden, dass sich daraus etwas Persönliches entwickelt. Diese Liebe ist bedingungslos und entstammt nicht dem Ego. Es ist eine Art von Liebe, die man nicht bewusst herbeiführen kann und die sich wie Gnade anfühlt. Das Sein eines anderen auf diese Weise wahrzunehmen ist ein wahrhaft himmlisches Geschenk, ebenso wie umgekehrt: selbst von einem anderen auf diese Weise wahrgenommen zu werden.

Sobald jedoch das *Ego* die Liebe für sich vereinnahmt, beginnt es Geschichten zu erzählen, die die andere Person erhöhen und sie vielleicht sogar zum „Seelengefährten" machen. Schon entwirft das Ego seine Vision einer gemeinsamen Zukunft und seine berauschenden Bilder versprechen ewiges Glück. Aber das Leben ist kompliziert, der Alltag ist in der Regel wenig romantisch und er beansprucht viel Zeit und Aufmerksamkeit. Bald schon macht man sich nicht mehr die Mühe, sich in der Gegenwart zu begegnen – dem Ort, an dem die tiefere und spontanere Liebe zuerst entdeckt wurde und an dem sie stets erneuert werden kann. Und an irgendeinem Punkt wendet sich dann das Blatt, und anstatt verstärkt die angenehmen Seiten des anderen zu beleuchten, handeln die Geschichten des Ego nun eher von den Eigenschaften, die es unattraktiv findet. Aus Liebe und Vertrauen werden Bedenken und Befürchtungen.

Einfach ausgedrückt: Sie verlieben sich und bauen aufgrund der Geschichten, die Sie sich selbst erzählen, eine Beziehung auf. Und auf die gleiche Weise „entlieben" Sie sich wieder und beenden die Beziehung. Wenn Sie gerade an einem Punkt stehen, an dem Sie sich scheiden lassen wollen, dann überlegen Sie einmal, wie viele Geschichten Sie gebraucht haben, um an diesen Punkt zu kommen. Was wäre, wenn Sie die meisten dieser Geschichten einfach hätten fallen lassen können?

Eine reife Liebe kann erst dann entstehen, wenn Sie die Geschichten infrage gestellt haben, die Ihre Beziehung vergiften, und sich der Verantwortung stellen, diese beiseitezulassen und Ihrem Partner offen und schutzlos im Hier und Jetzt zu begegnen. Im Gegensatz zum Sichverlieben – einer Gnade, die ohne bewusstes Bemühen einfach gewährt wird –, ist das *Wiederbeleben* der Liebe ein emotionales Risiko und erfordert einen erheblichen bewussten Einsatz.

Wie ich im nächsten Kapitel ausführen werde, reicht es allerdings für das Gedeihen von Liebe nicht aus, dass Sie sich nicht mehr mit Ihren eigenen Geschichten identifizieren. Sie müssen in Ihrem Inneren auch Raum für die dunkleren Gefühle schaffen. Dann können Sie erkennen, dass Liebe keine solche Geschichte ist, sondern vielmehr ein Geschenk, eine Gnade, die in Erscheinung tritt, wenn Sie sich dem Hier und Jetzt schutzlos und offen *stellen*.

Das Mandala als „Kompass"

Beim Mandala-Prozess erleben Sie nicht nur, welche emotionalen und physiologischen Folgen es hat, wenn Ihr Verstand Ihre Geschichten glaubt, sondern Sie schulen auch Ihre Fähigkeit, in der Gegenwart zu bleiben. Ein Geist, der ständig alle Positionen des Mandalas durchläuft, *ohne* im Jetzt verankert zu sein, ist wie ein Schiff, das jeder Welle und jedem Sturm hilflos ausgeliefert ist.

Würden Sie in einem solchen Zustand beispielsweise die Nachricht erhalten, Sie sollten sich bitte bei Ihrem Arzt melden, so wäre enorme emotionale Verstörung die Folge. Zahllose Geschichten darüber, was dies wohl zu bedeuten haben könnte, kreisen durch Ihren Kopf und Sie wären diesen Geschichten schutzlos ausgeliefert. In Ihrem gesamten Körper würden sofort Stresshormone freigesetzt.

Ein Geist jedoch, der darin geschult ist, wieder in die Gegenwart zurückzukehren, mag zwar kurzzeitig von sorgenvollen Gedanken überflutet werden, erkennt diese aber sofort als solche und kommt viel schneller wieder zur Ruhe. Indem Sie immer wieder üben, Ihre Geschichten zu erkennen, sie hinter sich zu lassen und sich in den gegenwärtigen Moment zu begeben, wird Ihr Geist stärker – genau wie ein Muskel, der regelmäßig trainiert wird. Sie beginnen mühelos in der Gegenwart zu verweilen und finden Erfüllung in einfachen Dingen. Sie müssen nicht länger etwas finden, mit dem Sie sich beschäftigen oder ablenken. Weder muss der Fernseher ständig laufen, noch verbringen Sie Stunden mit Surfen im Internet.

Wenn Sie mit einem Kompass wie dem *Mandala des Lebens* durchs Leben navigieren, richten Sie Ihre Aufmerksamkeit in die entgegengesetzte Richtung – weg von Ihren Geschichten über Ihre Krankheit, über andere oder die Welt um Sie herum und hin zu Ihrem Selbst. Auf diese Weise nehmen Sie irgendwann eine sanfte Präsenz wahr, ein Gefühl von Richtigkeit, das sich auf Sie und Ihr Leben bezieht. Diese Präsenz anzunehmen – auch wenn Sie die Erfahrung logisch nicht verstehen können – führt zu dem Wunsch, noch stärker in ihr zu ruhen, denn tief in Ihrem Inneren erkennen Sie sie ganz selbstverständlich als *Zuhause*. Etwas erwacht in Ihnen.

Je häufiger Sie das Mandala einsetzen, umso klarer wird, dass es nur vier Orte gibt, an die Sie immer dann gegangen sind (oder gehen werden), wenn Sie *nicht* im Hier und Jetzt präsent sind. Das Mandala zeigt Ihnen, wo Sie sich befinden – das heißt, wohin Ihre Gedanken Sie gebracht haben –, und bringt Sie dann nach Hause zurück. Wenn Sie Gewahrsein in dieser Weise „verkörpern", kann der Geist Ruhe und Frieden finden.

Indem Sie Schritt für Schritt mehr im „verkörperten Gewahrsein" leben, erdrückt Ihr Verstand nicht länger Ihre Seele. Jeder von uns hat Zugang zu einem tieferen Wissen und Sie können Ihres auf diese Weise entdecken. Für alles, mit dem Sie sich identifiziert haben – und sei es eine Geschichte, die Sie sich schon Ihr ganzes Leben lang erzählen –, könnte es an der Zeit sein, wie eine Schlangenhaut abgeworfen zu werden, damit Ihr wahres Selbst sich zeigen kann. Es ist ein Erwachen von innen nach außen.

KAPITEL 8

Die dunklen Gefühle annehmen

Wenn Sie einmal genau darauf achten, werden Sie feststellen, dass bestimmte Gefühle nicht durch Denken hervorgerufen werden können, beispielsweise: Einssein, Erfüllung, Friede, Klarheit, Verbundenheit, Zugehörigkeit, Vergebung, Mitgefühl, Dankbarkeit, Freude und Liebe. Jedes dieser Gefühle ist wie ein spontanes Geschenk, das Ihnen zu sagen scheint, dass Sie auf irgendeine Weise in Harmonie sind mit sich selbst, mit anderen und dem Leben im weitesten Sinne.

Die Tatsache, dass diese erhebenden Gefühle spontan und unabhängig von Gedanken entstehen, basiert auf mehr als meinen eigenen Erfahrungen. Seit Jahrzehnten biete ich geführte Meditationen an, in denen Menschen von den oben erwähnten Gefühlen berichten, wenn ich sie anleite, vollkommen wach und zugleich entspannt zu sein. Weder erwähne ich diese Gefühle vorher, noch deute ich an, dass sich während der Meditation positive Gefühle entwickeln werden. Es ist einfach nur eine Übung zur Entwicklung eines fokussiert-weiten Gewahrseins. Je ruhiger der Verstand der Meditationsteilnehmer wird, umso präsenter sind sie und umso stärker manifestieren sich diese Gefühle.

Natürlich kann auch durch Denkprozesse wie beispielsweise das Betrachten und Würdigen der Sorgen und Lebensumstände eines anderen Menschen so etwas wie Einfühlungsvermögen entstehen und sogar Mitgefühl. Oder: Wenn Sie sich selbst sagen, dass jemand Sie nicht bewusst verletzen wollte, kann dies ein Gefühl der Vergebung hervorrufen. Aber meiner Erfahrung nach entstehen die tiefsten und vollkommensten Zustände von Mitgefühl oder Vergebung ebenso wie die anderen oben erwähnten Gefühle ganz spontan, wenn Ihre Geschichten sich im Jetzt auflösen und Sie die Dinge auf neue Weise betrachten.

Aber dies sind nicht die einzigen Gefühle, die wir erleben. Ein Lebewesen, das weitherzige und erhebende Gefühle spüren kann, kann auch das erleben, was ich die *dunklen Gefühle* nenne – Gefühle, die auf einer Skala von leicht verstörend bis äußerst bedrohlich rangieren können. Zu den milderen dunklen Gefühlen, mit denen wir relativ leicht umgehen können, zählt das Gefühl, dass etwas nicht in Ordnung ist – ein Gefühl von Einsamkeit, Leere, Schwere oder unguten Vorahnungen. Die meisten von uns empfinden dieses Gefühl mit ziemlicher Regelmäßigkeit. Es ist wie ein Wetterumschwung – der Himmel wird dunkel, aber der Sturm bricht nicht los. Wir fühlen uns nicht gut, können uns aber leicht mit Lesen, Fernsehen oder anderen Beschäftigungsmöglichkeiten ablenken. Wenn uns andererseits dunkelste Gefühle überfallen wie Machtlosigkeit, Hilflosigkeit oder Furcht, kann es sich so anfühlen, als wäre unsere gesamte Identität bedroht. Indem wir das Reich dessen betreten, was ich den *bodenlosen Abgrund* nenne, fallen alle Vorspiegelungen des Ego ab und wir fühlen uns nackt und schutzlos.

Warum wir nicht im Jetzt leben

Wenn Sie sich fragen, warum speziell in unserer modernen Gesellschaft so wenige Menschen im Jetzt leben, dann lautet die Antwort: Unser Ego lässt es nicht zu. Es flüchtet sich inmitten dunkelster Gefühle in Geschichten., Während Präsenz für unsere Urahnen (die stets die Natur genau beobachteten) noch ein entscheidender Faktor des Überlebens war, ist sie für den größten Teil der Menschheit heute nicht mehr lebenswichtig.

Für uns bedeutet Überleben, vor bedrohlichen Gefühlen zu fliehen, während wir gleichzeitig darauf bauen, dass der Verstand die Zukunft für uns regelt. Wie ich bereits ausgeführt habe, hat uns dies eine Welt voller Gedanken und Emotionen eingebracht. Deshalb steht der moderne Mensch in der Regel mehr unter Stress und ist unglücklicher als Menschen aus einfacheren Kulturen, die in stärkerer Verbundenheit mit der Natur leben.

In unserer heutigen Gesellschaft legen wir besonderen Wert auf Liebe und Freude und räumen der Rationalität einen hohen Stellenwert ein. Im natürlichen Gleichgewicht entgegengesetzter Kräfte gilt jedoch: Je mehr Wert wir auf die *leichten* Gefühle und den Ordnungssinn legen, umso stärker steigt auch unsere Faszination für die *dunklen* Gefühle und das Chaos. Vielleicht verdient Hollywood deshalb so viel an Horror- und Gewaltfilmen oder am *Film Noir*?

Es scheint, als förderte die extreme Betonung von Liebe und Glück die Sucht nach dem Schrecklichen und Makabren. Aber während Millionen von Menschen sich diese Angst einflößenden Filme ansehen und den Kitzel der falschen Dunkelheit genießen, können sich nur wenige den *echten* dunklen Gefühlen stellen, die unweigerlich irgendwann eintreten.

Licht und Schatten gleichermaßen willkommen heißen

Die dunklen Gefühle sind nicht schlecht oder falsch – sie sind im Gegenteil völlig natürlich. Ich persönlich glaube, dass sie nicht nur unvermeidbar sind, sondern dass eine bewusste Auseinandersetzung mit ihnen unabdingbar ist, will man als Person vollständig sein. Ohne abgrundtiefes Elend kann es keine überirdische Glückseligkeit geben. Obwohl diese Gefühle natürlich kommen und gehen wie das Wetter, gibt es Zeiten, in denen Sie anfälliger dafür sind, die dunklere Seite Ihres Gefühlsspektrums zu erleben.

In der Regel ist dies so, wenn sich Ihr Ego zutiefst bedroht fühlt, beispielsweise in Zeiten von Krankheit, Scheidung, dem Verlust nahestehender Personen, finanziellen Problemen, Arbeitslosigkeit oder wann immer Sie stark unter Druck stehen. Auch starke Kontraste oder größere Veränderungen (wie ein Umzug, ein Arbeitsplatzwechsel oder der Einstieg in den Ruhestand) bringen das Ego aus dem Gleichgewicht und können dunklere Gefühle heraufbeschwören. Genauso wie in erholtem und ruhigem Zustand spontan Freude oder Dankbarkeit in Ihnen aufsteigen kann, ist es möglich, dass bei Erschöpfung (durch Behandlungen wie Chemotherapie oder Bestrahlungen, durch Schlafmangel oder emotionale Belastung) dunkle Gefühle sozusagen aus dem Nichts kommen.

Verstärkt auftreten können diese Gefühle auch zu Zeiten, die man mit einer Art spirituellem Erwachen gleichsetzen könnte – ein Thema, das ich ausführlich in einigen meiner früheren Bücher behandelt habe.[9] Träume sind ebenfalls häufig Wege, auf denen dunkle Gefühle zum Vorschein kommen. Es scheint fast so, als wüsste die Psyche, wann Sie aus dem Gleichgewicht geraten sind, zu selbstsicher leben und unbewusst glauben, dass Sie Ihr Leben unter Kontrolle haben. Schon erscheint ein äußerst verstörender Traum, der Ihnen zeigt, dass Sie in Wirklichkeit ein Kind sind, das sich Kräften gegenübersieht, die viel größer sind, als Ihr Ego je zugeben wird.

Und dennoch sind es die dunklen Gefühle, die – wenn man ihnen mit Gewahrsein begegnet – das größte Transformationspotenzial bieten. Sie können sogar Ihre Fähigkeit vertiefen, Liebe und Freude zu empfinden.

Doch erscheinen sie uns in der Regel so bedrohlich, dass das Ego sofort in den „Verteidigungsmodus" geht. Es bringt Sie dazu, sich mit den dunklen Gefühlen zu *identifizieren*, sodass sie zu *Ihren* Gefühlen werden. Und schon stimmt etwas nicht, und zwar mit *Ihnen*.

Im Handumdrehen holt das Ego Sie aus dem Gewahrsein und der Unmittelbarkeit dessen heraus, was Sie wirklich fühlen, und schiebt Sie entweder in eine grandiose oder eine depressive Besonderheit, inklusive aller Emotionen, die diese Identifikation mit sich bringt. Sie stecken fest in einem Teufelskreis aus negativem Denken, der Wut, Schuld, Hoffnungslosigkeit und andere negative Gefühle erzeugt. In dieser Weise dienen Emotionen häufig als Abwehrmaßnahmen gegen echte Gefühle, speziell gegen solche der dunklen Art.

*

Das, was ich Gefühl nenne, ist ein Bewusstseinszustand, der sich klar vom Denken unterscheidet und durch den Sie sich selbst auf unmittelbare und „verkörperte" Weise erleben können. Sie können alle „Informationen" grundsätzlich auf vier verschiedenen Ebenen wahrnehmen, wie in der folgenden Tabelle anhand von Beispielen gezeigt.

Gefühlskategorien

Empfindungen: Etwas als warm, kalt, rau, weich ... empfinden

Gefühlte Selbstwahrnehmung: Sich wohl, unsicher, müde ... fühlen

Grundlegende Gefühle: Freude, Liebe, Einsamkeit, Furcht ...

Emotionen: Schuld, Neid, Besorgnis, Glücksgefühl ...

Auf der untersten Ebene gibt es die *Empfindungen*: Etwas ist weich, hart, rau, glatt, warm, kalt und so weiter. Auf einer tiefergehenden Ebene, aber immer noch in engem Bezug zur Empfindung, liegt das Bewusstsein für Sie selbst, die *gefühlte Selbstwahrnehmung*: Wie fühlen Sie sich? – „Ich fühle mich gut" oder „Ich bin müde" und so weiter.

Eine weitere wichtige Gefühlskategorie (klar abgegrenzt von den Empfindungen) umfasst das, was ich als *grundlegende Gefühle* bezeichne – expansive wie Freude und Liebe oder dunkle wie Einsamkeit und Furcht. Grundlegende Gefühle sind uns einerseits vertraut, aber auch in gewissem Sinne geheimnisvoll, da sie aus einer tieferen Ebene stammen als das egoische Bewusstsein. Das bedeutet – und das ist eine wichtige Unterscheidung für unsere Arbeit –, dass sie unabhängig vom Denken entstehen.

Diese Unterscheidung zwischen Gefühlen, die mit und ohne Denken entstehen, bringt uns schließlich zur vierten Kategorie, den *Emotionen*. Emotionale Zustände entstehen, wenn der fühlende Bewusstseinsmodus mit Denken vermischt wird, wie in der Grafik gezeigt.

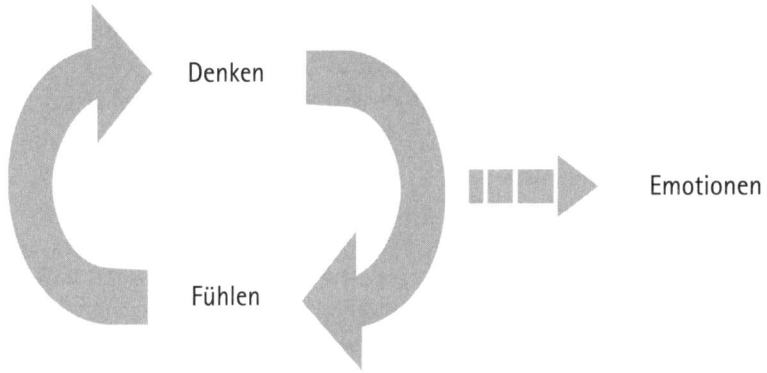

Emotionen resultieren aus dem Vermengen von Denken und Fühlen

Das gesamte Buch hindurch habe ich *Zustände*, die wir spüren (wie Ablehnung, Eifersucht, Schuld und Besorgnis, um nur einige zu nennen), als *Emotionen* bezeichnet und nicht als *Gefühle*, da sie von unseren Gedanken erzeugt werden. Für die meisten Menschen ist diese Unterscheidung neu. Wie wir bald sehen werden, ist sie jedoch beim Erkunden der Tiefen der Präsenz äußerst nützlich.

Unsere fühlende Wahrnehmung

Der fühlende Bewusstseinszustand ist äußerst intelligent, auch wenn diese Intelligenz andersgeartet ist als die des Verstandes. Es ist ein körperliches Wissen, das Ihnen sagt, ob Sie sich im Fluss (= im *Flow*) oder im Widerstand befinden, in Harmonie oder im Konflikt. Mit Empathie können Sie manchmal die Gefühle oder Emotionen anderer Menschen erahnen und spüren, ob sie authentisch sind oder nicht. Manchmal teilen sich Gefühle auch über das mit, was wir landläufig als „Bauchgefühl" bezeichnen. Hierüber nehmen Sie fühlend wahr, ob Sie in Ihrem Umfeld sicher sind oder nicht beziehungsweise ob etwas für Sie richtig ist oder nicht. Es gibt dann keine logische Begründung für das, was Sie erkennen – Sie spüren es einfach. In diesem Sinne sind einige Aspekte des Fühlens mit der Intuition verwandt.

Fühlen ist nie abstrakt – das Wissen, das Sie mit Fühlen erlangen, ist direkt und unmittelbar. Vielleicht verstehen Sie das von Ihnen Gefühlte nicht immer, aber Sie wissen, dass Sie etwas fühlen. Um eine vollständige Verbindung zu Ihrer fühlenden Wahrnehmung zu haben, müssen Sie präsent sein, denn die einzigen Informationen, die das Fühlen Ihnen liefert, beziehen sich auf das Jetzt. Die Erfahrung dieses Wissens kann so banal sein wie Hunger oder die Erkenntnis, dass Sie wütend sind. Aber auch so schwer fassbare Zustände wie Einssein und Transzendenz werden vor allem über das Fühlen erfahren.

Gefühle, die nicht in Emotionen verstrickt sind, sind im Fluss und ändern sich ständig. Sie fließen kontinuierlich durch Sie hindurch und bringen Ihnen neue Informationen über Sie selbst und Ihre Verbindung zu Ihrem weiteren Umfeld. Bei manchen Menschen kann dieses Wahrnehmen durch Fühlen sehr ausgeprägt sein, bei anderen ist es weniger stark entwickelt. Der grundlegende Unterschied zwischen einem hoch entwickelten und einem geringer ausgeprägten fühlenden Wahrnehmen ist im Grunde genommen die Präsenz: Je präsenter Sie sind, umso genauer und vollständiger ist Ihre fühlende oder gefühlte Wahrnehmung Ihrer selbst und der Welt.

Über das Fühlen nehmen Sie Schönheit wahr oder lassen sich von großen Ideen mitreißen. Selbst Symbole werden erst dann lebendig, wenn Sie sie tatsächlich fühlen können. Reines intellektuelles Verständnis ist steril – es ist so, als würde man eine Weintraube nur ansehen, anstatt sie zu kosten. Auch Musik und Kunst berühren uns über das Fühlen. Und nur durch Fühlen werden die Köstlichkeit der Liebe, die Zärtlichkeit des Mitgefühls und das Elend des Leidens zur greifbaren Realität.

Ihre Fähigkeit zu fühlen umfasst eine große Bandbreite: vom einfachen Wohlgefühl bis hin zum undefinierbaren Unbehagen, von der Freude bis zum Entsetzen und von den höchsten Gipfeln der Seligkeit bis zu den tiefsten Abgründen (wie in der Grafik Seite 167 gezeigt). Diese Gefühle lügen nie und sie führen Sie nie in die Irre, auch wenn es vielleicht nicht immer möglich ist, genau zu benennen oder exakt zu beschreiben, was Sie gerade fühlen oder worauf das Gefühl Sie hinweisen will. *Emotionen* hingegen sind leicht zu benennen und Sie wissen genau, wie sie sich anfühlen.

Die Welt der Gefühle

Es gibt nichts Unerklärliches an *Emotionen* wie Eifersucht oder Besorgnis. Aber bei vielen *Gefühlen* ist das Erkennen dessen, was man da eigentlich fühlt, nicht so einfach, denn dazu muss man lernen, geduldig zu sein und sich in ein fokussiert-weites Gewahrsein zu begeben. Es ist wichtig, dass Sie Ihren Gefühlen nicht gleich ein Etikett aufdrücken oder sie zu schnell definieren. Mit ein bisschen Übung können Ihnen dann selbst unerklärliche Gefühle den Blick für neue Einsichten öffnen und Sie über die egoische Identität hinaus in eine neue Tiefe des Seins geleiten.

Wie bereits gesagt besteht der grundlegende Unterschied zwischen Gefühlen und Emotionen darin, *dass Gefühle spontan ohne Gedanken entstehen, während es sich bei Emotionen um sehr spezifische Gefühle handelt, die immer an Gedanken gebunden sind.* Häufig sind Sie sich des Gedankens, der einer Emotion zugrunde liegt, nicht bewusst und stellen die Verbindung erst über einen Selbstfindungsprozess wie das *Mandala des Lebens* oder eine andere Form von innerer Arbeit her. Durch sorgfältiges Beobachten werden Sie grundlegende Gefühle dann von Emotionen zu unterscheiden wissen.

Alle *Gefühle* kommen und gehen in einem ständigen Fluss, weil wir Lebewesen sind, die in das riesige, geheimnisvolle Netz von Leben und Bewusstsein eingebunden sind. Wir wirken auf dieses Netz ein – je nachdem, wie präsent wir sind und wie der Grad unserer Aufmerksamkeit aussieht (– von unserem tatsächlichen Verhalten einmal ganz abgesehen). Das Netz wiederum wirkt auf *uns* ein. Gefühle sind eine Möglichkeit, diese Interaktion zu erkennen. Durch sie treten wir mit unserer Umgebung in Verbindung und tauschen Informationen mit ihr aus, und zwar auf unmittelbare und vom Verstand nicht zu erfassende Weise.

So liegt beispielsweise das Schöne im Umgang mit Tieren – wie zum Beispiel beim Reiten eines Pferdes – darin, dass das Pferd äußerst sensibel für Ihren Gefühlszustand ist. Bestimmte Emotionen, insbesondere Wut oder Angst, sind für das Pferd unangenehm und es verweigert dann die Zusammenarbeit. Sobald Sie andererseits beginnen, sich zu entspannen, reagiert das Pferd sofort darauf. Umgekehrt beeinflusst der Gemütszustand des Pferdes auch den Ihrigen. Gemeinsam können Sie als Einheit agieren.

Auch *Emotionen* kommen und gehen – allerdings nicht, weil sie mit einer größeren Realität verbunden sind und auf diese reagieren. Emotionen entstehen aus dem, was Ihr Verstand denkt und Ihnen erzählt. Sie haben einen Gedanken, der Sie eifersüchtig macht, und dann wird aus der Eifersucht schnell Wut, aus der Wut wird Angst, die Angst wandelt sich in Schmerz und Schmerz wird zu Verzweiflung, die dann wiederum Wut auslöst. Das hängt damit zusammen, dass jede Emotion einen neuen Gedanken auslöst, der dann wieder eine neue Emotion hervorruft. Und so drehen Sie sich im Kreis, wie ein Hund, der seinem eigenen Schwanz nachjagt, und das grundlegende Muster von Leiden und Kontraktion geht so lange weiter, bis das Denken zum Stillstand kommt.

Häufig wird ein Gedankengang nur deshalb unterbrochen, weil Sie sich ablenken und anfangen, etwas anderes zu tun. Vielleicht müssen Sie sich auf Ihre Arbeit konzentrieren oder Sie gehen ins Internet oder schalten den Fernseher an. Wenn Sie sich auf diese Weise beschäftigen, ist es so, als hätten Sie die Pausentaste gedrückt: Die Gedanken, die den emotionalen Teufelskreis aufrechterhalten haben, halten an und die Emotionen verschwinden in der Regel rasch. Sobald die Ablenkung jedoch nicht mehr da ist und Sie wieder in die gleichen Gedankengänge verfallen, kommen auch die gleichen Emotionen wieder hoch.

Geschichten erzeugen Emotionen

Emotionen können Sie zwar einerseits in den Wahnsinn treiben, andererseits sind sie aber auch relativ rational und vorhersagbar. Sie können direkt mit derjenigen der vier Richtungen des Mandalas verbunden sein, in die Ihr Verstand Sie transportiert. Wie Sie in der nachfolgenden Grafik erkennen können, zeigen die dicken Pfeile weg von der Mitte (dem Jetzt) und wesentlich schmalere Pfeile weisen zurück zum Zentrum. Das soll anzeigen, dass in dem Moment, in dem das Ego die Kontrolle übernimmt, sehr wenig Kontakt mit der Präsenz besteht. Oder anders gesagt: Sie identifizieren sich mit Ihren Gedanken und sind in Ihrem Kopf, nicht im Körper, weshalb die Emotionen leichtes Spiel haben. Indem Sie lernen, Ihre Geschichten infrage zu stellen (wie wir es beim Mandala-Prozess gesehen haben), verlagern Sie Ihre Aufmerksamkeit wieder zum Jetzt und bringen sich erneut in die Präsenz. Wenn Sie dies tun, können Sie sich nicht länger in emotionalen Reaktionen verlieren.

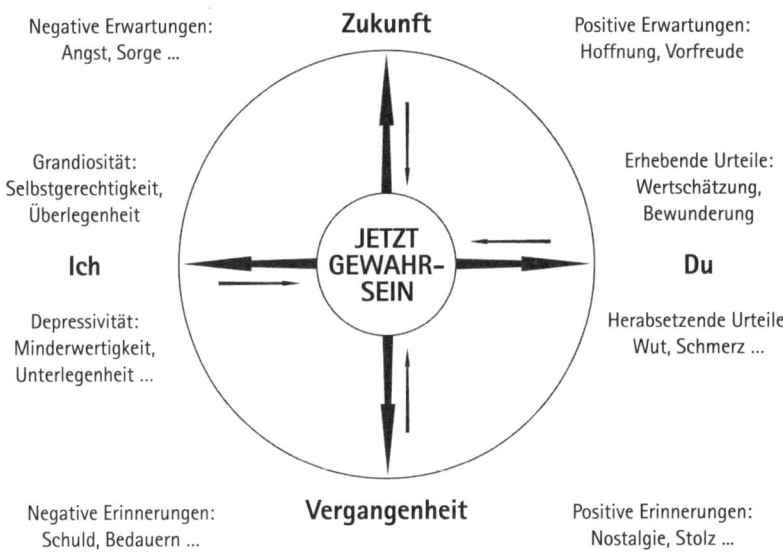

Das Mandala der emotionalen Realität

Wie wir bereits gesehen haben, erzeugen Vergangenheits-Geschichten Schuld, Scham, Reue und Verlustgefühle, oder aber, im Fall von positiven Erinnerungen, angenehme Emotionen wie beispielsweise Nostalgie, Glück und Stolz. Auf die Zukunft bezogene Geschichten (oder Bilder) wecken in uns Unruhe, Besorgnis und Angst, wenn die Geschichten oder Bilder bedrohlich sind, oder aber Überschwänglichkeit beziehungsweise Ungeduld, wenn sie wünschenswert und angenehm sind.

Zu den von Du-Geschichten hervorgerufenen Emotionen zählen Ärger, Missgunst, Verbitterung, Neid, Eifersucht, Hass und Schmerz, aber auch Achtung, Wertschätzung, Schwärmerei und selbst Anbetung. Die von Ich-Geschichten erzeugten Emotionen umfassen sowohl alle von Grandiosität geprägten wie Überlegenheit, Rechthaberei, Ungeduld, Selbstgefälligkeit und Wichtigtuerei als auch das gegenläufige Spektrum von Minderwertigkeit, Selbsthass, Unzulänglichkeit und Wertlosigkeit. (Wenn Sie möchten, können Sie noch einmal die Beispiele der mit den einzelnen Mandala-Positionen verbundenen Gefühle auf Seite 71 nachlesen.)

Einige Emotionen sind besonders gute Indikatoren dafür, wo sich Ihre Gedanken gerade aufhalten. So ist Schuld beispielsweise immer das Ergebnis einer Vergangenheits-Geschichte, während Missgunst immer aus einer Du-Geschichte resultiert. Andere Emotionen wiederum lassen sich mehreren Positionen zuordnen. So kann sowohl eine Ich-Geschichte („Das schaffe ich nicht") als auch eine Zukunfts-Geschichte („Das klappt niemals") dazu führen, dass Sie sich *demoralisiert* fühlen.

Wie schon gesagt ist es nicht entscheidend, ganz genau zu wissen, zu welcher Position des Mandalas eine bestimmte Emotion gehört, sondern zu verstehen, dass Emotionen Zustände sind, die aus Ihrem Denken resultieren. Weder stoßen sie Ihnen einfach zu, noch werden sie von anderen Menschen erzeugt. Um Emotionen zu spüren, müssen Sie sich eine bestimmte Geschichte erzählen.

Emotionale Erschöpfung

Es gibt auch *körperliche* Zustände, die Sie normalerweise nicht unter dem Begriff „Emotion" einordnen würden – beispielsweise: sich ausgelaugt, erschöpft, gehetzt oder überfordert fühlen. Diese Zustände werden durch bestimmte Denkweisen erzeugt, die gewohnheitsmäßige Energie raubende Verhaltensweisen fördern. Natürlich gibt es eine normale und gesunde Müdigkeit am Ende eines aktiven und ausgefüllten Tages. Sie wissen, dass Ihre Müdigkeit normal ist, wenn Sie schnell einschlafen und am nächsten Morgen ausgeruht wieder erwachen. Erschöpfung oder Burn-out lassen sich jedoch nicht durch einen harten Arbeitstag erklären, sondern resultieren vielmehr daraus, dass Sie sich den Tag über mit Geschichten herumschlagen, die Emotionen wie Missgunst, Widerstand oder Angst hervorrufen.

Dieses verstandesmäßig hervorgerufene Leiden erschöpft Ihr Nervensystem dermaßen, dass Sie nur schwer Schlaf finden. Das führt zu einer Art Teufelskreis:

Je erschöpfter Sie sind, umso anfälliger werden Sie für negatives Denken und negative Emotionen. Erst wenn Sie sich ins Jetzt bringen und die Geschichten stoppen, sind Sie nicht länger Opfer Ihres eigenen Verstandes.

Wichtig ist auch zu erwähnen, dass die Unterscheidung zwischen Gefühl und Emotion nicht immer ganz eindeutig ist. Ich habe beispielsweise Trauer nicht als Emotion aufgeführt, da ich glaube, dass sie ein *echtes Gefühl* ist. Allerdings kommt Trauer isoliert nur selten vor, da die meisten Menschen sich Geschichten erzählen, die dieses Gefühl durch Schuld oder Wut verkomplizieren oder es auf andere Weise verstärken.

Wenn Sie jedoch mit dem Gefühl von Trauer (über was auch immer) in Stille verweilen und Ihr Bewusstsein weit machen, dann werden Sie feststellen, dass reine Trauer mehr beinhaltet als ein Gefühl des Fehlens. Sie kann auch die Erkenntnis einer zeitlosen Verbindung bringen und ein Gefühl der Annahme von Trennung und Verlust. In der Trauer kann es ebenso Weite und Offenheit geben wie Schmerz. Sie kann Ihre Gedanken anhalten und dadurch inmitten des Leids Raum schaffen für stilles Staunen.

Gefühle sind intelligent – Emotionen sind es nicht

Wie bereits erwähnt ist es die mehrdeutige, schillernde Natur vieler Gefühle, die sie von den Emotionen unterscheidet. Emotionen wie Schuld und Missgunst sind eindeutig – wir alle wissen, wie sie sich „anfühlen". Aber Trauer und viele andere Gefühle sind nicht so leicht zu beschreiben, weil sie viele Facetten und Nuancen aufweisen und ständig im Fluss sind.

Anstatt sich jedoch über den genauen Unterschied zwischen Gefühl und Emotion den Kopf zu zerbrechen, ist es viel entscheidender, sich bewusst zu machen, dass es sich bei Gefühlen um eine essenzielle und intelligente Art des Erkennens handelt, während Emotionen Gefühle sind, die ihre Intelligenz verloren haben. Anders gesagt: *Emotionen sind dumm beziehungsweise machen dumm*, weil Sie Ihnen immer wieder die gleichen Informationen geben und zu stets ähnlichen Reaktions- und Verhaltensmustern führen. Missgunst erzeugt immer nur mehr Missgunst, sodass Sie selbst sich eventuell gehässig oder ablehnend verhalten. Eifersucht erzeugt immer nur weitere Eifersucht, was zu manipulativem oder sogar gewalttätigem Verhalten führen kann. Solange Sie nicht die Verbindung durchbrechen zwischen der Geschichte, die Sie sich erzählen, und der von der Geschichte erzeugten Emotion, bleiben Sie in einer emotional unreifen Verhaltensschleife stecken.

Denken Sie daran, dass Emotionen sozusagen die „fühlende Seite" des *Ego* ausmachen; sie sind Gefühle, die ihre Verbindung zur größeren Realität verloren haben und sich stattdessen auf das egoische Bewusstsein beziehen. Da Emotionen von Geschichten ausgelöst werden – die sich bei näherem Erkunden nahezu immer als falsch entpuppen, in dem Sinne, dass sie auf nichts basieren, was tatsächlich passiert –, sind sie in gewisser Hinsicht eine Form von geistiger Verwirrung. Es handelt sich um durch Gedanken erzeugte Empfindungen, die die Dinge verzerren und Ihnen den Blick darauf versperren, wo Sie sich tatsächlich befinden und was tatsächlich passiert. Wenn Emotionen wirklich extrem werden (wie tiefe Selbstverachtung, unkontrollierbare Wut oder Hass) – und darin liegt die Ironie des Ganzen –, bedeutet dies in der Regel, dass Ihr Ego versucht, Sie vor dem darunter liegenden *Gefühl* zu schützen, bei dem es sich fast immer um ein *dunkles* Gefühl handelt.

Die dunkelsten Gefühle

Gefühle entstammen einer vorsprachlichen Seinsebene, sie sind älter und grundlegender als das egoische Denken. In diesem Sinne sind Gefühle ihrer Natur nach nicht rational beziehungsweise stehen außerhalb des Rationalen. Wenn Sie sich selbst erlauben, alles voll und ganz zu *fühlen*, dann bedeutet dies zu einem gewissen Grad, die egoische Kontrolle aufzugeben und einfach nur zu *sein*. Wenn das, was Sie fühlen, erhebend ist (wie Freude oder Liebe), stellt dies in der Regel kein großes Problem dar (auch wenn, wie wir später noch sehen werden, die erhabensten Gefühle ebenso eine Bedrohung für das Ego darstellen können). Überkommen Sie jedoch die dunklen Gefühle, so bedrohen diese Ihr Ego. Je dunkler das Gefühl, umso bedrohlicher ist es und umso schwieriger wird es, sich zu entspannen und einfach man selbst zu sein.

Ich bezeichne diese Gefühle nicht nur deshalb als *dunkel*, weil sie verstörend sind, sondern weil man sie nur schwer beschreiben kann. Es ist nicht nur schwierig, diese Gefühle jemand anderem zu beschreiben, auch Sie selbst wissen meist nicht genau, was Sie da eigentlich fühlen. Und wenn Ihr Ego mit etwas konfrontiert wird, dem es keinen Namen geben und das es somit auch nicht verstehen kann, fühlt sich das so an, als würde es bekämpft und überwältigt. Das ist ein Grund dafür, dass diese Gefühle uns so verstören.

Es ist tatsächlich unmöglich, die dunklen Gefühle genau zu benennen, also muss man unweigerlich auf Metaphern zurückgreifen und ein Gefühl etwa als „dämonisch" oder „höllisch" beschreiben. Oder Sie müssen Vergleiche heranziehen: „Es ist so, *als würde* mein Leben dahinschwinden." – „Es ist so, *als würde* mich niemand wirklich sehen." – „Es ist so, *als würde* ich meinen

Verstand verlieren." Das Verwenden von Vergleichen dieser Art ist eine Möglichkeit, festzustellen, dass Sie es mit einem dunklen Gefühl zu tun haben. Andererseits ist diese Art von Beschreibung natürlich wiederum eine *Geschichte* und niemals das Gefühl selbst. Diese Gefühle kann man nur annehmen, wenn man im Gewahrsein ist – aber niemals mit dem Verstand.

Wie bereits weiter oben erwähnt, bezeichne ich die dunkelsten Gefühle als *bodenlos*, denn wenn Sie Ihr Gewahrsein darauf richten, scheint es so, als würden Sie ihnen nie auf den Grund kommen. Sie scheinen weder Anfang noch Ende zu haben und sich außerhalb der Zeit zu befinden. Wenn das Bodenlose, Abgründige Sie belagert, dann ist das so, als wäre es Ihnen immer schon so ergangen und würde sich nie ändern.

Diese Gefühle scheinen größer zu sein als Sie – so, als würden Sie von ihnen verschlungen wie der Prophet Jonas im *Alten Testament* vom Walfisch. Ihre Gedanken versuchen, Ihnen zu sagen, dass das Gefühl vorübergehe – was natürlich auch der Fall sein wird. Aber man erlebt das Gefühl, solange man sich in ihm befindet, stets als unerbittlich und endlos. Das Erleben abgrundtiefer Gefühle ist eher wie eine Initiation oder ein Übergangsritual als eine rein emotionale Erfahrung. Es birgt das Potenzial, große, tief in der Seele verborgene Türen zu öffnen.

Ich bezeichne solche Gefühle auch häufig als *ungezähmt*, um sie klar von den Emotionen abzugrenzen, die ich als *zahm* bezeichne. Emotionen wie Hass können sehr zerstörerisch sein, daher erscheint es zunächst womöglich provokativ, sie als „zahm" zu bezeichnen. Deshalb ist es mir an diesem Punkt sehr wichtig, dass Sie Folgendes verstehen: Alle Emotionen – auch solch extreme wie Hass – sind in dem Sinne „zahm", dass sie ganz unabhängig davon, wie unangenehm oder zerstörerisch sie sich für Sie selbst und andere anfühlen, niemals tatsächlich Ihr Ego bedrohen. Im Gegenteil – sie *sind* Ihr Ego.

Emotionen wie Selbstverachtung und Hass mögen Ihr idealisiertes Selbst erniedrigen, das lieber glücklich, unvoreingenommen oder vernünftig wirken möchte, aber Erniedrigung ist immer noch ein emotionaler Zustand eines intakten Ego. Sie erzeugt immer noch eine gewisse Identität. Sie schämen sich vielleicht für Ihre eigene Emotionalität, Eifersucht oder Missgunst, aber auch diese Scham ist nichts anderes als ein weiterer emotionaler *Zustand Ihres Ego*.

In diesem Sinne sind Emotionen wie zahme Tiere auf einem Bauernhof: Zwar sind sie nicht immer kooperativ, manierlich oder nett, aber am Ende hat der Bauer beziehungsweise das Ego sie immer unter Kontrolle. Sie sind niemals wirklich wild wie ein Zebra – ein Tier, das so wenig domestiziert ist, dass es schon allein durch den Transport von einem Gebiet in ein anderes leicht an

Schock sterben kann. So verrückt die Emotionen Sie auch machen können, es handelt sich bei ihnen immer um eine bekannte und repetitive Verrücktheit, die niemals etwas Neues bringt. Im Vergleich dazu sind ungezähmte Gefühle wirkliche Abenteuerreisen, die Sie mit den unbekannten Tiefen Ihres Wesens konfrontieren und den Anschein erwecken können, alles, was Sie (als Ego) ausmacht, würde dem Erdboden gleichgemacht. Aber wenn Sie diese Gefühle bewusst spüren, werden Sie keinesfalls vernichtet – Sie werden einfach nur offener dem Leben gegenüber und sind vollkommen präsent.

Exkurs zum Thema Angst

Angst ist eine Wand, vor die jeder von uns immer wieder im Leben läuft. Einige versuchen, über die Wand zu steigen, indem sie sich mit Hoffnung wappnen. Andere versuchen, sie zu ignorieren, indem sie beispielsweise ständig beschäftigt sind. Wieder andere versuchen, sie zu umgehen, indem sie sich um jemand anderen kümmern, und manche legen Scheuklappen an und lassen ihre Welt mit der Zeit immer mehr zusammenschrumpfen. Aber früher oder später müssen wir, wenn wir das Leben voll leben wollen, uns der Angst stellen und hören, was sie uns über uns selbst zu lehren hat. Wenn wir dies tun, wird sie zu einem unserer größten Verbündeten auf der Reise zu Weisheit und Heilung.

Die Angst ist wahrscheinlich das verbreitetste der dunklen Gefühle. Aber das eigentliche Gefühl, das wir meinen, wenn wir *Angst* sagen, ist schwierig oder nahezu unmöglich zu beschreiben. Wann immer wir versuchen, dies zu tun, nehmen wir andere Wörter hinzu: *Angst* vor Spinnen, Höhen*angst*, *Angst* angegriffen zu werden oder Platz*angst* – um nur ein paar Beispiele zu nennen. Die *grundlegende* Angst ist wahrscheinlich die Todesangst.

Aber all diese Versuche, die Angst zu beschreiben oder zu erklären, sind nichts weiter als Geschichten, die angstvolle Emotionen hervorrufen – nicht das tatsächliche Gefühl der Angst. Es gibt unzählige Wege, Angst zu rationalisieren, die Ihnen den falschen Eindruck vermitteln, Sie wüssten, um was es sich handelt, während Sie in Wahrheit das Gefühl nicht bewusst wahrgenommen haben. Wenn Sie dies täten, würden Sie feststellen, dass alle Ängste auf der Empfindungsebene gleich sind.

Als Präsident Franklin D. Roosevelt in seiner ersten Antrittsrede den Amerikanern auf der Höhe der Weltwirtschaftskrise sagte: „Das Einzige, was wir zu fürchten haben, ist unsere eigene Furcht", bewies er damit außergewöhnliche Weisheit. Die Geschichten, die der Verstand rund um die Angst entwirft, verstärken diese nur und erzeugen mehr Lähmung und Verzweiflung als das tatsächliche Gefühl selbst. Wenn Sie Ihr Gewahrsein *auf* die Angst richten, anstatt *über* sie nachzudenken – und tatsächlich zulassen, dass Sie die Empfindung von Angst erleben, ohne sich davon in Geschichten tragen zu lassen –, dann lösen sich die Geschichten ebenso schnell wieder auf, wie sie entstehen. Anschließend wandelt sich die Angst wie jedes Gefühl und wird zu Energie, zu einer Lebendigkeit, die nicht in Kontraktion eingefroren ist. Warum die Angst auch immer da ist – nahezu ebenso schnell, wie Sie sie wahrgenommen haben, können Sie Ihren Verstand hindern, *über* sie nachzudenken, und das Gewahrsein *auf* sie richten. So konzentrieren Sie sich einerseits auf die Angst und bleiben andererseits weit und offen.

Wenn Sie im Gegensatz dazu nur auf die Angst fokussiert sind, werden Sie unweigerlich anfangen, sich Geschichten über sie zu erzählen – wodurch sie emotionaler und stärker wird. Sich selbst zu erzählen, warum oder wovor Sie Angst haben, ist die Methode, mit der Ihr Ego Ihre Identität in Bezug auf Angst erschafft – oder anders gesagt: sich selbst. Es beansprucht das Gefühl Angst für sich und beginnt, Sie mit Geschichten zu füttern: „Das ist Angst *vor* ...", und die Liste geht endlos weiter. „*Ich* habe Angst, weil ...", und die Gründe sind zahllos. „*Ich* kenne diese Angst." – „*Ich* bin zu schwach, um sie auszuhalten." – „*Ich* muss sie überwinden ..." Geschichte um Geschichte bindet das Ego Sie in eine Identität ein, die um die Angst herum aufgebaut wurde.

Wenn Sie diese Geschichten unterbrechen und in den gegenwärtigen Moment zurückkehren, legen sich die meisten Ängste und Sie werden wieder offener und durchlässiger für das Leben. Wann immer Ängste auftauchen, haben Sie die Möglichkeit zu beobachten, was Sie sich erzählen – eine Einladung, in die wahre Natur Ihrer Erfahrung einzutauchen. Fragen Sie sich selbst: „Wer oder was hat Angst?" Wenn die Antwort lautet: „Ich habe Angst", dann fragen Sie weiter: „Wer *ist* dieses Ich?" Ist es das Ich, das sagt „Ich habe Angst", oder dasjenige, das diese Aussage bezeugt? Seien Sie einfach ruhig, still und aufnahmebereit.

Wenn die Ängstlichkeit länger als ein paar Minuten anhält, wie beispielsweise dann, wenn Ihnen auf dem Wanderweg plötzlich eine Schlange begegnet, dann signalisiert das in der Regel, dass das Ego aktiv ist. Das ist Ihr Stichwort. Nun können Sie Ihr Gewahrsein auf die Empfindung selbst und nicht auf die Geschichten richten. Wenn Sie üben, sich „angstwärts" zu begeben und mit stetiger und sanfter Aufmerksamkeit mit ihr in Kontakt zu gehen, während Sie gleichzeitig weit und offen bleiben, werden Sie schon bald nicht länger vor dem Gefühl der Angst davonlaufen und eine neue Ebene innerer Freiheit erreichen.

Im Verlauf der Evolution war Angst stets die grundlegende Empfindung, die die Menschen vor Gefahren warnte. Angst löste sofort einen Zustand hoher

Wachsamkeit und Reaktionsfähigkeit aus – eine gute Sache, wenn sie vor einem Raubtier fliehen oder sich gegen es verteidigen wollten, wenn sie Jäger oder Kämpfer waren. Angst war in diesem Sinne ihr erster Überlebenstrainer (und ist es in gewisser Hinsicht immer noch für uns alle). Aber zumindest in der heutigen Welt, wo die Erfahrung der Angst nur noch wenig mit tatsächlicher, akuter Gefahr zu tun hat, ist die primitive Angstreaktion zu einem Problem geworden.

Was uns am meisten Angst macht, ist nichts Lebensbedrohliches, sondern eine eingebildete Bedrohung unserer Identität – ganz gleich, ob es sich um die persönliche, finanzielle, ideologische, nationale oder religiöse Identität handelt. Wir fürchten nicht um unser Leben, sondern um unser Ego. Insofern geht es bei unseren Ängsten eher um unser psychisches Überleben – denn sie sind vom Verstand erzeugt. Ironischerweise hängt unser kollektives Überleben mittlerweile davon ab, dass wir lernen, unser Gewahrsein bewusst zu dem Empfinden der Angst hinzulenken. Denn wenn wir fortfahren, unser Ego zu schützen, werden wir uns sicherlich am Ende selbst zerstören.

Wie das Ego Gefühle vereinnahmt

Im Hinblick auf die Evolution ist das Fühlen ein wesentlich älterer Bewusstseinszustand als das Denken. Das Vorderhirn und der stark gewundene Cortex – Unterstützer der Denkprozesse des modernen Menschen – sind jüngeren Datums als das Mittelhirn und der Thalamus, die die meisten unserer Gefühle steuern. Die Erfahrungen des Kleinkinds werden vom Fühlen beherrscht, denn bevor sich das Ego entwickelt, ist das Denken nicht sehr ausgeprägt.

Wenn Sie Babys beobachten, können Sie erkennen, dass sie ständig wechselnden Gefühlen unterliegen, von absoluter Glückseligkeit und Zufriedenheit bis hin zu lauthals geäußertem Kummer und Mangel. Ein kleines Kind fühlt seine eigene innere Realität ebenso wie das emotionale Umfeld um es herum. Aber es weiß noch nicht, dass einige Gefühle in seinem Inneren entstehen und andere von außen ausgelöst werden.

Schauen wir uns doch einmal an, wie ein Kleinkind lernt, mit seinen Gefühlen umzugehen, während sich sein Ego entwickelt und es beginnt, sich als getrenntes Selbst zu sehen: Nach und nach werden Gefühle, die zuvor einfach ohne Grund zu kommen und zu gehen schienen, zu Objekten des Bewusstseins, die das Ego als Selbst interpretiert. Das Kind beginnt sich mit den Gefühlen zu identifizieren und sich selbst beispielsweise als glücklich oder traurig, gut oder schlecht zu betrachten. Sobald das Ego diese Gefühle einmal vereinnahmt und als Selbst definiert hat, kann das Kind sich nur gegen sie wehren, indem es die ungezähmten Gefühle durch Denken in zahme Emotionen verwandelt. Das Ego wandelt also Gefühle in Emotionen um.

Ich betrachte dies als Grund dafür, dass die Emotionen von Kindern so schnell umschlagen können. Vor ein paar Wochen beispielsweise traf ich mich mit einem Freund und seinem fünf Jahre alten Sohn. Innerhalb einer Stunde zeigte sich der Junge glücklich lächelnd, verschlossen und nörgelig, wütend und fordernd, ängstlich und anhänglich, weinend und untröstlich – das Emotionskarussell drehte sich laufend weiter. Sein Vater zeigte sich besorgt. Er glaubte, sein Sohn sei seit Beginn des Kindergartens irgendwie verstört und reagiere emotionaler. Hinzu kam, dass der Vater beim kleinsten Zeichen von Unglücklichsein sofort etwas tun wollte, um das Gefühl zu vertreiben – eine nur allzu normale Reaktion von Eltern, die denken, dass irgendetwas nicht stimmt.

Was ich jedoch sah, war völlig normal und nur zu erwarten. Meinem Blick enthüllte sich ein junges Ego, das versuchte, mit dem Strom ständig wechselnder Gefühle klarzukommen, die aus vielerlei Gründen in ihm aufstiegen: ein neuer Tagesrhythmus, längere Trennung von seiner Familie, eine neue Umgebung mit neuen Menschen (Kindergärtnerinnen und andere Kinder, die wiederum ihre eigenen Verhaltensweisen und Emotionen haben), sein sich durch das Wachstum wandelnder Körper ...

Ich konnte mir gut vorstellen, wie sein junges Ego mit Gefühlen bombardiert wurde und seine Gedanken rasten. Und da ein Kind weder die Möglichkeit besitzt, seinen Gefühlen mit fokussiert-weitem Gewahrsein zu begegnen, noch seine Gedanken beurteilen kann, werden diese Gefühle sofort vom Ego vereinnahmt und unweigerlich in Emotionen umgewandelt. Für mich war es wie ein Blick in die Geschichte der Menschheit, der mir wieder einmal bewusst machte, dass der Verstand uns alle in den Wahnsinn treibt, sobald das, was *nicht* das Ego ist (das Gefühl), in die Fänge des Ego gerät.

Aber wie stellt man fest, ob das Ego ein dunkles Gefühl für sich vereinnahmt hat? Sie werden bemerken, dass Sie ohne Unterlass *denken*. Ihr Verstand wird Geschichte um Geschichte aneinanderreihen über all das, was mit Ihnen nicht stimmt, welche Strategie sie verfolgen sollten, warum Ihre Situation hoffnungslos ist, warum Ihr Leben zerstört oder bedeutungslos ist oder wie Sie sich retten können. Er wird jede Möglichkeit zum Angriff nutzen, Sie verurteilen, anderen die Schuld zuweisen oder sie sogar angreifen. Er wird dafür sorgen, dass Sie sich schuldig, gekränkt, panisch, hoffnungslos, impulsiv und aggressiv fühlen ..., eins nach dem anderen. Der Verstand tut all dies, um – als Reaktion auf ein unbekanntes und letztlich nicht zu erfassendes Gefühl, das er in den Griff zu bekommen versucht –, möglichst ein bekanntes (wenn auch furchtbares und vielfach vergrößertes) Leid zu erzeugen, wobei ihm andererseits nicht einmal bewusst ist, dass er auf dieses Gefühl reagiert.

Aber das Ego kann niemals das kontrollieren, was aus einer tieferen Bewusstseinsebene aufsteigt. Auch wenn das Denken eine neuere evolutionäre Entwicklung ist, die uns Menschen eine große Macht verschafft hat, ist es nicht der richtige Mechanismus für den Umgang mit Gefühlen. Je mehr Geschichten Ihr Ego im Angesicht abgründiger, schrecklicher Gefühle erfindet, umso schlechter fühlen Sie sich. Es ist der Verstand, der einen Menschen in den Selbstmord oder den Drogen- und Alkoholmissbrauch treibt – *nicht* das eigentliche Gefühl.

Bis Sie verstehen, was da mit Ihnen passiert, sodass Sie Ihre Gedanken anhalten und Ihr Gewahrsein mit fokussiert-weiter Aufmerksamkeit gänzlich auf das dunkle Gefühl richten können, könnten Sie genauso gut in der Hölle schmoren. Meiner Meinung nach ist dies im Übrigen die einzige Hölle, die existiert, und sie wird vom Verstand erzeugt. Die abgründigen Gefühle sind in sich selbst niemals so schrecklich wie das, was das Ego erschafft, um sie unter Kontrolle zu halten.

Eine Reise in die Unterwelt

In der Mythologie wird das Reich der dunklen Gefühle als Unterwelt bezeichnet. Der Held oder die Heldin muss sie durchqueren, um von der Illusion des Ego befreit zu werden und getragen von der Tiefe des Geistes wieder aufzusteigen. Dabei werden die Initiierten aber nicht nur in die Unterwelt gebracht, sondern sie erhalten auch klare Anweisungen, wie man sie durchquert und wieder ins normale Leben zurückfindet.

Ein Hauptaspekt dieser Anweisungen besteht darin zu lernen, wie man sich nicht von seinen Gedanken ablenken lässt, speziell von Erinnerungen und alten Verhaltensmustern wie beispielsweise: sich automatisch um andere zu kümmern oder sie vor dem zu schützen, was Sie fühlen. Ebenfalls wichtig ist es, die vollkommene Präsenz zu erlernen, ohne Widerstand gegen das, was man fühlt.

Die mythischen Geschichten lehren uns, dass man von einer solchen Reise in die Dunkelheit grundlegend verwandelt zurückkehrt. Sich den dunklen Gefühlen zu stellen wirkt lebensverändernd. Wenn Sie nach dem Gang durch die dunkle Nacht zu dem zurückkehren, was man (in Ermanglung einer besseren Beschreibung) *normales* oder *alltägliches* Bewusstsein nennen könnte, werden

Sie feststellen, dass Ihr Herz aufgebrochen wurde, ihre Angst verflogen ist, die Liebe spontaner fließt und Sie selbst wesentlich mitfühlender und nachsichtiger geworden sind. Sie haben bisher unbekannte Ebenen Ihres Wesens betreten und es hat Sie sowohl demütiger als auch ein bisschen weiser werden lassen.

Die Unterwelt ist ein Tor zum inneren Göttlichen, das gesichts- und namenlos bleiben wird. Sie können nicht in die Dunkelheit hinabsteigen, ohne vom Licht wieder heraufgetragen zu werden, und Sie können das Licht nicht erkennen, ohne zum Abstieg in die Dunkelheit aufgerufen zu sein. Alle Gefühle sind letztlich geheimnisvoll. Aber wenn es um solche geht, die ihren Ursprung in der Unterwelt haben, weiß ein Teil von Ihnen, dass Sie dort auf das treffen, was sich Ihrem getrennten Selbst oder Ego entzieht und auch immer entziehen wird. Wenn Sie den abgründigen, dunklen Gefühlen mit Gewahrsein begegnen können, anstatt Ihrem Ego die Regie zu überlassen, werden Sie in dieser Begegnung neu geboren.

Es ist wichtig, sich stets daran zu erinnern, dass die schrecklichen Gefühle aus einer tieferen Ebene stammen als das Ego und genau aus diesem Grund so bedrohlich für dieses sind. Ihr Ego weiß nicht, dass das Fühlen an sich aus einer tieferen Ebene stammt. Nahezu von Anfang an macht sich das aufkeimende Ego alle Gefühle zu eigen, identifiziert sich mit ihnen und erzählt Geschichten, die diese Gefühle zu erklären versuchen. Aber die dunklen Gefühle sind so bedrohlich für das Ego, dass seine einzige Verteidigungsmöglichkeit darin besteht, sie zu einem Teil seiner Identität zu machen und sie unter Emotionen zu vergraben.

Dort, wo ein ungezähmtes Gefühl vielleicht als Gefühl der Leere beschrieben würde, könnte daraus für das Ego nach und nach die (das Ego erhaltende) Geschichte werden: „Ich bin wertlos, ich bin ein Niemand." Ist das schlimme Gefühl eine Art innerer Druck oder Rastlosigkeit, könnte das Ego dies als Getriebensein interpretieren: „Ich muss es weiter versuchen, ich muss weitermachen. Ich darf nicht nachlassen, sonst ist das Ding gelaufen." Wird das ungezähmte Gefühl in einem Kind ausgelöst, das sieht, wie seine Eltern sich streiten, kann das später für das Kind zu der Identität führen: „Ich bin nicht sicher." Oder das Kind fühlt sich angesichts des Unglücklichseins seiner Mutter hilflos und fängt nach und nach an zu glauben: „Mit mir stimmt etwas nicht."

Auch wenn die abgründigen Gefühle (wie alle anderen Gefühle) nicht durch Gedanken erzeugt werden und nicht dem Ego entspringen, muss das Ego Sie auf die eine oder andere Weise zu etwas Besonderem machen – entweder mit depressiven Überzeugungen wie „Ich bin hässlich" oder „Ich bin nicht liebenswert" oder aber mit Gedanken der Großartigkeit wie „Ich bin besser als sie" oder „Du solltest besser auf mich hören." Das gesamte Leben lang springt das Ego in sein emotionales Verteidigungsmuster, sobald ein abgründiges Gefühl präsent ist, sodass Sie immer wieder in die gleiche Reaktionskette geraten. Das Ego ist eine Form von Besessenheit, die nahezu jeder als normal ansieht.

Allein schon das Vorhandensein abgründiger Gefühle ist eine Bedrohung der Herrschaft des Ego. Wenn das Ego diese Gefühle jedoch ablehnt und versucht, sie in bekannte Emotionen umzuwandeln, lehnen Sie, ohne es zu bemerken, sich selbst ab, oder zumindest einen Teil Ihrer selbst. Indem Sie diese Gefühle angreifen, greifen Sie sich selbst an. Indem Sie Ihre Gefühle verunglimpfen, verunglimpfen Sie sich selbst. Das ist die tiefste Form des Leidens.

Mit den dunklen Gefühle arbeiten

Die dunklen Gefühle sind Teil einer genialen Methode, mit der unsere Seele uns bei unserer Entwicklung unterstützt. Daher ist es für eine tiefe Heilung auch erforderlich, sie zu erleben. Ohne die Existenz der *dunklen* Gefühle könnte es keine tief empfundene Freude, Liebe oder Dankbarkeit geben. Ohne dass wir den dunklen Gefühlen Raum geben, gibt es kein Gefühl wahrer Freiheit oder dauerhaften Wohlbefindens. Aber da diese Gefühle nicht dem Ego entspringen, müssen wir lernen, sie zu *fühlen*, ohne dass das Ego die Kontrolle übernimmt und uns ins Denken zieht.

Wenn Sie beispielsweise eine Orange kosten, *denken* Sie nicht, Sie *schmecken* einfach. Wenn Sie an einer Rose riechen, dann denken Sie nicht – Sie riechen einfach den Duft. Wenn Sie ein Gefühl fühlen, dann denken Sie nicht, sondern Sie *fühlen* es einfach. Die grundlegende Lehre über die Arbeit mit dunklen Gefühlen kann man in *einem* Satz zusammenfassen: *Geben Sie dem Ego nicht das, was ihm nicht gehört.*

Dem Ego diese Gefühle nicht zu geben bedeutet, präsent zu sein: fokussiert und weit, wach und entspannt. Es bedeutet auch, das Spiel des Ego zu verstehen, nämlich, dass Ihr Ego diese Gefühle nicht ertragen kann und sofort beginnen wird, Ihnen Geschichten zu erzählen – über das Gefühl an sich, über Sie, über die Situation, darüber, wie die Dinge früher waren und was alles passieren könnte.

Sobald Sie zulassen, dass Ihr Ego Sie auf diese Weise in Beschlag nimmt, wandert Ihre Aufmerksamkeit vom Gefühl weg und in die Geschichten hinein. Und diese Geschichten werden Sie – einer Sintflut gleich – in einem rasenden Sturm der Emotionalität ertrinken lassen. Täuschen Sie sich nicht – die emotionale Realität, die von Ihrem Ego erzeugt wird, wenn es ein dunkles Gefühl zu umfassen versucht, ist wesentlich elender und ungleich zerstörerischer für Sie und alle um Sie herum als das tatsächliche Gefühl, wenn Sie damit präsent bleiben könnten.

In den vorherigen Kapiteln ging es vor allem darum, das emotionale Leiden zu erkennen, das durch Ihr eigenes Denken hervorgerufen wird. Sie haben gelernt, wie man eine bewusste Selbstuntersuchung einsetzt, um sich auf die Mandala-Positionen von Vergangenheit, Zukunft, Ich und Du zu begeben und die Geschichten auszupacken, die einer Situation zugrunde lagen, bei der Sie sich aufgewühlt fühlten. Sie haben gelernt, den Unterschied zu spüren zwischen der Person, die Sie sind, wenn Sie sich mit einer Geschichte identifizieren, und der Person, die Sie *ohne* die Geschichte im Hier und Jetzt sind. Auf diese Weise haben Sie erkannt, dass das, was Sie sich selbst erzählen, Ihr Leid auslöst und dass Sie sich davon befreien können.

Aber Ihre dunklen Gefühle *entstehen* nicht in den Gedanken. Sie sind eine natürliche Folge der Tatsache, dass Sie am Leben sind. Es geht daher nicht darum, das aufzudecken, was Sie sich selbst erzählen, sondern sich davon abzuhalten, immer wieder neue Geschichten zu erschaffen, die Sie von den Gefühlen weg- und in die Emotionen hineinlocken. Es geht darum, im Jetzt verwurzelt zu bleiben, ganz gleich, wie unangenehm und destabilisierend das Gefühl zu sein scheint. Es geht darum, sich selbst beizubringen, dass man keine Angst vor dem *Fühlen* haben muss.

Auch hier kann das Mandala des Lebens Ihnen eine „Landkarte" an die Hand geben, sodass Sie ausreichend Raum haben, um die dunklen Gefühle im Gewahrsein zu halten, anstatt in die emotionalen Verteidigungslinien des Ego zu fallen. Um dies zu illustrieren, habe ich eine weitere Version des Mandalas entworfen (siehe Grafik auf Seite …161???); darin habe ich Stoppschilder zwischen der Mitte des Mandalas und jeder der vier Positionen eingezeichnet. Stoppschilder sind unzweideutig – sie signalisieren ganz klar: *Halt!* Wenn Sie mit dem Auto unterwegs sind und nicht auf Stoppschilder achten, riskieren Sie einen ernsthaften Blechschaden oder Schlimmeres.

Wenn Sie im Fall von ungezähmten Gefühlen nicht auf die Schilder achten, die ganz klar *Zutritt verboten!* Sagen, und wenn Sie zulassen, dass Ihr Ego Sie in Ich-, Du-, Vergangenheits- oder Zukunfts-Geschichten katapultiert, erleiden Sie am Ende den „emotionalen Blechschaden" unnötigen Leidens.

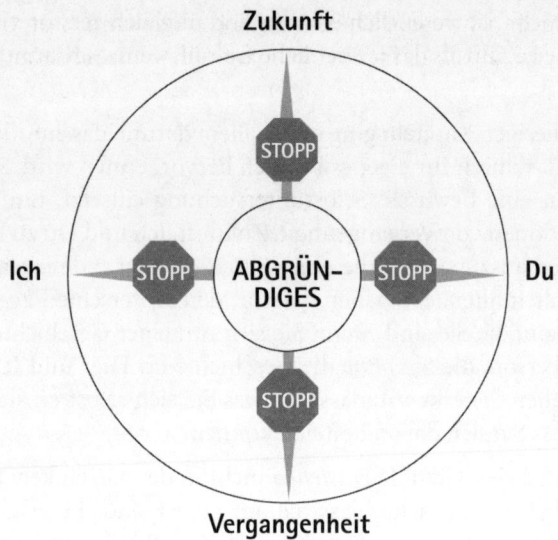

Wenn das JETZT abgründig ist, STOPPEN Sie Ihre Geschichten

Der grundlegende Unterschied beim Arbeiten mit dem Mandala, wenn Sie einerseits emotional aufgewühlt sind oder wenn Sie andererseits ein dunkles Gefühl spüren, liegt darin, dass Sie beim Bearbeiten des Aufgewühltseins lernen, die Geschichten zu erkennen, die Sie sich erzählen, und dann zum Jetzt zurückkehren. Die Arbeit mit den dunklen Gefühlen ist ähnlich, aber anstatt zu schauen, welche Geschichten Sie sich erzählen, und dann ins Jetzt zurückzukehren, *bleiben* Sie im Jetzt – mit dem *Gefühl* – und weigern sich standhaft, irgendeine der vom Ego erzeugten Geschichten zu glauben. Sobald Sie hierzu in der Lage sind, können Sie auch lernen, die in diesen Gefühlen steckende Energie auf kreative Weise zu kanalisieren, was sehr heilsam sein kann. (Auf dieses Thema werde ich im letzten Kapitel dieses Buchs näher eingehen.)

*

Wenn Sie das Buch bis hierher gelesen haben, dann haben Sie bereits erkannt, dass Sie den größten Teil Ihres Lebens vor den dunklen Gefühlen geflohen und wiederholt in emotionales Leiden verfallen sind. Nun sind Sie bereit, sich zu verändern. Am meisten helfen wird Ihnen dabei, wenn Sie schon im Vorhinein wissen, wohin Ihr Ego Sie führen wird, sodass Sie ihm nicht folgen.

Sie werden bald feststellen, dass es ziemlich offensichtlich ist, wohin Ihr Ego Sie führen möchte. Das Ego möchte Sie natürlich – wie sein Name schon verrät – in Ich-Geschichten verwickeln, in Depressivität oder manchmal auch in eine explosive, aggressive Grandiosität. Und die Methode, mit der es Sie austrickst – oft innerhalb einer Millisekunde – ist der Glaube, dass Sie das betreffende Gefühl oder etwas sehr Ähnliches zuvor schon einmal gespürt haben.

Denken Sie daran, dass vom Standpunkt des Ego aus gesehen nichts jemals neu oder originell ist. Der gegenwärtige Moment wird immer mit einem vorherigen verglichen und die Zukunft, die das Ego sich vorstellen kann, ist immer eine Projektion der Vergangenheit. Denken Sie auch an das erste Gesetz der Präsenz: *Geben Sie Ihrem Ego nichts, was ihm nicht gehört.* Sobald also ein Gefühl von Bodenlosigkeit auftritt und Sie glauben oder unbewusst annehmen, dass Sie dieses Gefühl bereits kennen, hat Ihr Ego die Regie übernommen. Dann neigen Sie dazu zu denken:

- Ich erinnere mich daran, dass es mir schon einmal so ging. Es ist mir schon oft so ergangen. (Vergangenheits-Geschichte)

- Jetzt ist es wieder da. (Du-Geschichte)

- Ich dachte, das hätte ich hinter mir. Ich dachte wirklich, ich hätte das Problem gelöst. Ich hasse es, wenn ich mich so fühle. (Ich-Geschichte)

- Es gibt wohl keine Hoffnung für mich. (Zukunfts-Geschichte)

Und schon purzeln Sie haltlos den Abhang der Besonderheit und des Leidens hinunter.

Wenn Sie sich dabei ertappen, dass Sie glauben, dieses abgründige Gefühl schon einmal gespürt zu haben, fragen Sie sich: „*Wer* hat das schon einmal gespürt?" Wenn Ihre Antwort „ich" lautet oder Sie glauben: „Ich habe das schon einmal gefühlt", dann sind Sie wieder im Ego und *nicht* mehr im Gewahrsein. Denken Sie daran, dass hinter jedem *Gedanken* über ein Gefühl das Ego steckt.

Sobald Ihnen andererseits klar ist, dass aus Sicht des Ego nichts neu oder ursprünglich ist, können Sie die Annahme „Ich habe das schon einmal gespürt" als reinen Gedanken, als Geschichte erkennen. Anstatt diese Fiktion als Fakt zu sehen, können Sie sich dem dunklen Gefühl mit fokussierter Aufmerksamkeit zuwenden, während Sie zugleich weit offen bleiben und Ihr Körper entspannt ist. Diese offene und widerstandslose Beziehung zu dunklen Gefühlen ist heilsam, und zwar nicht nur für die Seele, sondern auch für den Körper. Sie ermöglicht das Strömen neuer Energie, die für ein gesünderes Gleichgewicht in der Psyche und für mehr Vitalität im Körper sorgt.

Jedes Mal eine neue Erfahrung

Aus Sicht des Gewahrseins ist alles immer neu, immer ursprünglich. Vielleicht ertappen Sie sich noch dabei, dass Sie denken: „Ich habe das schon früher gefühlt", aber anstatt diese Geschichte zu glauben, können Sie ein ganz neues Experiment starten: Stellen Sie sich vor, Sie hätten das, was Sie gerade fühlen, *noch nie zuvor* gefühlt. Wenn Sie bemerken, dass Sie Ihre Erfahrung mit der Vergangenheit vergleichen, versuchen Sie das Gefühl stattdessen so zu spüren, als wäre es das erste Mal. Wenn Ihr Verstand in der Zukunft ist und auf ein Ergebnis wartet, dann versuchen Sie Ihr Erleben im gegenwärtigen Moment so zu erfahren, wie es ist, und nicht als etwas, was zu etwas anderem führt. Glauben Sie keiner Geschichte (keinem Vergleich, keiner Erklärung) zu diesem Gefühl.

Machen Sie es sich zur Gewohnheit sich jedem beunruhigenden Gefühl direkt zuzuwenden, ganz gleich, ob es sich um ein Gefühl der Rastlosigkeit oder ein tiefes Gefühl der Bedrohung handelt, und leeren Sie Ihren Geist von Gedanken. „Berühren" Sie das Gefühl stetig mit einem sanften inneren Blick. Bleiben Sie weit offen und dehnen Sie Ihre Sinneswahrnehmung weit über Ihren unmittelbaren Standort hinaus. Öffnen Sie Ihre Intuition für den grenzenlosen Ort des Seins. Bleiben Sie entspannt, ohne die Wachheit zu verlieren.

Das *schützt* Sie natürlich nicht vor abgründigen Gefühlen, Sie *fühlen* sie durchaus. Sie müssen sie sogar fühlen, denn sie sind Teil des Menschseins und können Ihre Menschlichkeit vertiefen. Indem Sie die Gefühle nicht mit Gedanken verbinden, kann das Ego sie nicht hinter Emotionen wie Schuld, Wut, Angst oder Selbsthass verstecken. Wenn Sie Raum für die dunklen Gefühle schaffen, werden Sie zudem feststellen, dass ihr Erleben nie so schrecklich ist wie das psychische Elend, das das Ego mit seinen Geschichten darüber erzeugt, was mit Ihnen nicht stimmt.

Jeden Tag erzeugen das kollektive Missverstehen der Bedeutung von Gefühlen und die Unfähigkeit der meisten Menschen, gewahr zu bleiben, anstatt ins Ego abzurutschen, unermessliches Leid. Es ist eine sich ständig wiederholende Tragödie, die Geißel der Menschheit.

Wenn Sie aufhören, diese Gefühle so zu behandeln, als hätten Sie sie schon zuvor gespürt, und stattdessen wach, entspannt, fokussiert und weit bleiben, werden Sie entdecken, dass die dunklen Gefühle ein Fenster zu Ihrem unbekannten Selbst sind. Und dieses Selbst ist keineswegs schrecklich. Denn die reine und nackte Erfahrung dieser dunklen Gefühle ist niemals so furchtbar wie das Gefühl der Verzweiflung, des Selbsthasses oder der Wut – der emotionalen Kreationen des Ego, die wahrhaft schreckenerregend sind.

Dunkelheit wird zu Licht

Die Unterwelt ist dunkel und verstörend, weil sie niemals vertraut wird. Sie beugt sich Ihrem Ego nicht, kann nicht gezähmt werden. Das, was dort lebt, entzieht sich für immer dem rationalen Verständnis. Es brennt sich durch Sie hindurch wie ein reinigendes Feuer, das Sie in größere Demut versetzt. Ich halte es für einen grundlegenden Prozess psychischer Alchemie, nach dessen Abschluss Ihre Sinne mehr wahrnehmen, als Ihnen jemals zuvor bewusst war, und Ihr Herz von Dankbarkeit, Liebe, Freude und Mitgefühl erfüllt ist. Indem Sie hinabsteigen – und vielleicht allein dadurch –, können Sie auch wieder aufsteigen und Heilung erfahren.

Im Angesicht abgründiger Gefühle schutzlos und durchlässig zu bleiben, das ist jedes Mal wie eine Initiation. Aber Sie müssen nicht befürchten zu ertrinken. Solange Sie diese Gefühle nicht Ihrem Ego überlassen, fließen sie stets weiter und wandeln sich manchmal sogar in hehre Gefühle um. Es ist unmöglich, lange in einem solchen wilden Gefühl stecken zu bleiben, wenn Sie innerlich still und vollkommen präsent bleiben. Die Dunkelheit wird unweigerlich zu Licht.

*

Zwar habe ich gerade über die dunklen Gefühle gesprochen, aber ebenso interessant ist es, die Beziehung des Ego zu den expansiven Gefühlen (wie tiefe Liebe oder ekstatische Freude) zu untersuchen, denn selbst hier erzeugt das Ego Leiden. Jeder erlebt diese Gefühle von Zeit zu Zeit und manchmal erleben wir sogar Momente allumfassenden Friedens. Dabei liegt der Hauptunterschied zwischen den expansiven Gefühlen und den abgründigen darin, dass erstere für das Ego nicht bedrohlich sind. Es kann also zunächst seine Wachsamkeit ein wenig lockern und muss nicht alles unter Kontrolle haben, weil es expansive Gefühle *mag* und sich sicher fühlt.

Allerdings kann das Ego zwangsläufig auch die expansiven Gefühle nicht einfach so lassen, wie sie sind. Es identifiziert sich mit ihnen und möchte *seine* Freude daran erhalten und verlängern. Natürlich führt dieser Kontrollversuch dazu, dass das Gefühl sofort abnimmt und dass schon bald jedes Glücksgefühl verschwindet. Es ist genau wie beim Surfen: Wenn Sie Ihre Bewegungen bewusst zu kontrollieren versuchen, machen Sie sofort einen Abgang. Der Wille, dass Freude oder Liebe anhalten mögen, hebt diese Gefühle sofort auf, denn Wollen ist an sich bereits eine Form von Stress. Indem Sie ein positives Gefühl aufrechterhalten oder wiedergewinnen möchten, öffnen Sie der Frustration Tür und Tor und Unzufriedenheit folgt auf dem Fuße.

Aber das Ego hat noch ein weiteres Problem mit expansiven Gefühlen: Seine Identität ruht sozusagen auf einer Plattform unbewusster Grandiosität oder Depressivität und expansive Gefühle bedrohen diese Identität. Ebenso wenig, wie das Ego durchlässig ist für die dunklen Gefühle und sie nicht einfach lassen kann, ist es auch für höhere Gefühle durchlässig. Entweder es fühlt sich unwürdig und flüchtet sich schnell in Geschichten, die die depressive Position wieder stärken („Ich habe das nicht verdient" oder „Das wird vorübergehen und danach fühle ich mich erst recht schlecht"), oder es bläht sich auf, indem es glaubt, dass solche großartigen Gefühle zu spüren doch ein Zeichen seiner Bedeutsamkeit, seines besonderen Wertes sei. Ein derart aufgeblähtes Ego wird früher oder später wieder schmerzhaft auf dem Boden der Tatsachen landen, aber bereits zuvor befindet sich die betreffende Person ganz offensichtlich in einem Zustand inneren Ungleichgewichts.

Das Ego kann einfache Freuden erzeugen wie beispielsweise eine momentane Zufriedenheit über ein erreichtes Ziel oder die Freude über ein neues Auto. Aber es kann nicht aus sich heraus eines der höheren Gefühle erzeugen. Nehmen wir beispielsweise Liebe: Die einzige Liebe, die das Ego kennt, ist eine strategische und manipulative Interaktion, in der es *gibt*, um zu *bekommen*. Es ist freundlich, um gemocht zu werden; es gibt Lob, um selbst gelobt zu werden, oder Anerkennung, um selbst anerkannt zu werden, und Liebe, um geliebt zu werden. Diese bedingte Liebe ist bestenfalls flach und wandelt sich in der Regel in Schmerz oder sogar Hass um, wenn der Austausch nicht abläuft wie geplant.

Das Ego ist auch nicht der Quell von Mitgefühl, Freude oder Vergebung. Wenn diese Gefühle auftauchen, bleibt dem Ego nichts anderes übrig, als sich mit ihnen zu identifizieren und dann den Pfad der Unwürdigkeit einzuschlagen oder sich einzubilden, es habe neue spirituelle Höhen erklommen. Das Ego ist in Bezug auf positive Gefühle bestenfalls ein Voyeur und schlimmstenfalls ein Blender. Letzten Endes führt die Unfähigkeit des Ego, irgendeine Art von positivem Gefühlszustand aufrechtzuerhalten, zu einer Art Grundzustand der Unzufriedenheit, der das eigentliche Merkmal des Ego ist.

Wozu dunkle Gefühle?

Dunkle Gefühle gehören einfach zum Leben und ich glaube, dass sie dazu dienen, unser tieferes Wissen zu erwecken. Vielleicht kann man sagen, dass in dem Moment, in dem Sie dafür bereit sind (auch wenn Sie dies selbst nicht glauben), Ihre Seele Sie in die „Unterwelt" ruft, als einen Prozess der spirituellen Initiation oder zum Zweck der Heilung.

Einige Religionen glauben, dass die abgründigen Gefühle karmischen Ursprungs seien, dass sie das Ergebnis schlechter Handlungen zu einem früheren Zeitpunkt in diesem Leben oder, je nach Glaubensrichtung, auch aus früheren Leben seien. Dabei geht man davon aus, dass das Durchleben des Leids uns die Chance gebe, die Waagschalen des Karmas auszugleichen.

Die transpersonale Psychologie betrachtet diese Gefühle als „prä-egoisch" und gleichzeitig als „trans-egoisch". „Prä-egoisch" bedeutet, dass es sich um verbleibende traumatische Prägungen aus einer sehr frühen Lebensphase handelt, „trans-egoisch", dass es sich um eine archetypische Dynamik handelt, die Teil der Bewusstseinsstruktur ist und gleichzeitig niemals nur auf die jeweilige Person bezogen.

Ich persönlich teile nicht die Auffassung, dass es Karma im Sinne von Bestrafung gebe. Diese Sichtweise ist mir schlichtweg zu egozentrisch. Ich halte abgründige Gefühle nicht für eine Art von Bestrafung, sondern vielmehr für eine Herausforderung und insofern auch immer für eine Chance. Sobald Sie dies akzeptieren, fühlen Sie sich beim Auftreten dieser Gefühle nicht mehr verflucht, sondern können sich ihnen hingeben und sehen, wohin sie Sie führen. Das bedeutet nicht, dass Sie solche Gefühle bewusst *suchen* sollten. Eine derartige egoische Zielsetzung würde die Weisheit verderben, die in einer echten Begegnung mit ihnen entstehen kann.

Es besteht ohnehin keine Notwendigkeit, mit gezielter Absicht nach den dunklen Gefühlen Ausschau zu halten oder sie bewusst hervorzurufen, da das Leben sie unweigerlich mit sich bringt. Wie bereits erwähnt sind sie während einer Krankheit, oder wann immer das Ego sich bedroht fühlt (beispielsweise durch Veränderungen oder Unsicherheit), nahezu unvermeidlich.

Selbst ein Urlaub kann dunkle Gefühle aufwirbeln, so, als wüsste etwas in uns, dass der gewohnte Alltag uns durch egogetriebene Aktivitäten zu sehr abgelenkt hat, sodass wir den Ruf der Seele nicht mehr hören. Zum Zwecke der grundlegenden Erholung und Wiedergeburt müssen wir uns für eine Weile in den bodenlosen Abgrund begeben.

Vielleicht erlauben sich daher nur sehr wenige Menschen (zumindest hier in den Vereinigten Staaten) eine echte Auszeit. Stattdessen nehmen sie sich „frei" (oft nur eine Woche) und klappern innerhalb eines vollgestopften Zeitplans alle Sehenswürdigkeiten ab, besuchen die besten Restaurants und shoppen bis zum Umfallen. Nicht ausgefüllte, freie Zeit ist zu „gefährlich": Die „Monster" aus der Tiefe, die durch (nahezu) zwanghafte Aktivität in Schach gehalten wurden, könnten ihre hässlichen Fratzen zeigen. Die tragische Wahrheit ist, dass das moderne Leben nahezu keinen Raum lässt für den notwendigen Abstieg in die Unterwelt, der das Herz öffnet, die Menschheit bereichert und häufig sogar den Körper verjüngt.

Eine wichtige Unterstützung in solch dunklen Zeiten ist das aufmerksame Beobachten der eigenen Träume. Häufig erfolgt die Initiation in die dunklen Gefühle über Träume oder ihr Erscheinen wird über einen Traum angekündigt. Träume über Flutwellen oder Erdbeben signalisieren beispielsweise häufig, dass Ihnen eine schwierige Zeit bevorsteht. Träume können Ihnen auch helfen zu verstehen, was passiert, und sie können Ihnen sogar Hinweise zur weiteren Vorgehensweise geben.

Ich hatte vor vielen Jahren einen solchen Traum. Ich träumte ihn in einem der dunkelsten Momente meines Lebens, kurz nachdem ich mich von der Medizin abgewendet und meine Tätigkeit als spiritueller Lehrer aufgenommen hatte. Im Traum lief ein Werwolf auf mich zu und ich wachte voller Panik auf. Ich weiß noch genau, was mein Ego mir damals sagte, als ich zitternd vor Angst aufwachte: „Du bist ein Scharlatan. Dein Leben ist ein einziges Chaos. Du wirst das niemals überleben." Aber als ich ein paar Minuten später mein schweißbedecktes Gesicht im Badezimmerspiegel betrachtete, sah ich mich selbst darin plötzlich als Werwolf. Ich knurrte. Und dann knurrte ich nochmals und nochmals und mein Knurren wurde immer lauter und lauter.

Mir wurde in diesem Moment klar, dass das Gefühl, vor dem ich weggelaufen war, mit einer in mir selbst wahrgenommenen Kraft zu tun hatte, vor der ich große Furcht verspürte. Indem ich mich selbst zum Werwolf werden ließ, nahm ich diese Kraft an. Friede und ein Gefühl von Stärke durchströmten mich. Von diesem Moment an konnte ich meine Arbeit als Lehrer mit einem neuen inneren Gleichgewicht und neuer Kraft fortsetzen.

Eine umfassende Abhandlung zum Thema Träume würde den Rahmen dieses Buches sprengen. Der folgende Hinweis möge genügen: Wenn Sie abgründige Gefühle berühren und Ihr Ego Ihnen sagt, dass irgendetwas ganz schrecklich schief laufe, können Ihre Träume Ihnen einen ganz anderen Blickwinkel aufzeigen, der Raum für neue Möglichkeiten bietet.

Wie die Lebensgeschichten von Heiligen und anderen, die bei ihrer Selbsterkundung wirklich in die Tiefe gegangen sind, zeigen, konfrontiert der spirituelle Weg den Menschen unweigerlich mit dunklen Gefühlen. Vielleicht mag Ihnen dies zunächst merkwürdig erscheinen. Aber sobald Sie anstreben, nach dem „Willen Gottes" zu leben, oder zu Ihrem wahren Selbst erwachen, laden Sie stets auch *Ganzheit* ein und das bedeutet, dem *ganzen* Spektrum Ihrer fühlenden Intelligenz Raum zu geben. Es bedeutet vollständiges Annehmen sowohl der hellen als auch der dunklen Gefühle.

Die „Heldenreise"

Ein großer Teil der Herausforderung besteht darin, dass dieser spezielle Aspekt der Heilung eine Reise ist, die Sie allein unternehmen müssen. Es liegt in der Natur der abgründigen Gefühle, dass der Gang durch sie hindurch stets ein einsamer ist. Sie sind allein mit diesen Gefühlen – sei es im Krankenhausbett oder im Leben mit einer Behinderung; Sie sind allein mit ihnen während einer Scheidung, in den dunklen Stunden einer finanziellen Krise, in den einsamen Tiefen der Trauer ...

Sicherlich ist es hilfreich, mit anderen darüber sprechen zu können beziehungsweise zu wissen, dass es eine Person oder eine Gemeinschaft gibt, die in solchen Zeiten für Sie da ist. Aber am Ende müssen Sie Ihren Frieden mit der Dunkelheit alleine machen. Sich bewusst diesen Gefühlen zuzuwenden und die „Unterwelt" zu betreten – das ist das Herz der „Heldenreise". Und es ist der Pfad zur Befreiung vom Ego.

Jemand, der diese Reise selbst hinter sich gebracht hat, kann Sie an die Schwelle bringen und Ihnen sagen, dass Sie keine Angst vor dem Dunklen haben müssen (– wie ich es hier tue). Aber niemand kann Sie hindurchtragen. Es ist etwas, was Sie allein erledigen müssen, und zwar nicht nur einmal, sondern viele Male. Jedes Hineintauchen in die dunklen Gefühle ist eine ursprüngliche und persönliche Initiation in das Mysterium des Seins. Das sind Begegnungen, die Ihnen eine einzigartige, echte Charaktertiefe verleihen.

Sie können sich dieses Ritual des Übergangs nicht von jemand anderem „ausleihen". Es gibt keine Gruppe, die Sie feiert oder anspornt, und niemanden, der Sie auf diesen Moment vorbereitet. Es gibt keine „Durchsagen" von großen Seelen oder Heilern, die das ersetzen können, was Sie alleine für sich selbst tun müssen.

Vielleicht legen wir deshalb in unserer Kultur so großen Wert auf die *positiven* Gefühle und versuchen Sie in Form von Gruppenritualen und Feiern zu erzeugen. Wenn es jedoch an den transformierenden Abstieg in die Unterwelt geht, gibt es keine Möglichkeit, ihn gemeinsam als Gruppe, Gemeinde oder Gemeinschaft zu gehen, ganz gleich, wie gut die Absichten der Mitglieder sein mögen. Jeder von uns geht diesen Weg allein.

Keiner weiß, wann es für ihn an der Zeit ist. Aber Sie können sicher sein, dass jeder im Verlauf seines Lebens mehrfach dazu aufgerufen wird. Diejenigen, die dem Ruf folgen, lernen wir als äußerst weise und liebevolle Menschen kennen. Eine weise Gesellschaft würde erkennen, dass diese Reise unvermeidbar ist, und all jene besonders in Ehren halten, die bereits berufen wurden, sie zu unternehmen.

Aber solche Gemeinschaften sind selten. Für die moderne Gesellschaft zählen vor allem Romantik und eine materialistische Ausrichtung; den schwer zu erfassenden *spirituellen* Reichtum erkennt sie nicht an oder weiß ihn nicht zu würdigen. Eine Begegnung mit dunklen Gefühlen wird zumeist eher als Makel betrachtet – etwas, was man bedauert, anstatt es zu begrüßen oder zu feiern. Sie wissen jetzt, dass Ihr „gewahres Selbst" immer mehr ist als selbst das beunruhigendste Gefühl. Es ist wichtig, dass Sie die Kraft Ihrer eigenen Tiefen respektieren, *ohne Angst* vor dem Dunklen zu haben.

TEIL III

---•---

Präsenz im Alltag leben

Wenn Sie ein gesundheitliches Problem haben oder in einer andersartigen Krise stecken, werden die nachfolgenden Kapitel Ihnen helfen, jeden Tag mit größerer Präsenz und in tieferem Frieden zu leben – auch wenn Sie Schmerzen haben, vor schwierigen Entscheidungen stehen oder sich Gedanken über Ihren Tod machen.

Mithilfe dessen, was Sie auf diesen Seiten finden, werden Sie den „Muskel" der Aufmerksamkeit aufbauen, der Sie unabhängig von den Umständen fest im Hafen des gegenwärtigen Moments verankert hält. Sie werden ein Bewusstsein entwickeln, das stark genug ist, das Bedürfnis nach Kontrolle loszulassen, denn Sie werden auf einer tieferen Ebene präsent sein können als der gedanklichen. Sie werden beginnen, dem Leben so zu vertrauen, wie es ist.

Indem Sie sich für die Möglichkeit öffnen, dass es nichts gibt, was Sie absolut sicher über den Tod wissen können (außer dass wir alle früher oder später sterben), können Sie eine ganz neue Beziehung zu Tod und Sterben entwickeln. Wenn Sie meine Einladung annehmen, all das infrage zu stellen, was Sie über den Tod zu wissen glauben, werden Sie womöglich überrascht feststellen, dass sich ein neues Gefühl von Freiheit in Ihrem Leben ausbreitet.

Ihre Beziehungen beeinflussen Ihr Wohlbefinden – im guten wie im schlechten Sinne. Daher möchte ich Sie auffordern, zu so vielen Menschen wie möglich eine *tiefe* Beziehung aufzubauen, und ich mache einige Vorschläge dazu, wie man anderen im Jetzt wahrhaftig begegnen kann.

Je mehr Sie an Präsenz gewinnen, umso mehr neue Energie durchfließt Sie und diese Energie benötigt neue Ausdrucksformen, um zu erblühen und ihren heilsamen Einfluss vollständig ausüben zu können. Deshalb möchte ich Sie zum Abschluss dieses Buches einladen, diese Energie in Form spontaner Kreativität fließen zu lassen und Ihrem Herzen so eine Stimme zu verleihen.

——— •·• ———

KAPITEL 9

Schmerz ertragen, ohne zu leiden

Körperliche Schmerzen können – unabhängig von ihrem Auslöser – durch den Verstand enorm verstärkt werden. Langjährige Erfahrung hat mich gelehrt, dass nahezu jeder Schmerz zumindest ein wenig Erleichterung erfährt, wenn wir ganz im Jetzt präsent sind und die angstbesetzten Geschichten fallen lassen, die wir um den Schmerz herum kreiert haben. Das Beispiel, von dem ich im Folgenden ausführlich berichte, soll dies veranschaulichen.

Vor einiger Zeit wandte sich meine Freundin Evelyn an mich. Sie litt nach einer schweren Operation unter heftigen Schmerzen. Weinend rief sie mich an und sprach sehr offen, deutlich und direkt über die Dinge, die sie durchmachen musste: Obwohl ihre Darmoperation nun schon mehrere Wochen zurücklag, erholte sie sich nicht so schnell, wie sie erwartet hatte. Sie litt ständig unter Schmerzen, die sich ins Unerträgliche steigerten, wenn sie zur Toilette ging und ausscheiden wollte. Hinzu kam, dass ihre diesbezüglichen Versuche meist nicht „erfolgreich" waren.

Evelyn schluchzte, als sie mir erzählte: „Ich muss wie ein Tier auf dem Badezimmerboden über einem Pappteller hocken, weil sich beim Sitzen auf der Toilette rein gar nichts tut." Sie hielt einen Moment inne, weil sie wohl fürchtete, bereits zu viel gesagt zu haben. „Es tut mir leid, dass ich dir das einfach so mit allen Details zumute, aber ich möchte, dass du weißt, wie es tatsächlich bei mir aussieht. Die Schmerzen sind derart extrem, dass ich selbst auf dem Boden hockend kaum in der Lage bin, Stuhlgang zu haben. Es ist so beschämend."

Während sie über ihre Situation sprach, nahm ihre Verzweiflung weiter zu. „Wird so mein weiteres Leben aussehen? Das ist doch nicht menschenwürdig! Werde ich jemals wieder in der Lage sein, ganz normal auf die Toilette zu gehen? Was ist, wenn es nicht funktioniert und ich noch einmal operiert werden muss? Damit würde ich nicht fertig. Ich bin schon so oft operiert worden. Das Ganze ist jetzt schon zu viel für mich. Selbst wenn ich nur hier sitze und mit dir spreche, sind die Schmerzen enorm."

Ich fühlte mit ihr. Evelyn ist das, was ich als eine „echte Dame" bezeichnen würde, und sehr penibel in ihren Gewohnheiten. Deshalb war mir sofort klar, wie schwierig diese Situation für sie sein musste. Ich spürte auch, dass die Scham- und Angstgefühle, die aufgrund ihrer Gedanken in ihr hochstiegen, wesentlich schlimmer waren als die Schmerzen.

Ich schlug vor, dass sie sich einen Moment Zeit nehmen solle, um zur Ruhe zu kommen und ihre Gedanken sich setzen zu lassen. Dann bat ich sie, ihre Aufmerksamkeit auf die Gedanken zu richten, die mit ihrer Erfahrung verbunden waren – die Geschichten, die sie sich selbst darüber erzählte, was dies alles zu bedeuten habe und wohin es führen würde.

Sie hörte auf zu weinen und wurde still. Dann nahmen wir uns gemeinsam einen quälenden Gedanken nach dem anderen vor. Zwischen den Geschichten lud ich sie immer wieder ein, in die Gegenwart zurückzukehren. Ich leitete sie an, jede Geschichte für einen Moment gehen zu lassen, ihren Atem zu beobachten und nachzuspüren, wie sich ihr Körper zum gegenwärtigen Zeitpunkt fühlte.

Schon nach kurzer Zeit wurde Evelyn klar, dass sie sich ein selbsterniedrigendes emotionales Umfeld erschaffen hatte, indem sie sich selbst mit einem Tier verglich und sich sagte, dass sie nie wieder wie ein menschliches Wesen werde leben können. Sie erkannte, dass sie sich mit Geschichten über weitere Operationen in Angst versetzte, obwohl sie keine Ahnung hatte, ob diese überhaupt erforderlich sein würden. Sie stellte fest, dass sie bereits entschieden hatte, dass sie mit all dem nicht umgehen könne, ohne zu wissen, über welche Fähigkeiten sie tatsächlich verfügte.

Sie erzählte schließlich, dass sie am Tag zuvor einen Arzttermin gehabt habe und der Chirurg ihre Symptome in diesem Stadium der Genesung keineswegs für ungewöhnlich hielt. Angesichts dieser Information entschloss ich mich, ihr mitzuteilen, was *meine* Intuition in Bezug auf die Schmerzen war: „Evelyn, dies ist meinem Gefühl nach kein Schmerz, der dir in irgendeiner Weise wehtun will", sagte ich sanft.

„Ich weiß zwar nicht genau, wie du das meinst, Richard, aber es fühlt sich irgendwie so an, als wäre es wahr. Als du das sagtest, entspannte ich mich sofort. Plötzlich, zum ersten Mal seit Tagen, ist der Schmerz fast verschwunden ... Was genau meinst du, wenn du sagst, dass dies nicht der Schmerz ist, der mir wehtut?"

„Nun", erklärte ich, „manche Arten von Schmerz sind Alarmsignale des Körpers, die auf schwerwiegende Probleme hindeuten, wie beispielsweise der starke Schmerz im Brustraum bei einem Herzanfall. Ich tippe jedoch darauf, dass der Schmerz, den du fühlst – auch wenn ich gehört habe, wie furchtbar er teilweise ist – wahrscheinlich zur Genesung nach der Operation dazugehört. Dass du Schmerzen hast, ist im Übrigen ganz natürlich, denn der Körper wurde durch die Operation schwer verletzt. Deshalb signalisiert er dir über den Schmerz: ‚Sei vorsichtig.' Es bedeutet aber nicht, dass etwas schiefgelaufen ist, dass die Gefahr der Verschlimmerung besteht oder dass es nicht besser wird."

„Weißt du, das ist mir noch gar nicht in den Sinn gekommen", antwortete sie. „Vielleicht ist der Schmerz gar nicht unbedingt ein schlechtes Zeichen."

Als ich so dasaß, über die Telefonleitung mit ihr verbunden, fühlte es sich für mich so an, als würde sich Evelyns ganzes System nach Wochen konstanter Anspannung endlich tiefgreifend entspannen. Sie sagte, sie fühle sich friedlich und zuversichtlich und glaube nun, dass sie mit dem Genesungsprozess werde umgehen können, ganz gleich, wie langsam er vor sich gehe. Sie konnte sogar *lachen* über das Bild der armen Frau, die da auf dem Badezimmerfußboden hocken musste.

Die Schmerzen, die Evelyn erlebt hatte, waren durch ihre Geschichten verschlimmert worden. Sie hatten in ihr ein tiefes Gefühl der Scham erzeugt und das Bild von einer Zukunft erschaffen, die sich wie eine lebenslange Strafe anfühlte. Seien Sie sich dessen bewusst, dass jeder Schmerz durch angstvolle Zukunfts-Geschichten und Emotionen wie Schuld oder Scham verschlimmert wird. All die schmerzvollen Empfindungen und unterbrochenen Prozesse im Körper sind wesentlich leichter zu ertragen, wenn Sie die zusätzliche Last der Gedanken entfernen.

Das bedeutet nicht, dass Schmerzen nicht manchmal sehr stark oder Krankheits- und Heilungsprozesse selbst für die Tapfersten unter uns nur schwer auszuhalten sein könnten. Aber indem wir darauf achten, die körperlichen Empfindungen nicht mit angstvollen Vorstellungen oder erniedrigenden Urteilen zu überdecken, stellen wir zumindest sicher, dass wir sie nicht noch künstlich verstärken oder verlängern.

Schmerzen öffnen ebenso wie die dunklen Gefühle eine Tür zu mehr Offenheit, sofern wir uns der Erfahrung nicht in den Weg stellen. Wir fühlen uns dann als Teil jedes Moments und lassen uns von den einfachen Dingen des Lebens berühren, anstatt uns isoliert oder getrennt zu fühlen. Schmerzen können Ihr Herz öffnen. Sobald Sie Ihre Geschichten fallen lassen und Ihre Aufmerksamkeit gänzlich auf die Gegenwart richten – und sei es nur für einen Moment –, werden Sie feststellen, dass es da einen sanften Raum der Stille gibt, der genau dort auf Sie wartet, wo Sie gerade sind.

*

Beispiel: Fieber und Kopfschmerzen

Als ich 1999 Südamerika bereiste, bekam ich hohes Fieber. Das Thermometer zeigte mehr als 40 Grad Celsius an und ich erlebte die wohl schlimmsten Kopfschmerzen meines Lebens. Fieber und Schmerzen ließen mehrere Tage lang nicht nach und ich konnte nur wenig tun, um sie zu lindern. Allerdings stellte ich fest, dass die Schmerzen zunahmen, wenn meine Gedanken in Richtung Verzweiflung abdrifteten. Kehrte ich hingegen zur Gegenwart zurück, ließen sie ein wenig nach.

Irgendwann am dritten Tag, als ich glaubte, die Schmerzen nicht länger aushalten zu können, machte ich eine tiefgreifende Entdeckung. Ich musste auf einmal daran denken, wie viel Leiden es auf der Welt gibt. Ich dachte an all die Millionen Menschen, die an Malaria und anderen Krankheiten litten, und an das furchtbare Leid, das wir als Menschen uns untereinander antun. In Gedanken war ich bei allen leidenden Menschen und ich begann spontan dafür zu beten, dass ihr Leid ein Ende finden möge – dass ihr Fieber sinken und ihre Schmerzen nachlassen und dass die Menschen überall auf der Welt einander wirklich liebten, anstatt sich ständig gegenseitig zu verletzen. Sobald ich damit anfing, ließen meine eigenen Schmerzen erheblich nach.

Dank der modernen Medizin kommt es nur noch selten vor, dass jemand dauerhaft Schmerzen erleiden muss. Nachdem ich ein Antibiotikum bekommen hatte, sank mein Fieber rasch und auch die Kopfschmerzen wurden schnell erträglicher. Doch ich hatte an diesem Tag eine wichtige Erkenntnis: Wenn wir unser eigenes Leiden mit etwas Größerem vergleichen, wird unser persönlicher Schmerz plötzlich erträglicher.

Später erfuhr ich, dass diese Erkenntnis der altehrwürdigen buddhistischen Praxis oder Übung des *Tonglen* ähnelt, einer Methode zur Verbindung mit Leid – mit unserem eigenen und dem, das um uns herum ist –, unabhängig davon, wo wir uns befinden. Es ist eine Technik, die hilft, die Angst vor Leid(en) zu überwinden und die Anspannung des eigenen Herzens aufzulösen. *Tonglen* wird hauptsächlich eingesetzt, um das uns allen angeborene Mitgefühl zu wecken, indem man daran erinnert wird, dass die persönliche Realität nur der Mikrokosmos einer größeren ist.

Die Übung *Tonglen*

… beinhaltet das Synchronisieren gebetsähnlicher Gedanken mit dem Ein- und Ausatmen. Dazu wählen Sie zunächst jemanden aus, der leidet und dem Sie helfen wollen. Wenn es beispielsweise um ein krankes Kind geht, atmen Sie den Wunsch ein, die Schmerzen und die Angst von dem Kind zu nehmen. Beim Ausatmen senden Sie dem Kind dann Glück, Freude oder etwas anderes, was die Schmerzen leichter erträglich macht. Das ist der Kern dieser Praxis: Sie atmen den Schmerz anderer sein, sodass diese gesund sein und sich offen und entspannt fühlen können. Beim Ausatmen senden Sie dem anderen Ruhe und Sanftheit, oder was immer Ihrer Meinung nach Entspannung und Glück bei ihm hervorrufen kann.

In meinem Fall begann ich mit meinem eigenen Schmerz und weitete dann meine persönliche Situation auf ein universelles Gewahrsein für den Schmerz aus, den so viele von uns empfinden, und ein Gebet, dass der Schmerz überall gelindert werden möge. Vielleicht hört sich das für Sie ja schon vertraut an: Es ist eine etwas andere Art, fokussiert-weites Gewahrsein zu praktizieren. Wenn ich mich allein auf meinen *eigenen* Schmerz konzentrierte, war er nahezu unerträglich. Verspürte ich jedoch Mitgefühl mit dem Schmerz, der in jedem von uns ist und selbst in allen anderen Lebewesen, die diesen Planeten bewohnen, wurde mein Schmerz weniger persönlich und damit auch wesentlich erträglicher.

Extreme Schmerzen können so machtvoll sein, dass Sie in sie hineingesogen werden wie in ein schwarzes Loch. Aber wenn Sie Ihr Leiden nicht mit

Geschichten verstärken und stattdessen Ihr gesamtes Wesen zu einer Art Gebet für das Nachlassen des Leidens überall auf der Welt werden lassen, dann geht Ihr Schmerz über Sie hinaus. Das Leben bringt es einfach mit sich, dass wir körperliche Schmerzen erleiden – sei es infolge von Krankheiten und Verletzungen oder auch natürlichen Ereignissen wie beispielsweise Geburten.

Wenn Sie sich bewusst dafür entscheiden, können Sie diese Prozesse als natürliche Initiationsrituale sehen. Beispielsweise kann eine Frau in den Wehen liegen und qualvolle Schmerzen erleiden, sich dabei aber gleichzeitig an die zahllosen Frauen erinnern, die vor ihr Kinder geboren haben, und an die vielen denken, die auf der ganzen Welt zur gleichen Zeit in den Wehen liegen.

Egal, um was Sie für sich selbst beten, können Sie gleichzeitig für alle anderen beten. Sie können allein in einem Krankenhauszimmer liegen, die Unmittelbarkeit Ihres eigenen Leidens spüren und die Wahl treffen, Ihr Herz für die Millionen von anderen Menschen zu öffnen, die sich ebenfalls im Angesicht ihres jeweiligen Problems allein fühlen.

Sie können nicht sicher *wissen*, ob die Verlagerung Ihres Fokus vom eigenen Leiden auf das Lindern des Leidens überall Ihnen die Gnade des Friedens und erhöhten Wohlbefindens eröffnen wird. Dabei geht es jedoch nicht um „Erfolg" oder eine Art Sieg des Ego, sondern darum, wie Schmerz Sie lehren kann, bescheiden und demütig zu werden.

Wie Sie Ihre Schmerztoleranz erhöhen können

Es gibt nahezu in jeder Gesellschaft eine uralte Tradition, Leid bewusst zu erzeugen, um spirituelle Erneuerung zu erzielen. Ein Beispiel hierfür ist der Sonnentanz der nordamerikanischen Prärieindianer, die häufig tagelang ohne größere Ruhepause rund um die Uhr tanzen, singen, beten und trommeln. Manchmal wird auch die Haut durchbohrt, als Teil eines Rituals, das den Zyklus von Tod und Wiedergeburt symbolisiert. Das Ritual ist der spirituellen Wiedergeburt des Stammes und der lebenden Erde gewidmet.

Ich habe in meinen längeren Retreats ebenfalls mit Ritualen gearbeitet, die das bewusste Hervorrufen von Leidensgefühlen einbeziehen, wenn auch in einer wesentlich weniger extremen Form. Eine Zeremonie, die ich gerne einsetze, wenn ich spüre, dass eine Gruppe bereit ist für eine tiefere Erfahrung der Präsenz, stammt aus einer uralten tibetischen Praxis, die ich für meine Zwecke in „Das Herz des Mitgefühls" umbenannt habe.[10] Es handelt sich dabei um eine wertvolle Übung, die die Fähigkeit stärkt, selbst in Zeiten des Leidens in jedem Moment präsent zu sein.

„Das Herz des Mitgefühls"

Bei dieser Übung steht jeder einem Partner / einer Partnerin gegenüber. Beide heben die Arme seitlich gestreckt bis auf Schulterhöhe an. Die Aufgabe besteht darin, die Arme für etwa eine Stunde so zu halten, ohne sie zu senken, fallen zu lassen oder in den Ellenbogen einzuknicken. Die Zeitspanne ist lang genug, um Menschen über ihre ursprüngliche Grenze – den Protest des Ego – hinwegzubringen, sodass sie den Wechsel zu einer tieferen Verbindung mit sich selbst und der Gegenwart erleben können.

Ich bitte die Teilnehmer, sich gegenseitig so gut wie möglich zu helfen – entweder, indem sie die Arme des Partners mit den eigenen stützen (die sie natürlich weiterhin gestreckt halten), oder indem sie den Entschluss fassen, ihre eigene Haltung noch konsequenter und bewusster beizubehalten, wenn sie bemerken, dass der Partner „schlappzumachen" droht. Diese Übung zeigt eines ganz deutlich: Wenn einer von uns in seiner Präsenz nachlässt, schwächt er die anderen um sich herum. Bleiben wir dagegen präsent, können wir anderen neuen Auftrieb geben und sie stärken.

Am Anfang findet niemand seine innere Mitte schnell genug, um die zunehmenden unangenehmen Empfindungen aushalten zu können. Gedanke um Gedanke wird das Ego nicht aufhören zu protestieren, Widerstand zu leisten, sich zu bemitleiden, diese Erfahrung als unnötig oder dumm abzutun und so weiter. Das Unbehagen wächst so rasch, dass es größer zu sein scheint als der Verstand, der sich seiner bewusst ist. Natürlich ist das nicht der Fall und kann es auch niemals sein, aber bis man seine tiefere Mitte gefunden hat, wird einem der Schmerz größer vorkommen als man selbst.

Nahezu alle Teilnehmer an dieser Übung lassen ihre Arme sinken oder beugen sich vor, um den Schmerz für ein paar Momente zu lindern. Manche sinken kurzzeitig entmutigt zu Boden, aber mit ein bisschen Ermunterung können diejenigen, die die ersten zehn Minuten durchhalten, im Allgemeinen die Übung vollenden.

Alle, die die ganze Zeit im Prozess bleiben, finden vieles über sich heraus. Einige müssen endlich in Bescheidenheit und Demut eintauchen, weil sie die Übung nicht so gut machen können, wie sie gedacht haben. Andere stellen hoch erfreut fest, dass sie Angst und Schwäche durchstehen und zu einem Gefühl von Stärke und Freude gelangen können.

Wenn diese alte Übung im rechten Geiste ausgeführt wird, hat sie großes transformierendes Potenzial. Die Teilnehmer entdecken eine Art von Stärke, von der sie in der Regel nichts ahnten. Sie müssen ihren ganzen Willen einsetzen, um ihre Arme oben zu halten, und erfahren gleichzeitig, dass der Wille allein nicht ausreicht. Nahezu alle erleben, dass in dem Moment, in dem sie sich um jemand anderen Gedanken machen oder sogar bereit sind, eine größere Bürde zu übernehmen, um ihm zu helfen, das eigene Leiden erheblich nachlässt.

Ich habe bei vielen Teilnehmern, die diese Übung wirklich angenommen haben erlebt, wie sie einen Zustand erreichten, in dem sie die Position mühelos halten konnten und gleichzeitig Präsenz und Liebe ausstrahlten. Noch Jahre später haben Menschen mir gesagt, dass das, was sie während der Zeremonie erfahren hätten, ihnen enorm dabei helfe, Herausforderungen zu bewältigen und in schwierigen Momenten präsent zu sein. Manche nutzen die Technik auch weiterhin, um in solchen Zeiten leichter ihre Mitte zu finden und mehr Energie zur Verfügung zu haben.

Bei meinen Gruppenretreats endet diese Übung stets mit einer einstündigen Zeit des „Loslassens": Alle legen sich bequem hin und werden aufgefordert, präsent zu bleiben und nicht einfach abzudriften oder einzuschlafen. In mancher Hinsicht kann es ebenso schwierig sein, eine Stunde lang loszulassen und dabei gleichzeitig wach und bereit zu sein, wie eine Stunde lang mit ausgestreckten Armen zu stehen. Es kommt leicht zu Ruhelosigkeit, und bevor es den Mitgliedern der Gruppe so recht bewusst ist, sind sie schon wieder in ihren Gedanken gefangen.

Wenn Sie die Übung ausprobieren wollen

Wenn Sie die Übung „Das Herz des Mitgefühls" allein zu Hause ausprobieren möchten, empfehle ich Ihnen, mit 10 bis 15 Minuten anzufangen, da Ihnen nicht die unterstützende Energie einer Gruppe zur Verfügung steht. Je vertrauter Sie mit der Art von Öffnung und Energie werden, die diese Übung hervorrufen kann, umso mehr können Sie den Zeitraum ausdehnen. Die Übung hilft Ihnen, Ihre Mitte zu finden und Ihre Fähigkeit zur Präsenz auszubauen, aber sie kann Sie auch im weiteren Verlauf des Tages verletzlicher machen – also lassen Sie es langsam angehen! Das

Wichtigste ist, dass Sie sich nicht allein auf das Durchhaltevermögen konzentrieren und sich im Anschluss eine entsprechende Zeit des „Loslassens" genehmigen. Sehen Sie die Übung als ein Mittel, sich zu zentrieren und zu lernen, wie man sein Bewusstsein ausdehnt, weit macht und in diesem Zustand bleibt. Widmen Sie die Übung dem Ziel, mehr Präsenz in Ihr Leben und in die Welt zu bringen.

Wenn ich mit einer Gruppe arbeite, sage ich als Hilfestellung häufig: „Atmen Sie langsamer. Lenken Sie Ihre Aufmerksamkeit ganz auf jeden Augenblick des Atmens. Lassen Sie nicht zu, dass der Schmerz Sie ablenkt. Wenn Sie die Aufmerksamkeit auf einen einzelnen Punkt richten, bringt Sie das automatisch auch in die Weite." Vielleicht kann sich dieser Hinweis auch für Sie als hilfreich erweisen.

Wenn jemand sichtlich Probleme hat, fordere ich die Person auch manchmal auf: „Lassen Sie sich helfen. Setzen Sie dem Schmerz keinen Widerstand entgegen. Lassen Sie das Feuer der Anstrengung sich mit etwas Größerem verbinden, wie auch immer Sie es sich vorstellen können." Oder ich weise darauf hin, dass das Sein nicht an der Haut endet und der Teilnehmer sich einen größeren Körper suchen soll.

Die Übung „Das Herz des Mitgefühls" können Sie jederzeit einsetzen, wenn Sie in einem emotionalen Tumult stecken oder das Gefühl haben, Ihnen werde alles zu viel. Stehen Sie so lange in der beschriebenen Stellung, bis die Intensität Ihrer Konzentration die Gedanken verdrängt und ersetzt, die den emotionalen Aufruhr verursachen. Zurückgekehrt in Ihre Mitte können Sie dann Ihre Situation untersuchen und mit größerer Klarheit und Gelassenheit das angehen, was getan werden muss.

Diese Art von Übung dient zum Aufbauen des „Aufmerksamkeitsmuskels", der Ihnen hilft, auf einer *tieferen* Ebene präsent zu bleiben als derjenigen der Gedanken. Beim Aufbauen dieses Muskels geht es nicht darum, sich immer mehr *anzustrengen*, um einen Ort der Stille zu finden. Das Ziel ist vielmehr, seine Fähigkeit zu Fokussierung und Aufmerksamkeit so weit zu erhöhen, dass Sie sie *sanft* einsetzen können.

Ein starker Geist kann Schmerz oder abgründige Gefühle sanft berühren, weil er gleichzeitig weit und offen ist. Er kann einen Raum für dunkle Gefühle oder Schmerz schaffen und ganz sanft präsent sein, ohne in Gedanken oder Emotionen abzurutschen. Die Stärke eines starken Geistes liegt nicht darin, dass er alles unter Kontrolle hat, sondern darin, dass er nichts kontrollieren muss. Sie können das Leben dann sein lassen, wie es ist, ... es darf dahinfließen.

Fazit: Unabhängig von den Umständen oder dem Schmerz, den Sie empfinden, verändert der *Zustand Ihres Bewusstseins* ständig Ihr Erleben – zum Guten oder zum Schlechten.

KAPITEL 10

Möglichkeiten und Entscheidungen

Als bei meiner Mutter eine seltene Form von Gebärmutterkrebs diagnostiziert wurde, für die es keine Behandlungsmethode gab, fragte sie mich, was sie tun solle. Ein Onkologe hatte ihr zwar die Möglichkeit einer Chemotherapie angeboten, gleichzeitig aber deutlich gemacht, dass niemand wisse, ob ihre Krebsart darauf ansprechen würde. Es sei ein Experiment, ein Glücksspiel. Aus seiner Sicht war es der einzige Hoffnungsschimmer, den er zu bieten hatte.

Ich schlug meiner Mutter vor, mit gesundem Essen und Nahrungsergänzungsmitteln etwas für die Stärkung ihres Immunsystems zu tun und im Übrigen abzuwarten, was passieren würde. Dass dies zu einer Heilung führen würde, war natürlich unwahrscheinlich, aber ich hatte den Eindruck, dass das Wichtigste für sie das Gewährleisten einer möglichst hohen Lebensqualität sei. Meine Sorge war, dass keinerlei Erfahrungswerte dazu vorlagen, wie sich die Chemotherapie auf *ihren* Krebs auswirken würde, und dass diese Behandlung ihr *Befinden* erheblich beeinträchtigen könnte; am Ende würde sie ihr Leben vielleicht sogar verkürzen. Das Einzige, was die Chemotherapie ihr zu bieten hatte, war Hoffnung, und obwohl mir klar war, wie wichtig Hoffnung ist, kannte ich meine Mutter gut genug, um zu wissen, dass sie vor allem Realistin war. Als wir ihre Optionen besprachen, sagte ich zu ihr: „Setz' nicht auf etwas, bei dem die Chancen auf Erfolg derartig gering sind. Genieße lieber die Zeit, die du noch hast. Du hattest 80 gute Jahre. Jetzt kommt es vor allem darauf an, jeden einzelnen Tag so weit wie möglich zu genießen."

„Du bittest mich also sozusagen darum, die Hoffnung aufzugeben?", sagte sie.

„Nein, es geht nicht darum, aufzugeben. Lebe einfach einen Tag nach dem anderen."

„Das kann ich doch auch tun, wenn ich mich für die Chemotherapie entscheide, oder?"

„Natürlich", stimmte ich zu. „Ich möchte bloß vermeiden, dass du unnötig leidest, weil die Chance, dass die Chemotherapie dir hilft, einfach sehr gering ist."

Meine Mutter entschied sich trotzdem dafür, die Chance zu nutzen. Sie fühlte sich zeitweise furchtbar schlecht und verlor alle ihre Haare, fand dann aber eine Perücke, die ihr gefiel, und machte Witze über ihren neuen „Look". Nahezu sofort sanken die Tumormarkerwerte in ihrem Blut – ein positives Zeichen. „Siehst du", sagte sie ganz aufgeregt zu mir, „es funktioniert!"

Fünf Wochen später allerdings waren die Marker um das Fünfzigfache des ursprünglichen Wertes angestiegen: Der Krebs verbreitete sich mit zunehmender Geschwindigkeit. Vom Beginn der Chemotherapie an lebte meine Mutter noch acht Monate. Während dieser Zeit fuhr sie nahezu 60 Mal zu ihrem Arzt, um sich untersuchen oder Blut abnehmen zu lassen. Da sie selbst kein Auto fahren konnte, musste sie ein Taxi nehmen oder meinen Bruder oder einen ihrer Freunde bitten, sie hinzufahren, und sie hasste es doch, anderen zur Last zu fallen. Sie verbrachte Hunderte von Stunden damit, hin und her zu fahren und in Wartezimmern zu sitzen, manchmal eingehüllt in eine Wolke aus Müdigkeit und Übelkeit, immer auf positive Signale wartend. Sie hatte sich ihr gesamtes Leben lang nie viel beklagt und sie tat es auch in diesen letzten Monaten nicht.

Machtlosigkeit gehört zu den schwierigsten Gefühlen, denen wir uns stellen müssen. Auch wenn wir *alle* am Ende dem Tod machtlos gegenüberstehen, ist es doch *besonders* schwer, ihm als kranker Mensch direkt ins Auge zu blicken, ohne eine Strategie zur Verlängerung des Lebens, und sei es nur um eine kurze Zeitspanne.

Dem zu Beginn des Buches erwähnten Freund, der unter Bauchspeicheldrüsenkrebs litt, sagte man, sein Fall sei hoffnungslos und man könne ihm nur palliative Pflege anbieten. Da er jedoch selbst Arzt war, konnte er einen Onkologen zu einer Chemotherapie überreden, mit der äußerst geringen Chance, dass der Tumor massiv schrumpfen würde und so die Möglichkeit bestand, die gesamte Bauchspeicheldrüse (inklusive Tumor) zu entfernen. Falls dies erfolgreich sein sollte, konnte er wie ein Diabetiker Insulin nehmen und das Fehlen der Bauchspeicheldrüse durch eine Veränderung seiner Essgewohnheiten und die Einnahme von Verdauungsenzymen kompensieren. Das war immerhin ein Plan, auch wenn – wie er selbst zugab – lediglich eine Chance von 1 oder 2 Prozent bestand, dass er funktionieren würde.

Leider war dies nicht der Fall. Aber sobald er begann, diese Strategie umzusetzen, konnte er sich dem hingeben, was das Leben für ihn bereithielt. Er erzählte, dass der einzige Moment, in dem er sich nach der Krebsdiagnose schlecht gefühlt habe, derjenige war, als er noch *keinen* Plan hatte. Was zählte, war, dass es eine Chance gab, die man nutzen konnte – das Ergebnis war zweitrangig. In seiner letzten E-Mail an mich, die er acht Tage vor seinem Tod schrieb, sagte er: „Ich bin am tiefsten Punkt meines körperlichen Daseins und dem Höhepunkt der Erkenntnis angelangt, schwebend in einem Zustand des Staunens."

Eine „gesunde" Einstellung zur modernen Medizin

Als studierter Naturwissenschaftler und Schulmediziner habe ich festgestellt, dass vieles von dem, was wir Ärzte für richtig halten und praktizieren, sich irgendwann als falsch erweist. Welche Konzepte oder Behandlungen dies betrifft, wissen wir erst, wenn wir die Auswirkungen unserer Handlungen sehen und unser Wissen wächst. Dann stellen wir unsere nutzlosen Bemühungen ein, stellen neue Theorien auf, entwickeln neue Behandlungsmethoden und der Kreislauf beginnt von vorn ... Es ist einfach ein Teil des experimentellen Charakters der Naturwissenschaften und des Praktizierens von Medizin. Im besten Fall können wir hoffen, dass die Versuchsdaten unvoreingenommen analysiert werden und dass wir, im Sinne von Hippokrates, unser Bestes tun, um keinen Schaden anzurichten.

Wie also sieht ein vernünftiges Verhältnis zur modernen Medizin und zum Gesundheitswesen allgemein aus? Beugen wir uns der Wissenschaft und akzeptieren passiv das, was uns angeboten wird? Meiden wir sie besser ganz, weil sie, wie manche glauben, *nicht spirituell* ist? Wenden wir uns lieber alternativen Behandlungsmethoden zu, die zwar vieles versprechen, deren Angaben aber zumeist nicht durch wissenschaftliche Untersuchungen belegt sind? Oder akzeptieren wir, dass wir alle Teil eines großen Experiments sind, Versuchskaninchen in einem großartigen, aber keineswegs perfekten Forschungsprojekt?

Letzteres ist die Position, die ich vertrete. Ich respektiere die moderne Medizin und bin mir dessen bewusst, dass sie stets ein unfertiges Werk sein wird. Gleichzeitig achte ich auch vieles, was über die Komplementärmedizin einströmt. Wann immer ich persönlich Hilfe benötige, stelle ich eigene Nachforschungen an und höre dann in Bezug darauf, welche Ernährungsumstellung oder Behandlungsmethode angezeigt ist und mit welchem Arzt ich zusammenarbeiten will, auf meine Intuition. Sobald meine Entscheidung steht, bin ich bereit, den von mir ausgewählten Ärzten zu vertrauen. Mir ist jedoch auch klar, dass sie sich zwar um meinen Körper kümmern können und in ihrem Spezialgebiet über mehr Informationen verfügen als ich, dass die Sorge für mein Bewusstsein jedoch ganz in *meiner* Verantwortung liegt. Anders gesagt: *Ich* bin dafür verantwortlich, präsent zu bleiben und das anzunehmen, was *ist*. Gleichzeitig muss ich auf das lauschen, was ich fühle, sowie bereit sein, Fragen zu stellen, nach neuen Informationen zu suchen und sogar den Kurs radikal zu ändern, wenn dies angezeigt zu sein scheint.

Ich bin (wie wir alle) ebenfalls dafür verantwortlich, gesund zu essen, und habe gelernt, dass man vieles zur Entgiftung des Körpers und zur Stärkung des Immunsystems tun kann, was sich als sehr wertvoll und heilsam erweist. Auf diese Weise habe ich ein beunruhigendes Problem mit Herzrhythmusstörungen beseitigen können und meinen Bluthochdruck – ein in meiner Familie weit verbreitetes Problem – signifikant senken können.

Einblicke in meine Ich-Geschichten

Ich hatte bereits einige Jahre lang leichte Ischiasprobleme im rechten Hüftbereich, als ich eines Tages ein paar schwere Möbelstücke bewegte und die Schmerzen plötzlich erheblich schlimmer wurden. Ich konnte kaum 50 Meter gehen, bevor ich mich wieder hinlegen und abwarten musste, bis der Schmerz nachließ. Ja, ich konnte nicht einmal lange genug stehen, um mir die Zähne zu putzen.

Nachdem ich mich ausführlich informiert hatte, kam ich für mich zu dem Schluss, dass es zwei alternative Behandlungsmöglichkeiten gab: Laserchirurgie oder Mikrodiscektomie (eine minimal invasive Form der Chirurgie, die mir zwei Schmerzspezialisten empfehlen). Ich entschied mich für die Laserchirurgie, weil ich sie als weniger invasiv erachtete und die Wahrscheinlichkeit eines Rückfalls oder einer Infektion dabei geringer schien. Obwohl die Behandlung in Kalifornien nicht möglich war und ich dafür extra nach New York reisen musste, war ich der Meinung, alles in allem die beste Wahl getroffen zu haben.

Zu Beginn lief alles glatt. Nach der Operation konnte ich sofort wieder laufen und nach zwei Tagen Krankenhaus flog ich nach Hause. Dann allerdings verliefen die Dinge anders, als ich es mir vorgestellt hatte. Etwa eine Woche nach meiner Rückkehr holte ich ein paar Holzscheite für den Kamin von draußen herein und spürte innerhalb weniger Minuten einen unerträglichen Schmerz im Bereich unmittelbar über meinem Steißbein.

Als sich der Schmerz auch am nächsten Tag noch nicht gebessert hatte, rief ich meinen Arzt in New York an. Seine Empfehlung lautete: „Legen Sie sich ins Bett und ruhen Sie sich aus. Sie sollten im Übrigen erst einmal nichts heben, was schwerer als sechs Kilogramm ist. Die Bandscheibe braucht mindestens ein Jahr, um zu heilen, und selbst danach sollten Sie sie nicht unnötig belasten.“

Nach diesem Gespräch achtete ich sehr sorgfältig auf das, was ich tat. Ich nahm sogar jeden Morgen ein warmes Bad, weil ich glaubte, den Heilungsprozess damit zu unterstützen. Trotzdem wurde der Schmerz immer schlimmer. Rund fünf Wochen nach der Laserchirurgie ging ich zu den beiden Schmerzspezialisten, um ihre Meinung zu diesem neuen Schmerz einzuholen. Sie befürchteten, dass der Laser eine schwere Entzündung in den Bandscheiben verursacht haben könnte, und nahmen mir Blut ab, um dies zu untersuchen.

Einer von ihnen sagte: „Ich würde niemals einen Laser in die Nähe meiner Bandscheiben lassen.“ Das war zwar nicht gerade ermutigend, aber die Bemerkung seines Kollegen setzte dem Ganzen dann die Krone auf: „Unsere Patienten, die sich für die Mikrodiscektomie entscheiden, spielen um diese Zeit meistens schon wieder Tennis oder stehen auf dem Surfbrett.“ Mir rutschte das Herz in die Hose.

Nach dem Termin fuhr ich mit bangem Herzen nach Hause. Glücklicherweise war mir bewusst, dass mein *Denken* das eigentliche Problem war, nicht meine tatsächliche Situation.

Sobald ich zu Hause angekommen war, ging ich in mein Arbeitszimmer und legte das Mandala auf dem Boden aus, genau so, wie ich es sonst immer mit meinen „Schülern“ tue. Ich begann, mir meine Geschichten bewusst zu machen: „Die Bandscheiben sind jetzt stark entzündet.“ Ich erkannte sofort, dass es sich hierbei um eine Du-Geschichte handelte – eine Überzeugung, die die Bandscheiben betraf. Ich konnte nicht wissen, ob das wirklich wahr war. Als Nächstes erkannte ich einige Zukunfts-Geschichten: „Die Knochen in der unteren Wirbelsäule werden sich abbauen. Ich werde unter chronischen Schmerzen leiden und mich nur eingeschränkt bewegen können. Ich werde womöglich nie mehr auf Berge klettern und Bergwanderungen machen. Ich werde nicht mehr die Sportarten betreiben können, die ich liebe.“ In dem Moment, in dem man diesen Gedanken Glauben schenkt, öffnet man der Angst und Verzweiflung Tür und Tor.

Ich-Geschichten überfluteten mich: „Ich kann meiner eigenen Intuition nicht trauen. Ich möchte nicht als halber Invalide leben. Ich habe meinen Rücken ruiniert. Ich bin arrogant, weil ich nicht auf den Rat der Schmerzspezialisten gehört habe." Jeder dieser Gedanken rief eine Mischung aus Angst und Leiden hervor.

Als Nächstes kam wieder eine Welle von Du-Geschichten: „Der Arzt, der die Laserchirurgie durchgeführt hat, hätte mich über mögliche Komplikationen nach der Operation wie beispielsweise eine starke Entzündung aufklären müssen. Er hat mich nicht ausreichend darüber informiert, wie ich mich nach der Operation verhalten soll. Er hat mir nicht gesagt, dass die Bandscheibe immer ein Schwachpunkt bleiben wird." Bei diesem Gedanken spürte ich Wut sowohl auf den Arzt als auch auf mich selbst, weil ich mich darauf verlassen hatte, dass er an alles denken würde.

Während all diese Gedanken im Vordergrund waren, liefen im Hintergrund glückliche Erinnerungen an Klettertouren und Bergwanderungen ab – Dinge, die ich immer schon geliebt habe. Ich erzählte mir Vergangenheits-Geschichten: „Ich war immer schon ein aktiver Mensch. Wandern ist Nahrung für meine Seele." Daraus ergaben sich sogleich weitere Ich-Geschichten: „Ich muss in Bewegung sein, um das Leben zu genießen." Ständig drehten die Gedanken sich im Kreis.

Ich begab mich in die Mitte des Mandalas und brachte mich bewusst in den gegenwärtigen Moment zurück. So schnell ich die Geschichten erkannte, so schnell war mir auch bewusst, dass es nur *Gedanken* darüber waren, wer ich gewesen war, wie ich gelebt hatte und wie ich eventuell leben würde. Einige Geschichten waren Urteile über den Arzt in New York und mich selbst. Mir war klar, dass ich die Zukunft nicht kennen konnte und dass, wer ich gewesen war, keinerlei Einfluss darauf hatte, wer ich jetzt war.

Ich ließ in meinem Herzen und in meinen Gedanken alle Geschichten beiseite und blieb einfach ganz ruhig präsent, horchte in meinen Körper hinein und spürte, wie sich mein Gewahrsein in Zeit und Raum ausdehnte. Ich fragte mich selbst: „Selbst wenn ich nie wieder auf einen Berg steigen, Rucksacktouren machen oder laufen kann, bedeutet dies, dass mein Leben sich verschlechtert?" Ich wusste, dass das nicht der Fall war. Es würde sich ändern, das stimmte, aber es würde sich nicht verschlechtern. Ich konnte genau in dem Moment spüren, dass dies wahr war. Mir ging es gut. Während dieses Gefühl des Wohlbefindens, das Gefühl, in diesem Moment heil und ganz zu sein, allmählich zunahm, wurde mir klar, dass ich viele neue Wege finden konnte, den Aufenthalt in der Natur zu genießen. Darüber hinaus wusste ich, dass ich mich weiterhin bemühen würde zu lernen, ein liebevoller Mensch zu sein, auch mit einer degenerativen Wirbelsäulenerkrankung. Auch war mir klar, dass ich gar nicht wissen konnte, ob der befürchtete Fall überhaupt eintreten würde.

Schon nach kurzer Zeit konnte ich klar erkennen, dass mein Glück oder Wohlbefinden nicht von Rucksacktouren, Klettern oder Wandern abhing. Glück und Wohlbefinden waren mir jederzeit zugänglich, in jedem Moment, in dem ich *präsent* war und nicht gegen mein Leben ankämpfte. Innerhalb von Minuten fand ich mich in einem vertrauten Gefühl der Freiheit wieder:

Ganz gleich, was passiert – mir geht es bereits gut. Mein Ganzsein wird nicht von meinem Grad an Aktivität oder Abenteuer bestimmt oder davon, ob ich gesundheitlich eingeschränkt bin oder nicht.

Ich fühlte mich vollkommen ruhig und ausgeglichen, obwohl die Schmerzen immer noch da waren. Von diesem Moment an habe ich mich bei dem Gedanken an meine Entscheidung für die Laserchirurgie und die möglichen Folgen nie wieder schlecht gefühlt.

Ein paar Tage später traf ich zufällig einen Freund, der Physiotherapeut ist. Ich erzählte ihm von meinem Rücken und dass ich versuchte, die Entzündung durch lange Sitzbäder zu lindern. Entsetzt sah er mich an und erklärte dann, dass Wärme für diese Art von Entzündung völlig ungeeignet sei und ich die Stelle stattdessen lieber mehrmals täglich mit Eis kühlen solle.

Offensichtlich hatten meine eigenen unsinnigen Bemühungen meine Genesung mehr als alles andere behindert. Die Blutuntersuchungsergebnisse zeigten dann auch, dass keine starke Entzündung vorlag. Ich befolgte den Ratschlag meines Freundes und die Schmerzen besserten sich schnell. Heute kann ich wieder nahezu alles tun, was ich möchte: Wandern, Rucksacktouren, Laufen, Fahrradfahren und sogar ein bisschen Krafttraining.

Nachdem ich den Mandala-Prozess nun mittlerweile zahllose Male selbst angewendet habe, wird mir – sobald ich anfange, mir etwas zu erzählen – sofort klar, ob es sich um eine Tatsache handelt oder um eine Geschichte, die mich unweigerlich zu einer emotionalen Reaktion führen wird. Handelt es sich um Letzteres, dann weiß ich bereits, wie ich mich damit fühlen werde. Mir ist auch bewusst, dass die tiefere Präsenz zwar manchmal temporär von meinen Gedanken überschattet wird, dass sie jedoch am Ende nicht von äußeren Gegebenheiten geschmälert werden kann. In diesem Wissen steckt Freiheit – eine Freiheit, die wir alle erfahren können.

Entscheidungen treffen – aus einem Zustand des Friedens und der Klarheit

Sobald Sie beginnen, selbst mit dem Mandala zu arbeiten, werden Sie schnell feststellen, dass es eine sehr effiziente Möglichkeit darstellt, etwas zu bearbeiten, was Sie stört oder verwirrt. Es hilft Ihnen, von Ihren Gedanken Abstand zu gewinnen und sie zu beobachten, sodass Sie klare und effektive Entscheidungen treffen können. Je stiller, je weiter und je mehr im Körper anwesend Sie sind, wenn Sie über eine Entscheidung nachdenken, umso stärker ist Ihr Gewahrsein mit seiner größeren Intelligenz beteiligt. In diesem Zustand treffen Sie eine wesentlich bessere Wahl, als wenn Sie aufgeregt sind und eine eingeschränkte Sicht auf die Dinge haben.

Wenn Sie vor einer wichtigen Entscheidung stehen, sollten Sie das Für und Wider der verschiedenen Möglichkeiten abwägen, die Meinung anderer einholen und sich angewöhnen, mit dem Mandala zu arbeiten. Es wird Ihnen helfen, Entscheidungen zu treffen, die Ihnen inneren Frieden bringen. Sie werden feststellen, dass Sie, wenn Sie eine *Geschichte* erst einmal identifiziert haben, die Schritte schnell durchgehen, die Auswirkungen erkennen und sie dann loslassen können. Das Mandala ist ein Instrument, mit dem Sie sich in jeder Situation in die Präsenz bringen und im Einklang mit einem tieferen Strom handeln können, befreit von leidvollen Emotionen, die Ego und Verstand erzeugen.

Wenn Sie sich bei einer Entscheidung unsicher sind, ziehen Sie das Mandala zurate und fragen Sie sich: „Was sage ich mir selbst (und was glaube ich) über diese Situation, was diesen Grad an Verwirrung und Unsicherheit hervorruft?" Sagen Sie sich selbst vielleicht unbewusst: „Ich muss die *richtige* Entscheidung treffen."? Wie können Sie sich jemals sicher sein, die richtige Entscheidung zu treffen? Wenn Sie sich derart unter Druck setzen, wird es sehr viel schwieriger, Ihre eigene intuitive Weisheit zu hören, weil die Angst, die diese Überzeugung zusammen mit Ihren anderen Geschichten erzeugt, die innere Stimme einfach übertönt. Die schlichte Wahrheit lautet, dass Sie eine Entscheidung treffen. Das ist alles.

Oder erzählen Sie sich: „Ich sollte wissen (oder ich muss wissen), was richtig für mich ist."? Auch dieser Gedanke erzeugt eine Anspannung, durch die die feine Stimme der intuitiven Weisheit leicht überdeckt wird. Schauen Sie sich doch einmal die umgekehrte Geschichte an: „Ich muss nicht wissen, was das Beste für mich ist." Sie werden sowieso eine Entscheidung treffen – diejenige, die Sie für die beste halten. Ist es nicht befreiend und entspannend, den Gedanken, es wissen zu *müssen*, loslassen zu können? Vielleicht gelingt es Ihnen danach, noch einen Schritt weiter zu gehen und *beide* Geschichten loszulassen.

Schließlich geht es am Ende ja gar nicht darum, ob Sie wissen, was das Beste für Sie ist, oder nicht. Keine Entscheidung, ganz gleich, wie gut durchdacht sie ist, führt zu dem, was das Beste für Sie ist. Das Beste ist das, was Sie im Jetzt bereits sind.

Entscheidungen bezüglich unserer Gesundheit machen uns allen Angst, weil wir befürchten, eine falsche Entscheidung zu treffen, etwas Unwiederbringliches zu verlieren oder alle Brücken hinter uns abzubrechen und dann festzustellen, dass bestimmte Möglichkeiten nicht mehr zur Verfügung stehen. Häufig schieben wir solche Entscheidungen bis auf den letzten Augenblick hinaus oder umgehen sie, indem wir jemand anderen für uns entscheiden lassen.

Wenn Sie sich jedoch die Zeit nehmen, präsent und still genug zu werden, wird häufig deutlich, welche Entscheidung für Sie die richtige ist. In diesem Moment ist es nicht länger eine Entscheidung, sondern es ist einfach der nächste Schritt im Leben, genauso natürlich wie der nächste Atemzug.

Sobald eine Entscheidung gefallen ist, sollten Sie sich keiner weiteren Energie berauben, indem Sie mögliche Ergebnisse anzweifeln oder vorhersehen wollen. Wann immer Sie das Gefühl haben, Sie hätten etwas anders machen sollen, stecken Sie in einer Vergangenheits-Geschichte, die Bedauern oder Selbstangriffe auslöst. Das Anzweifeln Ihrer eigenen Entscheidungen ist reines Ego, kein Prozess, der aus der Präsenz stammt. Es ist das Ego, das Sie unglücklich hält. Emotionale Kontraktion ist auf dem Weg zur Heilung niemals ein nützlicher Begleiter.

Im Zusammenhang mit einem gesundheitlichen Problem oder einer schwierigen Situation gewährleistet die Rückkehr zum gegenwärtigen Moment – wach und entspannt, fokussiert und weit – stets den optimalen Grad an Wohlbefinden, der im jeweiligen Moment möglich ist. Auf diese Weise können Sie sich jede Geschichte ansehen, um anschließend ins Hier und Jetzt zurückkehren und neu zu beginnen – im Einklang mit Ihrem Leben.

KAPITEL 11

———◆———

Was wir über den Tod wissen

ibt es – abgesehen von dem, was wir beim Sterbevorgang am *physischen* Körper beobachten können – irgendetwas, was wir über den Tod oder das Leben danach *wissen*? Etwas, was nicht einfach nur eine Geschichte ist, die wir von unserer Familie, Kultur oder Religion einfach so übernommen haben? Was wissen wir *wirklich* über den Tod?

Vor einigen Jahren interviewte mich ein angesehener Journalist aus Argentinien, der über meine Arbeit berichten wollte. Er stellte wohldurchdachte Fragen und unser Gespräch war äußerst anregend. Als wir zum Ende kamen, fragte er mich ganz nebenbei, als wäre die Frage ihm soeben erst eingefallen: „Wie sieht eigentlich Ihre Vorstellung vom Leben nach dem Tod aus, Doktor Moss?"

Die Frage überraschte mich, weil sie so gar nicht im Zusammenhang mit dem stand, über das wir zuvor gesprochen hatten. Und es war schließlich keine unbedeutende Frage. Ich dachte einen Moment nach und antwortete dann: „Keine Ahnung. Ich habe keine bestimmte Vorstellung."

„Unsinn!", meinte er abwinkend. „Jeder hat doch irgendeine Art von Vorstellung bezüglich des Lebens nach dem Tod." Er erzählte mir dann, dass er im Laufe seiner Karriere Mutter Teresa, den Dalai Lama, Papst Johannes Paul II., Deepak Chopra und andere religiöse und spirituelle Persönlichkeiten befragt habe und dass alle etwas zu diesem Thema zu sagen gewusst hätten. Sein Tonfall suggerierte, dass ich ja wohl scherze und seiner Frage nicht die Aufmerksamkeit zukommen lasse, die ihr gebühre.

„Ich habe sorgfältig darüber nachgedacht", antwortete ich. „Und das Einzige, was ich über das Leben nach dem Tod sagen kann, ist, wie sich die einzelnen Ideen und Beschreibungen, die ich gehört oder über das Thema gelesen habe, für mich anfühlen."

Ich erklärte weiter: „Ich habe keine persönlichen Erfahrungswerte, die mir Anlass geben zu glauben, dass das Leben oder das Bewusstsein, wie ich es kenne, nach dem Tod weiterhin existiert. Sollte dies der Fall sein, werde ich es herausfinden, wenn es so weit ist. Für den Moment kann ich lediglich sagen, dass ich mich bei dem Versuch, einige der gängigen Vorstellungen zu akzeptieren, weniger lebendig fühle. Zu akzeptieren, dass ich es nicht weiß, bedeutet ein Leben in der Ungewissheit. Wenn ich mit dieser Ungewissheit und der damit einhergehenden Verletzlichkeit lebe, fühle ich mich lebendiger. Diesen Moment, diesen Tag ..., nichts davon nehme ich als gegeben hin. Das Leben wird viel unmittelbarer.

Es ist das Ego, das eine Geschichte über das Leben nach dem Tod braucht, um sein Gefühl der Identität zu schützen. Der Tod ist die ultimative Demütigung für das Ego, auch wenn er unvermeidlich ist. Zu glauben, dass ich nach dem Tod von mir nahe stehenden Menschen umgeben bin oder dass ich viele Leben lang Zeit habe, um mich zu entwickeln, lässt das Ego vom Haken und das bedeutet, dass die Ungewissheit und die Wichtigkeit jedes Moments nachlässt. Immer, wenn ich versucht habe, eine Vorstellung über das Leben nach dem Tod anzunehmen, verspürte ich sofort einen subtilen Verlust an Präsenz. Daher bin ich momentan zufrieden damit, *keine* Vorstellung zu haben – so lange, bis etwas kommt, was meine Erfahrung verändert."

„Sie glauben also, dass das Leben mit dem Tod endet?", lautete die nächste Frage.

„Nein, das habe ich nicht gesagt. Aber auch das kann zutreffend sein – warum nicht?"

Er sah mich einen Moment lang zweifelnd an und sagte dann: „Das ist die originellste Antwort, die ich bisher auf diese Frage erhalten habe."

Meine eigene Erfahrung mit dem Tod

Eines Tages entdeckte ich einen vergrößerten Lymphknoten unten an meinem Hals, kurz oberhalb des Schlüsselbeins. Als Arzt wusste ich, dass eine solche Vergrößerung völlig harmlos sein konnte, aber auch Vorbote einer möglicherweise ernsten Erkrankung. Anstatt sofort eine Biopsie an dem Lymphknoten vornehmen zu lassen, beschloss ich, für eine Weile mit der Sorge zu leben, die ich verspürte, und an ihr zu arbeiten.

Das Thema war meine Angst, Krebs zu haben und vielleicht daran zu sterben. Also erforschte ich diese Angst bewusst mithilfe des Mandalas: „Was weiß ich wirklich über den Tod, vor dem ich Angst habe?" Ich begann in der Du-Position mit relativ offensichtlichen Aussagen: „Das Herz hört auf zu schlagen. Das Gehirn schaltet ab, weil es keinen Sauerstoff mehr bekommt. Der Körper stirbt." Ich stellte sofort fest, dass Grundlage dieser Gedanken Beobachtungen aus der Vergangenheit waren. Als Arzt hatte ich viele Patienten im Krankenhaus sterben sehen. „Okay, der Körper stirbt." Das schien mir eine Tatsache zu sein, kein Argument.

„Aber was bedeutet das in Bezug auf den Tod an sich?", fragte ich mich. „Bedeutet es, dass es nach dem Tod irgendeine Art von Bewusstsein gibt oder nicht?" Ich stellte fest, dass meine Antwort auf den Gedanken „Es gibt ein Bewusstsein nach dem Tod" lautete: „Ich weiß es nicht." Auch bei dem gegenteiligen Gedanken („Es gibt kein Bewusstsein nach dem Tod") blieb die Antwort gleich: „Ich weiß es nicht." Bei Gedanken wie „Man muss Angst vor dem Tod haben" (oder Varianten davon wie „Der Tod ist eine Tragödie" oder „Der Tod ist unfair") erkannte ich sofort, dass dies davon abhing, welche Geschichten ich mir selbst über den Tod erzählte. Über den Tod an sich wusste ich nichts.

Ich schaute mir meine Zukunfts-Geschichten zum Thema Krebs an („Ich sterbe womöglich früher, als ich erwartet habe." – „Ich werde eine Chemotherapie benötigen." – „Ich werde nicht arbeiten können." – „Ich werde meine Arbeit nicht vollenden können.") und stellte fest, dass sie Angst erzeugten. Aber sobald ich in die Jetzt-Position ging und mir vorstellte, dem Krebs und dem Tod *ohne* diese Geschichten ins Auge zu sehen, spürte ich, wie ich mich sofort entspannte. Das Leben würde so sein, wie es eben sein würde. Ich würde mit der Angst „tanzen", wenn meine Geschichten die Oberhand behielten, aber das fühlte sich nicht länger bedrohlich an.

Ich sah mir meine Überzeugungen eine nach der anderen an. Plötzlich wurde mir klar: *Ich weiß absolut nichts über den Tod.* Sofort spürte ich, wie eine große Last von mir abfiel und sich auflöste. Alle meine Ängste waren verschwunden. Wenig später ließ ich eine Biopsie durchführen und die Schwellung erwies sich als gutartig. Das war natürlich erfreulich, aber die wahre Freiheit hatte ich bereits zuvor gewonnen.

Welche Art von Tod wünschen Sie sich?

In dem Moment, in dem Sie feststellen, dass es absolut nichts gibt, was Sie über den Tod wissen, wird Ihnen gleichzeitig klar, dass es völlig sinnlos ist, die

Gegenwart mit Geschichten über ihn zu verpesten. Wenn Sie wie viele Menschen an ein Leben nach dem Tod glauben und Ihnen dies ein Gefühl von Frieden gibt, dann ist das Ihre Entscheidung und Ihr Weg. In jedem Fall jedoch ist es *sinnvoll, sich zu fragen, welche Art von Tod man sich wünscht.*

Ich schlage Ihnen vor, ein Gespräch mit sich selbst zu führen, in dem Sie entscheiden, wie Sie sterben möchten. Es geht dabei nicht darum, ob Ihr Wunsch erfüllt wird. Das Ziel ist vielmehr herauszufinden, wie Sie bei Ihrem Tod präsent sein wollen. Möchten Sie beispielsweise wach sein oder soll der Tod Sie im Schlaf überraschen? Möchten Sie, dass bestimmte Menschen bei Ihnen sind? Möchten Sie ihnen in die Augen schauen können? Möchten Sie ihnen etwas Bestimmtes sagen? Oder wären Sie lieber allein? Wenn der Tod Sie *plötzlich* überrascht und kein vertrauter Mensch in Ihrer Nähe ist, wie wollen Sie dann die letzten Stunden oder Momente erleben?

Beispiel: Nur noch drei Monate ...?

Ein mit mir befreundeter spiritueller Lehrer aus Europa war schon seit vielen Jahren krank und wusste, dass sein Tod näher rückte. Dann sah er in einem Traum die Zahl drei. Da er noch klar bei Verstand und einigermaßen mobil war, interpretierte er die Botschaft so, dass er noch drei Monate zu leben habe. Trotzdem regelte er sofort alles, was noch geregelt werden musste, ließ sich die Haare schneiden und den Bart stutzen und gönnte sich Maniküre und Pediküre.

Wie sich herausstellte, waren es keine drei Monate, sondern nur noch drei Tage. An seinem letzten Abend, als er neben seiner Frau im Bett lag, wandte er sich ihr zu und sagte: „Jetzt werde ich sterben." Sie fragte ihn, ob sie den Arzt rufen solle, aber er lehnte ab. Als Nächstes fragte sie, ob sie seine Kinder, die im jugendlichen Alter waren, an sein Bett rufen solle. Auch das verneinte er. Sie solle die Kinder erst rufen, wenn er bereits tot sei, und dann sollten sie ein Weilchen gemeinsam an seinem Bett sitzen. Er wünsche sich einfach nur, neben seiner Frau zu liegen, mit dem Kopf an ihrer Schulter. So lag er dann auch friedlich, als er wenige Minuten später verstarb.

Wir können nicht wissen, wie viel Zeit uns bleibt. Deshalb ist es nie zu früh, sich darüber Gedanken zu machen, wie Sie sterben wollen. Indem Sie darüber nachdenken, haben Sie die Möglichkeit, einen Einblick in das zu erhalten, was

Sie über den Tod denken. Sie werden spüren, wie gelassen oder aber hilflos sie glauben zu sein, wenn es ans Sterben geht. Glauben Sie, dass es Unglück bringt, über Ihren Tod nachzudenken? Mit wem glauben Sie zu sprechen oder wer hört Ihnen zu, wenn Sie dieses Gespräch mit sich selbst führen?

Der Tod mag für den Körper das *abschließende* Ereignis sein, aber in unserem Geist ist er ein *wiederkehrendes* Vorkommnis, etwas, über das die meisten von uns während des Lebens immer wieder nachdenken. Allerdings machen wir uns in der Regel nur wenige Gedanken darüber, wie wir sterben *möchten*. Psychologisch gesehen ist der Tod ein Problem, denn wenn wir nicht genau wissen können, was passieren wird, versuchen wir, uns etwas vorzustellen, was in uns ein gutes Gefühl hervorruft, wie beispielweise der Glaube an ein Leben nach dem Tod. Oder wir versuchen, das Ganze völlig auszublenden und nicht über den Tod nachzudenken.

Das Mahabharata, ein heiliges Epos der Hindus, besagt, dass die Art, wie normale Sterbliche durch das Leben gehen, eines der größten Mysterien des Lebens ist – sie sind umgeben vom Tod und glauben dennoch nicht, dass sie sterben werden. Was damit gemeint ist, ist Folgendes: Wir wissen zwar verstandesmäßig, dass wir sterben werden, aber wir leben trotzdem nicht so, als wäre der Tod eine Realität. Wir lassen uns von der absoluten Gewissheit des Todes nicht dahingehend leiten, wie wir unser Leben Tag für Tag gestalten. Ein Witz veranschaulicht, wie normal diese Verleugnungshaltung ist. Zwei Männer sprechen über den Tod eines reichen Mannes. Sagt der eine beeindruckt: „Weißt du, wie viel er hinterlassen hat?" Sagt der andere: „Ja, alles."

Vor einer Weile sprach ich mit einem Freund, der wegen seiner Beziehung verzweifelt war. Ich fragte ihn: „Wenn du wüsstest, dass du nur noch ein paar Sekunden zu leben hättest, könntest du dann deine Angst vor dem Alleinsein und die Wut auf deine Partnerin loslassen?" Als er dies bejahte, fragte ich ihn, ob dies auch möglich sei, wenn er nur noch *eine Stunde* zu leben habe. Wieder bejahte er. „Was wäre, wenn du nur noch *einen Monat* zu leben hättest?", fuhr ich fort. Diesmal sagte er: „Ich verstehe, worauf du hinaus willst ..."

Zwar reichte diese Erkenntnis für meinen Freund nicht aus, um genau in diesem Moment vollständig loszulassen. Dennoch machen seine ersten Antworten deutlich, dass eine ernsthafte Auseinandersetzung mit der Frage, wie man sterben möchte, viele Aspekte des Lebens leichter machen und die wirklich wichtigen Dinge in den Mittelpunkt rücken kann.

Ein neuer Blick auf das Leben im Angesicht des Todes

Über Nahtoderfahrungen ist schon viel geschrieben worden. Beim Lesen dieser Berichte erinnerten mich die Erfahrungen an die einer spontanen Erkenntnis oder einer sehr tiefen Meditation, bei denen Menschen eine tiefes Gefühl der Präsenz erleben, die das Ego übersteigt. Solche Erlebnisse wirken häufig auf unerklärliche Weise transformierend.

*

Meine Freundin Charlotte berichtete mir von folgendem Erlebnis: Eines Morgens, als sie bewegungslos in ihrem Krankenhausbett lag, erreichte sie ihre Grenze: Sie konnte den tiefen, permanenten Schmerz, der in ihr tobte, nicht mehr aushalten. Nach nahezu drei Monaten forderte eine akute Bauchfellentzündung (eine durch ein geplatztes Abszess im Becken verursachte großflächige Bakterieninfektion) ihren Tribut. Während dieses Zeitraums hatten die Ärzte drei Notoperationen vorgenommen, aber ihr Zustand war immer noch kritisch und verschlechterte sich rapide.

So krank und schwach, dass sie nur noch ihre Augen bewegen konnte, starrte meine Freundin auf die nackte Wand am Fuß ihres Bettes und gab schließlich auf: Sie bat Gott darum, sie sterben zu lassen. „Es tut mir leid", sagte sie innerlich. „Aber ich kann einfach nicht mehr. Bitte lass mich gehen." Sie war erst 21 Jahre alt.

Charlotte weiß nicht, wie viel Zeit danach verging, aber plötzlich weckte etwas ihre Aufmerksamkeit. In der Mitte der kahlen Wand am Fuß ihres Bettes erschien plötzlich aus dem Nichts ein Hauch von Farbe. Während sie zusah, verwandelte sich dieser Hauch zunächst in verschiedene Pastelltöne: Rosa, Gelb, Grün und Blau. Dann wurden die Töne intensiver und bildeten schließlich ein abstraktes Muster, das die gesamte Wand überzog. Auch war die Oberfläche nicht länger flach, sondern wies immer mehr Konturen und Schatten auf.

Schließlich war eine dreidimensionale Szene voller Leben und Bewegung entstanden und Charlotte schaute in die grünen Tiefen eines tropischen Regenwaldes. Er war strahlend schön, alles in ihm wuchs und gedieh. Bäume, Pflanzen, Büsche, Blumen, Früchte, Schmetterlinge, Vögel: Jedes Element verkörperte eine vollkommene Idylle, die an Shangri-La oder den Garten Eden erinnerte. Verschiedene Elemente bewegten sich zeitweilig in den Vordergrund und zogen ihre Aufmerksamkeit auf sich.

Dann erschien in der Mitte der Szene ein großer Baum. Als das Bild schärfer wurde, erkannte Charlotte, dass es sich in Wirklichkeit nicht um einen Baum, sondern um ein großes Kreuz handelte, das aus dicken, knorrigen Ästen bestand. Dann wurde alles plötzlich ganz klar: Sie sah einen Mann – an Handgelenken und Füßen an das Kreuz gefesselt –, den sie auf Anhieb erkannte. Sie schaute auf Jesus.

Sein Kopf hing zu einer Seite und er blickte nach unten in ihre Richtung. Charlotte wusste sofort, dass er extreme Schmerzen hatte, aber dennoch nicht litt. Trotz der Schmerzen war er sichtlich im Frieden. Die Hingabe in seinen Augen war tiefer als alles, was sie je zuvor gesehen hatte.

Während sie ihn weiterhin anstarrte, hörte sie eine Stimme, die weder aus ihrem Inneren noch von außen zu kommen schien. Es war eine männliche Stimme, gütig, direkt und klar. Die Stimme fragte sie in einem Ton, der völlig neutral war, und unter Betonung jedes einzelnen Wortes: „Du glaubst, du hast gelitten?"

Für Charlotte blieb die Zeit stehen. Es war, als ob der Rahmen, der normalerweise alles, was sie vom Leben wusste, zusammengehalten hatte, plötzlich zusammenbrach und sie sich in einer neuen, gänzlich unbekannten Realität wiederfand. Sie wurde von einer Flut von Emotionen überschwemmt. Sie fühlte sich schuldig und beschämt, weil sie aufgeben wollte. Sie kam sich dumm vor, weil sie die Dinge nicht klarer gesehen hatte. Sie empfand Demut angesichts der Schönheit und Stärke, die sie erleben durfte, gefolgt von Staunen und Dankbarkeit – all das überkam sie wie eine große Woge.

Gleichzeitig zweifelte sie nicht im Geringsten daran, dass es ihr bei Bejahung der Frage („Ja, ich habe gelitten") erlaubt sein werde zu sterben. Der Schmerz würde verschwinden und es würde ihr in jeder Hinsicht gut gehen. Ebenso sicher war sie sich, dass sie bei der Antwort „Nein" weiterleben würde. Aber in diesem Fall hieße es, sofort wieder in die Situation zurückzukehren, die ihr derzeitiges Leben ausmachte, mit quälenden Schmerzen und allem, was sonst dazugehörte. In diesem Moment konnte sie die Schmerzen vorübergehend gar nicht spüren, aber sie wusste genau, dass sie sofort wiederkehren würden, wenn ihre Antwort entsprechend ausfiel.

Ebenso deutlich spürte sie, dass es – egal, wie sie sich entscheiden würde – weder Lob noch Strafe gäbe. Es war so, als würde das Wesen (oder was es auch immer war), das da mit ihr kommunizierte, ihr ohne Worte klarmachen, dass Gott oder das Leben selbst ihrer Wahl völlig neutral gegenüberstand – sie würde keine Ehre oder Belohnung ernten, wenn sie blieb, und hatte weder Verurteilung noch Strafe zu erwarten, wenn sie sich entschloss zu gehen.

Plötzlich sah sie ein Kaleidoskop von Bildern, das wie ein kompliziert verwobener Wandteppich oder ein Mosaik aus vielen kleinen Einzelteilen aussah. Ihr wurde eine Kollage aus verschiedenen Szenen ihres Lebens gezeigt, so, als würden Kurzfilme auf Dutzenden kleiner Bildschirme ablaufen. Zunächst konnte sie kein Muster darin erkennen. Sie verstand nicht, warum sie so viele unbedeutende Augenblicke ihres Lebens sah und Begegnungen, die sie längst vergessen oder für unwichtig gehalten hatte.

Wenn ein bestimmtes Ereignis ihre Aufmerksamkeit erregte, wurde das Bild automatisch näher herangezoomt und sie konnte es in allen Einzelheiten betrachten. Nach und nach begann sie die Bedeutung jedes Ereignisses zu erfassen. Sie erkannte, warum es genau so hatte ablaufen müssen, damit alles andere in ihrem Leben sich wie von selbst ergab. Sie verstand auch zum ersten Mal, welche Auswirkungen ihre Worte und Taten auf andere Beteiligte hatten.

Während Charlotte all dies beobachtete, wurde ihr klar – so, als hätte sie es immer schon gewusst und zwischenzeitlich nur vergessen –, dass alles, was zu verschiedenen Zeitpunkten in ihrem Leben geschehen war, tatsächlich *gleichzeitig* stattfand. Das ganze Konzept von Zeit, von Vergangenheit und Zukunft, schien eine Illusion zu sein. Und jedes scheinbar separate Szenario erwies sich nicht nur als mit allen anderen verbunden, sondern auch als holografisch, sodass es also alle anderen Vorkommnisse in sich enthielt.

Charlotte wurde bewusst, dass sie sich nicht an einem bestimmten Ort befand. Auf eine Weise, die zugleich persönlich und ausgesprochen unpersönlich war, sah sie alle Ereignisse in ihrem Leben gleichzeitig und aus den verschiedensten Blickwinkeln. Wenn sie ihre Aufmerksamkeit auf einzelne Aspekte lenkte, *erschien es nur so,* als wären diese linear und getrennt. Erkenntnisse fühlten sich eher wie Erinnerungen an: Irgendwie hatte sie bei all dem das Gefühl, dass es sehr merkwürdig war, dass sie so blind für diese Welt gewesen war. Ihr war völlig klar, dass alles, was sie jetzt sah, schon die ganze Zeit über sozusagen vor ihrer Nase gewesen war.

Sie sah, dass sie sich häufig geirrt hatte in Bezug auf das, was wirklich wichtig war und was nicht, und dass sie viele Ereignisse völlig falsch eingeschätzt hatte in Hinblick darauf, was gut und was schlecht war. Sie erkannte jetzt, dass selbst ein einige Jahre zurückliegender brutaler Überfall, den sie als ihr schlimmstes Erlebnis empfunden hatte, seinen notwendigen und daher perfekten Platz im großen Plan hatte. Mit vollkommener Klarheit verstand sie plötzlich, dass alles genau so passierte, wie es sein sollte, und gar nicht anders möglich war. Für Charlotte gab es nicht länger so etwas wie Fehler, Unfälle, verpasste Gelegenheiten oder Tragödien – nichts war je „schiefgelaufen".

Durch all das, was sie sah, erkannte sie zudem, dass sie eine einzigartige und klare Aufgabe hatte – nämlich: zu dienen – und dass sie noch nicht einmal annähernd damit begonnen hatte. Für den Bruchteil einer Minute sah sie die Einzelheiten dieses Dienstes ganz klar, danach wurden sie schnell wieder verschwommen. Übrig blieb allein das untrügliche Wissen, dass es etwas Bestimmtes gab, das ihr aufgetragen war, und dass es unmittelbar mit der Unterstützung anderer zu tun hatte, die jünger waren als sie.

Vor allem jedoch wusste sie jetzt, dass sie ihre eigenen Fähigkeiten stark unterschätzt hatte: Sie hatte viel zu schnell aufgegeben. Ihr war nun klar, dass sie viel mehr Schmerz ertragen konnte, als sie jemals gedacht hatte. Aus ihrem tiefsten Inneren beantwortete sie mit absoluter Gewissheit die an sie gerichtete Frage: „Nein, ich habe nicht gelitten."

Für Charlottes plötzliche Besserung gab es keine medizinische Erklärung. Noch 24 Stunden zuvor hatte ein Arzt ihrem Vater widerstrebend mitgeteilt, dass ihre Überlebenschancen bei 10 bis 15 Prozent lägen. Trotz der Bemühungen der Ärzte und Pflegekräfte war es mit ihr Woche um Woche bergab gegangen und alle rechneten im Stillen damit, sie zu verlieren. Das Austesten eines neuen Antibiotikums war die letzte Hoffnung, doch bisher schien es nicht angeschlagen zu haben. Nun aber sahen ihre Vitalparameter mit einem Mal erheblich besser aus und auch die Blutwerte verbesserten sich deutlich.

Charlotte war wieder ganz bei sich und beschrieb anschaulich und detailliert, was sie gesehen hatte, und die Stimme, die sie gehört hatte, und woher sie wusste, dass sie überleben werde. Trotz ihres eingefallenen und blassen Gesichts bemerkte jeder, der ihr Zimmer betrat, dass sie irgendwie strahlend aussah. Sie hatte etwas an sich, was jeder spürte, aber niemand genau beschreiben konnte. Jeden Tag kam sie ein wenig mehr zu Kräften und die Infektion klang Stück für Stück ab. Ein paar Wochen später durfte Charlotte über die Weihnachtstage nach Hause zu ihrer Familie – sie war seit Anfang September im Krankenhaus gewesen. Ein längerer Zeitraum der Erholung und Rehabilitation lag noch vor ihr, aber sie war auf dem besten Weg, wieder ganz gesund zu werden.

*

Natürlich ist es unmöglich, mit Sicherheit zu sagen, was für die plötzliche Änderung von Charlottes Zustand verantwortlich war. Einige Ärzte waren der Ansicht, das neue Antibiotikum habe eine Zeit lang gebraucht, um zu wirken, und dass es wahrscheinlich ihr Leben gerettet habe. Wieder andere, die von ihrer Erfahrung hörten, sahen diese ganz eindeutig als Grund für ihre Genesung an.

Vielleicht war ihre Heilung auch eine Kombination aus diesen beiden Faktoren. Letztendlich bleibt es ein Geheimnis.

Eins jedoch ist sicher: Die Geschichte, die meine Freundin sich selbst über ihren Zustand erzählt hatte, änderte sich durch ihr Erlebnis von Grund auf. Sie wandelte sich von purer Verzweiflung – dem Glauben, sie sei endgültig an ihre Grenzen gestoßen und könne keine einzige Minute Schmerz mehr aushalten – zu der felsenfesten Überzeugung, dass sie wesentlich mehr ertragen könne, als sie sich je vorgestellt hatte. So gewann Charlotte Zugang zu inneren Ressourcen, die ihr zu einem Zeitpunkt, an dem sie eigentlich schon aufgegeben hatte, die notwendige Kraft für Erholung und Genesung gaben.

Man könnte sagen, dass diese junge Frau zunächst den Willen zu leben verloren hatte. Aber wenn so etwas passiert, kann es einem tieferen Potenzial dienen. In Charlottes Fall war es so, als warte ein *größerer* Wille darauf, bei ihr Einzug zu halten. Eine Weile lang blieben die Schmerzen so stark wie vor der Vision, aber ihr Leidensdruck, ihr Gefühl zu leiden, nahm sofort deutlich ab. Was sie in ihrer Vision von Jesus und speziell in seinen Augen gesehen hatte, erkannte sie irgendwie als Möglichkeit – nicht nur für sich selbst, sondern für *alle*.

Während sie nach und nach wieder gesund wurde, begann Charlotte ein ganz anderes Leben als zuvor. Sobald sie wieder in der Lage war, arbeiten zu gehen, übernahm sie eine Stelle als Erzieherin in einer Wohngruppe für psychisch gestörte Jugendliche.

Meine Freundin verlor auch die Angst vor dem Tod. An dem Zustand, in dem sie sich befand, als sie ihre Entscheidung über Leben und Tod traf, war etwas so Gütiges und Einladendes, dass sie einfach wusste, dass da nichts zu befürchten war. Sie erinnerte sich nicht daran, ein weißes Licht oder einen Tunnel gesehen zu haben, wie es viele Menschen berichten, die ein Nahtoderlebnis hatten. Sie hatte nicht das Gefühl himmlischen Friedens oder die Vision von einer Welt, in der verstorbene Angehörige auf sie warteten. Aber Charlotte ging aus ihrer Erfahrung – wie auch immer man sie benennen mag – unwiderruflich verändert und ohne Angst vor dem Sterben hervor.

Die letzten Momente in Frieden erleben

Vor vielen Jahren, als ich einmal nachts auf einem Highway unterwegs war, kam ein Wagen vor mir plötzlich ins Schleudern, überschlug sich und rutschte seitlich von der Fahrbahn ins Gebüsch. Ich hielt so schnell wie möglich an und rannte zurück, um zu sehen, was passiert war. Am Straßenrand sah ich etwas liegen – es sah zunächst so aus, als habe der Wagen einen großen Hund erwischt, einen Collie vielleicht. Aber als ich näher kam, sah ich, dass es sich um eine Frau mit langen rotblonden Haaren handelte, die aus dem Auto geschleudert worden war.

Als ich mich ihr näherte, hörte ich sie stöhnen und sah, dass eine Seite ihres Kopfes eingedrückt war. Ich wusste sofort, dass sie im Sterben lag. Mir fiel auf, dass ihr Stöhnen sich mehr nach Angst anhörte als nach Schmerzen, und so kniete ich mich neben sie und flüsterte ihr ins Ohr: „Sie haben einen Unfall gehabt und wurden aus ihrem Auto geschleudert. Haben Sie keine Angst! Sie werden geliebt. Sie können loslassen und sich entspannen. Alles in ihrem Leben ist vergeben."

Die Frau hörte sofort auf zu stöhnen und begann, leise, sanfte Seufzer von sich zu geben. Innerhalb von Sekunden glitt sie ins Koma. Als der Rettungswagen schließlich eintraf, stieg ich ein und fuhr mit zur nächsten Notaufnahme. Ich stand einfach nur still dabei, während die Ärzte versuchten, sie wiederzubeleben. Als sie sie für tot erklärt und den Raum verlassen hatten, sprach ich weiter zu der Frau und sagte ihr immer wieder, dass sie geliebt werde und alles vergeben sei. Ich hielt ihre Hand noch etwa 15 Minuten lang, dann ging ich.

Warum erzählte ich dieser Fremden, dass alles vergeben sei? Ich wollte ihr Leiden lindern und das waren die Worte, die mir spontan in den Sinn kamen. Und ich glaube, dass sie wahr sind. Im Jetzt wird jeder von uns kontinuierlich in seiner Ganzheit erneuert. Ich sagte ihr diese Worte, ohne zu wissen, ob sie mich hören konnte, einfach nur motiviert von dem Wunsch, sie möge in Frieden loslassen können. Sollte nicht jeder Mensch einen letzten Moment, ein letztes Jetzt erleben, das *nicht* von den vom Ego ausgelösten Kämpfen und Qualen geprägt ist?

Vom Versuch, alte Wunden zu heilen – bis zuletzt

Dr. François Blanchard, einer meiner Freunde und ein in Frankreich hoch geschätzter Gerontologe, schickte mir kurz nach dem Tod meiner Mutter einen wundervollen Brief. Ich hatte ihm erzählt, dass meine Mutter in den letzten Monaten ihres Lebens manchmal unerfreuliche Erinnerungen an Streitigkeiten zur Sprache brachte, die wir in früheren Jahren gehabt hatten. Sie tat dies auf eine Weise, die die alten Schuldzuweisungen und Verletzungen wieder aufleben ließ, anstatt sie beiseitezulegen. Das machte mich traurig und es hätte zu neuem Zwist führen können, wenn ich mich verteidigt hätte.

Dr. Blanchard schrieb mir über seine Beobachtung, dass ältere Menschen – und zwar selbst solche, die unter schwerer Demenz litten – anscheinend versuchten, bis zuletzt alte Wunden zu heilen. Er brachte dazu das Beispiel einer alten Frau auf seiner Station, die kurz vor dem Sterben war und andauernd lange Tiraden von sich gab, aus denen weder er noch seine Kollegen klug wurden. Die Mediziner führten dieses Verhalten auf ihr Alter und ihren Geisteszustand zurück – bis eine alte Schulfreundin sie besuchte und erkannte, dass die Patientin den Namen einer geliebten Katze rief, die ihr Vater ihr plötzlich weggenommen hatte, als sie fünf Jahre alt war. Nachdem er von diesem Vorkommnis aus ihrer Vergangenheit erfahren hatte, nahm Dr. Blanchard an, dass sie immer noch versuchte, den damals erlittenen Schmerz zu heilen.

In seinem Brief äußerte er die Vermutung, dass meine Mutter alte Konflikte wieder auf den Tisch brachte, weil sie versuchte – wenngleich nicht sehr erfolgreich – alte Verletzungen zu heilen. Diese Erklärung konnte ich nachvollziehen und sie half mir dabei, die unerfreulichen Dinge zum Abschluss zu bringen, die meine Mutter und ich erfolglos zu klären versucht hatten.

Ich glaube, der wirkliche Grund, warum meine Mutter und ich es nicht schafften, diese alten Konflikte zu lösen (und warum viele von uns, wie ich vermute, ähnliche Probleme haben) liegt darin, dass sie die Vergangenheit nicht loslassen konnte. Sicherlich war ich mit Anfang 20 unsensibel und mit mir selbst beschäftigt gewesen, aber ich hatte mich seither verändert und mich im Laufe der Jahre vielfach für mein Verhalten entschuldigt. Doch all das reichte nicht dazu aus, dass sie in der Gegenwart eine neue Beziehung zu mir (und eine ehrlichere zu sich selbst) aufbauen konnte. Sie verfuhr in anderen Beziehungen auf gleiche Weise. In der Vergangenheit zu leben war ihr so vertraut, dass sie dort sozusagen eingesperrt war, ohne es zu wissen.

Tief in meinem Inneren bin ich davon überzeugt, dass meine Mutter versuchte, die alten Wunden zu heilen. Aber wie sollte das gehen, wenn sie sich nicht in die Gegenwart bringen konnte, in der Vergebung spontan entsteht und neue Verbindungen neue Liebe aufbauen? Wie den meisten von uns war ihr nicht klar, dass sie als bewusstes Wesen immer schon mehr war als das, was sie erlebt hatte, und mehr als all die Emotionen, die ihre Vergangenheits-Geschichten hervorriefen.

Ist es nicht denkbar, dass dieser Drang, Konflikte zu lösen, den Dr. Blanchard beschreibt, nur ein Aspekt eines natürlichen Potenzials ist, zu einer immer größeren Ganzheit zu finden, die in jedem von uns vorhanden ist? Schon allein seiner Natur nach macht uns das Gewahrsein zu mehr, als uns bewusst ist. Deshalb sind wir als „gewahre Wesen" stets auf dem Weg zur Selbsttranszendenz.

Anders gesagt: Ihre Seele hilft Ihnen ständig dabei, zu vergeben und immer offener für das Leben zu werden. Wenn Sie nicht an Ihrem Ego vorbei- und über es hinauskommen, kann es natürlich passieren, dass sie verbittert und verschlossen sterben. Aber wenn Sie Ihrer Seele trotz der schlimmsten Wunden und Verletzungen nur den Hauch einer Chance geben, wird sie Sie zu Vergebung und Versöhnung führen. In diesem Sinne sind Sie eingeladen zu sterben (für Ihr Ego), bevor Sie körperlich sterben, damit Sie neu geboren werden können.

Sich Veränderungen zu öffnen, das erfordert immer Vertrauen. Damit etwas Neues in Ihr Leben treten kann, müssen Sie die Vergangenheit loslassen und sich mit Ihrer Erfahrung im Hier und Jetzt verbinden. Es geht dabei nicht so sehr um das, *was* Sie tun. Wichtig ist vielmehr, wie gut verbunden Sie mit sich selbst sind, *während* Sie es tun. Im Leben gibt es keinen vorbestimmten Weg, den Sie gehen sollten oder müssen. Der Weg entsteht dadurch, wie Sie jeden einzelnen Schritt tun. Das ist eine der großen Wahrheiten des Lebens.

Die Essenz der Kreativität und das Herz des freien Willens werden dadurch bestimmt, ob Sie in Geschichten leben oder im Gewahrsein. Es ist die Qualität Ihrer Aufmerksamkeit im Jetzt, die bestimmt, wie Sie jeden Moment erleben. Präsenz schafft Präsenz. Sie bauen eine Beziehung auf durch die Art, wie Sie *im gegenwärtigen Moment* in Beziehung zu jemandem stehen. Sie bauen Liebe auf, indem Sie liebevoll sind. Fragen Sie sich selbst: „Wie würde ich jetzt leben, wenn mein einziger Wunsch darin bestünde, Liebe wachsen zu lassen?"

Mit dem Weg der Heilung verhält es sich genauso. Statt sich zu fragen: „Was sollte ich verändern, um gesund zu werden?", sollte die Frage viel eher lauten: „Wie sähe mein Leben genau jetzt aus, wenn ich die Entscheidung träfe, dieses Gefühl, diese Berührung, dieses Gespräch, diesen Tag als heilig zu betrachten und zu ehren und zu schätzen ?"

Ohne festes Ziel leben

Wenn Ihr Hauptaugenmerk darauf gerichtet ist, gesund zu werden oder eine Beziehungskrise zu überstehen, damit Sie zu Ihrem früheren Leben und den alten Mustern zurückkehren können – also zurück zum gewohnten Trott –, dann leben Sie nicht wirklich. Der Unterschied ist schwer zu erklären und manchmal nur sehr fein. Es ist der Unterschied zwischen dem Schreiten *durch* Ihr Leben auf dem Weg irgendwohin und dem Schreiten *als* Leben. Selbst wenn Sie glauben, dass das dabei angestrebte *Ziel* sehr wichtig sei, ist der Zielpunkt nur zweitrangig. Ihr unmittelbares Erleben ist das, was wirklich zählt. Das ist Ihr Leben.

Im Jetzt gibt es kein wirkliches Ziel. Jeder Moment wird um seiner selbst willen gelebt, auch wenn sie sich in eine bestimmte Richtung bewegen. Wenn Sie auf ein bestimmtes Ergebnis fixiert sind oder etwas erreichen wollen – oder stets auf den Tag hinarbeiten, an dem Sie in Umständen leben werden, die Ihnen besser vorkommen als die derzeitigen –, wird Ihr gegenwärtiges Leben nur zu einem Zwischenraum oder Zwischenspiel auf dem Weg zum nächsten Ereignis.

Der egoische Geist lebt innerhalb der Zeit. Wird er nicht bewusst im Zaum gehalten, so wird er in Abhängigkeit davon, welche erwartete Aktivität ihn am meisten fesselt, Zwischenspiele und Ereignisse erschaffen. Wenn es für Sie vordringlich ist, am Abend ein bestimmtes Flugzeug zu bekommen, dann ist das Erreichen des Flugzeugs *das* Ereignis und alles andere, was Sie leben, während Sie packen und zum Flughafen fahren, ist nur ein Zwischenspiel. Wenn eine bevorstehende Hochzeit *das* Ereignis ist, dann können die Monate und Wochen, die ihr vorangehen, nur eine Übergangzeit darstellen, nicht das volle Leben. Ist Ihre Pensionierung *das* Ereignis, dann werden Sie bei der Arbeit nicht wirklich präsent sein. Wenn Sie krank sind und Ihre Genesung das Ereignis ist, werden Sie sich nicht vom Leben in all seinen einfachen und wunderbaren Facetten überraschen lassen, die es Ihnen ständig präsentiert.

Und nun sind *Sie* an der Reihe: Erstellen Sie eine Liste von allem, was Sie für den heutigen Tag als „Ereignis" ansehen: beispielsweise einkaufen, einen Arzttermin vereinbaren oder zur Bank gehen. Während Sie durch den Tag gehen, verbinden Sie sich immer wieder damit, wo Sie gerade tatsächlich sind und was Sie wirklich in jedem Moment erleben. Wenn Sie von der Arbeit nach Hause fahren, spüren Sie einmal nach, wie sanft Sie das Lenkrad festhalten können, und horchen Sie auf jedes Geräusch. Achten Sie auf Ihren Atem. Versuchen Sie präsent zu sein, bis Sie weniger den Eindruck haben, dass es *Ereignisse* gibt und die (uninteressanten) Zwischenräume zwischen ihnen. Der Widerstand oder das Unbehagen, die Sie verspüren, wenn Sie diese Anstrengung unternehmen, ist der Druck der Konditionierung des Ego.

Sie können auch noch weiter gehen und eine Liste von allem zusammenstellen, was (Ihrer Vorstellung nach) *in der kommenden Woche* ein Ereignis ist: der Skiausflug am kommenden Wochenende, der Zahnarzttermin nächsten Mittwoch, die Präsentation, die Sie am Freitag vor Ihrem Chef halten ... Wenn Sie dann durch die Woche gehen, treten Sie noch unmittelbarer in Verbindung zu dem, wo Sie gerade sind und was tatsächlich passiert. Versuchen Sie, sich zu entspannen, sodass jeder Moment voller Präsenz ist.

Der Tod ist das *letzte* „Ereignis", zumindest für unseren Körper. Natürlich ist der Glaube daran, dass es eine Art von Existenz nach dem Tod gebe, psychologisch gesehen ein machtvolles Konzept, das sowohl trösten als auch Angst machen kann. Aber die Verlockung des Himmels oder die Drohung mit der Hölle beraubt das Leben seines tiefen Mysteriums und seiner unerforschten Tiefen, denn solange es eine imaginäre Zukunft gibt, die wichtiger ist als der gegenwärtige Moment, bleibt die Gegenwart oberflächlich, gehaltlos, uninteressant, ohne tiefere Bedeutung.

Mein Fazit dieses Kapitels lautet also: Unser Wissen über den Tod besteht darin, dass wir nichts darüber wissen.

KAPITEL 12

Präsenz in Beziehungen

Die beiden wichtigsten Quellen der Lebensenergie, auf die Sie unmittelbar zugreifen können, sind Ihre Präsenz in jedem Moment und die Tiefe, mit der Sie anderen Menschen im Jetzt begegnen können.

Wir alle haben es schon einmal erlebt: das Gefühl, neu belebt, wie aufgeblüht und inspiriert zu sein, nachdem wir mit einem bestimmten Menschen eine Zeit lang zusammen gewesen sind. Allerdings ist das nicht immer so – mit manchen Personen machen wir auch die gegenteilige Erfahrung und fühlen uns hinterher ausgelaugt. Eine Beziehung, die Sie erschöpft, kann Ihre Gesundheit und Heilung beeinträchtigen, während eine Beziehung, die Sie neu belebt, Gesundheit und Heilung erheblich fördern kann. Aus diesem Grund ist es wichtig, die Verantwortung dafür zu übernehmen, wie Sie selbst Beziehung(en) anbieten und inwieweit Sie sich für Beziehung(en) öffnen, speziell dann, wenn es um das Thema Heilung geht.

Manche Menschen, die es durchaus gut meinen, können so mit sich selbst beschäftigt sein oder so schlecht mit Ihrer Krankheit oder Situation zurechtkommen, dass sie nicht offen und ehrlich mit Ihnen umgehen können. Diese Beziehungen kosten Sie in der Regel Kraft, ebenso wie solche zu Leuten, die in der Vergangenheit leben. Auch Menschen, die immer nur auf das schauen, was in der Zukunft passieren wird, stehen nicht für eine bedeutungsvolle Beziehung zur Verfügung. Es gibt viele Arten, wie Menschen die Chance auf wirklich bereichernde Beziehungen verpassen, weil sie dazu neigen, vor allem in der Vergangenheit, der Zukunft oder ihren Ich- und Du-Geschichten zu leben und ständig versuchen, unangenehme Gefühle zu vermeiden.

Auf der anderen Seite wirken Beziehungen nährend und steigern sogar Ihre Energie, wenn Sie und Ihr Gegenüber einander in der Gegenwart ehrlich begegnen. Gerade wenn Ihre Gesundheit gefährdet ist, sollten Sie sich mit Menschen umgeben, die wirklich zur Verfügung stehen – vielleicht weil sie selbst größere Krisen in ihrem Leben überstanden oder bereits die Segnungen des *Lebens im Hier und Jetzt* entdeckt haben. Diese Menschen können Ihren Energiepegel tatsächlich anheben. Sie wissen, wie man mitfühlt und andere aus ihren selbstbeschränkenden Gedanken herausholt. Dann kann man miteinander lachen und weinen oder gemeinsam in einer erfüllten Stille verweilen, die beiden Beteiligten ein Gefühl verstärkter Präsenz und Lebendigkeit beschert.

Aus diesem Grund sind Selbsthilfegruppen so wichtig: Die Teilnehmer sind im Allgemeinen in der Lage, die Problematik Ihrer Situation zu erkennen, ohne sie kleinzureden oder aufzubauschen. Und weil bei den anderen Mitgliedern die Wahrscheinlichkeit geringer ist, dass sie sich selbst oder Ihnen etwas vormachen, können Sie alle über Ihre gemeinsame energetische Verbindung auf mehr Lebenskraft zugreifen.

Zuhören und Gehör finden

Wenn ich Menschen berate, die trauern oder bei denen eine lebensbedrohliche Krankheit diagnostiziert wurde, dann betrachte ich sie als meine Lehrer. Mein Part besteht darin, voll und ganz präsent, aufmerksam und offen zu sein. Auch wenn ich stark mit ihnen mitfühle, ist mir bewusst, dass ich nicht in ihren Schuhen stecke. Ich maße mir nicht an zu wissen, was sie fühlen. Häufig kenne ich ihre Lebensgeschichte nicht gut genug, um das von ihnen Erlebte wirklich in ganzer Tiefe erfassen zu können. Und ich kann nicht wissen, welchen Weg ihre Seele für sie vorgesehen hat. Diesem Zustand des Nichtwissens muss ich vertrauen, damit sich unsere Verbindung spontan und authentisch entwickeln kann. Ich möchte Diener all dessen sein, was das Potenzial des klareren Erkennens und der Selbstannahme einer Person unterstützt.

Alle Beziehungen, und insbesondere diese Art von Begegnungen, bei denen sich jemand zutiefst verletzlich zeigt, sind eine Einladung, die Kunst des Zuhörens zu üben. Für mich findet Zuhören auf vielen Ebenen statt. Der wichtigste Teil jedoch ist, meine eigenen Geschichten beiseitezulassen und vollkommen präsent zu werden. Ich stelle mir innerlich vor, wie ich mich in die Mitte des Mandalas stelle und die andere Person als ganz einzigartig erlebe. Ich schiebe meine eigenen Gedanken bewusst beiseite und bin aufmerksam und aufnahmebereit. Es ist so, als nähme ich mein gesamtes Sein und reise in eine andere Welt.

Bei dieser Vorgehensweise ist es wichtig, die Erfahrung des anderen nicht automatisch in meine Art des Sehens oder Interpretierens der Situation einzubinden. Während ich zuhöre, achte ich sorgfältig auf das, was gesagt wird, aber ich bin gleichzeitig auch wach für die Gedanken und Bilder, die mir spontan in den Sinn kommen, ebenso wie für alle Gefühle und Empfindungen, die sich bei mir zeigen.

All dies gibt mir Hinweise darauf, was beim anderen passiert und wie die Qualität unserer Verbindung ist. Da ich mir jedoch nie sicher sein kann, welche dieser Informationen zu mir gehören und welche zu der anderen Person, lasse ich sie für eine Weile ruhen, ohne einen Versuch, sie ordnen oder verstehen zu wollen. Irgendwann jedoch geben sie mir eine Richtung für Fragen, die ich vielleicht stelle, oder für eigene Gedanken, die ich dem anderen gegenüber eventuell äußere.

Wirkliches Zuhören ist ein induktiver Prozess. Ich habe festgestellt, dass vollkommene Präsenz offensichtlich ein Feld erzeugt, das den *egoischen* Geist der Menschen, mit denen ich zusammensitze, ganz allmählich ausschaltet. Sie beginnen, sich selbst zuzuhören, und sind auf einmal fähig zu spontaner Selbstreflexion. Manchmal sitzen wir anschließend einfach nur beieinander und schweigen.

Häufig sagt diese Stille mehr als alle Worte. Aber diese ruhigen Momente können sich auch schon einmal unangenehm anfühlen und ich musste erst lernen, meinem Drang, sie mit „Small Talk" zu füllen, nicht nachzugeben. Es kann zuweilen durchaus angebracht sein, mit Gesprächen über belanglose Themen ein Gefühl der Sicherheit zu erzeugen, aber es ist auch wichtig anzuerkennen, dass man in einer Situation zusammenkommt, die in vielfacher Hinsicht nicht in Worte gefasst werden kann. Ich kann Ihnen gar nicht sagen, wie oft sich Menschen bei mir für diese Zeiträume der Stille bedankt haben.

Wenn wir echte Beziehung unbewusst vermeiden

In vielen Beziehungen herrscht eine unbewusste Verschwörung zum Selbstbetrug: Manche Menschen möchten Ihnen nicht sagen, was sie wirklich in Bezug auf Ihre Situation denken oder fühlen, weil sie befürchten, voreingenommen zu erscheinen, Ihnen Angst zu machen oder Sie herunterzuziehen. Sie wiederum wollen diese Menschen nicht in Verlegenheit bringen, indem Sie ihnen sagen, wie Sie wirklich sind und was Sie wirklich wollen. Worte werden ausgetauscht, aber wirklich zum Kern der Sache vordringen wird man in solchen Gesprächen nie.

Was Sie anderen sagen und was andere zu Ihnen sagen, das wird unweigerlich von den Geschichten bestimmt, die sie sich jeweils erzählen. Wenn Sie beispielsweise krank sind, werden einige Ihrer Freunde Sie bemitleiden, es Ihnen aber eventuell nicht sagen. Stattdessen werden sie über oberflächliche Dinge mit Ihnen reden. Andere wiederum wollen Ihnen nicht wirklich nahekommen, weil sie sich nicht vorstellen möchten, wie sie sich selbst in einer ähnlichen Situation fühlen würden. Und wieder andere werden sich Geschichten erzählen, durch die sie sich schuldig fühlen, weil es ihnen gut geht, während Sie krank sind. Folglich werden sie lediglich vortäuschen, entspannt und offen zu sein. Dann gibt es noch die Menschen, die automatisch versuchen werden, Ihrer Situation irgendetwas Positives abzugewinnen, damit Sie (und sie selbst) sich besser fühlen.

Häufig glauben Ihre Angehörigen, Sie auf diese Weise zu schonen. Aber all das Verstecken und die Unaufrichtigkeit sind in Wirklichkeit Wege, wie Menschen das Eingehen einer Verbindung in Beziehungen vermeiden. Manchmal erfordert das bewusste Wahrnehmen der Bedürfnisse eines anderen Menschen, dass man seine eigenen schwierigen Gefühle zurückhält. Man muss abwägen, was im jeweiligen Moment erforderlich ist. Aber im Allgemeinen ist die Energie, die Sie erzeugen, wenn Sie *nicht* authentisch sind – oder Ihre eigene Verletzlichkeit verstecken, sodass keine wirkliche Verbindung stattfindet –, sowohl für Sie als auch für die anderen ermüdend.

Wenn Ihnen klar wird, dass dies so ist, sollte Ihre erste Entscheidung die sein, sich nicht mehr zu verstecken. Das bedeutet, offener und verletzlicher in Bezug darauf zu sein, wer Sie sind und was Sie brauchen. Natürlich können Sie das Verhalten anderer nicht steuern, aber sobald Sie einmal die Entscheidung getroffen haben, nicht auf Nummer sicher zu gehen, stehen Ihnen verschiedene Möglichkeiten zur Auswahl: Sie können anderen bewusst erlauben, in ihrer unbewussten, selbstschützenden Haltung zu bleiben, und die Situation einfach laufen lassen. Sie müssen nicht verschlossen oder reaktiv sein, sondern können vielmehr üben, sich ins Jetzt zu begeben und wirklich zuzuhören.

Sie können still beobachten, dass die Einstellungen und Kommentare Ihrer Freunde häufig nicht der Art entsprechen, wie Sie für sich beschlossen haben, Ihre eigene Situation zu verstehen und mit ihr umzugehen. Sprechen Sie sie nicht darauf an. Alternativ können Sie auch das Risiko eingehen, sie in das Präsentsein mit Ihnen einzuladen. Wenn beispielsweise eine Ihnen nahestehende Person etwas sagt wie: „Ach, mach dir keine Gedanken. Morgen geht es dir bestimmt wieder besser", können Sie die Person in Ihre Welt einladen, indem Sie liebevoll sagen: „Ich weiß, dass du mich magst und versuchst, mich aufzumuntern, aber was mir wirklich wichtig ist, das ist dieser Moment und dass ich ihn mit *dir* verbringe.“

Die engsten Beziehungen sind diejenigen, die am meisten Einfluss auf uns haben, aber sie sind andererseits häufig auch am schwierigsten zu verändern. Diese Beziehungen sind komplex und reichen bis weit in die Vergangenheit zurück. In vielen dieser Beziehungen kann es die lebenslange Angewohnheit geben, das wirkliche Präsentsein miteinander zu vermeiden. Beispielsweise mögen Familienmitglieder Sie unterstützen wollen, wissen aber vielleicht nicht unbedingt, wie man wirklich zuhört oder in einer Weise mit Ihnen zusammen ist, die belebend wirkt. Wie im Falle meiner Mutter kann es trotz bester Absichten sehr schwierig sein, die Vergangenheit hinter sich zu lassen und gemeinsam im Jetzt zu sein.

Die eigene Wahrheit vertreten

Sie stehen dann vor der Wahl: Entweder Sie finden einen Weg, wie Sie Ihre eigene Wahrheit äußern können, oder aber Sie setzen Grenzen in Bezug darauf, wie viel Zeit Sie mit diesen Menschen verbringen möchten – auch wenn es sich womöglich um nahe Angehörige oder Freunde handelt. Es kann sehr schmerzlich sein zu akzeptieren, dass das Beisammensein mit einigen Ihrer Familienmitglieder Ihnen besonders viel Energie raubt. Sie müssen entscheiden, was für Sie am besten ist. Aber seien Sie sich zumindest im Klaren über das, was Sie sich selbst schulden, wenn Sie versuchen, an Körper oder Geist heil zu werden. Respektieren Sie die Wahrheit, dass die Präsenz Ihr bester Verbündeter ist.

Es mag ironisch erscheinen, dass Sie in einer Zeit, in der Sie am meisten Energie benötigen, das Risiko eingehen müssen, einige der ältesten Beziehungen in Ihrem Leben infrage zu stellen. Dennoch ist dies oft ein entscheidender Teil des Heilungsprozesses. Ein solcher Schritt erfordert Mut. Aber jedes Mal, wenn Sie die Hemmung überwinden, Sie selbst zu sein und das Risiko eingehen, aus dem Herzen zu sprechen oder eine Grenze zu ziehen, werden Sie an Energie gewinnen. Haben Sie also keine Angst davor, sich um sich selbst zu kümmern, speziell dann, wenn Sie krank sind und ein unablässiger Strom wohlwollender Besucher Sie ermüdet oder auslaugt.

Überlegen Sie sich, ob Sie bestimmte Besucher vielleicht bitten könnten, zu einem anderen Zeitpunkt wiederzukommen, oder ob Sie zu ihnen sagen könnten: „Lass uns einfach ein paar Minuten still beieinandersitzen, ja? Ich schätze deine Anwesenheit, aber ich bin ziemlich erschöpft, also ist es für uns beide am besten, wenn wir einfach in Stille miteinander verbunden sind.“

Auch in der Unterstützerrolle präsent bleiben

In den vorherigen Absätzen habe ich Sie, liebe Leser(innen), als Person angesprochen, die krank ist oder einen emotionalen Schock erlitten hat. Ich habe Ihnen Ratschläge dazu gegeben, wie Sie Beziehungen fördern können, die Sie unterstützen und Ihnen Energie geben. Aber es ist ja genauso wahrscheinlich, dass Sie sich einmal in der *unterstützenden* Rolle befinden. Die Heilkraft der Präsenz zu verstehen ist auch in diesem Fall wichtig, denn es bestimmt die Art, wie Sie sich jemandem anbieten, der von Ihrer Energie profitieren könnte.

Interessanterweise klingelte gerade in dem Moment, in dem ich den obigen Absatz schrieb, mein Telefon. Am Apparat war Tom, ein junger Mann, dessen krankem Vater es eine Weile zuvor ziemlich schlecht ging. Mittlerweile war sein Gesundheitszustand zwar wieder einigermaßen stabil, aber Tom stand vor der Entscheidung, ob er eine wichtige Reise antreten sollte, die er bereits gebucht hatte. Er wusste seinen Vater während seiner einwöchigen Abwesenheit in guten Händen, fürchtete aber, nicht da zu sein, für den Fall, dass „das Schlimmste" eintreten würde. Ich schlug ihm vor, mit seinem Vater über seine Pläne und Sorgen zu sprechen.

„Aber er ist nicht immer voll bei Bewusstsein und außerdem hat er gerade eine Röhre im Hals und kann sowieso nicht sprechen", entgegnete Tom.

„Vielleicht ist das, was er sagt, nicht unbedingt klar verständlich", sagte ich. „Aber das bedeutet nicht, dass er nicht alles verstehen kann. Warum fragst du ihn nicht, ob es für ihn in Ordnung ist, wenn du fährst? Wenn du Angst hast, dass er während deiner Abwesenheit sterben könnte, dann erzähle ihm von dieser Angst. Und nimm dir die Zeit, ihm von den Gefühlen zu erzählen, die du ihm gegenüber hegst."

Tom schwieg eine Weile, also fuhr ich fort: „Befürchtest du, dass es ihn ängstigen könnte, wenn du über seinen Tod sprichst? Wir wissen alle, dass wir irgendwann sterben müssen, und wenn wir so tun, als würde es nicht passieren – speziell in Zeiten, wenn es kurz bevorzustehen scheint –, verpassen wir eine Gelegenheit, uns miteinander zu verbinden. Wenn du das Thema nicht ansprichst, wirst du nicht nur die Chance einer tieferen Verbindung zu deinem Vater verpassen, sondern auch die der Ankoppelung an deine eigenen tieferen Gefühle."

„Aber was ist, wenn er mir nicht antworten kann ...", fragte Tom.

„Es stimmt zwar, dass er gerade nicht reden kann, aber er kann auf andere Weise kommunizieren. Er kann dir in die Augen sehen oder mit dem Kopf nicken. Er kann seinen gesunden Arm nach dir ausstrecken. Es gibt viele Arten, wie er dir zeigen kann, dass es für ihn in Ordnung ist, wenn du fährst – oder auch nicht."

„Und was ist, wenn er nur mir zuliebe zustimmt?" – „Du meinst, wenn dein Vater dir nicht sagt, was er wirklich möchte?" – „Genau."

„Nun, ist das nicht sein gutes Recht?", entgegnete ich. „Kann er nicht für dich wollen, was du dir für dich wünschst? Vielleicht ist es ihm sogar wichtiger als alles, was er für sich selbst wünscht. Würdest du dich schuldig fühlen, wenn du dieses Geschenk annähmest?" – „Ich weiß es nicht."

„Halte seine Hand oder berühre seine Schulter, während du zu ihm sprichst. Werde innerlich ganz still und lausche in den Raum, der zwischen euch beiden entsteht. Sprich aus dem Herzen heraus. Tief im Inneren möchte niemand in Bezug auf seinen Tod in Schutz genommen werden und es ist gut, wenn du deinem Vater sagst, wie viel er dir bedeutet. Dieses Gespräch führst du ebenso für dich selbst wie für ihn. Öffne dein Herz und du wirst deine eigenen Gefühle klarer spüren können. Außerdem wirst du eine Präsenz ausstrahlen, die aus mehr als Worten besteht. Diese Präsenz wird dir gut tun. Meiner Erfahrung nach können Menschen – sogar solche, die im Koma liegen, aber das ist bei deinem Vater ja gar nicht der Fall – diese Art von feiner Energie spüren. Du wirst wissen, dass er dich hört, und während du ihm deine Gefühle und Gedanken mitteilst, wird dir klar werden, was du tun solltest."

Tom dankte mir und wir beendeten das Gespräch. Später erfuhr ich, dass er danach eine wunderbare Verbindung zu seinem Vater aufgebaut hatte. Er konnte seine Reise antreten, und als er zurückkam, blieben ihm noch mehrere Monate Zeit, in denen er seinen Vater besuchen konnte, bevor dieser starb. Zu diesem Zeitpunkt hatte Tom das Gefühl einer echten, stimmigen, erfüllten Beziehung, weil er sich in der Tiefe mit seinem Vater ausgetauscht hatte und es nichts Unausgesprochenes mehr zwischen ihnen gab.

Das Atmen synchronisieren

Eine der einfachsten Möglichkeiten, das Feld der Präsenz in einer Beziehung zu entfalten und zu stärken, ist das gemeinsame Atmen. Genauer gesagt geht es darum, das eigene Ein- und Ausatmen mit dem der anderen Person zu synchronisieren, während man gleichzeitig darauf achtet, dass der Verstand nicht in Gedanken und Fantasien abschweift. Es kann hilfreich sein, während des Prozesses Augenkontakt zu halten, sich an den Händen zu fassen oder sich in anderer Form zu berühren.

Wenn Sie jemanden besuchen, vielleicht einen Freund, der krank zu Hause oder im Krankenhaus liegt, können Sie diesen Prozess natürlich auch alleine initiieren, selbst wenn die andere Person die Augen geschlossen hat oder schläft. Beobachten Sie sorgfältig die Atmung Ihres Freundes und beginnen Sie, Tiefe und Tempo Ihres eigenen Atems so gut wie möglich daran anzupassen.

Wenn Sie dies tun, spüren Sie vielleicht, wie sich ein Feld der Präsenz aufbaut. Sobald Sie die Präsenz fühlen, wird es leichter, still und fokussiert zu bleiben, gerade so, als ob das Feld selbst sich Ihrem Atemrhythmus anschließen und Ihr Atmen unterstützen würde. Aber selbst wenn Sie nichts Ungewöhnliches spüren, werden Sie bemerken, dass Sie ruhiger werden und sich friedlicher fühlen.

*

Im Jahre 1985 veröffentlichte ich mein Buch *How Shall I Live?* [1988 unter dem Titel *Krankheit – Tor zur Wandlung* beim Ansata-Verlag auf Deutsch erschienen; Anm. d. Übers.], in dem es darum geht, Krankheit als Chance zu nutzen, um zu einem tieferen Bewusstsein zu erwachen. Das Buch behandelt einige Themen, auf die ich auch auf diesen Seiten hier eingegangen bin, insbesondere das in diesem Kapitel kurz angerissene Potenzial zur Verstärkung der Lebensenergie, wenn zwei oder mehr Personen mit der Absicht zusammenkommen, gemeinsam voll und ganz präsent zu sein.

Präsenz, speziell als kollektive Energie, ist ein Quell der Lebendigkeit, der von unserer heutigen Gesellschaft nicht wirklich verstanden wird, aber in spirituellen Gemeinschaften jeglicher Ausrichtung gut bekannt ist. Es ist eine Energie, die ich sehr bewusst bei meinen Retreats kultiviere. Gruppen, die gemeinsam Andacht halten und meditieren oder einen Raum des echten Zuhörens untereinander schaffen, erzeugen ein kraftvolles Feld.

Sie können diese Energie anzapfen, indem Sie die Übung des synchronisierten Atmens mit einer Gruppe von Menschen durchführen. Da sie einander eventuell nicht atmen sehen können, kann eine Person damit beginnen, eine gut sichtbare Bewegung zu machen, die angibt, wann man ein- und ausatmet. Die anderen können sich dann an diese Bewegung anpassen, als würden sie ein Metronom beobachten.

Wenn *Sie* die Bewegung vorgeben, können Sie eine so einfache Geste wählen wie ein leichtes Absenken des Kopfs nach vorne beim Ausatmen, gefolgt von einem Anheben des Kopfes beim Einatmen. Oder Sie können Ihre Hand nach oben und unten bewegen. Achten Sie auf ein gleichmäßiges Tempo – weder zu schnell noch zu langsam –, sodass alle Anwesenden ihren Atem leicht an den Ihrigen anpassen können. Dies kann zu einer Art Gruppengebet werden, in dem keine Worte verwendet werden, und es kann ein starkes Feld der Präsenz erzeugen.

Sie können dieses Feld der Präsenz – entweder individuell oder in der Gruppe – erzeugen, um es zum Zweck der Heilung mit jemandem zu teilen oder einfach nur als Mittel, um wortlos Liebe zu übermitteln. In beiden Fällen bietet es sich an, die Person, der Sie Liebe senden, ganz leicht zu berühren.

Gemeinsames Atmen ist eine wunderbare Methode, um einen tiefen Zustand der Verbindung in einer Beziehung zu erreichen. Nicht alles kann mit Worten übermittelt werden. Durch das Synchronisieren des Atems geschieht etwas, was die Energiefelder kraftvoll und mühelos angleicht. Aus diesem Grund kann es eine hoch effektive und angenehme Art sein, dort eine Verbindung wiederherzustellen, wo Worte versagt haben – vorausgesetzt natürlich, dass beide Parteien dies wünschen.

Die Verbindung zu Ärzten und Therapeuten vertiefen

Ein Teil des Potenzials zum Steigern der Lebensenergie steckt in Ihrer Fähigkeit, Raum für eine energetische Verbindung zu den Ärzten oder Alternativmedizinern aufzubauen, die Sie auf Ihrer Heilungsreise begleiten. Zwar verfügen Ärzte, Therapeuten und andere im Gesundheitswesen Tätige über Spezialkenntnisse und bestimmte Fähigkeiten, aber sie sind vor allem auch eines: Mitmenschen. Es ist wichtig, dass es in der Beziehung Arzt – Patient oder Therapeut – Klient keine zu starren Grenzen gibt.

Entscheidend ist, dass Sie das Gefühl haben, Fragen stellen und offen über das sprechen zu können, was Sie in Bezug auf Ihre Heilung für angemessen halten. Wenn Sie sich bezüglich einer Behandlungsmethode, die Ihr Arzt empfiehlt, nicht sicher sind, besteht eine der besten Methoden zum Durchbrechen des unpersönlichen Tons, der professionelle Beziehungen häufig prägt, darin, den Arzt zu fragen, ob er diese Behandlung auch für sich selbst oder ein Familienmitglied wählen würde.

Das Aufbauen einer tieferen Verbindung, die größere Lebendigkeit mit sich bringt, erfordert eine bewusste Anstrengung und Intention. Bevor ich meine

Klienten berate, nehme ich mir die Zeit, in Stille mit ihnen zusammenzusitzen, ihre Hände zu halten und mich so vollständig ins Jetzt zu bringen, wie es mir möglich ist. Ich warte darauf, dass unsere Energien sich verbinden, verfeinern und vertiefen.

Dass *viele* der medizinischen Fachleute, mit denen Sie zu tun haben werden, sich die Zeit nehmen oder die Mühe machen, einen solchen gemeinsamen Raum zu schaffen, ist unwahrscheinlich. Dennoch können Sie die Art der Verbindung spüren, die Sie zu ihnen haben. Wenn Sie *nicht* das Gefühl haben, auf einer Ebene Kontakt hergestellt zu haben, der über die rein fachliche Beziehung hinausgeht, dann zwingen Sie sich nicht, mit einer Person zusammenzuarbeiten, zu der Sie keinerlei Verbindung spüren.

Es ist entscheidend, dass Sie auf sich hören und Ihren Gefühlen vertrauen. Unterschätzen Sie nicht den zusätzlichen Wert, den das Verspüren einer natürlichen oder tiefen Verbindung zu denjenigen hat, die Sie als Helfer auf Ihrem Weg zur Genesung auswählen. Fachliche Kompetenz ist wichtig, aber die energetische Qualität beziehungsweise die „Chemie" Ihrer Beziehung zu Ärzten und Therapeuten zählt auch nicht wenig.

Natürlich haben Sie im Gesundheitssystem nicht immer die Wahl. Aber Ihre Möglichkeiten sind wahrscheinlich größer, als Sie denken. Sie können sich dafür entscheiden, einen anderen Arzt aufzusuchen, und zwar nicht nur, um eine zweite Meinung einzuholen, sondern um nach etwas Ausschau zu halten, was schwer zu beschreiben ist, Ihnen aber sagt, dass Sie sich am richtigen Ort befinden. Selbst wenn Sie sich nicht ganz sicher sind, gut aufgehoben zu sein, sollten Sie sich stets bewusst machen, dass Sie es mit einem *Menschen* zu tun haben, nicht nur mit jemandem in einem weißen Kittel, der eine Reihe von Diplomen an der Wand hängen hat.

Wenn Sie im Jetzt bleiben und sich nicht von Ihren Geschichten vereinnahmen lassen, können Sie leichter feststellen, wie es um die Verbindung zu Ihren medizinischen Begleitern bestellt ist.

Eine meiner Schülerinnen beispielsweise war während eines Krankenhausaufenthalts nach einer Notoperation, die aufgrund eines undichten Aneurysmas notwendig wurde, so präsent, dass ihr Arzt sie viel häufiger am Krankenbett besuchte, als medizinisch erforderlich gewesen wäre. Schließlich gab er zu, dass er gerne Zeit mit ihr verbrachte. Es war kein Flirt, sondern einfach nur die Energie, die ihn anzog. Unnötig zu erwähnen, dass sie sich schnell wieder erholte und – was ebenso wichtig ist – ihre Zeit im Krankenhaus als sehr angenehm empfand.

KAPITEL 13

Neuen Wein in neue Schläuche!

S ie sind nun auf einem Weg, der Sie zum Realisieren größerer Lebendigkeit
und Präsenz führt. Während Sie sich auf dieser Reise des Erwachens befinden, ist es wichtig, dass Sie Ihre neue Energie auf kreative Weise nutzen
und so die Lebenskraft im Fluss halten. Wie – nach den Worten der Bibel –
schon Jesus einst riet, müssen Sie neuen Wein in neue Schläuche füllen.[11]

Ihr Weg zum Heilsein verläuft in Form einer Kreisbewegung: Je mehr Sie
sich von der auf Ihren Geschichten beruhenden eingeschränkten Handlungsfähigkeit befreien und je häufiger Sie expansive oder dunkle Gefühle zulassen,
umso mehr Energie steht Ihnen zur Verfügung. Wenn Sie dann neue Wege finden, diese befreite Energie auszudrücken und mit Leben zu füllen, setzt dieser
kreative Prozess noch mehr Energie frei. Dieser Kreislauf dreht sich immer
weiter und Sie werden zunehmend lebendiger und strahlen immer mehr Präsenz aus.

Machen Sie sich klar, dass die alten Gewohnheiten des Ego nie vollständig
überwunden werden. Deshalb wird es auch die neue Energie für sich vereinnahmen und sie nutzen, um seine negativen und destruktiven Gewohnheiten
beziehungsweise seine Verführung zu Depressivität oder Grandiosität zu intensivieren, sofern Sie sie nicht in lebensbejahende Haltungen und Aktivitäten
umwandeln. Gewinnt das Ego die Oberhand, wird der emotionale und körperliche Heilungsprozess unterbrochen.

Zu diesem Thema erzählte mir der Dichter Robert Bly vor Jahren einmal,
dass er jeden Morgen nach dem Aufstehen als Erstes Gedichte schreibe. Er tue

dies, so sagte er, aus folgendem Grund: „Dann holen mich die Schatten nicht ein." Ich glaube, er meinte damit, dass der kreative Prozess des Schreibens es ihm ermöglicht, sowohl seine subtile und expansive Sicht zu kanalisieren als auch seine abgründigen Gefühle, zu denen er wie wir alle neigt. Gedichte zu schreiben gibt ihm die Möglichkeit, sowohl das Licht als auch den Schatten unter Kontrolle zu halten und eine Brücke zwischen ihnen zu bauen. Aus diesem Grund macht er sich *jeden* Morgen ans Schreiben und nicht nur ab und zu einmal. Robert Bly war sich darüber im Klaren, dass die dunklen Gefühle ihn womöglich überwältigen beziehungsweise seine Kreativität in morbide Richtungen lenken oder einfach versiegen lassen würden, wenn er keinen Raum für diese Art des Ausdrucks schuf.

Bly ist einer der Gründerväter der modernen Männerbewegung, die den Versuch darstellt, traditionelle Formen der Männlichkeit, die von der Gesellschaft in den letzten Jahrhunderten verdrängt oder ausgemustert wurden, wieder neu zu integrieren. Er ist zudem Autor des Buches *Eisenhans*, eines der grundlegenden Bücher dieser Bewegung [dt. Ausgabe: München 1991]. In diesem Buch beschreibt er die innere Reise, die es einem Mann ermöglicht, seine psychische Rüstung beiseitezulegen, indem er sich seinen dunklen Gefühlen und seiner Verletzlichkeit stellt. Hierdurch wird seine grundlegende Männlichkeit wiederhergestellt und er kann beginnen, mehr von seiner inneren weiblichen Seite zu integrieren; dadurch wird eine neue Beziehung zu Frauen möglich.

In meinem Gespräch mit Bly zeigte er sich frustriert über vieles, was in der Männerbewegung populär geworden ist, speziell die Schwerpunktsetzung etwa auf stundenlanges begeistertes Trommeln am Lagerfeuer und den daraus resultierenden Rausch der Gruppenenergie. Ich verstehe seine Kritik so, dass er glaubte, das Ego habe einen Weg gefunden, die durch solche Rituale erzeugte Erfahrung der Weite und Präsenz für sich zu vereinnahmen und sie in eine Sucht nach Intensität umzuwandeln, anstatt seinen Griff um die Psyche der Männer zu lockern. Er hatte das Gefühl, dass sich viele Männer zwar an der Intensität berauschten oder den vertraulichen Austausch in der Gruppe schätzten, die meisten von ihnen jedoch nicht bereit seien, die mühsame, einsame und sehr verletzliche Arbeit zu leisten, sich ihrer Schatten auf gesunde Weise bewusst zu werden.

Woher unser „Schatten" stammt

Robert Bly verwendet den Begriff *Schatten* auf die Weise, wie er ursprünglich von dem Schweizer Psychiater Carl Gustav Jung definiert und geprägt wurde.

In der analytischen Psychologie ist der Schatten der Ablageort für bestimmte Gefühle, Wahrnehmungen, Impulse und Triebe, die für das sich entwickelnde Ego des Kindes zu zerstörerisch sind und daher verdrängt und in das Unbewusste abgeschoben werden.

Dieser Verdrängungsprozess beginnt bereits in jungen Jahren und jedes Kind durchläuft ihn. Jeder Selbstausdruck des Kindes, der während des Sozialisierungsprozesses nicht integriert werden kann – speziell intensive Anzeichen von Launenhaftigkeit, Reaktivität und Selbstbehauptung –, muss verdrängt werden.

Vielleicht können wir das Missfallen unserer Eltern oder ihre Ängste bezüglich bestimmter unserer Verhaltensweisen oder Stimmungen spüren, sodass wir diese Teile unserer selbst unbewusst vergraben, weil wir die Akzeptanz und die Unterstützung der Eltern nicht verlieren wollen. Natürlich sind nicht alle Vorgehensweisen, mit denen unsere Eltern uns einschränken, schlecht; vieles geschieht durchaus zu unserem Besten.

Aber auch jenseits des Einflusses der Eltern ist Verdrängung – und die daraus resultierende Bildung von Schatten – notwendig, damit das aufkeimende Ego eine stabile Grundlage hat. Stellen Sie sich einmal vor, Sie bauten nahe am Wasser eine Sandburg. Sie bräuchten dann auf jeden Fall etwas, was Ihre Burg vor den Wellen schützte, denn sonst würde sie immer wieder davongespült. Verdrängung ist ein Schutzschild, der das sich entwickelnde Ego davor bewahrt, von den Wellen des Unbewussten verschlungen zu werden. Der Schatten wiederum ist praktisch alles, dem der Eintritt in die Burg (das Ego) verwehrt wird. Weil C. G. Jung Belege dafür fand, dass der Schatten bei allen Menschen und in allen Kulturen vorkommt, bezeichnete er ihn als einen *Archetyp* – als universelles Symbol und universelle Dynamik innerhalb des Unbewussten.

Bei jedem von uns ist die grundlegende Ego-Struktur, die wir am Ende aufweisen, genauso sehr Ergebnis dessen, was verdrängt wurde, wie auch Ausdruck dessen, was sich zeigen darf. So wurden beispielsweise bei Männern, deren Ego sich stärker in die Richtung entwickelt, stark und mächtig zu sein (Grandiosität), höchstwahrscheinlich Gefühle der Macht- oder Bedeutungslosigkeit verdrängt. Jemand mit depressiver Neigung hingegen wird in jungen Jahren unbewusst die meisten aggressiven oder dominanten Tendenzen unterdrückt haben. Im Erwachsenenalter müssen diese verdrängten Eigenschaften dann integriert werden, damit der Mensch psychisch und spirituell reifen kann. Der Schatten beginnt, in das Bewusstsein vorzudringen, und dies kann verheerende Folgen für das Ego eines Menschen haben.

Wie unser „Schatten" im täglichen Leben in Erscheinung tritt

Stellen Sie sich beispielsweise vor, Sie sprechen mit Ihrem Vorgesetzten und plötzlich sagt dieser etwas in einem besonders kritischen Tonfall. Bevor es Ihnen überhaupt bewusst wird, sind Sie bereits verängstigt und Ihre Stimme scheint Ihnen nicht mehr zu gehorchen, obwohl Sie sonst recht schlagfertig sind und sich in den meisten Situationen selbstsicher fühlen. Das ist der Schatten, der in Ihnen aufsteigt.

Der Schatten unterbricht Ihre gewöhnlichen Ego-Muster. Wenn er vom Unbewussten in das Bewusstsein aufsteigt, stört er das Ego oder hebelt es in manchen Fällen sogar ganz aus. Das führt nicht immer dazu, dass Sie verängstigt verstummen – es kann sich auch in Form eines unkontrollierten Wutausbruchs oder einer wilden Schimpftirade äußern. Wer auch immer Sie glaubten zu sein – für welchen wie auch immer idealisierten Aspekt Ihres Ego Sie sich hielten – all dies wird plötzlich durch ein machtvolles und aggressives Alter Ego ersetzt. Der Schatten kann auch *kleine* Auftritte haben, die zu kurzen, peinlichen Situationen führen, bei denen Sie sich fragen, was denn eigentlich mit Ihnen los ist und wie es dazu kommen konnte, dass Sie so *verstört* oder *nicht Sie selbst* waren. Solche Erscheinungen des Schattens können sich in Form einer zickigen Antwort, eines spontanen bissigen Kommentars oder einer plötzlichen unhöflichen Bemerkung zeigen.

Zu manchen Zeiten kann der Schatten aber mit voller Kraft durchbrechen, und wenn das passiert, kann er wie eine Flutwelle alle bewussten Strukturen hinwegfegen, die das gewohnte Gefühl der Sicherheit und Identität des Ego stützen. Sie werden von äußerst verstörenden, beunruhigenden Gefühlen und übermächtigen Bildern aus Ihrem Unbewussten überschwemmt. Ein solch starkes Hervorbrechen des Schattens ist häufig ein entscheidender Schritt zu dem, was – richtig integriert – zu spirituellem Erwachen werden kann.

Es ist wichtig, sich bewusst zu machen, dass der Schatten in sich nicht negativ ist. Er kann Ihre Fähigkeit zu höchster, bedingungsloser Liebe enthalten. Er kann der Ort sein, wo Ihr tiefer Sinn für Gerechtigkeit und das, was Sie als richtig empfinden, verborgen liegt. Daher muss das Erscheinen des Schattens Sie nicht notwendigerweise aggressiv machen oder lähmen. Er kann auch eine Wandlung hervorrufen, so wie es bei John Newton der Fall war – einem britischen Kapitän, dessen Schiff Sklaven transportierte. Eines Tages bat er auf See während eines schweren Sturms Gott um Rettung und wurde von einem erhebenden Gefühl der Gnade durchdrungen. Das Lied, das er Jahre später komponierte, nachdem er jeder Beteiligung am Sklavenhandel abgeschworen hatte, trug dann auch folgerichtig den Titel *Amazing Grace* [zu Dt. etwa: *Gnade, die Staunen macht*; Anm. d. Übers.].

Aber ob die Energien des Schattens nun positiv oder negativ zu sein scheinen – ohne die Möglichkeit, diese Energien zu integrieren, können Sie Ihr höheres Selbst nicht erwecken und verkörpern. Ich habe in meiner Arbeit vieles gesehen, was mich zu der Überzeugung gebracht hat, dass die fortlaufende und unbewusste Verteidigung gegen das Hervortreten der Schattenenergien (zu einem Zeitpunkt im Leben, an dem sie für psychische und spirituelle Reifung benötigt werden) vielen Krankheiten zugrunde liegt.

Welche Stimmung oder Eigenschaft der Schatten auch immer einbringt, Sie müssen einen Weg finden, ihr Raum zu geben. Wie bereits erwähnt besteht die wichtigste Fertigkeit darin, das fokussiert-weite Gewahrsein zu nutzen und zu wachsen, damit Sie sich sowohl den wunderbaren als auch den abgründigen Gefühlen stellen und sie aushalten können. Häufig jedoch reicht das allein nicht aus – oder es ist lediglich der erste Schritt. Der nächste besteht darin, einen Weg zu finden, wie man die Schattenenergie in positive, kreative Bahnen lenkt, die ihre Integration unterstützen – genau wie Robert Bly es getan hat, indem er jeden Morgen Gedichte schrieb.

Wie wir unsere neue Lebendigkeit kanalisieren können

Gedichte sind nur *eine* Möglichkeit, Ihre neu erschlossene Energie in gesunde Bahnen zu lenken und so Ihr Leben zu bereichern. Im Grunde genommen ist alles, was Sie tun, um Ihren Körper ins Jetzt zu bringen, ebenfalls ein Mittel, um fokussiert-weites Gewahrsein aufzubauen.

Bewegung (ich beziehe mich hier etwa auf freies *Tanzen*) kann ein Weg sein, Teile Ihrer selbst auszudrücken, die Sie auf keine andere Weise zum Leben erwecken können. Falls Sie diese Ausdrucksform zum ersten Mal ausprobieren, können Sie sich zunächst spielerisch vorstellen, dass Sie sich wie ein Tiger durch den Dschungel bewegen oder sich wie Seegras von den Wellen des Ozeans hin und her wiegen lassen. Wenn Sie sich der Bewegung hingeben, werden Sie nach und nach feststellen, dass die Bewegung selbst spontan Bilder in Ihnen aufsteigen lässt und Sie in einen Zustand von Kraft und Präsenz versetzt. Es hat etwas von Gnade an sich, wenn Sie – der Tänzer / die Tänzerin – zum Tanz werden.

Wenn Sie in einer Gruppe von Menschen tanzen, kann die Art, wie Sie Ihre Bewegungen mit denen der anderen verbinden, sehr spielerisch und kreativ, erotisch oder wild sein. Sie können ausprobieren, wie es ist, die Bewegungen einer anderen Person nachzuahmen, und so ein ganz neues Gefühl für Ihren eigenen Körper und Ihr Sein entwickeln. Sie können Musik verwenden oder auch nicht – natürlich können Sie auch selbst die Geräusche produzieren, zu denen Sie sich bewegen. Sobald dieses Erforschen von Bewegung unbefangen und spontan kreativ wird, kann es viel Lebendigkeit und Freude bringen. Für mich ist dies ein Moment, in dem Bewegung zu einer Art Gebet wird.

Singen ist eine weitere Möglichkeit, Raum für tiefere Lebendigkeit zu schaffen – indem Sie zum Beispiel lauthals Ihre eigene Version eines Ihrer Lieblingslieder schmettern (etwa beim Karaoke-Singen mit Freunden). Vielleicht kostet es Sie zu Anfang etwas Mühe, Ihre Hemmungen zu überwinden und derart spielerisch draufloszusingen, aber nach einer Weile werden Sie feststellen, dass Ihre Stimme sowohl aus Ihrem Inneren als auch aus dem Raum um Sie herum zu kommen scheint. Sie werden überrascht sein, welche Töne Sie plötzlich treffen oder wie leise Sie singen können, ohne dass Ihre Stimme an Klarheit verliert. Und wenn Sie diese Erkundung noch ein Stück weiter treiben und spontan anfangen, eigene Texte zu eigenen Melodien zu singen, kann sich der Zustand, in dem diese Kreativität sich einstellt, fast „magisch" anfühlen.

Gehen kann ebenfalls eine Möglichkeit sein, die tiefere Lebendigkeit in Ihnen erstrahlen zu lassen. Wachsam zu sein und bewusst so viele Eindrücke aufzunehmen, wie Sie können, während Sie durch die Natur oder die Straßen einer Stadt gehen, ist eine Methode, in Verbindung mit der Umwelt zu treten und sich gleichzeitig tiefer in Ihr Inneres zu versenken. Es ist eine Form aktiver Meditation, die nicht nur ihre Ausdauer, sondern auch Ihr Vergnügen sofort steigern kann.

Als ich früher einmal Retreats in der Wildnis leitete, habe ich die Teilnehmer dazu angeleitet, ihre Atmung an den Rhythmus ihrer Schritte anzupassen. Wenn eine Steigung kam, zeigte ich ihnen, wie man die Geschwindigkeit und die Atemfrequenz beibehalten kann, indem man kleinere Schritte macht. Gingen wir hingegen bergab, behielten wir ebenfalls Geschwindigkeit und Atemfrequenz bei und verlängerten unsere Schritte. Mit ein wenig Übung wird das Gehen zum Sein und das Sein wird zum Einssein mit der Umgebung: Die innere und die äußere Welt vereinigen sich, sie verschmelzen sozusagen in *einem* einheitlichen Bewusstseinszustand.

Mit dieser Form des Gehens konnten selbst Menschen, die keine besonders gute Kondition hatten, einen ganzen Tag lang wandern und dabei sogar Berge ersteigen, die eine gewisse Ausdauer verlangten. Auch hier gilt für mich wieder, dass das Gehen in dieser Form zum Gebet wird.

Viele gewöhnliche Tätigkeiten wie beispielsweise Gartenarbeit können Zugang zu höherer Energie bieten und zu einer Möglichkeit werden, Ihr größeres Selbst zum Leben zu erwecken. Außer Ihrer *Bereitschaft* dazu – das Element, auf das es ankommt – brauchen Sie keine besonderen Voraussetzungen, um neue Methoden zu erforschen, wie Sie Ihre Energie fließen lassen können. Die Ausdrucksformen, die wahrhaftig sind und die größte Lebendigkeit freisetzen, ergeben sich häufig spontan.

Vielleicht fühlen Sie sich eines Tages motiviert und freuen sich darauf, endlich etwas auszuprobieren, von dem Sie schon immer gesprochen haben. Eine Freundin lädt Sie womöglich ein, gemeinsam mit ihr einen Töpferkurs zu besuchen oder Mitglied in einer Laienspielgruppe zu werden, und das eröffnet Ihnen neue kreative Möglichkeiten. Wenn Sie auf die Dinge achten, die Sie hören und sehen oder die Ihnen plötzlich in den Sinn kommen, werden Sie häufig feststellen, dass das Leben Sie genau auf das aufmerksam macht, was eine neue Tür für Sie öffnet.

Mir ging es vor etwa einem Jahr so. Ich joggte eines Morgens, als eine Frau, die ich nicht kannte, mir zurief: „Wie ich sehe, fahren Sie nicht nur Fahrrad, sondern joggen auch noch." Mir war sofort klar, dass sie mich mit jemandem verwechselt haben musste, weil ich schon seit Jahren nicht mehr mit dem Fahrrad unterwegs gewesen war. Einige Tage später, als ich mich gerade auf meine Runde begeben wollte, hörte ich ihre Stimme in meinem Ohr. Zufällig hatte mein Sohn einige Monate zuvor als Weihnachtsgeschenk mein lange nicht genutztes Fahrrad mit neuen Reifen und Schläuchen ausgestattet. Anstatt zu laufen, fuhr ich nun also zum ersten Mal seit nahezu zehn Jahren wieder Fahrrad. Seither habe ich meine Leidenschaft für das Radfahren entdeckt und stelle fest, dass es meinen Körper wesentlich weniger belastet als das Laufen.

Die drei Schlüssel zu höherer Energie

Meiner Erfahrung nach gibt es drei Schlüssel, die die Türen zu Augenblicken (oder manchmal sogar Stunden) größerer Energie öffnen, während derer Ihre Seele sich in ungeahnte Höhen schwingt und Ihr Körper voller Lebendigkeit ist:

• Der erste Schlüssel ist *spontane Kreativität*: Handeln in Übereinstimmung mit Ihrem natürlichen Empfinden und ohne Vorausdenken. Hierbei geht es um Loslassen und „Fließenlassen" in einer Form, die mit Ihrer Veranlagung harmoniert und Ihre natürlichen Talente nutzt.

- Der zweite Schlüssel ist *unbefangenes und rückhaltloses Einbringen*: Was immer Sie auch tun, tun Sie es ohne Einschränkung, seien Sie voll und ganz dabei, vollständig präsent, vollkommen authentisch.

- Der dritte Schlüssel schließlich ist *Gnade*. Sie ist nicht etwas, was man bewusst herbeiführen kann, vielmehr gesellt sie sich unerwartet zu Ihnen und trägt Sie über Sie selbst hinaus, sobald Sie die ersten Schritte gemacht haben.

Es gibt eine direkte Beziehung zwischen dem eigenen Bemühen und der Gnade. Zuerst müssen Sie Energie investieren und zeigen, dass es Ihnen ernst ist, um dann spontan und von ganzem Herzen loszulassen – ganz gleich, um was es geht. Diese Form des Selbstausdrucks scheint – in Momenten selbstvergessenen Handelns – die Gnade eines tieferen Lebendigseins einzuladen, die dann zu Ihnen kommt und Sie über Sie hinaus in ganz neue Sphären trägt. Plötzlich fließen Ihre Bewegungen oder Ihre Stimme völlig mühelos. Sie fühlen sich so, als würde Ihr Körper nicht bei Ihrer Haut enden, sondern sei Teil eines größeren Raumes, eines größeren Wesens.

In früheren Büchern habe ich bereits davon berichtet, dass Menschen in meinen Retreats während des Tanzens, Singens oder Wanderns so von Lebendigkeit durchdrungen wurden, dass sie danach ganz von Stille und Liebe erfüllt waren. Eine Frau erlebte sogar die Spontanheilung einer sich ausbreitenden Krebserkrankung im fortgeschrittenen Stadium, als sie beim Singen eines Kirchenliedes aus ihrer Kindheit vollkommen von Liebe durchdrungen war.

Es gibt viele therapeutische Ansätze, die musikalische Resonanz und Stimmübungen einsetzen, um Schwingungszustände zu erzeugen, die nachgewiesenermaßen Schmerzen lindern und Wohlgefühl erzeugen können.[12] Sie müssen jedoch keine solche Therapie machen, sondern können das einfach spielerisch erkunden, als eine Form, Ihr inneres Licht zu würdigen und scheinen zu lassen.

Zeichnen, Malen und Bildhauerei können ebenfalls Wege sein, die Energie zu kanalisieren, die in Ihnen aufsteigt, wenn Ihre Geschichten nicht länger Ihre Realität bestimmen. Der kreative Prozess selbst ist wie ein Gebären neuer Möglichkeiten aus Ihnen heraus und ein Mittel, wach zu werden für neue Dimensionen, die sich Ihnen auftun. Es gibt keine bestimmte Vorgehensweise, die Sie befolgen müssten, es sei denn, Sie haben Spaß daran, Unterrichtsstunden zu nehmen, oder lernen gerne etwas von der Pike auf. Wichtig dabei ist, dass es nicht um Ihr fachliches Können geht, sondern darum, Freude daran zu haben und Ihr Ego beiseitezuschieben.

Kontemplative Gemeinschaften wussten immer schon, dass die Energie, die durch Beten, Einsamkeit und Stille freigesetzt wird, greifbare Formen des Ausdrucks braucht. Deshalb war im klösterlichen Leben neben harter körperlicher Arbeit, dem Dienst an der Gemeinschaft, dem Aneignen von Wissen und den Forschungsarbeiten, die von den Ordensmitgliedern erwartet wurden, immer auch Zeit für Singen, Schreiben, Kunsthandwerk und andere Formen des kreativen Ausdrucks vorgesehen. Gregor Mendel, der Begründer der modernen Genetik, war katholischer Priester und Abt der Augustinerabtei St. Thomas in Brünn (Tschechien), wo er neben seinen anderen Pflichten mit Pflanzen experimentierte und Bienen züchtete. Im östlichen Kulturbereich wird die Kunst der Kalligrafie so lange geübt, bis die Pinselführung des Künstlers in einem Maße die Kunst verkörpert, dass ein einziger Pinselstrich eine zeitlose Wahrheit symbolisieren kann.

Die Tradition des Zen-Buddhismus legt Wert auf die Entwicklung künstlerischer Fähigkeiten und anderer expressiver Aktivitäten, die Möglichkeiten bieten, die Energie zu verkörpern, die durch die Praxis der Meditation erzeugt wird. Bogenschießen, Kunsthandwerk, das Arrangieren von Blumen und andere Formen der Kreativität sind Formen, den „neuen Wein" des erwachenden Bewusstseins in „neue Schläuche" zu gießen. Andere geistliche Gemeinschaften kanalisieren die Energie aus ihrer spirituellen Praxis in Form von Kampfkunst. Die Möglichkeiten, die Ihnen zur Verfügung stehen, sind praktisch unbegrenzt.

Wenn Sie eine Form des *künstlerischen* Ausdrucks wählen, muss das, was Sie malen, zeichnen oder formen für niemanden Sinn ergeben – nicht einmal für Sie selbst! Es geht einfach nur darum, sich dem Strom der Energie, dem *Flow*, hinzugeben. Geben Sie die Kontrolle ab und lassen Sie zu, dass alles, was in Form von Gefühlen und Sinneseindrücken, Visionen oder Bildern zu Ihnen kommt, in kreativer Form ausgedrückt wird. Nach und nach werden Sie womöglich feststellen, dass das, was zunächst willkürlich oder bedeutungslos erschien, Ihnen das Tor zu Ihrem inneren Genie öffnet.

Sich an neue Formen des Selbstausdrucks zu wagen kann Angst machen. Sich dieser Angst zu stellen kann wiederum ein Test für Ihre Bereitschaft sein, sich selbst zu vertrauen. Es kann dazu führen, dass Sie mit einigen Ihrer dunklen Gefühle konfrontiert werden. Wenn das passiert, ist es eine Chance, die Energie dieser Gefühle über Ihre Stimme (oder über Bewegung, Zeichnen oder Schreiben …) *freizusetzen*, statt sie in Ihrem Inneren gären zu lassen.

All diese Wege, Ihrer Lebenskraft Ausdruck zu verleihen, bieten Möglichkeiten für die Beziehung zu Ihnen selbst, aber potenziell auch zu anderen. Zwar müssen Sie nicht unbedingt ein Publikum haben, aber ich empfinde die

Vorstellung als hilfreich, die Dinge mit anderen zu teilen. Das können Ihre Kinder, Enkel, Freunde oder allgemein Menschen sein, denen Sie etwas geben möchten. Sie können Ihre Werke auch einer höheren Kraft weihen und Ihr Singen, Tanzen, Zeichnen oder Schreiben als Gespräch mit Gott ansehen. Das Wichtigste ist, dass Sie sich selbst erlauben, Ihrer Lebendigkeit Ausdruck zu verleihen und sie nicht zu unterdrücken. Denken Sie daran, dass allein Ihr Tun und die Energie, die es in Ihnen freisetzt, zählen – nicht das Ergebnis, das Sie tatsächlich kreieren.

Dies ist ein ursprünglicher Akt des „Sich-selbst-Erfindens". Wenn Sie sich dem kreativen Prozess hingeben, können Sie nicht wissen, wohin er Sie führen wird. Im Gegensatz zum Ego, das Sie immer an einen Ort bringt, den es bereits kennt, ist dies ein Weg, der Sie zu einer neuen Wertschätzung Ihrer selbst und der Welt führt. Die Energie, die Sie freisetzen, kann Ihr Herz öffnen und Sie mit Kraft, Liebe und Mitgefühl erfüllen. Sie *kann* Sie heilen.

Das Risiko eingehen – sein authentisches Selbst zeigen

Um sich selbst zu kennenzulernen, müssen Sie sich zeigen. Sie müssen das Risiko eingehen, Ihr authentisches Selbst auszudrücken, sei es in Form von Worten, Lauten, Bewegungen oder Zeichnungen. Wenn Sie Ihre eigene Heilung unterstützen möchten, können Sie Ihre Energie nicht zurückhalten.

Dieser Weg war und ist für mich zentral, sowohl in meinem eigenen Leben als auch in dem, was ich lehre. Während ich noch als Arzt tätig war, aber bereits den Ruf vernommen hatte, mein Leben grundlegend zu ändern, hatte ich einen wegweisenden Traum. Darin war ich mit einer meiner Patientinnen zusammen, die mir im wirklichen Leben die Augen für Akupunktur und alternative Medizin geöffnet hatte. Im Traum waren wir in einem Restaurant, in dem eine Dreimannkapelle Musik machte. Plötzlich stand ich mit auf der Bühne und sang – begleitet von der Kapelle – bekannte Lieder, deren Text und Melodie ich auswendig kannte. Dann veränderte sich der Traum und ich sang plötzlich – mit Begleitung des Pianisten – Lieder, die ich in der Vergangenheit selbst komponiert hatte. Wieder veränderte sich das Bild und diesmal stand ich allein auf der Bühne und sang ohne Begleitung. Dabei improvisierte ich, erfand aus dem Stegreif neue Melodien und Texte. Als ich aufhörte zu singen, war ich nur von Stille und einer machtvollen Präsenz umgeben. Mein gesamter Körper war energiegeladen. Ich kehrte zu meiner Patientin an den Tisch zurück, die mir einen Apfel in die Hand drückte – mit den Worten: „Bitte sehr!"

Als ich aus dem Traum erwachte, wurde mir klar, dass das Praktizieren von Medizin dem Singen von Liedern gleichkam, die ich *von anderen gelernt* hatte. Ich sah auch, dass ich häufig aus der Vergangenheit heraus lebte und immer wieder Ideen von mir gab, die ich schon lange zuvor formuliert hatte. Aufgrund des Traums verstand ich, dass ich einen weiteren Schritt gehen musste: Ich musste meine eigene Stimme entdecken, mein Leben von innen nach außen neu aufbauen, von Moment zu Moment.

Wie ich nach und nach lernte, war eine wichtige Voraussetzung dafür, dass ich Licht und Schatten in mir integrierte – oder biblisch ausgedrückt: dass ich vom Baum der Erkenntnis von Gut und Böse aß ... Kurz nachdem ich diesen Traum geträumt hatte, kündigte ich meine Stelle als Arzt, um zu sehen, wohin das Leben mich treiben würde. Es dauerte nicht lange, bis einige meiner früheren Patienten den Weg zu mir fanden, und dies führte mich schließlich zu meiner Arbeit als Therapeut, Begleiter und Lehrender.

Die eigene Essenz ausstrahlen lassen

Wenn Sie nicht länger der Handelnde, der „Macher" sind, dann beginnt etwas tief in Ihnen Liegendes durch Sie zu leben. Es ist ein Zustand bemerkenswerter Lebendigkeit, den jeder Sportler, Künstler und Schriftsteller an einem bestimmten Punkt seiner Laufbahn erlebt. Für mich geschah dies während der vielen improvisierten Vorträge, die ich als Lehrer gehalten habe: Ich hörte mich plötzlich Dinge sagen, die ich nie zuvor bewusst formuliert oder auch nur gedacht hatte. Mir wurde bewusst, wie wahr diese Dinge waren, und die neuen Erkenntnisse wurden zu weiteren Leitlinien für mein Leben und Lehren.

Wenn Sie sozusagen zum Medium Ihrer eigenen inneren Weisheit werden, werden Sie zugleich Zeuge eines inneren Schöpfers. Diese Erfahrung stärkt Ihr Vertrauen in Sie selbst und ruft eine Art verwundertes Staunen über das hervor, was sich in Ihnen verbirgt und – sofern Sie ihm die Möglichkeit geben – durch Sie leben kann. Auch verspüren Sie eine ganze neue Form der Wertschätzung für all jene, die ihre tiefere Lebendigkeit und ihr inneres Genie leben.

Wenn wir gedrängt werden, uns auf diese Weise auszudrücken, macht dies vielen von uns verständlicherweise Angst. Wahrscheinlich wurden auch Sie zu Zeiten in Ihrem Leben, als Sie besonders verletzlich waren, kritisiert und haben Ihr Vertrauen in den Ausdruck Ihrer natürlichen Kreativität verloren. Aber wenn wir uns auf der Reise der Heilung befinden, können wir in uns die Energie des spielerischen Kindes entdecken oder die der weisen Muse und uns von ihr leiten lassen. Das muss keine ernste Sache sein. Es erfordert einfach nur, dass wir ein Risiko eingehen – eines, das enorme „Dividenden" einbringt.

Wenn Sie es nicht wagen, Ihrer tieferen Energie Ausdruck zu verleihen, beginnen die wahren Probleme, denn Sie blockieren einen wichtigen Weg zum Entdecken dessen, was Sie wirklich sind. Wenn Ihr Ego Ihnen sagt, dass Sie kein Talent hätten, nichts Besonderes könnten oder dass das, was Sie tun, nicht gut genug oder Zeitverschwendung sei, und Sie der Angst, der Kritik und dem Zynismus Tür und Tor öffnen, blockieren Sie Ihre Lebenskraft. Die Energie, die nicht auf gesunde Weise kanalisiert werden kann, wird negativ und kann sich gegen Sie selbst richten.

Ich vermute, dass viele Formen von Krankheit – insbesondere Autoimmunerkrankungen – auf solchen uns einschränkenden Haltungen des Ego basieren, die das gesunde Fließen der Lebenskraft behindern. Ohne gute Möglichkeiten des Selbstausdrucks wird unterdrückte Energie zur Krankheit. Während meiner Retreats lernen die Teilnehmer, wie sie ihre tiefer liegenden Energien freisetzen können, und ich glaube, dass dies der Grund dafür ist, dass sich die Gesundheit vieler spürbar verbessert.

Weil in vielen Menschen eine tief liegende Angst steckt, beschämt und gedemütigt zu werden oder sich zu blamieren, erlauben die meisten es sich nicht, spontan kreativ zu sein. In meinen Retreats lege ich daher großen Wert darauf, dass alle lernen, wie sie die neue Energie kanalisieren können, die in ihnen erwacht. Eine besonders nützliche Methode – speziell während der Erholungstage, wenn alle viel Zeit für Entspannung und Selbstreflexion haben – ist die, sich im Schreiben zu erproben, einschließlich des Schreibens von Gedichten.

Spontane Kreativität ausdrücken – durch Schreiben

Schreiben ist eine besonders wirkungsvolle Methode, Emotionen und Gefühle auf kreative Weise zu kanalisieren beziehungsweise Ihren Wahrnehmungen und Vorstellungen Leben zu verleihen. Wenn Sie sich für das Schreiben entscheiden, ist es vor allem wichtig, dass Sie bereit sind, das Risiko des kreativen Prozesses einzugehen – dass Sie bereit sind, sich selbst zu fordern. Unwichtig hingegen ist, ob das, was Sie schreiben, nach den Maßstäben anderer Menschen oder nach Ihren eigenen „gut" ist.

Folgendes schlage ich immer den Teilnehmern meiner Retreats und Seminare vor, und wenn Sie möchten, können Sie es gerne selbst ausprobieren

(– dazu benötigen Sie ein Notizbuch oder Tagebuch oder etwas in der Art): Nehmen Sie sich Zeit, einmal länger an einem ruhigen Ort sitzen zu bleiben, am besten draußen in der Natur, und nehmen Sie möglichst viel von diesem winzigen Stück der Welt wahr. Schreiben Sie dann ein Gedicht und ziehen Sie dabei Ihre Inspiration aus dem, was Sie in der Umgebung beobachtet haben. Drücken Sie Ihren inneren Zustand aus.

Beginnen können Sie beispielsweise mit dem Schreiben eines *Haiku*, einer traditionellen japanischen Gedichtform, bei der jedes Gedicht aus 17 Lauteinheiten – sogenannten *Moren* – besteht (die wir als Silben bezeichnen können, auch wenn dies nicht ganz das Gleiche ist). Diese Moren werden in drei Zeilen nach dem Schema 5-7-5 angeordnet. Hier ist ein Beispiel für ein Haiku, das ich geschrieben habe:

Vogel schnellt herab
Insekt zappelt im Schnabel
aus Tod wächst Leben

Poesie im Allgemeinen und Haiku im Besonderen eignen sich wunderbar dazu, bis zum Kern dessen vorzudringen, was Sie sehen, und zwar sowohl außen als auch innen, und das Wahrgenommene dann in Worte zu übertragen. Es ist eine Möglichkeit, über die Sprache präzise Bilder zu vermitteln, hinter denen ein größeres Thema steht, das diese Bilder verbindet.

Sie haben in diesem Buch gesehen, wie oft Worte (und insbesondere Geschichten) Ihnen *Probleme* bereiten. Bei dieser Art von Schreiben, die ich Ihnen vorschlage, können Worte auch *heilend* wirken. Sie können das Schreiben von Haiku oder eine andere Form des metaphorischen Ausdrucks üben, um so Ihrer inneren Welt im Außen eine Stimme zu geben – um auf kreative Weise die Gefühle oder Zustände ausdrücken, die sich spontan einstellen –, anstatt dem Ego die Regie zu überlassen.

Wenn Sie sich einsam fühlen, können Sie – anstatt „Ich bin einsam" zu schreiben oder *über* die Einsamkeit zu schreiben und sich dadurch noch stärker mit ihr zu identifizieren – die Einsamkeit als Ausgangspunkt für ein Gedicht nehmen. Sie können Bilder aus Ihrem Umfeld wählen, die Ihnen dabei helfen, metaphorisch über die Einsamkeit zu schreiben.

So können Sie beispielsweise einen alleinstehenden Baum betrachten und diesen als Symbol für Einsamkeit sehen. Dann erkennen Sie womöglich, dass der Baum nicht wirklich allein ist, und schreiben vielleicht ein Gedicht wie das folgende:

Ein einsamer Baum
nie die Wärme der Sonne abweisend
nie klagend im Angesicht des Windes
in feierlicher Würde steht er da
ein einsamer Wächter unter dem stetig sich wandelnden Himmel.

Dies ist eine poetische Form, Ihre innere und äußere Welt in kreativer Zusammenarbeit zu vereinen. Es ist eine Art inniger Tanz von Eindrücken und Gefühlen, der in Worte umgesetzt neue Assoziationen und Gefühlsbewegungen und eine neue Wertschätzung des Lebens und Ihrer selbst ermöglicht. Mit dem Schreiben des Gedichts haben Sie sich nicht nur davon abgehalten, in Einsamkeit zu versinken, sondern haben das Gefühl zudem auf kreative Weise kanalisiert und es ihm erlaubt, Sie in einen neuen Raum zu führen.

Diese Vorgehensweise können Sie immer und überall einsetzen: Sie können präsent bleiben und selbst die verletzlichsten Gefühle als Inspiration für ein Gedicht, ein Bild oder ein Lied nutzen. Eine der wirkungsvollsten Methoden besteht darin, Dinge laut zu singen oder auszusprechen und Ihrer eigenen Stimme zuzuhören, wie sie einem Gefühl Ausdruck verleiht, ohne sich darin zu verlieren.

Diese Technik verwenden im Übrigen auch Songwriter: Sie nehmen ihre eigene Leidenschaft, Angst oder Wut als Ausgangspunkt. Die besten Lieder erzählen von Gefühlen, die wir alle verstehen, und setzen sie in einen Zusammenhang, den wir wiedererkennen. Auch Sie können lernen, Ihre eigenen Gedichte zu schreiben oder Ihre eigenen Lieder zu singen. Sie können Ihre Stimme Worte entdecken lassen, von denen Sie nicht wussten, dass Sie sie jemals singen oder sagen würden, bevor sie aus Ihrem Mund kamen.

Es gibt eine wichtige Grundregel: Vermeiden Sie die Verwendung des Wortes *Ich*, oder genauer gesagt, sprechen Sie nicht von sich selbst in der ersten Person. Wenn Sie die erste Person nicht verwenden, identifizieren Sie sich weniger mit dem, was geschrieben oder gesagt wird. Wenn Sie über sich selbst schreiben wollen, bezeichnen Sie sich selbst als „er" oder „sie" oder verwenden Sie Ihren Namen. Das verschafft Ihnen einen gewissen Abstand, so, als würden sie *auf sich schauen*, anstatt *in sich gefangen* zu sein.

Ungehemmt lebendig sein – wie spielende Kinder!

Im Grunde genommen ist alles, was ich hier über den Einsatz neuer Ausdrucksformen gesagt habe – neue Schläuche für den neuen Wein Ihrer erwachenden Energie –, eine an Sie gerichtete Einladung und Ermunterung,

spielerisch kreativ zu werden. Kinder spielen fortwährend – sie laufen, purzeln und fliegen durch die Luft, stets freudig unterwegs in einer selbst erfun-
denen Realität. Sie machen Geräusche und singen, ohne den Gebrauch ihrer
Stimme einzuschränken. Das Spiel eines Kindes ist eine Form von Gebet, ein
unbewusster Weg, das Lebendigsein zu feiern. Wenn Kinder aufhören zu
spielen, hören sie auch auf zu gedeihen.

Die meisten Erwachsenen haben die Fähigkeit verloren, allein aus Spaß und
ganz unbefangen zu spielen. Es ist meine Hoffnung, dass Sie beim Lesen die
Aufforderung vernommen haben, nicht zu selbstkritisch zu sein – Sie müssen
niemandem etwas beweisen. Akzeptieren Sie einfach, dass das von Ihnen
Geschaffene keinen Sinn ergeben muss. Lassen Sie den inneren Punktrichter
außen vor und erfreuen Sie sich daran, Ihre natürlichen Fähigkeiten zu entwickeln. Lassen Sie dabei das, was Ihnen Freude macht, nicht zur Grundlage einer
neuen *Identität* werden: Wenn Sie schreiben, müssen Sie deswegen nicht zum
Schriftsteller werden. Wenn Sie gerne singen oder tanzen, müssen Sie auch dies
nicht zum Beruf werden lassen oder exzessiv betreiben. Es sind einfach nur
Mittel, mit deren Hilfe Sie lernen, wieder zu spielen und lebendig zu sein.

Auch ein Gebet kann eine Form spontaner Kreativität sein, die Ihnen den
Zugriff auf neue Energie ermöglicht. Gebete müssen nicht traditionell, flehend
oder religiös angehaucht sein. Wie viele Formen gibt es, „Danke" zu sagen oder
einfach nur „Ja"?! Wie viele Wege können Sie finden, mit dem Leben, mit Gott
oder Ihrem inneren Selbst über Kummer, Liebe und die Kraft Ihrer Erfahrungen und Gefühle zu sprechen?!

Eine der bewegendsten spirituellen Übungen besteht darin, Ihr Herz sprechen zu lassen oder spontan zu singen – um das Leben zu preisen, Ihre Familie, Ihre Freunde, Sie selbst und sogar Ihre Feinde. Sie können Gott loben und
sogar mit Gott streiten. Als ich einmal in Ägypten war, konnte ich beobachten,
wie eine Sufi-Gemeinschaft eine Art von Anbetung praktizierte, bei der eine
Gruppe von Männern in einem Raum saß, die alle gleichzeitig Gott ihre Fragen, ihren Kummer, ihre Wut und ihre Dankbarkeit darboten. Die Präsenz in
diesem Raum war mit Händen zu greifen.

Wenn Ihre Stimme und Ihr Herz beim tief empfundenen Sprechen oder
Singen vereint sind, gibt es nur wenige Gebete, die machtvoller sind. Die Tore
des Himmels öffnen sich Ihnen. Vielleicht glauben Sie, dass Sie das nicht können, vielleicht glauben Sie, nicht zu wissen, wie es geht. Aber als Lehrer, der
Menschen diese Türen seit mehr als 30 Jahren öffnet, kann ich Ihnen versi-
chern, dass Sie es können. Sie müssen einfach nur bereit sein, das „Risiko Ihrer
selbst" einzugehen – das Risiko, Ihr authentisches Selbst kennenzulernen.

Und darauf läuft es am Ende hinaus: Sie müssen das Risiko eingehen, radikal lebendig zu werden. Das wird helfen, Sie zu heilen, oder zumindest Ihren Körper beruhigen und Ihnen die Schmerzen nehmen. Wenn Sie diese Lebendigkeit *spüren*, und sei es nur für einige wenige Momente, können Sie tatsächlich von Krankheiten genesen. Doch selbst wenn dies nicht geschieht, wird Ihr Herz vor Dankbarkeit überfließen. Und es gibt keine Medizin, die wirkungsvoller wäre als die Energie Ihres eigenen dankbaren Herzens.

Nachwort

Seit nahezu 35 Jahren sprechen Männer und Frauen mit mir offen über die Lebensfragen, die sie am meisten bewegen, und ich habe im Verlauf dieser Zeit vieles erlebt, von herzzerreißenden Kämpfen bis hin zu großer Hoffnung. Ich habe Menschen durch schwierige Trennungen begleitet, andere beim Neuaufbau ihres Lebens unterstützt und wieder andere bei der Vorbereitung auf den Tod.

Zusammen haben wir über uns selbst gelacht und geweint, über das Leben als Mensch sinniert und über das, was wir alle gemeinsam dem Planeten antun. Auf die eine oder andere Weise stand das, was diese Menschen erlebten und durchlitten, für einen Teil meiner selbst. Und die Erfahrungen, zu denen ich sie einlud, und der Weg, den ich ihnen anbot und auf dem sie ihre Antworten fanden, war der Weg, den ich selbst gegangen bin. Genau darum geht es in diesem Buch.

Sie und ich, liebe Leserin, lieber Leser, werden bald nicht mehr sein – im großen Zeitgefüge des Universums sind unsere Leben nicht mehr als ein Wimpernschlag. Aber die Erde und unsere Nachfahren werden weiterexistieren. Angesichts dieser Tatsache sollten wir uns alle eine Frage stellen: „Welches Erbe werde ich hinterlassen?"

Ich glaube, dass ein Erbe, das wir alle hinterlassen, die *Qualität der Präsenz* ist, die wir gelebt haben. In diesem Buch habe ich einen Weg angeboten, auf dem Sie ein „emotional intelligentes", kluges Leben führen können – eine Möglichkeit, zu verstehen, wie man der Vergangenheit vergeben, destruktive Emotionen umwandeln und in jedem Moment ein neues Leben beginnen kann.

Sie haben erfahren, dass die Freiheit darin liegt, *wie* Sie Ihr eigenes Unwissen und Ihren Schmerz akzeptieren. Freiheit erfahren Sie in dem Umfang, wie Sie vom Verurteilen Ihrer selbst und anderer Abstand nehmen und es dem Leben gestatten, Sie in jedem Moment in der Tiefe zu berühren. Freiheit erleben Sie in dem Maße, wie Sie Weite und Offenheit gewinnen, um selbst Ihre dunkelsten Gefühle auszuhalten, anstatt vor ihnen davonzulaufen.

Für jeden von uns gilt: Unsere Präsenz (als unser Erbe) ist ein Ausstrahlen von Energie, die das Leben anderer beeinflussen kann. Es ist ein Feld von Intelligenz, in dem andere Menschen Raum zum Atmen finden und sich selbst und ihr Leben in größerer Ganzheit verwirklichen können. Unser Feld kann Raum bieten für ein höheres Maß an Wohlbefinden, Mitgefühl und Weisheit; darin können andere eintauchen und „baden", ohne die Quelle je erkennen zu müssen. Selbst nachdem wir nicht mehr sind, lebt das, was wir in anderen erweckt haben, durch sie fort und wird zu einem Teil *ihres* Feldes und Erbes.

*

Ich habe in früheren Jahren mehrfach Experimente durchgeführt, bei denen die Versuchsteilnehmer einer partiellen Reizabschirmung ausgesetzt waren. Dazu bat ich Gruppen, die manchmal aus bis zu 60 Personen bestanden, sich in einem Raum auf einzelne Matratzen zu verteilen. Alle Teilnehmer verbanden sich die Augen und trugen Ohrstöpsel. Das spezielle Experiment, von dem ich hier berichten möchte, dauerte zwei Tage und Nächte. Während dieser Zeit wurde nicht gesprochen. Es gab nichts zu essen, lediglich Wasser stand immer zur Verfügung. Ab und an wurden ein paar reife Weintrauben oder Himbeeren in einer kleinen Schale neben jeder Matratze deponiert. Die Teilnehmer konnten tun, was sie wollten, sofern sie auf ihren Matratzen blieben. Einige machten Stretching-Übungen, andere praktizierten Yoga, meditierten oder träumten vor sich hin und natürlich wurde auch geschlafen. Die Teilnehmer verließen ihre Matratzen nur, um – mit verbundenen Augen und Ohrstöpseln in den Ohren – die Toilette aufzusuchen.

Ein Team unterstützte mich rund um die Uhr in mehreren Schichten, wobei die Helfer immer abwechselnd vier Stunden arbeiteten und vier Stunden Pause hatten. Die Teammitglieder stellten leise die Früchte hin, füllten die Wasserflaschen auf und waren immer zur Stelle, wenn es ein Problem gab. Sie achteten jedes Mal, wenn jemand auf die Toilette ging, auf die Person, griffen aber nur dann ein, wenn eine Gefahr bestand. Alle Teilnehmer wussten, dass man sich um sie kümmerte und dass sie sicher waren.

Die Menschen, die an diesem Experiment teilnahmen, beschrieben später, dass sich in ihnen eine tiefe Stille ausgebreitet habe. Viele berichteten, dass die Früchte eine wahre Sinnesexplosion in ihrem Mund ausgelöst hätten, einen „lebendigen" Geschmack, den sie so noch nie erfahren hätten. Einige sprachen davon, wie viel intensiver ihr Geruchssinn und ihr Tastsinn wurden, andere beschrieben ein Gefühl wie wirbelnde Wolken, die sich durch sie bewegt hätten und von denen sie annahmen, dass sie von Menschen verursacht wurden, die an ihnen vorbeigingen oder -krochen.

Es gab allerdings etwas, was die Teilnehmer im Gegensatz zu mir nicht sehen konnten, nämlich wie sensitiv sie selbst für die kleinste Störung des

Energiefeldes im Raum wurden. An einem Punkt beispielsweise stand ein leicht ruhelos wirkender Mann von seiner Matratze auf und machte sich entlang des zu diesem Zweck auf dem Boden ausgelegten Seils auf den Weg zur Toilette. Ein paar Momente, nachdem er sich auf der Matratze aufgesetzt hatte, begann seine frühere Frau, die auf einer weit entfernt liegenden Matratze lag, sich ebenfalls zu rühren. Während er sich leise am Seil entlang tastete, setzte sie sich auf, schien von einer seltsamen Aufregung gepackt zu werden und begann ebenfalls, sich in Richtung Toilette zu bewegen. Weil er einen wesentlich längeren Weg bis zur Tür hatte, die in den Vorraum und zu den Toiletten führte, trafen sie genau in der Tür zusammen.

Beide erkannten sofort, mit wem sie da zusammengestoßen waren, obwohl sie einander weder sehen noch hören konnten. Ich konnte ihr Wiedererkennen und ihr Erstaunen beobachten. Mir schien dies weit mehr zu sein als ein zufälliges Zusammentreffen. Denn Tatsache ist, dass ich auch noch etwas anderes, ähnlich Faszinierendes beobachten konnte: Vom Abend des ersten Tages an bis zum Ende des Experiments spürten die Teilnehmer stets etwas und wurden unruhig, wenn die Schichten der Betreuer wechselten – und zwar unabhängig davon, wie leise und achtsam die Helfer waren. Während in der Mitte der Schicht höchstens einmal ein Einzelner die Toilette aufsuchte, wurden in dem Moment, als die eine Helfergruppe aus der Pause kam, um das aktuelle Team abzulösen, bis zu 15 Teilnehmer gleichzeitig unruhig und begannen, in Richtung der Toiletten zu kriechen.

Versuchen Sie einmal, sich die komisch anzusehende „Prozession" von einem Dutzend oder mehr erwachsenen Menschen vorzustellen, die sich alle zur gleichen Zeit aufrichten, von ihren Plätzen aus loskriechen und dann im Vorraum geballt aufeinandertreffen. Den daraus resultierenden Stau konnten die Helfer nur auflösen, indem sie die Teilnehmer einen nach dem anderen zur Toilette und anschließend um die anderen Wartenden herumführten. Bis sich dieser Stau aufgelöst hatte, konnte locker eine halbe Stunde vergehen, während der *beide* Schichten im Einsatz waren. Das Einzige, was meiner Beobachtung nach diese „Massenunruhe" ausgelöst haben konnte, war die leichte Veränderung im Feld, die durch den Schichtwechsel der Betreuer entstand.

Dieses Phänomen zeigte sich nicht nur bei *einzelnen* Schichtwechseln, sondern ausnahmslos bei *jedem* – und das auch während *jedes* der insgesamt sechs Retreats, bei denen ich diese Übung durchführte!

Ich beschreibe diese Beobachtung, um zu verdeutlichen, wie tief wir alle miteinander verbunden sind, ohne es zu bemerken. Ihr gesamtes gegenwärtiges Erleben – wie Sie sich in Ihrem Körper fühlen, bestimmte Aspekte Ihres geistigen und seelischen Zustands, Ihre Stimmung, wahrscheinlich sogar Ihr Gesundheitszustand – all dies entsteht aus einem kollektiven Bewusstseinsfeld heraus. Anders gesagt: Jeder von uns, Sie eingeschlossen, ist wichtig – Ihr Grad an Präsenz ist von Bedeutung für alle! Sie *sind* (mit den Worten der Bibel) „Hüter" Ihres Bruders und Ihrer Schwester, ob Sie es wollen oder nicht.

Vielleicht ist das mehr Verantwortung, als Ihnen lieb ist. Andererseits bedeutet es, dass Ihr größtes Geschenk beziehungsweise Ihr größter Dienst für andere die Qualität Ihrer Präsenz ist – und darin sehe ich unser eigentliches Erbe.

*

Sie haben in diesem Buch gelernt, dass Sie die Verantwortung für Ihren emotionalen Zustand übernehmen können, indem Sie sich von Ihren Geschichten lösen und ins Jetzt zurückkehren. Sie haben gesehen, dass es nichts zu fürchten gibt außer Ihrer Reaktion auf Angst. Sie haben an Stärke gewonnen und wissen jetzt, dass Sie vor Gefühlen keine Angst mehr zu haben brauchen. Sie haben gelernt, den emotionalen Schlamm sich setzen zu lassen und zum klaren, weiten Gewahrsein zurückzukehren.

Ich behaupte nicht, dass wir unsere Emotionen gänzlich hinter uns lassen können. Ich weiß von mir selbst, dass der Wahnsinn und die Ungerechtigkeit in der Welt mich immer noch wütend machen. Die (durchaus korrigierbaren) Formen menschlicher Ignoranz, die Generation für Generation unverändert weiterbestehen, lassen mich immer noch verzweifeln. Und immer wieder einmal gewinnen mein Ego und meine Emotionen die Oberhand, wenn auch nur für kurze Zeit.

Wie kommen wir da heraus? Wir alle müssen eine entschiedene Haltung einnehmen und unser Bestes tun, um uns nicht länger mit unseren Gedanken zu identifizieren, speziell mit solchen, die unsere Herzen verschließen. Wir müssen Raum schaffen für *alle* unsere Gefühle. Diese Formen korrigierbarer Unwissenheit und Ignoranz müssen wir ablegen, wenn wir als Gattung Mensch spirituell reifen wollen. Und auch wenn wir nicht immer in reiner Freude und vollkommenem Frieden leben werden, kann unser Feld wesentlich weiträumiger werden und wir können eine als Katalysator wirkende Präsenz ausstrahlen, die die Transformation anderer unterstützt. Es ist ein lohnendes Erbe, ein Zeugnis gut gelebten Lebens.

Am Ende der Einführung zu diesem Buch habe ich gesagt, das Präsenz „ansteckend" sei und vermutlich genau die Art von Epidemie, die wir brauchten.

Nun, da Sie wissen, wie Sie Ihre eigene Präsenz vertiefen können, lassen Sie uns hinausgehen und so viele Menschen wie möglich „anstecken".

Am Ende dieses Buches bin ich zutiefst dankbar, dass ich meine Gedanken und Erkenntnisse mit Ihnen teilen durfte.

Anhang

Notizbogen für „getrübte Wahrnehmungen"

Benennen Sie das Problem: Formulieren Sie Ihr Problem so kurz und bündig wie möglich – so, als müssten Sie einem Buch oder einer Kurzgeschichte einen Titel geben.

Beschreiben Sie kurz das Problem: Stellen Sie in einem kurzen Absatz da, was alles zu Ihrem Problem gehört.

Formulieren Sie die Fragestellung für Ihren Mandala-Prozess: Das Formulieren des Problems im Hinblick auf den Mandala-Prozess, der ja die Kraft der Präsenz nutzt, setzt voraus, dass Sie bereit sind zu akzeptieren, dass es Ihre eigenen *Gedanken* zum Thema sind, die das Problem darstellen beziehungsweise Leiden hervorrufen. Nutzen Sie das Mandala als Hilfsmittel, damit Sie besser verstehen, auf welche Weise Sie das Jetzt verlassen und die Verbindung zu Ihrem „gewahren Selbst" verlieren, und stellen Sie sich folgende Frage: „Was erzähle ich mir selbst über mich, über die anderen, die Vergangenheit und die Zukunft, was mich so verstört oder in Aufruhr versetzt?"

Richten Sie Ihre Aufmerksamkeit ganz sanft nach innen und seien Sie aufnahmebereit für das, was die Frage Ihnen zu sehen hilft. Als Hilfestellung zum Erforschen des Problems füllen Sie die nachfolgenden Abschnitte für jede der vier Richtungen des Mandalas aus. Verwenden Sie gegebenenfalls ein separates Blatt Papier.

Hinweis: Die hier angebotenen Formulierungsbeispiele sind nur Vorschläge. Sie können Ihre eigenen Geschichten auch anders formulieren.

Ich-Geschichten: Welche Gedanken / Überzeugungen / Urteile erzähle ich selbst mir über mich in Bezug auf das Problem?

Ich sollte …

Ich sollte nicht …

Ich muss … haben, damit ich mich gut fühle.

Ich muss … tun, damit ich mich gut fühle.

Ich … immer …

Ich … nie …

(Notieren Sie gegebenenfalls weitere Ich-Geschichten zu Ihrem Thema.)

Beschreiben Sie nachfolgend, welche Gefühle, Emotionen oder Bilder diese Ich-Geschichten bei Ihnen hervorrufen. Tipp: Versuchen Sie, jeweils mit *einem* Wort oder mit einer möglichst kurzen Formulierung auszukommen (beispielsweise *klein, wütend, müde* oder *als wäre ich ein Nichts*). Vermeiden Sie es, dabei *weitere* Geschichten zu formulieren.

*

Du-Geschichten: Welche Gedanken, Überzeugungen oder Urteile erzähle ich mir selbst über eine bestimmte Person oder Situation (Arbeit, Geld, Erschöpfung, Krankheit usw.)?

Ich glaube, … sollte …

Ich glaube, … sollte nicht …

Ich möchte, dass … ist / … nicht … ist.

(Notieren Sie gegebenenfalls weitere Du-Geschichten zu Ihrem Thema.)

Beschreiben Sie nachfolgend, welche Gefühle, Emotionen oder Bilder diese Du-Geschichten bei Ihnen hervorrufen. (Denken Sie daran, möglichst nur *ein* Wort oder eine kurze Formulierung zu verwenden.)

*

Vergangenheits-Geschichten: Welche Gedanken, Überzeugungen oder Urteile über die Vergangenheit erzähle ich mir selbst bezüglich dieses Problems?

Wenn ich nur … getan / vermieden / gesagt / nicht gesagt hätte, dann wäre dies kein Problem für mich.

Wenn er / sie / die anderen nur … getan / vermieden / gesagt / nicht gesagt hätten, dann wäre dies kein Problem für mich.

Ich erinnere mich an … und in Bezug darauf denke ich …

(Notieren Sie gegebenenfalls weitere Vergangenheits-Geschichten zu Ihrem Thema.)

Beschreiben Sie nachfolgend, welche Gefühle, Emotionen oder Bilder diese Vergangenheits-Geschichten bei Ihnen hervorrufen.

*

Zukunfts-Geschichten: Welche Gedanken, Überzeugungen oder Urteile über die Zukunft erzähle ich mir selbst bezüglich dieses Problems?

Ich hoffe, dass …

Ich fürchte, dass …

Ich glaube, ich / er / sie / die anderen werde(n) / wird …

(Notieren Sie gegebenenfalls weitere Zukunfts-Geschichten zu Ihrem Thema.)

Beschreiben Sie nachfolgend, welche Gefühle, Emotionen oder Bilder diese Zukunfts-Geschichten bei Ihnen hervorrufen.

Anmerkungen
und Quellenangaben

1. Es wurde auch dokumentiert, dass es bei Patienten mit multiplen Persönlichkeiten vorkommen kann, dass *eine* Persönlichkeit allergische Reaktionen zeigt, eine andere hingegen nicht. Ein noch unglaublicheres Beispiel handelt von einer Frau, die mit Diabetes in ein Krankenhaus eingeliefert wurde und ihre Ärzte dadurch verblüffte, dass sie zu Zeiten, in denen eine ihrer Persönlichkeiten dominierte, die *nicht* zuckerkrank war, keinerlei Diabetes-Symptome zeigte. (Goleman, 1985)
Goleman, D.: „New Focus on Multiple Personality", in: *The New York Times*, 21. Mai 1985
Putnam, F. W. et al.: „Multiple Personality Disorder in a Hospital Setting", in: *Journal of Clinical Psychiatry*, 45:4, April 1984

2. Es würde den Rahmen dieses Buches sprengen, die vielen komplexen Umstände zu untersuchen, die einen Einfluss darauf haben, wie ein Kind seine eigene Art von Besonderheit entwickelt. Es gibt sehr viele greifbare und nicht greifbare Einflüsse, die die Menge und Art der Aufmerksamkeit bestimmen, die ein Kind erhält, beispielsweise die Anzahl der Geschwister, unter denen die Eltern ihre Energie aufteilen müssen, um nur einen Faktor zu nennen. Wie Kinder das Gefühl für ihr Selbst und die Verteidigungsmechanismen des Ego entwickeln, habe ich in meinem Buch *The Mandala of Being* näher ausgeführt (Novato: New World Library, 2007; dt. Ausgabe: *Das Mandala des Lebens*, München: Goldmann Arkana, 2010).

3. Das stimmt tatsächlich. Wenn Sie präsent sind und nicht durch den Filter des Ego auf das Leben blicken, ist jeder Moment stets neu und einzigartig. Im Gegensatz dazu kann sich Ihr Ego *keine* neue Erfahrung vorstellen, weshalb es sich auch niemals eine neue Zukunft vorstellen kann. Stattdessen kann es nur etwas von der Art dessen entwerfen, was es bereits kennt. Das Ego wandelt alles, was Sie leben – einschließlich Ihres Selbstgefühls – in etwas Altes und Vertrautes um, sodass Sie nicht frei dafür sind, eine neue Beziehung mit Ihrer tatsächlichen und unmittelbaren Erfahrung einzugehen.

4. Untersuchungen, die beispielsweise zum Verhältnis von Sprache und Gesundheit durchgeführt wurden, deuten auf einen Zusammenhang zwischen körperlicher Gesundheit, Kontrollgefühl und „Symptometikettierung" hin. Soll heißen: Das Kontrollgefühl eines Patienten beeinflusst die Art, wie er oder sie körperliche Empfindungen als gesundheits- oder krankheitsbedingte Symptome erlebt und benennt. Menschen, die glauben, einen geringeren Grad an Kontrolle zu haben, neigen stärker dazu, eine körperliche Empfindung als Symptom einer Krankheit zu bezeichnen. Ebenso bestimmt der einer körperlichen Empfindung zugeordnete Name den Grad an Kontrolle, den eine Person in Bezug auf die Empfindung zu haben glaubt. So könnte ein Patient mit Magenschmerzen beispielsweise sagen „Mein Magen tut weh" (körperliche Empfindung) oder „Ich bekomme eine Magen-Darm-Grippe" (Symptom einer Krankheit). Diese Art der Etikettierung übt einen starken Einfluss darauf aus, wie eine Person an ihre Situation heran- beziehungsweise mit ihr umgeht.
Rodin, J.: „Aging and Health: Effects of the Sense of Control", in: *Science*, Vol. 233, 19. September 1986, S. 1271-1276

5. Vgl. dazu meine früheren Bücher *The Black Butterfly* (Berkeley: Celestial Arts, 1987; dt. Ausgabe: *Der schwarze Schmetterling*, Interlaken: Ansata, 1996) und *The Second Miracle* (Berkeley: Celestial Arts, 1995; dt. Ausgabe: *Das zweite Wunder*, Interlaken: Ansata, 1997).

6. Sie werden bemerken, dass ich bei den Anleitungen für die Arbeit mit dem *Mandala des Lebens* sage: „Wenn Sie auf der Jetzt-Position stehen" oder „Gehen Sie zur Du-Position" oder „Begeben Sie

sich zurück zur Jetzt-Position". Die Anweisungen *Stehen*, *Gehen* oder *Begeben* beziehen sich hierbei auf die tatsächliche körperliche Bewegung hin zu einer bestimmten Position des Mandalas. Ich habe die Arbeit mit dem Mandala immer als eine Kombination aus mentaler Kontemplation und körperlicher Positionsveränderung unterrichtet, weil Sie durch das Bewegen des Körpers lernen, die Unterschiede zwischen den Bewusstseinszuständen an den einzelnen Positionen zu erkennen. Untersuchungen bei Kindern deuten darauf hin, dass Lernen durch Bewegung gefördert wird und Kinder Erkenntnisse, Konzepte und Zusammenhänge körperlich erleben müssen, um sie zu lernen. Wenn Sie weitere Informationen hierzu wünschen, schlage ich Ihnen vor, mit der Kombination der Begriffe „Bewegung" und „Lernen" im Internet zu recherchieren.

In einem Artikel, der in der Fachzeitschrift *Psychological Sense* erschien, berichten die Autoren Koch, Holland, Hengstler und Knippenberg, dass die kognitive Kontrolle gesteigert wird, wenn man im wahrsten Sinne des Wortes einen Schritt rückwärts macht. Siehe auch: http://scienceblogs.com/developingintelligence/2009/05/cognitive_control_improves_by.php

7. Im *Mandala des Lebens* stellen die Ich- und die Du-Position, wie schon einmal kurz angerissen, ein Kontinuum von Subjekt-Objekt-Bewusstsein dar. In einem solchen Kontinuum existiert keine der beiden Seiten unabhängig von der anderen – ohne *Ich* kann es kein *Du* geben und umgekehrt. In verschiedenen Meditationsschulen wird der Tiefschlaf auch als „objektloses" Gewahrsein bezeichnet, da Sie im Tiefschlaf jedes Bewusstsein dafür verlieren, ein eigenes Selbst zu sein – das egoische *Ich*. Aus diesem Grund gibt es im Tiefschlaf auch weder Bilder noch Empfindungen oder Gedanken, sondern nur die Leere des Schlafs.

Manchmal wird ein Zustand tiefer Erkenntnis oder der Erleuchtungszustand als „Bewusstsein ohne Objekt" bezeichnet, ebenso wie als „Bewusstsein ohne Subjekt", obwohl die Person in diesem Fall nicht schläft, sondern sich vielmehr in einem hochgradig bewussten Zustand befindet.

Eine ausführlichere Abhandlung zum Thema Subjekt-Objekt-Bewusstsein finden Sie in meinen früheren Büchern *The Second Miracle* und *The Mandala of Being* (a. a. O.).

Näheres zum Thema „Bewusstsein ohne Objekt" finden Sie in dem Buch von Merrell-Wolff, Franklin: *Experience and Philosophy: A Personal Record of Transformation and a Discussion of Transcendental Consciousness*, Albany: SUNY Press, 1994.

8. Viele Leser sind sicherlich mit dem Einsetzen positiver Affirmationen vertraut. Meine Meinung zu dieser Technik ist ziemlich pragmatisch: Wenn Sie in negativen Gedanken über sich selbst versinken, kann der Einsatz positiver Affirmationen wie *Ich bin völlig gesund* oder *Ich bin eine schöne und begehrenswerte Frau* beziehungsweise *Ich bin ein attraktiver und begehrenswerter Mann* ein wichtiger und wirkungsvoller Schritt sein, um temporär ein gewisses Gleichgewicht wiederherzustellen und Sie aus der negativen Haltung herauszuholen. Das eigentliche, tiefer liegende Problem bleibt davon jedoch unberührt, nämlich, dass Sie sich immer noch auf der Stufe der Ego-Geschichten über Sie selbst bewegen. Selbst wenn Sie das Negative ins Positive verkehren oder eine tiefere Wahrheit bestätigen –beispielsweise, dass Sie in Ihrer Essenz tatsächlich völlig gesund sind –, tun Sie dies auf der Ebene der Gedanken und diese sind stets ein Instrument des Ego.

Meiner Meinung nach gibt es zwei Arten von „positiven" Affirmationen. Zum einen gibt es die spontane Selbsterkenntnis, die plötzliche Einsicht, dass man tatsächlich völlig gesund ist. Eine solche Erkenntnis stellt sich *ohne Absicht* ein und ohne dass man sie bewusst herbeiwünscht. In diesem Moment wissen Sie sofort, dass Sie ganz gesund sind. Sie könnten auf dem Sterbebett liegen oder eine unheilbare Krankheit haben – dieses innere Wissen würde sofort ein Gefühl von Wohlbefinden und Ganzheit erzeugen. Es kann gleichzeitig Ihre Gesundheit beeinflussen oder auch nicht, denn bei solchen Erkenntnissen geht es am Ende nicht um die körperliche Gesundheit, sondern um die natürliche Gesundheit dessen, was und wer Sie als bewusstes Wesen sind.

Setzen Sie hingegen *mit Absicht* eine positive Affirmation ein, ist ihre Heilkraft immer geringer als das, was spontan entsteht. Warum müssten Sie schließlich – außer, um wie oben erwähnt ein temporäres Gleichgewicht wiederherzustellen – etwas Positives über sich selbst affirmieren, wenn nicht ein Teil von Ihnen das Gegenteil glaubte und Angst hätte vor den Selbstverurteilungen und den daraus resultierenden Emotionen? Auch wenn Sie durch den Einsatz positiver Affirmationen temporär ein Gefühl des Wohlbefindens wiederherstellen können, affirmieren Sie damit unbewusst auch die negativen Urteile. Sobald die Wirkung der positiven Affirmation nachlässt, wird das Negative wieder da sein, zumindest so lange, bis Sie wirklich wissen, dass es falsch ist. Dann brauchen Sie allerdings auch keine positiven Affirmationen mehr.

Die tiefere Arbeit besteht in der Erkenntnis, dass Sie weder die negative noch die positive Affirmation *sind* – das sind nur *Gedanken*, die Sie in der bereits beschriebenen Weise loszulassen lernen können, um Ihren wahren Zustand reinen Gewahrseins im Jetzt zu erfahren.

9. Moss, Richard: *The I That Is We* (Berkeley: Celestial Arts, 1981), *The Black Butterfly*, *The Second Miracle* und *The Mandala of Being* (jeweils a. a. O.)

10. Die Übersetzung des tibetischen Namens für diese Übung lautet „Das goldene Kreuz". Ich habe den Namen geändert, weil ich nicht wollte, dass Menschen die Übung mit dem Bild von Jesus am Kreuz in Verbindung bringen, was nur Verwirrung stiften würde.

11. *Matthäus* 9:17. Das vollständige Zitat lautet: „Auch gießt man nicht neuen Wein in alte Schläuche. Sonst zerreißen die Schläuche, der Wein wird verschüttet, und die Schläuche sind verdorben. Sondern neuen Wein gießt man in neue Schläuche, dann bleiben beide erhalten." [Zitiert nach: *Die Bibel*, hrsg. Von D. Arenhoevel, A. Deissler und A. Vögtle (Dt. Ausgabe mit den Erläuterungen der Jerusalemer Bibel), Freiburg: Herder, 1968.]

12. Ich empfehle Ihnen, einmal online zum Stichwort Resonanztherapie zu recherchieren. Es gibt zahlreiche Internetseiten, auf denen die verschiedenen Formen beschrieben werden.

Danksagungen

Mein besonderer Dank gilt Susan Jane Griffin, die aus den Aufzeichnungen langer Gespräche und anhand von Gedanken aus meinem früheren Buch *How shall I live?* [dt. Ausgabe: *Krankheit – Tor zur Wandlung*, Interlaken: Ansata, 1988] ein erstes grobes Konzept für dieses Buch erstellt hat. Ohne ihre Vorarbeit hätte dieses Projekt eine wesentlich größere Herausforderung für mich dargestellt. Später nahm sie viele kluge Änderungen an meinem Manuskript vor und verbesserte seine Lesbarkeit erheblich, bevor es an den Verlag ging.

Ebenso großer Dank geht an meine Frau Ariel, die ebenfalls viele Stunden mit dem Lesen und Bearbeiten des Manuskripts verbrachte. Sie hat mich immer wieder daran erinnert, wie verletzlich Menschen sind, die an einer Krankheit leiden oder eine Lebenskrise durchlaufen, und daran, dass ein Buch wie dieses nicht nur Klarheit, sondern auch Einfühlungsvermögen erfordert. Mit ihrer Bedachtsamkeit und Sensibilität leistete sie einen wichtigen Beitrag zu der von Liebe und Mitgefühl geprägten Sprache, die wir beide uns für dieses Buch vorgestellt hatten.

Ebenfalls bedanken möchte ich mich bei der *Three Mountain Foundation* und ihren Spendern, die dieses Projekt großzügig unterstützt haben.

Randy Collett danke ich für seine Freundschaft sowie für die im Rahmen meiner Arbeit und dieses Buches geleistete Unterstützung. Ein weiteres Dankeschön gebührt James Twyman, der mich Reid Tracy vorstellte, dem Präsidenten von *Hay House*. Die Zusammenarbeit mit ihm war ein echtes Vergnügen, ebenso wie diejenige mit Jill Kramer und Lis Mitchell, meinen Lektorinnen bei *Hay House*. Mein Dank gilt auch Ann Hillman, Annalisa Mather, Lisa Luckenbach und Tom Pike, die das Manuskript gelesen und mir hilfreiche Rückmeldungen gegeben haben. Matt Dale danke ich für seine Unterstützung bei der Formatierung der Abbildungen.

Allen Teilnehmern meiner Seminare und Mentoring-Programme möchte gerne sagen, dass ich beim Schreiben dieses Buches stets an sie gedacht habe. Elemente aus ihren Geschichten finden sich auf nahezu jeder Seite dieses Buches. Ich kann mir kein größeres Privileg vorstellen, als diese Arbeit mit ihnen zu teilen und von ihnen zu lernen.

Über den Autor

Richard Moss (Jahrgang 1945) studierte Medizin, erhielt 1972 den Doktortitel und arbeitete zunächst als Arzt. Nach einer Erfahrung, die sein Leben veränderte (und die er in diesem Buch beschreibt), beendete er seine Tätigkeit als Arzt und widmete sich von da an seiner wahren Berufung: dem Erforschen des Bewusstseins und der Integration von Selbstverwirklichung in das alltägliche Leben.

Seit mehr als 30 Jahren ist er als Therapeut, Referent und Seminarleiter tätig. Der renommierte Lehrer für bewusstes Leben ist auch Autor von sechs Büchern zu den Themen Bewusstseinstransformation, Selbstheilung und Präsenz, die weltweit bereits eine Gesamtauflage von mehr als 200 000 Exemplaren erzielten. Richard Moss lebt mit seiner Frau in Ojai (Kalifornien).

Informationen über Seminare und Vorträge des Autors sowie über CDs, DVDs und anderes Material erhalten Sie auf der englischsprachigen Website: www.richardmoss.com.

Seine europäische Website, die in französischer Sprache gehalten ist, hat die Adresse: www.richardmosseurope.com.

Informationen über Seminare von Richard Moss in Deutschland – etwa im Juli 2013 beim *IAK – Forum International* in Kirchzarten bei Freiburg – finden Sie unter: www.iak-freiburg.de.

Hale Dwoskin:
Die Sedona-Methode®

Wie Sie sich von emotionalem Ballast und befreien und Ihre Wünsche verwirklichen – 5 einfache Schritte

Leseprobe: www.vakverlag.de

Bei der Suche nach Glück und Erfolg stehen wir uns meist selbst im Weg – mit negativen Denk- und Verhaltensmustern. Der Grund: Emotionen verzerren unsere Wahrnehmung. Die Sedona-Methode weist einen Weg aus dem Irrgarten der Gefühle: elegant in ihrer Einfachheit und unbegrenzt in den Anwendungsmöglichkeiten zeigt sie, wie wir Emotionen ganz einfach loslassen können. Wer sich darauf einlässt, fühlt sich befreit, erlebt erfülltere Beziehungen und navigiert mit Klarheit und Gelassenheit durchs Leben. Hunderttausende von Anwendern bezeugen die Wirksamkeit dieser leicht erlernbaren Selbsthilfemethode.

336 Seiten, 22 Abbildungen, Paperback (16,5 x 24 cm)
ISBN 978-3-935767-78-1

Frank Kinslow:
Suche *nichts* – finde *alles!*

Wie Ihre tiefste Sehnsucht sich erfüllt

Innerer Friede, nicht flüchtiges Glücksgefühl, bringt uns die Erfüllung unserer tiefsten Sehnsüchte. Aus persönlichen Erlebnissen und humorvollen Geschichten, aus Reflexionen und Selbsterfahrungs-übungen hat Frank Kinslow einen „Reiseführer" durch die Landschaft unseres Lebens zusammengestellt. Inneren Frieden zu finden, dazu bedarf es der Veränderung unserer Wahrnehmung: die Welt mit neuen Augen sehen und das, was ist, vollständig annehmen. Ein ebenso praktisch-konkreter wie philosophisch fundierter Wegweiser zu erfülltem Leben!

288 Seiten, Hardcover (15 x 21,5 cm)
ISBN 978-3-86731-073-4

William Bengston, Sylvia Fraser:
Bengston Energy Healing – Heilen aus dem Nichts

Alles, was Sie wissen müssen

Leseprobe: www.vakverlag.de

Bengston Energy Healing verzichtet auf philosophische oder esoterische Bedeutungsgebung ... und kann von jedem erlernt werden. Die Methode funktioniert so: Sie aktivieren wie von selbst heilende Energie, während Ihr Bewusstsein ins „Nichts" eintaucht und jede Intention loslässt. Bereits seit vielen Jahren wendet Bengston diese „Feldmethode" – das heißt, die Methode wirkt auf das gesamte Umfeld und auch in die Ferne – erfolgreich an.

Die *Bengston Energy Healing Method*™ erwies sich gerade bei schweren Erkrankungen als besonders wirksam, etwa bei Herzerkrankungen, Diabetes, Parkinson und Arthritis.

280 Seiten, 8 Fotos, Paperback (13 x 20,5 cm),
ISBN 978-3-86731-093-2